Journal

Agnès Buzyn

Journal

Janvier-juin 2020

récit

Flammarion

ISBN : 978-2-0804-3821-8

À mes enfants.

Avant-propos

« Dimanche 22 mars :
Aujourd'hui devait se tenir le deuxième tour
des élections municipales. Il a été annulé.
Je commence à écrire cette histoire. »

La pandémie fait rage et une forme d'épouvante mêlée de fureur s'est emparée de notre pays. Le confinement a été décrété cinq jours plus tôt, les services médicaux sont débordés et j'ai prévu de retourner travailler à l'hôpital. Inquiète d'attraper le virus et éventuellement d'en mourir, j'ai réalisé que si je disparaissais, mes enfants, bien que subissant douloureusement les attaques contre moi et notre famille, ne sauraient jamais rien de ce qui s'était passé en ce début d'année 2020.

J'ai ainsi suivi le déroulé détaillé de ces dernières semaines, en commançant par reprendre mes appels téléphoniques et leurs horaires exacts, ainsi que les échanges de SMS et mails, que j'ai retranscrits dans le texte. Ils en sont la trame. J'ai ensuite consulté mes agendas de ministre, heure par heure, et noté tout ce qui était programmé : visites de terrain, réunions, comités interministériels et rendez-vous de tous ordres. Progressivement, des paragraphes d'éclairage politique sont venus compléter le récit pour contribuer à l'appréhension du contexte général qui régnait au moment des faits, comme un écho à des souvenirs collectifs. Ayant peur d'oublier des détails, que cela ne s'efface et que je ne puisse plus en parler que de manière parcellaire, j'ai noté au fur et à mesure de l'écriture tout ce qu'il m'était possible de me rappeler parmi les choses qui furent éprouvées et, surtout, qui peuvent être prouvées.

À partir du dimanche 22 mars, le journal a été rédigé en temps réel, jour après jour.

Quelques mois plus tard, la justice s'est saisie de la question de la gestion de la crise sanitaire et des perquisitions ont été menées à mon domicile. Ce journal très intime, relatant les faits mais aussi mon ressenti du moment, a été saisi dans mon ordinateur à la fin de l'année 2020. La totalité de ce que j'y raconte, les échanges notamment, figurent au dossier judiciaire. Les gendarmes de l'OCLAESP [1], les magistrats de la commission d'instruction, des greffiers, des avocats ont pu les lire, ainsi que toutes les personnes qui ont accès au dossier. De ce fait, cette publication n'interfère pas avec l'instruction en cours. Par ailleurs, certains messages privés ont déjà fait l'objet de fuites auprès de journalistes, se retrouvant dans la presse par bribes et pouvant donner lieu à des interprétations erronées. Plutôt que d'autres écrivent cette histoire à ma place, il m'a semblé nécessaire de la rendre publique. C'est aussi pour cette raison que je me suis autorisée à garder tels quels les messages échangés, préférant qu'ils apparaissent dans leur contexte de l'époque afin qu'ils ne soient pas un jour instrumentalisés. Je remercie leurs auteurs de m'avoir autorisée à en faire état dans ce livre, pour l'Histoire.

Cette crise a été un bouleversement. Je l'ai immédiatement perçue comme médecin, je l'ai vécue comme ministre et je l'ai subie comme candidate à la mairie de Paris. J'ai été violemment critiquée. Tenir ce journal au quotidien m'a permis de continuer à avancer sans m'effondrer face à la brutalité des propos me concernant et aux contrevérités qui ont circulé.

Aujourd'hui, alors que j'écris ces lignes, plus de trois ans se sont écoulés. J'ai repris ce journal de bord afin de le publier. Le relire m'est par endroits douloureux, mais la distance des mois passés permet aussi un retour fructueux. Le recul peut noyer une tempête médiatique dans un verre d'eau, mais aussi conférer la dimension d'un évènement à un détail qui, en son temps, ne fut pas relevé. Je ne vais donc pas publier ici le strict verbatim des notes que j'ai pu

1. Office central de lutte contre les atteintes à l'environnement et à la santé publique.

prendre à l'époque, car cette documentation n'était qu'une matière première. Mais j'ai gardé telle quelle la forme du journal qui ne compacte pas le temps. Il relate chronologiquement l'arrivée d'un virus nouveau venu des confins de la Chine[2]. Il ne récrit pas les faits *a posteriori* avec ce que nous savons aujourd'hui, mais les livre bruts, tels qu'ils ont été vécus au jour le jour.

Mon choix n'est pas de raconter une histoire individuelle, celle éprouvée par nombre d'entre nous, simples citoyens, familles touchées par le deuil, malades, ou soignants, de faire de la pédagogie scientifique, ni de donner ma vision politique du célèbre « monde de demain », déjà éculé. Je veux ici révéler des instants de notre histoire commune, l'envers du décor, les pièces manquantes du puzzle, celles détenues par la responsable politique que j'étais. Car nos réflexions et nos actions de l'époque sont largement passées inaperçues au plus grand nombre. J'espère que ce journal pourra éclairer le récit national, avec ses succès et ses échecs, et aider à un retour d'expérience collectif. C'est pour moi l'occasion de rendre accessible aux Français un morceau de leur histoire.

J'ai ainsi décidé de circonscrire ce livre aux six premiers mois de l'année 2020, cette période cruciale du début de la pandémie. Il raconte le quotidien du gouvernement, nos questionnements, nos prises de décision, les relations que nous avons eues avec les acteurs nationaux et internationaux, les périodes de calme comme les accélérations. Il comporte aussi des tranches de vie, celle d'une ministre en exercice qui, comme chacun, a des moments d'émotions, d'exaspérations, d'échecs ou de victoires, avec l'arrivée du coronavirus en toile de fond. Mon agenda des six premières semaines de l'année 2020 était particulièrement dense. J'avais en charge, entre autres, la réforme des retraites[3], la première lecture de la loi de bioéthique au Sénat[4] et le mouvement de grève des médecins hospitaliers[5]. Il

2. Les études sur l'origine du virus sont toujours en cours.

3. Il s'agissait là de la réforme du premier quinquennat, qui mettait en place une retraite à points et qui visait à fondre les quarante-deux régimes en un seul régime universel pour tous les citoyens.

4. La première lecture avait déjà eu lieu à l'Assemblée nationale à l'automne 2019.

5. Les difficultés du système de santé et la grève des hospitaliers font l'objet de plusieurs paragraphes dédiés.

m'a paru nécessaire de replacer chacune de nos interrogations ou décisions dans les lieux, les débats et l'atmosphère dans lesquels nous nous trouvions en raison de cette actualité.

Ensuite, bien qu'écartée de la gestion de la crise après mon départ du ministère, j'ai cherché, pendant les quelques semaines de la campagne municipale à Paris puis du confinement, à garder un regard lucide de médecin et de scientifique sur le rôle de chacun, à résister au ressentiment, et à continuer à agir, à ma façon. Cela constitue là seconde partie de ce journal. C'est à cette période que j'ai pu observer de près les trois écosystèmes qui m'étaient familiers, le monde de la santé, le monde de la politique, et celui des médias.

Cette publication s'arrête intentionnellement à ma rencontre avec le monde judiciaire puisque à la date de publication de ce journal, fin 2023, l'instruction est toujours en cours.

Prologue

La chancelière Angela Merkel nous accueille. Son style, reconnaissable entre mille, allie calme, présence et humilité. Elle porte une veste couleur turquoise qui éclaire ce parterre assez masculin. Elle l'a voulu et a insisté, les questions de santé sont primordiales et devront dorénavant figurer à l'agenda des sommets multilatéraux. En ce vendredi 19 mai 2017, la photo de famille restera en souvenir de la première réunion des ministres de la Santé des pays du G20. Je suis au deuxième rang, intimidée. J'ai été nommée ministre il y a trente-six heures.

L'ambassadeur de France en Allemagne, Philippe Étienne, m'a accueillie à Berlin, à la descente de l'avion. Je n'ai pas encore de membres de cabinet. Nicolas, un collaborateur de mon poste précédent, a accepté de m'accompagner en attendant que je recrute mes conseillers. Je ne connais personne dans ce cénacle. Le département international de la Direction générale de la Santé m'a remis un gros dossier avant mon départ en vue de l'évènement [1]. Dans un amphithéâtre sombre et étroit, aux gradins très abrupts, nous assistons à un exercice grandeur nature dont nous sommes les acteurs, simulation préparée de longue date par le gouvernement allemand,

1. Le ministère des Solidarités et de la Santé (souvent appelé dans d'autres gouvernements le ministère des Affaires sociales) comporte cinq directions d'administration centrale : la DGS, Direction générale de la Santé ; la DGOS, Direction générale de l'offre de soins ; la DSS, Direction de la Sécurité sociale ; la DGCS, Direction générale de la cohésion sociale ; la DREES, Direction des recherches, études, évaluations et statistiques. La DGS est dirigée pendant la crise Covid par le Pr Jérôme Salomon.

l'Organisation mondiale de la Santé (OMS) [2] et l'Institut Robert-Koch [3]. Nous, les vingt ministres de la Santé des pays du G20, sommes invités à répondre à des quiz *via* un petit boîtier. Un scientifique expose longuement les bonnes réponses après moult explications dans un anglais parfait. Chaque séquence est précédée d'un petit film fiction de cinq minutes, extrêmement réaliste, qui semble tout droit sorti du 20 heures d'un pays d'Europe centrale.

Le scénario proposé est inattendu pour la ministre fraîchement nommée que je suis : un virus respiratoire inconnu surnommé MARS (Moutain Associated Respiratory Syndrome) émerge dans un pays à faible revenu appelé Anycountry. Les autorités de ce pays doivent signaler les cas et prendre tout un tas de décisions pour éviter que l'épidémie se propage. Mais le virus se répand en quelques semaines de la capitale « Touristville » jusqu'au pays voisin nommé Everycountry puis au-delà. La panique s'installe au niveau international, la pandémie fait les gros titres des journaux du monde entier. Il faut identifier l'agent pathogène, fabriquer des tests pour diagnostiquer les malades, appliquer des mesures barrières [4] ; les lits d'hospitalisation se remplissent. Certains pays veulent fermer leurs frontières et s'isoler. Inquiet de la stigmatisation, le directeur général de l'OMS exhorte les pays à résister car c'est contreproductif [5]. L'aide internationale est requise pour les pays les plus fragiles qui sont débordés. L'économie mondiale s'effondre.

La séance dure près de trois heures. À chaque étape, il nous est demandé de réagir. Il nous faut appliquer le fameux Règlement

---

2. L'Organisation mondiale de la Santé est une agence spécialisée de l'ONU pour la Santé publique créée en 1948. Son siège est à Genève, mais elle dispose de six bureaux régionaux relativement autonomes (Amériques, Afrique, Asie du Sud-Est, Asie-Pacifique, Europe et Méditerranée orientale). Elle compte 7 000 agents. Son budget, voté pour une période de deux ans, est d'environ 5 milliards d'euros. Parmi ses missions, l'OMS est en charge d'émettre des recommandations pour l'ensemble des États membres.

3. L'Institut Robert-Koch est l'établissement allemand central pour l'échelon fédéral, responsable du contrôle et de la lutte contre les maladies, établissement de référence pour la recherche appliquée et la santé publique.

4. À noter que le mot « masque » n'est pas prononcé et ne figure pas dans l'exercice, ni dans le dossier d'accompagnement lorsqu'il est question des mesures barrières.

5. Estimant que la fermeture des frontières engendre plus de risques que de bénéfices du fait de l'arrêt des échanges internationaux qui induit des pénuries.

sanitaire international (RSI)[6] qui régit les interactions des pays lors d'une crise épidémique. Je ne le connaissais pas, je suis hématologue.

En clôture du G20, après cette séquence somme toute assez ludique, nous nous accordons sur le communiqué final intitulé *Ensemble aujourd'hui pour un avenir sain.* … « En cas de crise sanitaire, tous les ministres du G20 s'engageront à suivre le Règlement sanitaire international et les recommandations de l'OMS. »

Rentrée à Paris ce vendredi soir 19 mai 2017, je m'attelle à constituer un cabinet et à rédiger ma feuille de route selon le programme du président de la République tout juste élu et que je n'ai rencontré qu'une fois.

Presque trois ans se sont écoulés. Trois ans d'un ministère passionnant et chargé de réformes, au cours desquels il y a eu des crises sanitaires de tout ordre, des attentats, des grèves, les gilets jaunes, la réforme des retraites et de multiples polémiques qui occupent un ministre nuit et jour.

Puis un virus est apparu. L'exercice du G20, que j'avais totalement oublié, est devenu réalité.

6. Le Règlement sanitaire international est le seul traité international dédié à la gestion des crises sanitaires. Il cadre ce que les pays peuvent faire en termes de ripostes de santé publique face aux risques pandémiques ou aux risques pour la santé publique, de manière à réduire la propagation internationale des maladies. Il traite notamment des points d'entrée dans les pays, des mesures à prendre aux frontières, etc. Le RSI omet certains risques, comme le terrorisme bactériologique ; il est en cours de révision pour tenir compte de l'expérience de la pandémie de Covid.

« Il n'est pas donné aux humains – heureusement pour eux, sans quoi la vie serait intolérable – de prévoir ni de prédire dans une large mesure la tournure des évènements en cours. »

Winston Churchill [1]

1. Éloge funèbre de Neville Chamberlain, 14 novembre 1940.

Chapitre 1

Le vent se lève à l'Est

Mercredi 25 décembre

C'est mon premier jour de vacances. Nous avons une semaine de pause dans les négociations en cours sur les retraites – cette pause a été exigée par les syndicats eux-mêmes. Tout le monde est épuisé… La France entière est suspendue au règlement de cette crise et à l'espoir d'une fin de grève SNCF et RATP qui bloque le pays depuis un mois.

Sur la terrasse, dans mon village de Corse, je profite des quelques rayons d'un timide soleil d'hiver et jette un œil distrait sur Twitter. Un tweet relayant un blog en anglais attire mon attention en raison d'une radiographie de thorax très pathologique. Il y aurait quelques cas de pneumopathies inexpliquées en Chine. La description me fait penser au SRAS et il convient d'évoquer cela avec le directeur général de la Santé. Ce dernier se nomme Jérôme Salomon (JS). Il est professeur d'infectiologie et de santé publique, spécialiste des crises sanitaires. Ainsi, je mentionne naturellement ce tweet à JS, resté à Paris, à l'occasion d'un échange. « Jérôme, il faut suivre ce truc. »

Mardi 31 décembre

C'est la traditionnelle soirée des vœux. Après avoir visité un hôpital qui s'apprête à affronter les urgences d'une nuit de la Saint-Sylvestre, j'envoie au président de la République (PR) un dessin du Chat, trinquant avec un grand verre de vin à la main et qui dit en substance : « Une année VIN VIN, ça s'arrose, non ? » Ce jeu de mots illustre à merveille nos débats récurrents et un peu tendus sur l'alcool depuis trois ans. *A posteriori* j'aurais pu m'abstenir, l'humour n'était vraiment pas de mise pour cette année 2020.

Mercredi 1er janvier

La Chine a déclaré une alerte à l'OMS la veille au soir, et le réseau international des agences dont fait partie la Direction générale de la Santé reçoit la première notification de l'OMS sur 27 cas de pneumonies inexpliquées à Wuhan.

Jeudi 2 janvier

La journée est encore calme. J'en profite pour programmer mon unique déjeuner de l'année avec mon amie Évelyne, en bas du ministère. Nous croisons Jérôme Salomon en sortant du restaurant. Quelques mois plus tard, elle me rappellera cet échange.

Moi à JS : « As-tu vu l'article que je t'ai envoyé sur le virus en Chine ? »

JS : « Oui je l'avais déjà. »

Je comprends qu'il met en place une veille du centre de crise du ministère qu'on appelle le CORRUSS [1], ce qui correspond au

---

1. Le Centre opérationnel de régulation et de réponse aux urgences sanitaires et sociales est un département de la DGS, donc sous la direction de Jérôme Salomon. Situé dans les locaux du ministère, ce centre regroupe une vingtaine de personnes (médecins, pharmaciens, ingénieurs, techniciens…) formées à la gestion de crise et qui doivent assurer la veille, 365 jours par an et H24, de toutes les alertes pouvant avoir un impact sanitaire et social sur le territoire. Ses partenaires sont les agences sanitaires, les différents ministères pouvant contribuer à la sécurité sanitaire des Français (en France ou à l'étranger), et les institutions internationales types OMS et ECDC. Le CORRUSS est donc chargé de l'application du Règlement sanitaire international, de prévoir des scénarios, et de recenser toutes les situations qui nécessitent une attention spécifique. Il répond à trois niveaux d'alerte :

1. veille opérationnelle ;
2. CORRUSS renforcé avec une équipe dédiée à l'alerte et d'astreinte soir et week-end ;
3. mobilisation d'une équipe supplémentaire d'une quarantaine de personnes, présentes H24 au centre de crise.

À titre d'exemple, en 2018, le CORRUSS a reçu plus de 1 400 alertes et activé deux fois le niveau 2 CORRUSS renforcé.

niveau 1 d'alerte. Son équipe et lui suivent l'affaire. Témoin de notre échange, Évelyne me demande de quoi il s'agit, je lui réponds que le virus en question ressemble au SRAS.

Comme tous les soirs depuis que je suis ministre, j'examine le bulletin de synthèse du CORRUSS qui fait le point sur les urgences sanitaires rapportées au niveau international et national par les Agences régionales de Santé (ARS). Il est noté une tentative d'intrusion de nuit par une vingtaine de personnes dans un établissement du Bas-Rhin, une alerte sur un produit de nutrition entérale ayant entraîné une allergie grave chez un patient, et enfin une toxi-infection alimentaire collective après consommation d'huîtres, classique en cette période de l'année. Je ferme mon ordinateur et vais me coucher.

Vendredi 3 janvier

Je ne compte plus les réunions à Matignon sur les retraites.

La semaine de trêve de Noël s'achève et il nous faut trouver des points de sortie de crise, notamment sur les transitions pour les régimes spéciaux qui sont appelés à disparaître, les fins de carrière, ou la pénibilité pour les fonctionnaires. De multiples points d'achoppement doivent encore être travaillés avec les différentes fédérations syndicales et chaque ministre se doit d'élaborer un calendrier de négociations. J'aurai à gérer la fonction publique hospitalière pour ses particularités liées aux gardes et à la pénibilité des métiers, alors qu'Olivier Dussopt, le ministre en charge de la Fonction publique, gérera les autres fonctionnaires qui n'ont pas de telles contraintes. Je dois aussi mener les concertations avec toutes les professions de santé libérales (une vingtaine au total) pour trouver les compensations nécessaires à l'adaptation de chaque régime particulier et autonome dans le futur régime universel des retraites. La réunion sert à orchestrer tout cela et à acter un agenda resserré. Après cette préparation, nous savons que le rythme va s'accélérer, car la loi doit être présentée à la commission des Affaires sociales de l'Assemblée à la fin du mois de janvier.

Une attaque au couteau en banlieue parisienne par un malade psychiatrique de l'hôpital Sainte-Anne me remonte dans la journée. Il semble qu'il ait été perdu de vue par ses médecins depuis quelques semaines ; il avait quitté Paris pour échapper aux convocations en consultation et en avait profité pour arrêter ses traitements. Des morts. Plusieurs. Il faudra faire un retour d'expérience avec les psychiatres pour que cela ne puisse plus se reproduire.

Que de drames humains, je ne les supporte plus. Ça a d'ailleurs été ma plus grande difficulté en devenant ministre. Tous les matins, j'écoutais les informations et, chaque fois qu'il y avait un mort, qu'il s'agît d'un accident de la route, d'un incendie ou d'un attentat, je me sentais personnellement responsable. Ministre de la Santé, je m'étais projetée comme le médecin de tous les Français, et je tenais à ce que tous soient et restent en bonne santé. Impossible défi. Plusieurs semaines ont été nécessaires pour me faire à l'idée qu'avec 66 millions d'habitants, cette mission inconsciente que je m'étais fixée n'était pas tenable.

Le bulletin du CORRUSS du soir apporte son lot d'alertes et de drames : une enfant de 6 ans est décédée dans un transport du Samu, vraisemblablement de la grippe ; une attaque à main armée suivie d'un suicide a fait des blessés ; 20 nouveaux cas de rougeole se sont déclarés à Strasbourg, dont neuf ont fait l'objet d'une hospitalisation ; une possible contamination d'un agent technique par une source radioactive.

Semaine 1

Lundi 6 janvier

Comme à chaque début d'année, les membres du gouvernement sont conviés à un petit-déjeuner au ministère de l'Intérieur, pour un moment de détente. Dans le respect de la tradition, le ministre de l'Intérieur, Christophe Castaner, nous fait à chacun un cadeau : des spécialités de Forcalquier, son village de Haute-Provence. Puis, à la faveur de quelques éclaircies, nous partons à pied vers l'Élysée, situé quelques dizaines de mètres plus loin, pour le Conseil des ministres. Je ris toujours de ceux qui, ne respectant pas l'ordre protocolaire[2],

2. L'ordre protocolaire de chaque gouvernement importe plus qu'on ne l'imagine. Dans l'ordre de ce gouvernement apparaissent d'abord le ministre des Affaires étrangères, la ministre des Armées, la garde des Sceaux puis la ministre des Solidarités et de la Santé. Cet ordre induit notamment la place à laquelle

se poussent de l'avant lors de cette micro-promenade, pour être sur la photo au côté du Premier ministre (PM), Édouard Philippe.

L'ambiance est plutôt bonne au sein du gouvernement. Des amitiés et des inimitiés se sont formées mais la presse relève peu de petites phrases assassines entre nous, au grand dam des journalistes politiques d'ailleurs. Il faut toutefois reconnaître que, comme pour tout collectif humain, des arbitrages peuvent agacer, des intérêts particuliers peuvent surgir. Les bons élèves jouent leur carte. Certains se voient même un jour Premier ministre, ce qui est, selon les cas, très légitime ou très divertissant.

Mais à la différence de beaucoup de gouvernements sous la Vᵉ République, il y a peu de compétitions entre les ministres car beaucoup viennent de la société civile et ont été nommés sur leur champ de compétence. Ainsi, chacun est théoriquement à sa place là où il est. Seuls les ministres politiques ont véritablement vocation à changer de ministère un jour, mais ils respectent aussi notre bonne connaissance des dossiers.

Si le poids des ministres issus de la société civile était faible au départ, cela a évolué au cours du temps, lorsque nous avons gagné en notoriété et en confiance. Après ces trois années, on ne peut cependant pas nier que certains ministres comptent plus que d'autres. Il m'est apparu que la place des femmes, essentiellement expertes issues de la société civile, même si elle a toujours été numériquement assurée, n'est clairement pas la même que celle des hommes pour le couple exécutif. Est-ce du machisme, au sens classique du terme ? Je ne le pense pas. Cela me semble plutôt lié à une incompréhension manifeste de notre mode d'expression, moins péremptoire, et certainement aussi à notre inexpérience du pouvoir. Nous n'avons pas de troupes, pas de parti, pas d'électeurs. Nous ne faisons pas partie du club et la politique est un monde assez masculin. C'est aussi cela que j'ai appris pendant ces trois ans. En politique, comme dans tout rapport de force, il faut peser.

Lors de ce premier Conseil des ministres de l'année, comme le veut encore la tradition, le Premier ministre prend la parole et présente les vœux du gouvernement au président de la République.

---

chacun est assis à la table du Conseil des ministres. Cet ordre ainsi que le périmètre des ministères peuvent changer à chaque remaniement, en fonction de l'importance que l'on veut donner à chaque sujet.

En bon Havrais, il affectionne les métaphores marines.

En substance, il commence son propos par un constat – nous serions dans une période de gros temps –, et compare l'année 2020 à la vingtième année des trois siècles derniers :

« 1720 : Effondrement du système de l'eau. Crise financière, suivie d'une épidémie de peste à Marseille qui fera 120 000 morts (50 % de la population de la cité phocéenne) et grand incendie de Reims, resté dans les mémoires.

« 1820 : Assassinat du duc de Berry, année de lutte contre les libertés individuelles avec rétablissement de la censure.

« 1920 : Traité de Versailles, grève CGT des cheminots en mai, augmentation de 50 % de l'impôt sur le revenu et interdiction de l'avortement. »

Et le PM de conclure ainsi : « Notre pays en a vu d'autres, et des plus dures. »

Il n'est, à l'évidence, pas superstitieux.

Puis il nous encourage pour l'année à venir à « viser la confiance du travail bien fait et à rester calmes… » Prémonitoire même.

Le PR prend la parole à son tour et nous présente ses vœux. Il rappelle que nous affrontons les contradictions du pays, voire les injonctions paradoxales, mais qu'il est rare de poursuivre sur la même voie après deux ans et demi aux affaires, sans tournant ni cohabitation. Et, reprenant la métaphore marine du PM, il poursuit : « Nous continuons vers le grand large… »

Avec le recul, j'aurais eu envie d'ajouter : « … avec son lot de houles, de tempêtes, voire de tsunamis. Mais ça, ce serait récrire l'histoire.

Il enchaîne sur une vision historique qui lui est chère : « Attention aux erreurs comme le traité de Versailles qui a été vécu comme un succès et dont on a payé le prix vingt ans après. »

Les textes discutés, listés dans l'ordre du jour[3], sont comme toujours nombreux. Nous parlons longuement de l'islamisme

3. Le Conseil des ministres se tient habituellement le mercredi. L'ordre du jour, envoyé par le secrétaire général du gouvernement, est arrêté le lundi après-midi par le PR et envoyé aux ministres le mardi. Les réunions suivent un ordre strict qui laisse peu de place à l'improvisation : la « partie A » est réservée aux projets de lois et aux projets de décret et d'ordonnance ; la « partie B » est consacrée aux décisions individuelles, principalement les nominations ; la « partie C »

radical dans les quartiers et des moyens de lutter efficacement contre le communautarisme. Le début de cette année 2020 devrait être marqué par des sujets régaliens. Le sanitaire et le social ne sont plus les urgences du moment.

Mon après-midi se poursuit par un déplacement avec Gérald Darmanin, alors ministre du Budget et des Comptes publics, dans une CPAM de Paris afin d'illustrer la suppression du régime social des indépendants. Nous prenons acte ce jour de la fin de ce régime spécifique et de la bascule finale de tous les travailleurs indépendants au régime général de la Sécurité sociale. La réforme était très risquée techniquement mais, au final, il n'y a pas eu de bug et elle a abouti à une amélioration du service rendu. Nous sommes assez fiers, Gérald et moi, d'y être parvenus au prix d'un travail long, technique et franchement rébarbatif, qui fera au mieux une ligne dans un journal spécialisé, malgré les nombreux journalistes convoqués pour l'occasion.

En soirée, se tient au ministère une réunion de deux heures avec les grandes associations de lutte contre la pauvreté : nous essayons de créer un revenu universel d'activité (RUA), que le Président a annoncé en 2018, afin de rassembler tous les minimas sociaux dans une seule allocation qui évoluera en fonction de la composition familiale et de l'activité réalisée. La négociation achoppe sur l'intégration, ou non, de l'allocation pour adulte handicapé (AAH) dans ce revenu universel, et sur l'enveloppe globale des prestations sociales dont les associations présentes souhaitent qu'elle soit augmentée. Nous en profitons pour avoir un long échange sur le sujet de l'aide médicale d'État (AME) qui a défrayé la chronique l'automne dernier. J'essaye de leur démontrer que j'ai bien préservé l'AME pour les personnes précaires migrantes et qu'il est indispensable de restaurer la confiance

concerne la communication, ce qui permet à un ministre d'informer ses collègues d'un sujet en particulier et commence toujours par la présentation de la situation diplomatique par le ministre des Affaires étrangères ; la « partie D », inaugurée en 2007 par le président Nicolas Sarkozy, fait l'objet d'un débat sur un thème particulier, bien souvent d'actualité, au cours duquel tous les ministres sont invités à prendre part ; enfin, la « partie E » a été initiée par le président Emmanuel Macron au cours de son premier mandat pour que les ministres rendent compte des résultats des réformes engagées.

dans ce dispositif, en réduisant les abus que j'ai moi-même observés dans les hôpitaux [4]. Sinon, un jour, il disparaîtra. Les représentants des associations n'ont pas l'air convaincus. Je ne parviens pas à savoir s'ils sont sincères ou figés dans une posture politique de « gauche », face à un gouvernement qu'ils accusent de vouloir, par principe, s'en prendre aux plus précaires.

Le bulletin du CORRUSS de ce soir que je parcours après mon dîner rapporte le décès d'un jeune de 20 ans après ingestion de gélules dopantes dans une salle de sport. Des alertes avaient déjà eu lieu avec la même molécule. Il semble qu'ils achètent cela sur Internet… Comment leur faire comprendre, à tous ces jeunes, que c'est dangereux ?… Mon dernier fils, lui-même sportif, ne semble qu'à moitié convaincu de leur nocivité.

Mardi 7 janvier

La journée est grandement dédiée aux retraites : nous lançons la concertation avec les partenaires sociaux sur la pénibilité et la gestion des fins de carrière lors d'une réunion présidée par le Premier ministre au ministère du Travail.

Pendant ce temps-là, Adrien Taquet, secrétaire d'État en charge de la protection de l'enfance [5], me remplace à l'Assemblée nationale pour la séance des questions au gouvernement [6]. Les huit questions

---

4. « Débat sur l'immigration : Agnès Buzyn défend fermement le principe de l'aide médicale d'État », Julia Pascual, *Le Monde* daté du 8 octobre 2019.

5. Trois secrétaires d'État sont rattachés à mon ministère : Christelle Dubos, sans périmètre attitré, mais qui de fait est en charge de la famille, des personnes âgées et de la pauvreté, nommée en septembre 2018 ; Adrien Taquet, cofondateur d'En Marche, dont il a inventé le nom et le logo, nommé dans mon ministère en février 2019 où il est chargé de la protection de l'enfance ; et Laurent Pietraszewski, à la réforme des retraites, a remplacé Jean-Paul Delevoye en décembre 2019. La première année, j'étais seule au ministère et leur nomination, à des périmètres qui ont été discutés avec Matignon et l'Élysée, a été pour moi un soulagement. Tous les trois étaient députés et nous nous étions croisés sans avoir jamais travaillé ensemble. Ils ont été choisis par le PR et le PM avec soin, de telle sorte que nous nous sommes très bien entendus et formions une équipe soudée.

6. Les QOSD, questions orales sans débat, sont posées en matinée aux différents membres du gouvernement ; l'après-midi sont posées les QAG, les questions au gouvernement, où la présence des ministres concernés est obligatoire.

du jour au ministre de la Santé donnent une bonne image de ce qui préoccupe les parlementaires : plan d'urgence pour l'hôpital de Dieppe/ Conditions de travail des assistants de régulation médicale du Samu 79/ Accès aux plateaux de chirurgie de proximité dont situation de la clinique de Cosne-sur-Loire/ Autorisation d'exercer pour les praticiens titulaires d'un diplôme étranger/ Lutte contre la maladie de Lyme/ Conciergerie privée au sein des hôpitaux/ Situation des centres hospitaliers dans l'Orne et du Centre hospitalier intercommunal d'Alençon/ Hôpital de Remiremont.

En début d'après-midi, nous enchaînons avec plusieurs ministres par un comité d'orientation stratégique du plan Ecophyto2 dans la grande salle d'époque du ministère de la Transition écologique et solidaire. Il s'agit d'un plan visant à accélérer la transition agricole vers moins d'utilisation de produits potentiellement dangereux pour la santé. L'ambiance est moins tendue qu'il y a quelques années. Les agriculteurs sont d'accord pour se diriger vers la réduction des pesticides, mais ils veulent être épaulés et qu'on leur trouve des solutions dignes de ce nom. Jérôme Salomon m'accompagne en tant que directeur général de la Santé. Nous échangeons au sujet du plan Ecophyto2. Je m'énerve régulièrement sur l'utilisation importante de cuivre dans les sols (efficace pour lutter contre les champignons) pour l'alimentation bio, la fameuse bouillie bordelaise pour les pieds de vigne. Je crains qu'on ne finisse par contaminer nos nappes phréatiques, et les humains de surcroît, à force de l'utiliser. Or l'eau sera certainement à l'avenir notre bien le plus précieux. Le cuivre n'est pas biodégradable et il est potentiellement toxique pour la santé. Je m'agace contre le lobby du bio qui, dans mon esprit, sous-estime les risques ; Jérôme Salomon essaye de me calmer sur ce sujet et me répond qu'il faut attendre les études de biosurveillance qui doivent paraître prochainement, afin de mettre les acteurs face aux résultats scientifiques. Cela me fait sourire, comme si la vue de résultats scientifiques pouvait suffire dans le monde actuel.

Sur l'estrade, pendant que le ministre de l'Agriculture, Didier Guillaume, détaille ses mesures, j'avance dans mes sujets du jour et envoie mon premier texto à Jérôme Salomon assis au premier rang.

Le ministère dont j'ai la charge fait quasiment l'objet chaque semaine de QAG et il m'est arrivé de devoir me faire remplacer par des secrétaires d'État lors de ces séances à l'Assemblée, à cause de mon agenda chargé.

Il est 18 h 18 : « As-tu des nouvelles de l'épidémie chinoise ? »

JS : « Oui, je suis cela de près, résultats classiques négatifs, ni SRAS ni grippe. Élément troublant : Wuhan abrite le P4… *a priori* pas de transmission interhumaine et tous les cas ont fréquenté un Seafood market. »

Moi : « Amusant, le P4 n'est *a priori* pas fonctionnel. »

JS : « *A priori.* »

Les laboratoires P4 sont des laboratoires de recherche de haute sécurité qui travaillent sur des souches virales très dangereuses, comme Ebola, l'anthrax, la variole et des germes pouvant être utilisés dans le bio-terrorisme [7]. Il s'en trouve un seul en France, à Lyon. Celui de Wuhan a été créé dans le cadre d'une coopération franco-chinoise, sous le quinquennat de Jacques Chirac en 2003, avant d'être officiellement ouvert en 2015 [8]. En 2016, mon mari, alors président de l'Inserm [9], avait visité ce nouveau laboratoire qui était loin d'être opérationnel, des mannequins ayant même été installés par les autorités chinoises pour que les images de la visite laissent penser à un état d'avancement plus poussé que la réalité. Wuhan est alors une ville inconnue du grand public, et la seule raison de la connaître pour Jérôme Salomon est la présence de

7. La classification des laboratoires comprend quatre niveaux. P4 (appelé BSL4, en anglais) signifie que le laboratoire abrite des agents pathogènes de classe 4, caractérisés par leur haute dangerosité : taux de mortalité très élevé en cas d'infection, absence de vaccin protecteur, absence de traitement médical efficace, transmission possible par les aérosols. En France, créé par la Fondation Mérieux en 1999, le laboratoire P4 Jean-Mérieux-Inserm de Lyon est une unité de haute sécurité exclusivement dédiée à la recherche sur les pathogènes de classe 4. Les travaux de recherche sont sous la responsabilité de l'Inserm depuis 2005. Seulement une quarantaine de structures de ce type sont opérationnelles dans le monde, dont une grande partie est située aux États-Unis.

8. Dans son récent livre *Au nom de la science*, publié en 2023 chez Albin Michel, Jérémy André retrace les différentes étapes de la coopération.

9. L'Institut national de la santé et de la recherche médicale est une institution publique créée en 1964 pour favoriser la recherche en médecine. Il compte plus de 5 000 fonctionnaires (chercheurs, ingénieurs, techniciens et administratifs), mais ce sont près de 15 000 personnes (doctorants, médecins, thésards…) qui y travaillent au sein des 300 unités de recherche, réparties sur le territoire national. L'Inserm est classé au deuxième rang des instituts de recherche biomédicale, juste derrière l'institut public américain, sur la base des publications et des brevets.

ce laboratoire P4. Cette coïncidence qu'il souligne dans ce SMS m'inquiète tout de même.

Dans la soirée, Jérôme Salomon m'envoie un document du Service de santé des armées, daté du jour, qui fait un point rétrospectif sur Wuhan : ce document précise qu'il y avait 27 cas à Wuhan le 31 décembre, jour de la première notification à l'OMS, 44 cas le 3 janvier (avec 121 contacts), 59 cas le 5 janvier (avec 163 contacts) et 7 cas suspects à Hong Kong le 7 janvier (cas possibles qui ne seront finalement pas confirmés).

Ce soir-là, le bulletin du CORRUSS signale la fuite d'un patient dangereux d'un hôpital psychiatrique et des cas de dengue à Mayotte.

Mercredi 8 janvier

- Première inscription de l'alerte coronavirus à la réunion de sécurité sanitaire (RSS)[10] et première RSS de l'année[11].

Lundi matin au Conseil des ministres, le PR avait rappelé cette évidence à tous les ministres : « Ce qui compte, ce sont les traces durables de ce que nous faisons. Nous devons "gouverner et pas administrer" [le pays]. » C'est le cas de ma visite prévue ce matin dans un centre mutualiste d'une CPAM : le but est d'illustrer la réforme la plus attendue du quinquennat dans le champ de la Sécurité sociale, une mesure appelée à avoir un réel impact dans la vie des Français. Il s'agit du « reste à charge zéro », appelé depuis le « 100 % santé ». Il vise à accéder sans frais aux lunettes, prothèses

10. La réunion de sécurité sanitaire se tient tous les mercredis matin au ministère en présence de l'ensemble des directeurs d'agences sanitaires et directions d'administrations centrales concernés. Elle rassemble une trentaine de haut-fonctionnaires sous la direction du DGS pour discuter des alertes en cours. Le responsable « crises » du cabinet ministériel est toujours présent. Le compte rendu est diffusé à toutes les agences sanitaires, agences régionales de santé, directions d'administrations centrales de différents ministères.

11. L'alerte coronavirus ne pouvait être inscrite plus tôt, car le mercredi 1er janvier correspond à la date d'alerte de l'OMS, jour férié en France, raison pour laquelle la RSS n'a pas eu lieu.

dentaires ou auditives, en misant sur l'accès pour tous à des produits de qualité. Espérons que cette réforme sera de celles qui restent. Je dois juste veiller à ce que les assureurs et mutuelles n'augmentent pas indûment leurs tarifs alors que la majorité du coût de la réforme est à la charge de la Sécurité sociale.

À 15 heures, se tient au Sénat la session hebdomadaire des questions au gouvernement qui portent, pour ce qui concerne mon ministère, sur le « 100 % santé » et sur la grève dans les hôpitaux publics. De grève en grève, il me faut jongler avec les deux gros sujets du moment. Plusieurs réunions internes ou interministérielles s'enchaînent cet après-midi, comme presque tous les jours de ce mois de janvier, pour caler la réforme des retraites. La première lecture de la loi à l'Assemblée nationale étant programmée mi-février, c'est le rush final d'un texte cardinal pour le quinquennat, et d'une immense complexité.

À l'heure du dîner, il est prévu de longue date que je prononce à l'autre bout de Paris le discours de lancement d'un film dédié au grand âge, à la demande des associations et des fédérations d'EHPAD. Là encore, sujet important étant donné la situation des EHPAD et le vieillissement attendu de la population. Avec mon cabinet, nous préparons activement depuis des mois une loi sur le grand âge [12]. Tous les acteurs importants du secteur sont présents : fédérations, élus, *think-tanks*, personnalités, journalistes. Étant immédiatement attendue à l'Assemblée à la suite de cette allocution, j'essaye tant bien que mal de me diriger vers la sortie de la salle. Comme souvent lorsqu'un ministre se déplace, tout le monde s'approche pour se présenter. Éloigner d'un revers de main mes interlocuteurs pourrait leur laisser penser que le sujet ne m'intéresse pas. Je décide donc d'accorder sur le chemin de la sortie quelques apartés, jusqu'à ce que ma cheffe de cabinet, préfète de formation, me tire par la manche et me projette assez violemment dans la

12. J'avais réussi à convaincre le Président et le Premier ministre d'inclure dans ma feuille de route en mai 2017 l'importance de mener à bien une réforme sur le grand âge. Il avait été acté que cette loi, qui supposait des arbitrages budgétaires, soit présentée en 2020 ou en 2021. Nous avions déjà beaucoup avancé sur l'élaboration de cette loi qui, hélas, n'a pas encore abouti.

voiture. Elle me rappelle avec humour qu'il est formellement interdit d'être en retard à l'Assemblée ou au Sénat. Un manque de ponctualité est en effet interprété comme du mépris de la part du pouvoir exécutif à l'égard du pouvoir législatif… on ne rigole pas avec ces choses-là. Deux ans plus tôt, au Sénat, par un jour caniculaire de l'été 2018, alors que le président Gérard Larcher avait fait son entrée dans l'hémicycle encadré par une vingtaine de gardes républicains en uniforme, comme le veut le protocole, je vois un garde tomber, évanoui. La chaleur, l'uniforme et l'attente debout avaient provoqué un malaise vagal. Je lui apporte les premiers secours et j'attends l'arrivée des pompiers à ses côtés ; je prends donc place au banc, au premier rang, avec quelques minutes de retard, ce qui agace Gérard Larcher. À la demande du PM, j'ai dû lui écrire une lettre d'excuses expliquant les motifs de mon retard.

Ce soir, justement, les députés ont prévu une séance de nuit pour me questionner sur la situation dans les EHPAD. La difficulté de ce secteur est qu'il fait intervenir de multiples acteurs publics, privés, associatifs, et que le mode de financement a été modifié juste avant mon entrée en fonction en 2017 pour gagner encore en complexité. Le ministère de la Santé paye les soins (infirmiers et médicaux), les départements financent la perte d'autonomie *via* une allocation appelée APA [13], qui peut aller du simple au double selon les départements, et les familles payent l'hébergement. Je ne sais pas qui a pu inventer un système pareil permettant à tout le monde de se défausser de ses responsabilités. À la fin, c'est l'État qui est pointé du doigt, même lorsqu'un problème relève du secteur purement privé. Dans ce projet de loi « grand âge et autonomie », indispensable pour accompagner la révolution démographique des trente prochaines années, mon objectif est de clarifier les choses, de renforcer la présence humaine et de promouvoir des modes d'hébergement intermédiaires, entre le domicile et ce que l'on doit appeler la fin de vie.

Minuit sonne, il est temps de quitter l'hémicycle assez désert. Les couloirs et la salle des pas perdus sont impressionnants de silence à cette heure tardive. Du sol au plafond, le marbre ajoute à la froideur

13. Allocation personnalisée d'autonomie. Elle ne peut dépasser un plafond fixé par la loi en fonction du degré de dépendance défini par un médecin (niveau de GIR).

du lieu. Je prends le temps d'un salut souriant au dernier huissier qui se tient près de la porte, il doit bien s'ennuyer.

Comme à mon habitude, je parcours le bulletin du CORRUSS dans la voiture qui me ramène chez moi : problèmes pour effectuer l'activité de radiothérapie à Ajaccio, par manque de médecins. Pneumopathie inexpliquée en Chine : les actions mises en œuvre sont détaillées depuis la déclaration du 1er janvier. Cela fait l'objet du premier message de Jérôme Salomon le lendemain matin.

Jeudi 9 janvier

Nimbostratus à la fenêtre ce matin, certainement une journée pluvieuse…

8 h 35 : Cette fois, le premier mail d'alerte de Jérôme Salomon, prend un ton plus formel :

« Chère Agnès,

« Une épidémie de pneumonie d'origine inconnue a affecté 59 personnes dans le centre de la Chine ; elle serait due à un nouveau coronavirus (la famille de virus qui comprend notamment le SRAS), a annoncé ce matin la presse officielle.

« Depuis Genève, l'OMS avait affirmé hier qu'un nouveau coronavirus pourrait être à l'origine de l'épidémie apparue le mois dernier dans la grande ville de Wuhan (11 millions d'habitants).

« Une équipe d'experts "a établi de manière préliminaire" qu'un nouveau type de coronavirus était responsable de la maladie, a déclaré le chercheur Xu Jianguo, de l'académie chinoise d'ingénierie. "Un total de 15 cas positifs au nouveau type de coronavirus a été détecté", a précisé M. Xu, chef de l'équipe d'experts qui a étudié le pathogène.

« Les coronavirus forment une famille comprenant un grand nombre de virus qui peuvent provoquer des maladies le plus souvent bénignes chez l'homme, mais certains d'entre eux comme le SRAS (Syndrome de détresse respiratoire sévère) ou le MERS-CoV (Syndrome respiratoire du Moyen-Orient) ont entraîné de graves épidémies. Les autorités chinoises ont déjà écarté une réapparition du SRAS, qui avait durement frappé le pays en 2003 : cette maladie respiratoire hautement contagieuse avait à l'époque gagné de nombreux pays. Elle avait fait près de 800 morts, en majorité sur le territoire chinois.

« Le dernier bilan officiel de l'épidémie de Wuhan fait état de 59 personnes contaminées, chez qui la maladie s'est déclarée entre le 12 et le 29 décembre, dont 7 gravement atteintes, les autres étant dans un état stable. Huit autres patients guéris ont été autorisés à quitter l'hôpital, a annoncé *Chine nouvelle* mercredi. Les patients touchés ont été placés en quarantaine, selon la commission municipale de l'hygiène et de la santé de Wuhan. "Aucun patient n'est mort pour l'instant" a précisé la commission, dont l'enquête a permis de déterminer que plusieurs patients étaient des vendeurs d'un marché local spécialisé dans la vente en gros de fruits de mer et de poissons.

« Les premières informations sur les cas de pneumopathie à Wuhan – notamment l'activité, la localisation et le profil symptomatique des personnes affectées – indiquent qu'un coronavirus est un pathogène pouvant être à l'origine de cette accumulation de cas selon l'OMS.

« Les autorités chinoises ont déclaré que les tests en laboratoire permettent d'exclure le SRAS, le MERS, la grippe, la grippe aviaire ou un adénovirus. Le virus peut provoquer des troubles graves chez certains patients mais ne se transmet pas rapidement.

« Je te tiendrai informée des suites.

« Bonne journée,

« J. »

Cela n'attend à l'évidence pas de réponse particulière de ma part. La relation entre Jérôme Salomon et moi est fluide, nous venons du même monde hospitalier, sommes tous deux professeurs de médecine et nous nous comprenons à demi-mot. Je l'avais recruté pour diriger la DGS en 2018 et lui fais parfaitement confiance [14].

14. Le poste de directeur général de la Santé est l'un des plus difficiles à pourvoir au sein de l'administration. Il faut que la personne soit médecin, avec une formation scientifique, qu'il connaisse le fonctionnement de l'administration, soit un bon manager (la direction compte quatre cents personnes et coordonne nombre d'agences sanitaires), soit en capacité de gérer les situations de crises (médecin de santé publique ou infectiologue si possible), n'ait pas de lien d'intérêt avec l'industrie pharmaceutique (la DGS est en charge du secteur des médicaments) et accepte une certaine prise de risque (les DGS sont des fusibles fréquents du ministre et sont exposés à un risque pénal en cas de crise sanitaire, ce qui est une situation très rare pour les autres directeurs d'administration centrale).

Par ce mail d'allure plus officielle, JS me signifie qu'il suit le sujet de près et je sais qu'il montera immédiatement me voir dans mon bureau s'il a du nouveau.

Ce jeudi matin à l'Assemblée, les parlementaires ont prévu de me mettre sur le gril pour deux bonnes heures. Cette fois-ci les questions portent sur les mesures prises contre la désertification médicale et plus généralement sur le système de santé. Depuis ma prise de fonction, les questions sur ce sujet sont récurrentes. Le problème est grave, très préoccupant. Il n'y a pas assez de médecins en France à cause de la politique du *numerus clausus* [15] mise en place pendant les années 1970 à 1990 et que je viens de supprimer. Mais il faut compter neuf à onze ans pour former un médecin, par conséquent les projections montrent qu'il n'y aura pas un médecin de plus avant 2030, même en en formant plusieurs milliers par an. Le nombre de généralistes va même continuer à diminuer au cours des prochaines années, en raison des départs à la retraite que nous tentons de ralentir par des incitations comme l'augmentation du plafond du cumul emploi/retraite. Quarante ans d'inertie et de manque d'anticipation des gouvernements que nous payons au prix fort…

Il m'est impossible de tenir un tel discours publiquement. Cela reviendrait à un aveu d'impuissance, et, de la part d'un politique, c'est inaudible. Nous devons trouver des solutions.

Les réponses que j'ai apportées se trouvent dans la loi d'organisation et de transformation du système de santé, la LOTSS [16], un obscur acronyme difficile à retenir, le PR ayant décidé, dès son arrivée à l'Élysée, d'interdire aux ministres que les lois portent leurs noms [17] (comme c'était assez souvent le cas auparavant).

---

15. Littéralement « nombre fermé ». Il s'agissait d'un mécanisme permettant au ministère de la Santé de fixer par arrêté le nombre d'étudiants admis en deuxième année de médecine.

16. Loi d'organisation et de transformation du système de santé. Elle a été votée en juillet 2019 et se met tout juste en place au début de l'année 2020. Ce décalage de quelques semaines à quelques mois entre le vote d'une loi et son application s'explique par le temps nécessaire à la rédaction des décrets d'application, parfois extrêmement nombreux, et qui doivent également être visés par le Conseil d'État.

17. Au début du quinquennat, le président de la République a posé cette règle inédite : aucune loi ne porterait le nom d'un ministre. Si cela avait pour objectif de donner le signal d'une action politique d'intérêt public, cela a finalement été une erreur, plus personne ne se souvenant des réformes du quinquennat

Dès novembre 2017, j'avais souhaité m'attaquer à une transformation en profondeur de notre système de santé – anticipant ainsi les tensions faute de personnels soignants –, et à un réinvestissement dans les hôpitaux publics.

Les groupes de travail avaient été lancés par le PM en février 2018 et le PR avait conclu la concertation en septembre 2018 à l'Élysée en présence de tous les acteurs du monde de la santé. Le calendrier parlementaire chargé n'avait pas permis de voter la loi LOTSS avant l'été 2019. J'explique donc ce jour-là aux parlementaires que tout commence à se mettre en place [18], et que la loi vise à faire émerger des organisations de professionnels de santé plus efficientes sur les territoires, épargnant du temps médical – grâce à la création du métier d'assistant médical –, favorisant les coopérations entre professionnels, élargissant les missions des pharmaciens en santé publique (dépistages, vaccination, délivrance d'antibiotiques pour des pathologies fréquentes), créant des professions intermédiaires comme les infirmiers de pratiques avancées, remboursant les actes de télémédecine et imposant une gradation des hôpitaux sur les territoires. Il convient par ailleurs de repositionner les activités les plus spécialisées dans des hôpitaux de recours [19] en donnant ainsi de nouvelles missions pour les hôpitaux de proximité, la pénurie de médecins ne permettant plus le saupoudrage de l'ensemble des activités sur autant de sites. Ayant également porté la question fondamentale de la pertinence des soins sur le devant de la scène, ce plan cherche progressivement à sortir de la tarification à l'acte pour les professionnels libéraux ou à l'activité pour les hôpitaux, rémunération fondée sur des données purement quantitatives, pour aller vers une tarification forfaitaire autour de parcours de soins coordonnés, évalués sur leur qualité. Je leur explique que notre idée est de pouvoir passer ce cap très difficile d'une quinzaine d'années.

---

faute d'incarnation ; cette règle a projeté le Président en première ligne de tout, personnalisant le pouvoir à l'extrême.

18. Toute cette réorganisation qui se mettrait en place fin 2019 devait donner des résultats en quelques années, si le Covid n'était venu brutalement aggraver une situation déjà fragile.

19. Création des hôpitaux de proximité aux missions générales, sans chirurgie mais recevant des consultations avancées de médecins spécialistes, et identifiant des hôpitaux de recours aux plateaux techniques plus complexes.

En réalité, bien qu'ayant vu venir les difficultés sur le terrain comme soignante, et sachant exactement les transformations que je souhaitais mettre en œuvre en arrivant au gouvernement en mai 2017, les délais pour mener une réforme d'ampleur (nécessitant notamment le vote d'une loi) m'ont semblé très longs, compte tenu de l'urgence ressentie sur le terrain [20]. Dès le premier jour, j'ai eu le sentiment d'être arrivée au ministère un peu trop tard, de manquer de temps par rapport à l'urgence et de courir après les problèmes qui surgissaient partout [21].

Ce matin-là, à l'Assemblée, il me semble répéter la même réponse une vingtaine de fois, avec des nuances de style. De toute évidence, certains députés viennent juste poser leur question, se filment pour leurs administrés, écoutent ma réponse avec un intérêt poli et s'en vont.

En ce mois de janvier où la France est à feu et à sang sur la réforme des retraites, la journée se termine dans mon bureau par une réunion de préparation sur le projet de loi avec mon secrétaire d'État en charge, Laurent Pietraszewski, et son équipe. Quarante-deux régimes différents à harmoniser…

Bulletin du CORRUSS : il est signalé qu'une femme revenant de Singapour est décédée début janvier au CHU de Bordeaux dans un tableau respiratoire hémorragique après un syndrome grippal et des troubles digestifs, faisant craindre une pathologie infectieuse venue d'Asie ; l'enquête de microbiologie est en cours. Et toujours les problèmes de radiothérapie non réglés à Ajaccio.

---

20. Le plan de transformation « Ma Santé 2022 » a été présenté mi-2018 et le vote de la loi (LOTSS) n'est survenu qu'en juillet 2019 après deux itérations entre les deux hémicycles, et en raison des calendriers parlementaires contraints.

21. Malgré tout, la crise du système de santé étant essentiellement liée à un manque de professionnels, la seule direction possible était de travailler à une réorganisation et je m'y suis attelée. Il convient aujourd'hui d'accélérer la mise en œuvre de cette réforme qui a été freinée brutalement par le Covid.

Vendredi 10 janvier

Mail de JS à 9 h 19 : « Je t'adresse le *risk assessment* des autorités sanitaires européennes. Bonne journée. »

En document attaché, un rapport de l'ECDC[22] daté du 9 janvier qui est la source de son mail de la veille. Le document est bien trop long pour que j'aie le temps de le lire en intégralité ce matin.

Dans la semaine, un agenda de ministre laisse rarement des pauses de plus de cinq minutes, et encore, quand je réussis à convaincre mon cabinet de l'alléger. Certains jours, une des principales préoccupations est de pouvoir satisfaire aux besoins élémentaires. Je me souviens de mon officier de sécurité me poussant d'autorité dans des toilettes lors de visites qui s'éternisaient. La situation aurait pu être humiliante si elle n'avait été cocasse. Le président Chirac disait, paraît-il, cette phrase devenue célèbre au sein des gouvernements successifs : « Quand tu peux dormir, dors ! Quand tu peux pisser, pisse ! Et quand tu peux manger, mange ! » Cet adage, qui nous a été rappelé par Édouard Philippe à notre arrivée, sert de kit de survie.

Je prends tout de même le temps de lire la synthèse en gras destinée à l'Europe, intitulée *Risques pour les voyageurs, d'introduction et de diffusion ultérieure en Europe* : « Étant donné qu'il n'y a aucune indication de transmission interhumaine, le risque pour les voyageurs est considéré comme faible. Pour la même raison, et comme aucun cas n'a été détecté en dehors de Wuhan, la probabilité d'introduction dans l'UE est considérée comme faible, mais ne peut être exclue. Par conséquent, le risque de propagation au sein de l'UE en cas d'identification d'un cas est considéré comme faible à très faible. » L'agence européenne n'a pas l'air trop inquiète.

---

22. L'European Center for Disease Prevention and Control (Centre européen de prévention et de contrôle des maladies) est une agence de santé publique de l'Union européenne fondée en 2005. Sa mission est de protéger les citoyens européens (500 millions de personnes environ) des maladies infectieuses. Elle collecte des informations sur près de 50 pathogènes (allant de la tuberculose au VIH, en passant par la rougeole ou les hépatites). Elle est en charge d'évaluer les risques en cas d'émergence épidémique (*risk assessment*) et d'émettre des recommandations pour les pays de l'Union. Son siège est situé à Stockholm, elle emploie environ 300 personnes.

Cette journée est particulière. C'est celle tant attendue de négociation avec les organisations syndicales sur le projet de loi « retraites ». Il faut impérativement sortir de la grève qui n'a que trop duré. Toutes les chaînes de télévision sont au pied des marches de Matignon dès 9 heures du matin pour obtenir les commentaires des uns et des autres. Je passe devant les journalistes sans m'arrêter, dossier sous le bras et sourire de mise, pour monter dans le bureau du Premier ministre où nous allons passer les huit prochaines heures à discuter avec chacun des représentants syndicaux.

Ils défilent dans la cour, entourés de leurs équipes, et répondent à la presse à l'entrée, puis à la sortie. Ce matin, Édouard Philippe est impassible. Depuis longtemps, j'adapte mon comportement à ses boutons de manchettes qui me permettent de décoder son humeur du jour. Aujourd'hui, il a clairement décidé de représenter l'État. Il arbore ceux en forme de rosette tricolore, symbole des institutions. Il est vrai que les rouges, montrant deux gants de boxe, n'auraient pas été de très bon goût ! Même s'il lui arrive de plaisanter avec certains syndicalistes, la tension reste perceptible.

Nous sommes assis dos à la fenêtre, à contre-jour, les représentants entrent à tour de rôle et prennent place en face de nous. La belle pelouse bordée d'arbres centenaires de Matignon s'étire derrière nous et attire leur regard. Je remarque que le PM est à l'écoute et très concentré. Il pose chaque fois la même série de questions préparée à l'avance, dont l'objet est de déterminer les limites de chacun. Le secrétaire d'État et moi intervenons ponctuellement.

La journée est dense, mais jamais pesante. Plutôt austère. De simples verres d'eau, pas de café. On ne peut pas dire que ce soit d'une folle convivialité. L'objectif est de connaître les lignes rouges de chacun, de trouver des points de convergence sur lesquels nous pourrions progresser ensemble, dans les concertations à venir. Évidemment, l'âge pivot ou âge d'équilibre du système autour de 64 ans, qu'il intervienne dès la période de transition ou une fois la réforme mise en œuvre, et la façon d'atteindre l'équilibre financier en 2025 sont au centre des discussions. Mais d'un syndicat à l'autre, l'accent est chaque fois mis sur des points très variés, en fonction des corps de métiers qu'il représente, obligeant chacun d'entre nous à une attention soutenue. Je prends un cahier entier de notes afin d'orienter mes équipes au mieux sur les voies de passage pour les dernières négociations. Après avoir longuement débriefé avec le secrétaire d'État et le PM, je quitte Matignon vers 19 heures. Malgré la fatigue, cette journée a été passionnante.

Dans le grand escalier en pierre qui descend du bureau du PM vers les huissiers de la garde républicaine situés au rez-de-chaussée, je reçois alors l'information du jour. Elle confirme que les scientifiques chinois ont bien identifié le virus en cause de l'épidémie. Ce serait un coronavirus d'un type nouveau. Peut-être ont-ils déjà la séquence génétique. Jérôme Salomon me le dira.

Pendant le cours trajet qui me ramène au ministère, le bulletin du CORRUSS déverse son lot journalier de problèmes sanitaires : grippe dans un EHPAD, un tiers des résidents touchés ; bactérie multirésistante dans un bloc opératoire ; décès d'un patient renvoyé des urgences.

Pour la première fois, un chapitre est dédié au coronavirus.

De son côté, l'OMS publie ses premières orientations techniques, des conseils pour détecter des cas, et rappelle « que les données factuelles laissent penser qu'il n'y a pas de transmission interhumaine ou que celle-ci est limitée [23] ».

Après avoir organisé au ministère un comité technique intersecteurs dédié au nouveau virus, Jérôme Salomon diffuse un premier message d'alerte aux agences régionales de santé et aux sociétés savantes (réanimateurs, urgentistes, médecins de santé publique, infectiologues) [24] pour leur indiquer comment repérer des cas suspects selon les recommandations de l'OMS et de l'ECDC. Ce

23. Des cas de transmissions interhumaines limitées ont été observés dans certaines zoonoses comme la grippe aviaire H5N1 au sein des familles d'ouvriers agricoles atteints.

24. Les messages qui partent du CORRUSS ou de la DGS sont nommés : MIN SANTÉ (instructions données aux agences régionales de santé), DGS-URGENT (messages d'alerte qui part de la boîte mail du DGS pour informer tous les professionnels de santé inscrits : médecins, pharmaciens, infirmières, kiné, dentistes, sage-femmes…, plusieurs centaines de milliers de professionnels) et MARS (messages d'alerte rapide de santé à destination des établissements de santé, comme les hôpitaux, les EHPAD, ou bien les réseaux de collectivité de la petite enfance).

message leur donne la conduite à tenir : les personnes arrivant de Chine avec des symptômes ne doivent pas se rendre aux urgences ou chez le médecin, il leur est recommandé d'appeler le 15 pour s'isoler, de se faire tester [25] et de tracer les cas contact.

Le dispositif classique de communication et d'information à l'intention des passagers arrivant de Chine à Roissy (tous les vols directs y convergent) est également déployé, comme recommandé par le règlement sanitaire international pour les épisodes épidémiques internationaux.

L'OMS publie son premier avis concernant les voyages et les échanges commerciaux internationaux en rapport avec la flambée épidémique de pneumonie causée par un nouveau coronavirus en Chine [26] : les orientations techniques et les conseils pour les voyageurs ne recommandent pas de mesures spécifiques à l'entrée des pays en dehors d'une information, et l'OMS rappelle que les « données factuelles laissent penser qu'il n'y a pas de transmission interhumaine ou que celle-ci est limitée ».

Samedi 11 janvier

- Premier décès en Chine et publication de la séquence génétique du virus.

La tension reste intense dans le pays. Les transports nationaux, SNCF et RATP, sont toujours en grève pour faire reculer le gouvernement au sujet des retraites, c'est une des pires grèves que les Français aient jamais eu à affronter. Ils n'en peuvent plus. Les journaux télévisés ne parlent que de cela.

Malgré tout, me voilà contrainte d'annuler le rendez-vous prévu lundi matin avec Geoffroy Roux de Bezieux, président du MEDEF. La crise hospitalière que je gère en parallèle des retraites commence

25. À cette date, les tests PCR n'ont pas encore été produits ; il s'agit là d'identifier le virus par technique de séquençage et de voir s'il est identique à celui de Wuhan.

26. « WHO advice for international travel and trade in relation to the outbreak of pneumonia caused by a new coronavirus in China », Covid-19 Travel Advice, World Health Organization, 10 janvier 2020.

à prendre de l'ampleur avec la démission administrative de chefs de service et m'oblige à partir en province. Mon mot lui dit en substance : « J'espère que ce WE sera celui de l'issue à la crise actuelle que vivent durement les Parisiens. » Mon objectif est que le patronat ne mette pas la barre trop haut en termes de lignes rouges pour ne pas bloquer la négociation en cours. Il me faut traiter avec tout le monde et réussir à faire converger les irréconciliables.

Sa réponse est encourageante : « Je souhaite aussi ce compromis et je suis optimiste. »

Le cabinet d'Édouard Philippe à Matignon rédige depuis hier soir une lettre aux organisations syndicales pour trouver une voie de sortie de grève. Chaque mot doit être pesé pour garder toutes les options ouvertes. C'est le point d'orgue de la négociation. Si tout le monde s'accorde sur les termes de ce courrier, le Premier ministre fera une grande allocution au 20 heures dimanche soir.

Moi au PM 11 h 58 : « Bonjour Édouard, j'espère que le "wording" qui convient à tout le monde pour le courrier a pu être trouvé hier soir et que tu pourras conclure la séquence "compromis" demain soir au 20 heures comme souhaité.

« Je me permets de t'alerter sur une épidémie à Wuhan en Chine qui sévit depuis quinze jours et vient de faire un premier mort. Il s'agit d'un nouveau virus de la famille des coronavirus (même famille que le SRAS et le MERS-CoV responsables de célèbres épidémies…). Pour l'instant il n'y a pas de transmission interhumaine évidente. On suspecte le laboratoire P4 de Wuhan de manipuler les virus. Le MAE (ministère des Affaires étrangères) est parfaitement au courant. Je te raconterai un jour de vive voix les enjeux de sécurité et les batailles autour de ce P4… Bref, nous prenons des dispositions dans les aéroports pour les vols directs de Wuhan avec des pratiques de détection de la fièvre. Les ARS sont prévenues. Je suis cela de très près.

« Bonne journée. »

PM 12 heures : « OK Merci, Te tiens au courant sur les dernières discussions qui avancent bien. »

Comme à mon habitude et pour le bon fonctionnement de l'État, je double immédiatement ce SMS du même message au PR :

« Monsieur le Président, petite information qui n'est pas encore dans les médias mais peut monter. Une épidémie nouvelle sévit en Chine depuis quinze jours, tout semble provenir d'un marché aux poissons de Wuhan. Il s'agit d'un virus de la famille des coronavirus (même famille que le SRAS et le MERS-CoV responsables de célèbres épidémies). La transmission interhumaine n'a pas l'air évidente mais il y a eu un premier mort hier. La Chine prend des dispositions de portiques détecteurs de fièvre dans les aéroports au départ de Wuhan et nous alertons les acteurs sur le sol français (aéroports, Samu et ARS). L'OMS suit l'évolution à l'échelon international. Pour nous, il y a une interrogation autour du rôle joué par le laboratoire P4… Je vous raconterai de vive voix les enjeux de sécurité autour de ce P4. Je voulais juste vous prévenir que je suis de près ce dossier et que je vous tiendrai au courant si cela évolue. Par ailleurs la journée d'hier sur les retraites était comme vous le savez très positive. Bien à vous. »

PR : « Merci chère Agnès avec mon amitié. »

À 14 heures, après une relecture attentive de la lettre aux organisations syndicales envoyée par Matignon pour trouver une sortie de crise, j'écris un mot très enthousiaste au Premier ministre. Vu le caractère sensible du sujet, ce courrier a vraiment été travaillé au cordeau par son cabinet, et probablement par son directeur de cabinet lui-même. Je suis impressionnée.

Moi au PM 15 heures : « Édouard, le courrier est vraiment excellent. Il n'y a pas une virgule à changer. Bravo. Bon WE. »

Dimanche 12 janvier

Les médecins hospitaliers font monter la pression sur le gouvernement et le PR s'interroge.

PR 18 h 40 : « Chère Agnès dois-je m'inquiéter du mouvement de démissions collectives qui s'annoncent et comment réagir ? »

Moi 19 heures : « Monsieur le Président, je vais les recevoir en fin de semaine, cela vient du collectif Inter-Hôpitaux animé par des médecins de La Pitié-Salpêtrière[27]. »

27. Voir les explications plus précises à la date du 19 janvier.

Le président de la République me répond peu avant minuit :

PR 23 h 45 : « OK, clair. Merci beaucoup pour les tarifs hospitaliers et l'ONDAM[28], faites-moi passer des chiffres depuis douze ans. Je trouve qu'on doit se défendre sur ce qu'on a fait ; à fond. Et précisément. Attention par ailleurs aux infirmières libérales. Preneur de vos lumières là-dessus. Amitiés. »

Je m'y mets bien sûr. Il aura un graphique des budgets alloués aux hôpitaux depuis quinze ans, nous sommes les premiers à redresser la barre.

Semaine 2

Lundi 13 janvier

Matinale de France Info. Je déteste ce plateau. On y est trop mal installé. Le bureau est doté d'un angle aigu qui entre dans le sternum et l'air glacé de la soufflerie atterrit directement dans la nuque. L'un de leurs objectifs doit être de donner un air crispé aux invités. Les questions du journaliste portent sur la grève des hôpitaux, la réforme des retraites et l'hypothèse d'un éventuel 49-3… mon quotidien de janvier 2020.

Puis, avec plusieurs membres de mon cabinet qui m'attendent en bas de la maison de la Radio, nous partons en toute hâte pour le Centre hospitalier de Corbeil-Essonnes. L'objectif est de mettre en lumière le plan Hôpital dont le budget vient d'être adopté en décembre par le Parlement. Cet établissement a, par exemple, reçu cette semaine près d'un million d'euros pour l'achat de petit matériel du quotidien par les équipes ; je leur explique l'augmentation des tarifs des hôpitaux qui vient d'être votée, ainsi qu'une nouvelle dotation de 150 millions dès janvier pour l'achat de petit équipement à la main des chefs de service, et la reprise annoncée d'un tiers de la dette hospitalière, soit 10 milliards. Lors de la réunion avec l'ensemble des équipes, je me rends compte qu'ils n'ont jamais entendu parler de ces mesures qui les concernent pourtant directement. Consciente de l'opacité de certaines décisions dans plusieurs

28. Objectif national de dépenses de l'Assurance maladie.

hôpitaux, j'avais exigé que ce budget aille entièrement dans les services et soit géré par les équipes.

En fin de visite, trois médecins signataires de la pétition me demandent un rendez-vous. Je reconnais l'un d'entre eux qui a été mon interne en hématologie à Necker. Nous nous enfermons tous les quatre dans un petit bureau pendant une quarantaine de minutes. Ils sont épuisés, en colère. Évidemment, je ne peux que les comprendre, et j'aurais sans doute été comme eux si j'étais restée à l'hôpital. Ils réclament plus de lits, plus de médecins, plus d'infirmiers, plus de personnels. On en revient au cœur du problème : il n'y a pas assez de médecins, partout, quelle que soit la spécialité, et en ville comme à l'hôpital. Les postes sont ouverts, mais les candidats ne se présentent pas et ils ne se présenteront pas avant de longues années. Et selon les régions ou selon les établissements, comme à Paris pour des raisons de pouvoir d'achat, il faut y ajouter aussi – et surtout – un manque d'infirmiers ou d'autres professionnels clés (kinésithérapeutes, infirmiers de blocs opératoires [IBODE]...). La pénurie de soignants est partout. Il aurait fallu en former plus. Les solutions attendues, qui se résument à des recrutements, sont donc impossibles. Ils ne m'entendent pas, ils sont à bout de nerfs. Mes réponses leur paraissent technocratiques, macroéconomiques, déconnectées. Ils réclament des augmentations de salaires. Non seulement nous disposons d'un budget contraint, mais une hausse des salaires ne suffirait pas à créer des soignants qui n'existent pas ni à rendre l'hôpital suffisamment attractif pour fidéliser les personnels. Leur montrer du respect, c'est aussi investir pour que les conditions de travail, les locaux, le matériel soient d'excellente qualité et donnent envie aux professionnels de rester.

Sur le chemin du retour, je fais part à mon équipe d'une réflexion qui m'est venue avec les années. Il y a beaucoup de souffrance à l'hôpital, c'est incontestable. Mais ce qui n'est pas dit explicitement par les soignants est parfois plus important encore que l'exaspération exprimée au travers des revendications matérielles. Les équipes médicales parlent légitimement de la charge de travail, de l'organisation souvent dysfonctionnelle, du matériel obsolète, de la déresponsabilisation, du manque de reconnaissance. Tout cela est une réalité. Mais, ils ne peuvent pas dire à quel point ces métiers sont exigeants et douloureux psychiquement, à quel point un soignant, malgré sa formation, peut être désarmé devant les situations humaines qu'il a à affronter et à quel point tout cela est épuisant. Surtout à l'hôpital public, qui gère les cas les plus graves et les personnes les plus précaires.

Plusieurs fois dans ma vie je me suis dit que je ne pouvais plus continuer, trop bouleversée par ce que j'avais à gérer. Je me souviens de cette femme atteinte d'une leucémie dont nous avions provoqué l'accouchement prématurément pour pouvoir lui faire une chimiothérapie en urgence. Sa leucémie était résistante à tout et elle savait qu'elle allait mourir. Le papa lui a amené leur bébé qui sortait de réanimation néonatale. Je leur ai prêté mon bureau pour que cette femme puisse donner à son enfant ce seul et dernier biberon. Quand ils en sont sortis et se sont séparés, le silence entre eux m'a longtemps hantée. D'autres soignants vivent d'autres douleurs : les abandons de personnes âgées, les violences conjugales, les maltraitances d'enfant ; ils accompagnent le handicap sévère, les maladies dégénératives, les maladies génétiques néonatales, ou prennent en charge des accidents de la circulation dévastateurs. Chaque spécialité a son lot de drames. Tout cet indicible et ce sentiment d'impuissance sont lourds à porter pendant toute la durée d'une vie professionnelle.

Face à cette charge mentale, certains d'entre eux s'endurcissent, mais ceux qui ne le font pas s'épuisent. Ce métier de soignant n'est pas un métier comme un autre. Comment traduire cela dans une politique publique de revalorisation salariale qui doit redonner du sens au travail et tenir compte des grilles figées de la fonction publique ? Les membres de mon cabinet, compatissants, n'ont pas la réponse.

Ce lundi soir, les trois secrétaires d'État et moi-même avons organisé la cérémonie des vœux du ministère dans le hall du Palais de la découverte. Enfant, c'était mon lieu de visite favori, un musée dédié aux expériences et à la science ! Ce soir, tout le monde de la santé est présent, agences, syndicats, ordres, et l'ambiance est plutôt bon enfant. Des vœux sereins où l'on peut parler du fond des réformes et échanger autour d'un verre. Ce ne sera pas le cas de mes autres collègues ministres dans le courant du mois de janvier qui ne pourront pas tenir leurs cérémonies des vœux [29]. En ce mois de janvier 2020, nous ne pouvons pas oublier que le pays est radicalement tendu.

Le soir, le bulletin du CORRUSS annonce un incendie dans un EHPAD, la reprise de la dengue à Mayotte, et fait un point de situation sur le coronavirus en Chine [30].

Mardi 14 janvier

Christelle Dubos, la secrétaire d'État en charge de la famille, des personnes âgées et de la pauvreté, me remplace au Sénat pour les questions écrites au gouvernement : augmentation du prix des médicaments/ Baisse de candidats dans les sessions de formation d'aide-soignant/ Fermeture du service d'urgence de nuit de l'hôpital de Sisteron/ Financement des services d'aide et d'accompagnement à domicile en Lot-et-Garonne/ Nouveau modèle tarifaire départemental des allocations de solidarité/ Extension des effets du fonds de garantie aux accidents médicaux/ Situation alarmante du centre hospitalier du Rouvray à Sotteville-lès-Rouen/ Consultations externes proposées par les hôpitaux de proximité dans les territoires sous-dotés/ et de nouveau les pénuries de médicaments.

Si je cite ces questions posées par les parlementaires au Sénat ce 14 janvier, c'est parce que ce ministère accumule le plus grand nombre de questions d'élus de tous les ministères. Près de 50 % des courriers écrits au gouvernement concernent les affaires sociales et la santé. Les administrations centrales et les ARS sont sous la pression des relances du cabinet. Elles passent un maximum de temps à répondre aux courriers, et parfois, je dois l'admettre, avec des mois de retard lorsque la question est compliquée. J'ai à mes côtés un

29. Il y a eu plusieurs effractions de Gilets jaunes ou de syndicats à l'occasion des vœux de différents ministères, notamment ceux de la ministre des Sports Roxana Maracineanu, ou encore ceux d'Olivier Dussopt et de Franck Riester, contraints d'annuler leurs vœux à la suite de l'opposition de syndicats à la réforme des retraites.

30. Une information ne circule pas encore chez nous et je l'apprendrai bien plus tard : un premier cas de coronavirus a été détecté hors de Chine, en Thaïlande, chez une femme de 61 ans ayant visité un marché à Wuhan similaire au marché aux poissons.

bureau de huit assistantes sociales qui traitent les cas désespérés de personnes qui font appel à la ministre en dernier recours. Ce bureau avait été mis en place par Simone Veil en son temps, attentive à toutes ces détresses. Plus de vingt-cinq secrétaires s'occupent des courriers qui sont uniquement adressés à la ministre. Il y en a plusieurs milliers par mois. Ma cheffe de cabinet me transmet ceux qu'elle estime importants, signalés par ces mêmes secrétaires.

Ce ministère est magnifique par ses missions qui touchent au plus près l'humain, et démentiel par son ampleur. Chaque raté, chaque réponse, peut entraîner un drame. Le Président et le Premier ministre avaient refusé de céder sur le nombre de membres de cabinet lorsque nous avions été nommés en mai 2017. Dix personnes et pas une de plus, quel que soit le ministère… quand la ministre qui m'a précédée avait un cabinet de plus de cinquante personnes. Devant un début de rébellion des ministres, un décret avait été publié à la hâte dans la nuit afin de clore le débat. Ce fut une erreur à bien des égards.

Ce mardi matin, je me concentre sur un petit-déjeuner programmé de longue date avec le rapporteur général du budget, le député Laurent Saint-Martin, qui préside la commission des finances de l'Assemblée. Ce rendez-vous est primordial car je sens quelque coup de Trafalgar se tramer en coulisses. Une bataille très dure se joue depuis un an entre les budgétaires de Bercy et le ministère des Solidarités et de la Santé. Bercy voudrait fusionner le budget de l'État, issu des impôts et de la TVA, et celui de la Sécurité sociale, issu majoritairement des cotisations sociales et de la CSG. Ils se reposent pour cela sur un rapport de la Cour des comptes qui critique le fait que les parlementaires n'ont pas accès à une vision intégrée des finances publiques, ce qui est vrai. En effet, une partie – le budget de l'État, qui couvre les dépenses des ministères – est discutée dans le projet de loi de finances (PLF), alors qu'une autre partie non négligeable – le budget de la Sécurité sociale, qui finance les prestations sociales – se discute à l'occasion du projet de loi de financement de la Sécurité sociale (PLFSS). Il s'agit de 585 milliards d'euros redistribués sous forme de prestations, soit la moitié des dépenses de la nation. Mais la fusion de ces deux budgets, souhaitée par certains, signifierait que les prestations sociales seraient arbitrées par Bercy au même titre que le reste du budget. La Cour des comptes estime à juste titre que toutes les taxes et charges sortent de la même poche, celle des Français, et que ces deux budgets représentent, de fait, de la dépense publique (qu'il s'agisse de l'armée, de l'éducation, de l'assurance maladie ou de prestations familiales), des dépenses qui doivent dans leur globalité répondre aux fameux critères de stabilité imposés par Bruxelles [31]. Mais une fusion des deux budgets aurait des implications majeures. La Sécurité sociale risquerait d'évoluer d'un système assurantiel, de type bismarckien à la française, financé par les cotisations sociales, à un système beveridgien à l'anglo-saxonne, financé par les impôts.

Cela peut paraître très technique, mais ce changement de doctrine aboutirait à déresponsabiliser les acteurs de la Sécurité sociale dont le mode de gouvernance est paritaire et qui sont garants d'un budget à l'équilibre même si leur rôle a considérablement diminué depuis quelques années. De surcroît, les arbitrages du ministre du Budget mettraient en concurrence le budget de l'État, qui est le budget de fonctionnement des différents ministères, avec le budget de redistribution des prestations de la Sécurité sociale. Cela conduit à des systèmes plus durs socialement. J'y suis évidemment totalement opposée. Je ne suis pas devenue ministre des Solidarités et de la Santé pour prendre le risque d'affaiblir notre modèle de protection sociale.

Même si notre discussion est un peu froide, le nouveau rapporteur se montre tout aussi prudent ; il souhaite juste que les deux textes budgétaires PLF et PLFSS fassent l'objet d'une discussion commune au Parlement sur les recettes, ce qui me semble acceptable.

Après une séance de préparation du séminaire gouvernemental du lendemain avec mon cabinet, je pars en courant à l'Assemblée, comme tous les mardis. La séance des questions au gouvernement commence à 15 heures précises. Les quatre questions qui me sont

31. Les critères de convergences de Maastricht comportent plusieurs points, dont un déficit cumulé des dépenses de l'État, des collectivités territoriales et des prestations de la Sécurité sociale (pensions de retraite, chômage, assurance maladie et allocations familiales) qui ne doit pas dépasser 3 % du PIB, et une dette publique (l'ensemble des emprunts contractés par l'État et l'ensemble des administrations publiques, dont les organismes de Sécurité sociale) inférieure à 60 % du PIB. En ce moment du quinquennat, ces critères sont l'objet de toute l'attention du gouvernement.

destinées portent sur la situation dans les hôpitaux publics et sur la grève administrative des chefs de service qui font la une de nombreux journaux.

Je reviens vers 17 h 30 au ministère, où les représentants des doyens des facultés de médecine ont été conviés. J'attends qu'ils me fassent part de propositions pour sortir de la crise en cours et espère discuter avec eux des mesures pour l'hôpital annoncées à l'automne dernier. La mise en œuvre rapide des décisions prises requiert toute mon attention car je sais à quel point ce déroulé des mesures financières peut être ralenti par les multiples strates administratives, de Bercy aux directions hospitalières en passant par le ministère et les ARS. Je veux que les soignants des services voient l'argent frais arriver dès ce mois de janvier. C'est ma priorité du moment.

Dans la presse, les gros titres annoncent « la démission inédite des médecins hospitaliers », laissant entendre que les hôpitaux seraient désertés. Ce raccourci des journalistes que je lis partout m'agace au plus haut point ; il est anxiogène pour la population et ne rend pas compte de la situation. Car ces médecins ne quittent pas leurs postes, ils refusent simplement d'assurer leurs fonctions administratives ; concrètement, ils ne répondent plus aux mails et ne viennent plus aux réunions organisées par la direction. Mais ils continuent bien sûr à exercer leur métier de soignants.

J'apprends par ailleurs que certains pédiatres de Necker ont envisagé de donner une conférence de presse pour dénoncer le nombre d'enfants morts à l'hôpital, à cause, selon eux, du manque de moyens ou de personnel. Si l'on meurt aujourd'hui par faute de moyens à l'hôpital Necker-Enfants malades, épicentre de l'élitisme mandarinal[32] et de la recherche en pédiatrie, hôpital où l'on compte plus de professeurs de médecine par malades que dans tous les autres hôpitaux de France, alors que peut-on espérer dans

32. Je peux me permettre de le dire, ayant réalisé l'essentiel de ma carrière et ayant été nommée professeur de cet hôpital le mieux doté de France, même si le manque d'infirmiers à Paris est un problème majeur pour faire tourner les services. La situation s'est beaucoup dégradée en quelques années, et surtout depuis la pandémie.

d'autres régions ou dans d'autres pays ? La déontologie élémentaire a heureusement rattrapé ces pédiatres, leur conférence de presse n'a pas eu lieu.

Personne ne semble mesurer que les élections des professionnels à la commission médicale d'établissement (CME) de l'AP-HP[33] qui se tiennent cette semaine sont la cause de cette radicalisation du discours des médecins parisiens. C'est la surenchère entre les candidats. Ainsi, comme en politique, dans la période actuelle, le plus véhément gagnera sûrement.

Pour finir la journée, j'ai accepté un dîner/débat auprès d'un *think-tank* féminin, Le Siècle des femmes, pour présenter debout, micro à la main, le ministère et les réformes.

En sortant vers minuit, je me sens épuisée. Dans la voiture, comme tous les soirs, je parcours le bulletin du CORRUSS : problème d'approvisionnement du vaccin BCG, utilisé pour traiter les cancers de la vessie, sans aucune visibilité sur le retour à la normale ; toxicité sanguine de compléments alimentaires ; décès accidentel d'un nouveau-né dans une maternité ; et un point sur Wuhan.

L'OMS tweete ce jour-là : « Les enquêtes préliminaires menées par les autorités chinoises n'ont trouvé aucune preuve claire de transmission interhumaine du nouveau coronavirus (2019-nCov) identifié à Wuhan en Chine. » Voilà une information très rassurante.

Jérôme Salomon décide tout de même d'envoyer le premier message d'alerte sanitaire rapide (MARS) aux établissements de santé et médico-sociaux, ainsi qu'un message DGS-urgent aux 800 000 professionnels de santé libéraux pour les mettre en éveil dans l'hypothèse où nous recevrions des cas venant de Chine.

33. Assistance publique des Hôpitaux de Paris, qui regroupe trente-neuf hôpitaux essentiellement franciliens. J'y ai fait toute ma carrière de médecin en tant que praticienne hospitalière puis professeure d'hématologie.

Mercredi 15 janvier

Il est prévu un Conseil des ministres très court. Le président de la République prend la parole à l'occasion d'un point sur la nomination des nouveaux préfets, tous issus du sérail, cela l'agace. Il nous demande d'améliorer la parité et d'instiller du changement au sein de nos administrations. Nous serions trop frileux dans les nominations, trop classiques. Il souhaiterait que nous allions chercher un vivier de jeunes pour les faire progresser, que nous améliorions le décloisonnement entre nos administrations, ainsi qu'entre les administrations centrales et le terrain. Ce n'est pas faute d'essayer depuis deux ans, mais il n'y a pas foule pour postuler aux postes de responsabilité, car le travail en administration centrale est considérable et parfois rébarbatif.

Les réductions de postes depuis des années font reposer la charge de travail sur quelques personnes expérimentées et qui n'ont pas toujours des équipes étoffées pour les épauler. Il est compliqué, voire impossible, de licencier les fonctionnaires les plus usés et désabusés. Les directeurs d'administration centrale ont des horaires extensibles, ils peuvent sauter à chaque Conseil des ministres. Une fois dans le secteur public, et pendant trois ans, la commission de déontologie leur interdit d'aller dans le secteur privé de leur compétence. Et quand ils viennent du secteur privé, les salaires sont sans aucune commune mesure avec ce qu'on leur propose ailleurs. On ne peut pas dire que nous soyons très attractifs [34]. Il faut vraiment avoir la vocation.

Ce Conseil des ministres se poursuit par un séminaire de travail. L'ensemble du gouvernement a été convié à l'Élysée et les secrétaires d'État nous ont rejoints. Dans le salon Murat, autour d'une table tout en longueur, nous débattons des priorités des chantiers législatifs à mener au cours du prochain semestre. Il ne reste que deux ans avant la fin du quinquennat. Sachant qu'il faut six à douze mois pour faire passer une loi, toutes n'auront pas leur place dans le calendrier législatif. À l'heure des choix, la fébrilité est palpable autour de la table. Les ministres qui n'ont pas encore pu marquer

34. Au ministère de la Santé, cette situation s'est considérablement aggravée depuis la crise du Covid, de nombreux postes restant vacants longtemps. À mon arrivée, j'ai eu la chance de pouvoir recruter des directeurs d'une compétence remarquable, et ils ont été incroyablement dévoués à leur mission.

leur secteur par leur empreinte se raidissent, chacun cherchant à laisser une trace. Quand on s'engage en politique, c'est avec l'ambition de faire changer les choses. Mais je ne me sens pas trop concernée par les débats en cours, j'ai déjà pu faire passer plusieurs lois qui comptaient à mes yeux, et celle sur les retraites est prioritaire. Par ailleurs, la loi de bioéthique suit son parcours au Sénat. Enfin, il me semble également impossible d'échapper à une loi sur le grand âge cette année, sauf à avoir un nouveau secteur en crise. Chacun pousse ses sujets à coups d'arguments, souvent très pertinents. Nous parlons territoires, décentralisation, déconcentration, loi constitutionnelle, et nous savons que les élections départementales et sénatoriales à venir vont percuter tout ce que nous programmons.

Le président de la République écoute les arguments de chacun mais l'arbitrage se fera plus tard, en concertation avec le Premier ministre. Avant de conclure, le PR nous exhorte à nous rendre sur le terrain pour expliquer l'action gouvernementale, valoriser ce qui a déjà été accompli et vérifier la mise en œuvre effective des réformes pour les Français, ce qu'il appelle souvent « le dernier kilomètre », si difficile à parcourir pour changer concrètement le quotidien des gens. La nécessité d'aller au contact du terrain est une évidence. Les journaux bruissent d'un remaniement après les municipales, fin mars, toute grande élection rebattant les cartes et nécessitant souvent de réajuster l'équipe gouvernementale. Dans ce contexte, chacun a à cœur de répondre aux demandes du PR, je ne vois pourtant pas quand des visites en province trouveraient leur place dans mon agenda. De plus, en ce mois de janvier, je ne suis vraiment pas inquiète pour mon avenir au sein du gouvernement.

Nous finissons à 14 heures. Le collectif gouvernemental s'éparpille autour du buffet pour se détendre. Malheureusement pas moi. Une audition parlementaire publique, animée par le rapporteur Damien Abad, de la mission d'information sur l'incendie du site industriel de Lubrizol à Rouen, commence à 14 h 30. Après avoir avalé trois crevettes trempées dans une sauce cocktail en ayant peur de me tacher, je quitte en courant mes collègues qui discutent par petits groupes autour des tables hautes habillées de longues nappes blanches sur lesquelles sont posés quelques verres. Je serais bien restée pour un café ! Mais, dans la voiture qui me conduit à l'Assemblée, je dois me concentrer sur mes notes pour me rappeler des actions qui ont été menées heure après heure et jour après jour. Les prélèvements effectués ont été nombreux et divers : entre l'air, les surfaces, l'eau et le lait des vaches normandes ; entre les différents toxiques recherchés, ceux que l'on connaît comme la dioxine et ceux que l'on imagine pouvoir être issus de la combustion de toutes ces matières ; entre les mesures de surveillance sanitaire immédiates de la population et celles différées ; et enfin entre les différentes actions d'information du grand public ou des professionnels de santé. J'ai intérêt à être claire car il est évident que l'opposition cherche son scandale du mois.

Comme je ne peux être présente au banc, Christelle Dubos me remplace au Sénat pour les deux questions au gouvernement portant sur la « démission » des 1 200 médecins hospitaliers.

Après la commission d'enquête qui se déroule finalement sans difficultés, retour au ministère pour le discours d'ouverture de la séance d'un film que j'avais décidé de faire projeter dans l'amphithéâtre du rez-de-chaussée. Il est dédié à la célébration, cette semaine, des 45 ans de la loi Veil. Ce film magnifique, *Que Sea Ley*, nous est présenté en personne par le réalisateur argentin. Il porte sur le dur combat des femmes de son pays pour accéder à l'IVG.

Au beau milieu de la séance, discrètement posé sur mes genoux, mon portable s'éclaire. Il s'agit d'un message de Jérôme Salomon.

Il est 20 h 29 : « Chère Agnès, nous avons été informés ce soir par le Samu de Metz de l'hospitalisation à Nancy d'un homme de 39 ans avec pneumonie sans critère de gravité mais rentrant de Wuhan et classé comme atteint d'une possible infection à v2019 coronavirus chinois ; pas d'inquiétude clinique à ce stade et procédure d'isolement mise en place dans un service d'infectiologie référent pour le risque épidémique et biologique bien équipé d'un CHU Établissement de santé de référence. Je te tiendrai informée des suites. »

Un cas suspect venant de Wuhan avec des signes pulmonaires a donc été hospitalisé en isolement dans un établissement de première ligne dédié[35]. Tous les prélèvements sont en cours, il ne nous reste plus qu'à patienter… en croisant les doigts.

35. Un établissement de première ligne est un hôpital comprenant un service d'urgence, un service de maladies infectieuses et une réanimation.

Comme prévu, je quitte la séance en plein milieu pour rejoindre le secrétaire d'État à la réforme des retraites. Il m'attend au dernier étage pour présenter le projet de loi organique à la trentaine de députés présents autour d'un buffet dînatoire. Ces derniers piétinent debout dans les salons du ministère depuis déjà trop longtemps. Le temps de trajet de l'ascenseur me permet de me reconcentrer sur l'épineux dossier des retraites et de regarder les quelques fiches techniques que me tend mon conseiller.

Jeudi 16 janvier

Au réveil, je n'ai pas oublié que nous avons un premier cas suspect à Nancy… Ce matin, j'attends donc un peu anxieuse les résultats des prélèvements.

La matinée de travail est dédiée à la prévention de la dépendance et à nos mesures « vieillir en bonne santé », clôturée par une longue interview au *Figaro*. L'idée est de leur dévoiler en avant-première les pistes de la future loi sur le grand âge qui est en préparation.

Puis les directeurs généraux des agences régionales de santé, présents au ministère pour un séminaire de travail, ont été invités pour un déjeuner rapide comme je les organise souvent debout dans les salons ; j'ai besoin de leur parler. Mon objectif est de les mobiliser sur la distribution des 150 millions alloués aux hôpitaux publics cette semaine pour l'achat de matériel, et dont le déploiement est trop lent dans les établissements. Je les exhorte à aller sur le terrain au contact des personnels hospitaliers pour expliquer le plan. Certains le font avec une grande diligence, d'autres, à l'évidence, n'en voient pas l'urgence.

En fin de journée, un entretien téléphonique avec le président du groupe LR au Sénat, Bruno Retailleau, a été programmé. Il s'agit de préparer au mieux l'examen du texte de bioéthique prévu dans quelques jours. Je me dois de l'alerter sur des aspects souvent négligés de la loi en matière de tests génétiques qui méritent un débat approfondi. L'enjeu est surtout que les sénateurs soient présents en séance pour écouter les argumentaires du ministère avant de voter.

Ma crainte est celle d'une demande de « scrutin public » pour certains articles. Cette procédure spécifique au Sénat permet à quelques sénateurs de détenir les jetons de vote de tout un groupe, sans que personne ne soit présent en séance pour entendre la position du gouvernement. En réalité, je suis très opposée aux conclusions de la commission spéciale du Sénat qui soit n'a pas compris les enjeux autour des questions de génétique humaine, soit porte une vision d'accessibilité aux tests génétiques dérégulée, au nom de la liberté individuelle. Il n'y a pas que la PMA dans le texte, contrairement à ce que pensent les journalistes et le grand public. À vrai dire, ce sont les sujets hors PMA qui m'inquiètent le plus depuis le début. Et si tout le groupe LR, largement majoritaire au Sénat, vote sans écouter mes arguments, ils voteront à coup sûr comme le demande le rapporteur de la commission spéciale qui est de leur parti. Je suis certaine que mes explications sur la position du gouvernement peuvent en convaincre plus d'un, encore faudrait-il qu'ils soient dans l'hémicycle. Bruno Retailleau semble comprendre l'enjeu et devrait m'aider à motiver ses troupes à être présentes. D'ailleurs, il précise bien que les votes sur la loi de bioéthique seront libres.

La réponse de la DGS sur les prélèvements du cas suspect de Nancy me parvient dans l'après-midi :

Mail de JS à 16 h 45 : « Chère Agnès, nous avons fait réaliser une première série de tests de détection sur le prélèvement nasopharyngé réalisé ce matin à Metz pour le patient de 59 ans classé en cas positif possible pour 2019-nCoV. Les premiers résultats d'analyse sont les suivants : RT-PCR en temps réel au CNR de S. Van der Werf à Pasteur : grippe A (H3N2) positif avec forte charge virale. Grippe B négatif SARS-CoV négatif, MERS-CoV négatif, VRS négatif, hRV négatif, hMPV négatif, RE-PCR coronavirus saisonnier kit Argent négatif, RT-PCR conventionnelle pan-coronavirus positif.

« De nouveaux tests pour déterminer s'il pourrait s'agir d'une co-infection avec des coronavirus saisonniers sont en cours, de même que le séquençage de l'amplicon issu de la RT-PCR pan-coronavirus.

« Même si la détection d'un virus grippal A(H3N2) est en faveur d'une grippe à virus A (H3N2), nous ne pouvons à ce stade formellement exclure une co-infection. Nous avons demandé de nouveaux prélèvements y compris un prélèvement respiratoire bas. Je te tiendrai informée des résultats des nouvelles analyses dès qu'ils seront disponibles. Par ailleurs un cas a été détecté au Japon en provenance de Wuhan (info non publique à ce stade). J. »

Le mail est très technique, détaillant la totalité des tests effectués et leurs résultats sur de multiples agents pathogènes. La personne a donc une grippe A sévère mais la PCR pan-coronavirus est elle aussi positive. Il pourrait donc s'agir d'une co-infection, même si cela n'a pas encore été décrit.

Puis je reçois un nouveau SMS inquiétant de JS à 19 h 27 : « Je passe le cas suspect de possible à probable. Grippe + co-infection possible jamais décrite. Séquençage demain. »

JS encore : « J'ai bien fait de poursuivre, ils m'ont tous dit : "Il a la grippe PCR+ et on s'arrête là." En fait il a aussi une PCR Corona+ ! Les virus sont sournois… (N.B. : plein de Corona possibles, pas forcément le Covid-19 avant séquençage). »

Moi : « Pourvu qu'ils ne s'accouplent pas[36]. »

JS : « Cela n'a pas été observé avec SRAS et MERS. »

Il va donc falloir séquencer le virus pour savoir de quel coronavirus il s'agit, celui d'un rhume banal ou celui de l'épidémie chinoise. Un coronavirus qui se transmettrait entre humains comme la grippe, cela me fait frémir… Jérôme Salomon me rassure, les recombinaisons entre virus de la grippe et coronavirus n'ont pas été décrites avec le SRAS et le MERS, à mon grand soulagement.

Vendredi 17 janvier

- Chine : 41 cas déclarés dont 9 graves et 2 décès.
- Hors de Chine : C'est à cette date pour moi qu'est identifié le premier cas en dehors de la Chine (au Japon) chez un Chinois venant de Wuhan.

La crise des hôpitaux ne faiblit pas. Une réunion avec les huit chefs de service du collectif Inter-Hôpitaux (CIH) a été montée

36. L'inquiétude est toujours qu'un virus mute ou se recombine avec des séquences d'un autre virus, ce qui le rendrait plus contagieux ou plus virulent.

au ministère en présence des deux représentants des commissions médicales d'établissement des hôpitaux généraux et universitaires. Je souhaite que ces derniers jouent un rôle de médiateurs, connaissant bien les difficultés hospitalières de l'intérieur.

Mais la réunion commence de façon violente. L'une des médecins du collectif représentante des praticiens hospitaliers de l'AP-HP se lève toutes les dix secondes en menaçant de claquer la porte si le gouvernement ne monte pas l'ONDAM à 4,5 %. C'est peu habituel et assez puéril comme comportement, très différent des négociations avec des syndicats, même les plus durs. Impossible de la raisonner. J'essaye de garder mon calme et explique ce que nous avons prévu de faire dans les semaines qui viennent.

Tous les problèmes sont mélangés, sans discernement :

1. Le manque de médecins : je tente de leur faire comprendre qu'il n'y a rien d'autre à faire que de déléguer rapidement des tâches aux autres soignants car il n'y aura pas un médecin de plus avant 2030, et le problème est mondial. Les besoins en soins ont considérablement augmenté partout, expliquant aussi en partie les pénuries de médicaments. Rien n'a été anticipé dans les années 1980 à 2000 et personne ne peut compenser cela en moins de dix ans.

2. Ensuite, bien sûr qu'il faut augmenter le salaire des infirmières et des aides-soignantes, je suis bien d'accord, mais les grilles de la fonction publique obligeraient à augmenter tous les fonctionnaires de l'État en même temps, d'où ma proposition de passer par des primes. De plus, leur demande paraît irréaliste vu les contraintes budgétaires actuelles. Ce serait 3 milliards par an de primes ou de salaires en plus dès cette année, ce qui consommerait toute l'augmentation de l'ONDAM que j'ai obtenue, et empêcherait ensuite d'investir dans les équipements. Or il est impératif de moderniser les hôpitaux publics ainsi que les plateaux techniques pour les rendre plus attractifs et performants afin que les équipes qui pourraient être tentées de rejoindre le secteur privé restent motivées par leur cadre de travail… Je cherche à éviter la fuite des médecins et chirurgiens sur laquelle les collègues hospitaliers m'ont alertée et qui s'accélère, notamment à l'AP-HP.

3. Côté budget, cela fait deux ans d'affilée que nous parvenons enfin à ré-augmenter les budgets hospitaliers après dix ans de baisse continue. Plus de 1,5 milliard d'euros vont être investis sur trois ans dans les hôpitaux publics. Les financements de la psychiatrie

ont été sanctuarisés en rajoutant 100 millions par an. En janvier, 150 millions en plus ont été débloqués pour que les chefs de service puissent acheter le matériel du quotidien manquant comme des appareils d'échographie ou des fibroscopes. J'ai souhaité que cet argent frais ne soit pas à la main des directeurs d'hôpitaux pour que les équipes en voient tout de suite la couleur. En parallèle, Matignon a acté la reprise de la dette des hôpitaux et c'est une première. L'idée est complexe techniquement et nécessite un texte de loi d'ici l'été, mais ce devrait être entre 800 millions et un milliard d'euros par an qui seront rendus à la trésorerie des hôpitaux [37].

Je comprends ce jour-là la difficulté de discuter avec des collectifs professionnels que l'on voit apparaître dans beaucoup de secteurs. Dans le monde de l'hôpital, ils ont petit à petit remplacé les syndicats représentatifs de la fonction publique hospitalière. Or les personnes qui s'expriment au sein de ces mouvements n'ont souvent aucune culture du compromis ; elles émergent grâce à la radicalité de leur discours, faisant voler en éclats toutes les règles habituelles de la négociation. De plus, avec les collectifs, il est difficile de savoir qui parle, au nom de qui, quelle est la représentativité de ces acteurs non élus et s'il y a une politisation sous-jacente. Par exemple, certains représentants du collectif Inter-Urgences [38] sont aussi des candidats LFI aux élections, d'autres appartiennent au syndicat Sud.

Ces deux heures trente d'explications avec mes anciens collègues ont réussi à m'énerver car rien ne leur convient. Finalement, alors que nous devrions travailler ensemble pour trouver des voies d'amélioration innovantes vu le contexte de pénurie de soignants, j'ai la ferme impression qu'ils ne cherchent pas à dialoguer mais à faire tomber le gouvernement sur la question de l'hôpital.

---

37. Cette reprise partielle de la dette des hôpitaux annoncée fin 2019 représente l'équivalent de 0,4 et 0,5 % d'augmentation de l'ONDAM, en plus des 2,5 % déjà votés pour cette année. Cela porte donc l'augmentation de l'ONDAM 2020 à environ 3 %, à mettre en regard des 4 % demandés par le collectif.

38. Le collectif Inter-Urgences est un mouvement hors syndicats qui s'est formé pour porter les revendications pendant la grève des services d'urgences de 2019.

Je retourne en râlant dans mon bureau, ce qui m'arrive très rarement… Peut-être aussi cette discussion a-t-elle retourné le couteau dans la plaie de certains arbitrages qui n'étaient pas à la hauteur de mes attentes en septembre. Mais il faut bien être solidaire dans un gouvernement.

Il est déjà 18 heures. Des entretiens avec les différents présidents de groupe au Sénat ont été programmés pour préparer le projet de loi de bioéthique dont l'examen commence lundi. Peut-être est-ce le moment de dire un mot de la loi de bioéthique, de ses tenants et de ses aboutissants.

Les lois de bioéthique ont pour objectif d'encadrer la façon dont on s'empare des avancées de la science. Elles ont donc, par nature, besoin d'être révisées régulièrement pour tenir compte des progrès techniques et scientifiques, et répondre aux nouvelles questions qu'ils posent. J'étais très fière de pouvoir porter une loi qui allie science et humanité et j'avais fait la promesse au PR que je ferais passer la loi sans heurts, sans provocations, sans outrances et sans blessures. Face à ces sujets de l'ordre de l'intime, je souhaitais que l'on manie la loi avec délicatesse et respect.

Si tout le monde a retenu de cette loi l'ouverture de la PMA à tous les couples de femmes et aux femmes célibataires, et les conséquences de ce droit en termes de filiation [39] ou de remboursement de l'acte, elle comportait de nombreuses autres mesures [40]

39. Reconnaissance conjointe devant notaire avant la conception.

40. Pour la PMA :

– PMA *post mortem* (gamètes d'un conjoint décédé) : rejetée.

– Autoconservation des gamètes en dehors d'un motif médical : dans la loi avec des bornes d'âges définies par décret et interdiction de prise en charge du coût de la conservation par l'employeur (prélèvement remboursé par la Sécurité sociale).

– Accès aux origines des enfants nés d'une PMA : consentement préalable à tout futur don pour les futurs enfants. Pour les personnes nées auparavant, mise en place d'une commission d'accès aux données non identifiantes et à l'identité du donneur, qui fait la médiation pour recueillir le consentement.

– ROPA réception des ovocytes de la partenaire : rejetée.

En recherche :

– Distinguer la recherche sur embryon et la recherche sur cellules souches embryonnaires.

– Dons d'organes et de sang.

dont certaines auraient dû retenir l'attention du plus grand nombre. Ce n'est pas faute d'avoir essayé d'en parler aux journalistes, aux politiques et au grand public lors de mes passages dans les médias. En effet, si l'ouverture du droit de réaliser une PMA est une avancée sociétale pour certains, ou un recul de la famille traditionnelle pour d'autres, cela ne concerne que très peu de familles et n'instaurera pas un changement majeur de structure de notre société. Alors que, à l'inverse, les demandes sociétales autour des analyses génétiques[41] sont susceptibles d'être responsables d'une évolution anthropologique.

Cette loi a fait l'objet d'un intense travail de préparation au sein du ministère et de l'agence de la biomédecine, ainsi que de plusieurs rapports préparatoires légaux : 1. d'abord d'un rapport issu des états généraux de la bioéthique, prévus par la précédente loi de bioéthique avant toute révision, qui se sont tenus dans les espaces éthiques régionaux et ont été animés par le Comité consultatif national d'éthique (CCNE). On aurait pu noter que toutes les questions n'ont pas été traitées lors de ces états généraux, certaines étant trop complexes. La PMA a occulté le reste, comme l'euthanasie, bien que je me sois refusée à ce que les questions de fin de vie intègrent la loi de bioéthique. Pour moi, les questions de fin de vie sont des questions d'éthique pure et de choix sociétaux, et n'ont pas de lien avec les progrès scientifiques[42] ; 2. puis l'avis du Comité consultatif national d'éthique (CCNE) lui-même, qui m'a été remis à l'automne 2018 ; 3. puis un rapport de l'Office parlementaire de l'évaluation des choix scientifiques et techniques (OPECST) issu

– Prélèvement de CSH sur mineur ou personne sous protection au bénéfice du père ou de la mère.

– Ouverture du don croisé à plus de deux paires.

41. Dans la partie génétique :

– Dépistage pré-conceptionnel pour toute personne en âge de procréer qui le souhaite.

– Dépistage de mutations génétiques en population générale.

– Autorisation de diagnostics génétiques *in vitro* avant transfert en PMA.

42. Pour être plus claire, endormir quelqu'un jusqu'à la mort en utilisant des médicaments de routine n'est associé à aucune découverte scientifique récente. Il ne s'agit donc pas de bioéthique qui, par définition, doit être liée à une nouvelle technique médicale.

de députés et de sénateurs ; 4. puis l'étude du Conseil d'État sur les aspects juridiques de la loi ; 5. enfin l'examen de la loi a été précédé d'une mission d'information parlementaire ayant également remis un rapport.

Ces documents préparatoires ont donné des conclusions parfois divergentes sur les différentes mesures, ce qui permettait au législateur de trancher en toute liberté. Le seul point vraiment unanime était l'ouverture de la PMA à toutes les femmes ; ce point faisait l'objet d'un quasi-consensus. Étonnamment, le rapport le plus libéral, c'est-à-dire proposant le moins d'interdits, a été celui du CCNE (celui de la mission parlementaire s'étant ensuite aligné avec le CCNE sur les questions de génétique). Ce dernier m'a mise très mal à l'aise, je le trouvais insuffisamment étayé sur certaines questions. Jean-François Delfraissy, le président du CCNE, était venu me le présenter au ministère. Son positionnement sur les questions de génétique pouvait se résumer ainsi : « À quoi bon interdire puisque tout cela se fait ailleurs ? À quoi bon s'obstiner à résister à la pression, mieux vaut encadrer et expérimenter. » Effectivement, les lois de bioéthique étant par définition des lois « d'interdit », qui doivent fixer les limites de ce qui est admis par rapport à ce qui est médicalement faisable, une loi de bioéthique sans interdit serait un vrai changement de paradigme. L'argument « cela se fait ailleurs et nous ne pourrons pas résister à la pression » n'est selon moi pas recevable pour un législateur, car il insinue que nous acceptons la perte de souveraineté sur le type de société dans laquelle nous souhaitons vivre. Dans ce cas, la loi devient inutile.

C'est d'ailleurs le cas dans beaucoup de pays européens libéraux, dans lesquels il n'y a pas ou peu d'encadrement législatif autour de ces questions, la société laissant le progrès technique se dérouler à l'abri des regards du législateur ou laissant parfois aux experts le soin de décider de ce qui est faisable éthiquement parlant.

Je suis convaincue que les lois de bioéthique sont une chance que peu de pays peuvent s'offrir. Elles nécessitent de maîtriser les progrès scientifiques et d'avoir une stabilité politique permettant un processus réellement démocratique autour de ces sujets. De plus, la France est reconnue pour porter haut et fort les valeurs de liberté[43],

43. Notion de liberté de chacun dans le respect de l'intérêt collectif, y compris des générations futures.

d'humanité et de solidarité[44] au-delà de ses frontières en Europe et dans le monde, notamment grâce à ses lois de bioéthique qui sont très regardées. Les limites sur ces sujets ne sont pas des risques de se couper de certains marchés lucratifs, mais bien une chance de donner des repères à tous.

Si j'ai souhaité parler avec les différents présidents de groupes parlementaires avant l'examen de la loi, c'est parce que les sénateurs ont une vision ultralibérale du sujet, surtout les socialistes, ce qui est un comble... Leur principe est que tout ce qui apporte de la liberté individuelle est un progrès, ce qui me paraît être une vision erronée de l'humanité. Le vrai progrès sociétal devrait être une solidarité renforcée et la protection des plus vulnérables, surtout pour des socialistes ! Et il faut accepter parfois que les valeurs de la fraternité l'emportent sur celles de la liberté individuelle. Personne n'imagine les changements de comportement que l'accès libre aux tests génétiques peut engendrer, notamment une moindre tolérance pour le handicap. Je crains d'être la dernière ministre à réussir à contrôler l'ouverture des tests de génétique au secteur privé lucratif tant les risques encourus paraissent complexes et lointains au plus grand nombre. Les parlementaires évoquent à l'envi la sacro-sainte liberté individuelle alors que la conséquence à long terme sera justement une perte collective de liberté et un changement radical de société. Dans quelques générations, si tout cela se libéralise, il sera possible de choisir son conjoint sur l'analyse de son risque génétique de développer telle ou telle maladie, ou de trier les embryons pour éviter tel ou tel gène de prédisposition. On se dirige tranquillement vers le mythe du bébé parfait, façon *Bienvenue à Gattaca* (1997). C'est la partie de la loi qui me stresse le plus tant je suis opposée à cette évolution de la société. Heureusement, les sénateurs me suivront sur ces différents points et voteront finalement contre l'avis de la commission spéciale et des rapporteurs de la loi, pourtant issus de la majorité sénatoriale. Mon argumentaire est parvenu à les faire changer d'avis. Certains m'ont même remerciée de les avoir éclairés lors des débats et envoyé des petits mots touchants qu'ils m'ont fait passer par les huissiers.

Nouveau mail de la DGS dans la soirée. Le malade de Nancy s'améliore cliniquement et le séquençage de son virus est en cours

44. Avec la non-marchandisation du corps humain et la gratuité du don.

à Pasteur. Le point est très complet et expose ce que l'on connaît et ce qui a été fait :

JS 19 h 32 : « Chère Agnès, je me permets de te faire un point à date de la mobilisation des autorités sanitaires françaises à la suite de la confirmation d'une émergence virale chez l'homme liée à un nouveau coronavirus dont le réservoir pourrait être animal (origine encore inconnue à ce stade) :

« **Ce que l'on sait :** Cas de pneumonies avérées à Wuhan depuis fin décembre. Initialement relation épidémiologique avec un travail ou la fréquentation du marché Seafood et animaux vivants (désinfecté depuis). Deux décès rapportés officiellement (comorbidités sous-jacentes et évolution vers un SDMR [45]). Plusieurs cas exportés (au Japon et en Thaïlande).

« **Ce que nous avons fait depuis l'alerte chinoise fin décembre et la confirmation de l'émergence par l'OMS début janvier :**

« Point si nécessaire à chaque RSS. Point avec UE [46] (HSC [47], ECDC pour *risk assessment*) et OMS. MAEI [48] informé. DGAC [49] alertée. Lignes aériennes concernées (directes Wuhan/Paris) contactées pour information des voyageurs.

« Aéroports internationaux contactés : affichage à destination des voyageurs.

« Santé publique France pour classement du cas en lien avec Samu, ARS, CIRE [50], ESR [51] et SMIT [52] référent.

« CNR grippe/virus respiratoires pour test et procédure diagnostique partagée par ESR (opérationnelle dans une dizaine de jours) [53].

---

45. Staphylocoque doré multi-résistant.
46. Union européenne.
47. Health Security Committee.
48. Ministère des Affaires européennes et internationales.
49. Direction générale de l'aviation civile.
50. Cellule d'intervention en région, antennes de Santé publique France dans les territoires qui analysent les données santé et peuvent mener des investigations.
51. Établissement de Santé de référence, en première ligne pour les maladies infectieuses, car ce sont des centres dotés de services spécialisés, de réanimations et de services d'urgence.
52. Service de médecine infectieuse et tropicale.
53. Il faut disposer de la séquence génétique du virus pour pouvoir produire un test diagnostic.

« ARS alertées par message officiel. Samu et SAU[54] alertés par message officiel. "DGS-URGENT" envoyé à tous les destinataires inscrits.

« Cellule nationale REB[55] saisie ainsi que les principaux experts virologues et infectiologues. CIBU[56] de l'Institut Pasteur prête à analyse complémentaire ou en urgence.

« **Ce que l'on ne sait pas :**

« Le niveau de transmission interhumaine et donc la possibilité de cas nosocomiaux.

« L'existence ou non de cas peu symptomatiques favorisant la transmission non détectée (note : cela signifierait une épidémie cachée…).

« La létalité réelle des infections.

« La capacité de mutation virale.

« La résistance virale aux éventuels antiviraux disponibles.

« Les populations cibles de ce virus.

« L'origine de ce nouveau coronavirus.

« La situation est encore très évolutive et les données partielles et récentes.

« Il convient de rester prudent et vigilant en raison des deux épisodes récents d'émergence de coronavirus : SRAS 2003 et MERS-CoV toujours en cours car les réservoirs animaux sont parfois multiples, le niveau de transmission interhumaine peut être élevé, la transmission nosocomiale a été établie pour le SRAS et le MERS-CoV, la virulence de ces deux virus est élevée.

« Enfin la coexistence de cette émergence virale avec l'épidémie grippale saisonnière entrave les capacités de repérage précoce des cas, les symptomatologies étant proches. La possibilité d'une co-infection grippe +vCoro a été évoquée et ne peut être exclue (description avec SRAS et MERS). Le cas probable exploré actuellement est toujours en cours de tests de confirmation par séquençage du génome viral. Son état clinique s'améliore.

« Bon WE. »

---

54. Service d'accueil des urgences.
55. Risque épidémique et biologique.
56. Cellule d'intervention biologique d'urgence, en charge de répondre aux épidémies ou accidents bactériologiques.

Bon week-end, me souhaite Jérôme ! Mais je ne risque pas de passer un bon week-end après un tel message.

En résumé, on compte à ce jour deux décès à Wuhan de personnes avec des comorbidités. Le centre de crise du ministère est en veille active, et a transmis nombre d'informations aux professionnels de tous les secteurs de la santé et médico-sociaux, du secteur public comme du libéral. Les Samu centre 15 ont une procédure à suivre. Les aéroports sont en alerte avec des informations données aux voyageurs venant de Wuhan. Les points avec l'OMS et l'ECDC sont quotidiens. Le Centre national de référence des coronavirus de Pasteur met au point le test diagnostic qui devrait être opérationnel dans tous les hôpitaux de première ligne dans dix jours. Les centres opérationnels de gestion des risques épidémiques et biologiques dans les régions sont mobilisés.

Mais il y a trop d'inconnues et les précédentes épidémies à coronavirus, SRAS et MERS, ont laissé un mauvais souvenir à ceux qui les ont vécues en Asie, même si elles ont pu être circonscrites au bout de quelques mois.

En parallèle des informations remontées par le CORRUSS, je me mets à suivre quotidiennement l'évolution des chiffres de l'épidémie sur le site web du centre hospitalier américain, le Johns Hopkins Hospital, dont j'ai téléchargé l'application sur mon portable[57]. Et j'essaye de trouver des images venant de Chine sur Internet.

Autour de moi, dans le monde médical, personne ne manifeste d'inquiétude et je me dis que j'ai toujours tendance à voir le pire, c'est une déformation professionnelle[58].

L'avis du jour de l'institution européenne en charge de la surveillance des maladies se montre par ailleurs plutôt rassurant[59].

Leur conclusion est la suivante :

57. Le site est toujours fonctionnel : gisanddata.maps.arcgis.com.

58. Mon métier a consisté pendant plus de vingt ans à soigner des patients atteints de leucémies ou de maladies apparentées, avec des greffes de moelle osseuse. Ce type de greffes génère un déficit immunitaire majeur pendant des années et les malades font de nombreuses complications qu'il convient de suivre et surtout d'anticiper.

59. Rapport de l'ECDC daté du 17 janvier 2020.

« Au vu des connaissances actuelles et du nombre d'inconnues, l'ECDC considère que :

« – Il existe actuellement une probabilité modérée d'infection pour les voyageurs de l'UE/EEE visitant Wuhan.

« – Il existe une forte probabilité d'importation de cas dans les pays avec le plus grand nombre de personnes voyageant à destination et en provenance de Wuhan (c'est-à-dire les pays d'Asie).

« – Il existe une faible probabilité d'importation de cas dans les pays de l'UE/EEE, en raison du trafic, moins important, de personnes avec Wuhan.

« – Le respect des pratiques appropriées de prévention et de contrôle des infections, en particulier dans les établissements de soins de santé, dans les pays de l'UE/EEE, et la preuve d'une transmissibilité interhumaine limitée rendent la probabilité évaluée qu'un cas signalé dans l'UE se traduirait par des cas secondaires au sein de l'UE/EEE très faible. »

Samedi 18 janvier

SMS à 17 h 42 d'une de mes anciennes internes, qui s'est orientée vers le secteur financier. Je l'aimais beaucoup, c'était une très bonne hématologue. Elle m'annonce avec fierté qu'elle vient de lever un fonds d'investissement dans les biotechnologies. Je suis très heureuse pour elle et pourrais bien la féliciter. Le problème est qu'elle est mariée avec un chef de service hospitalier parisien démissionnaire, l'un des plus virulents dans les tribunes et aux premières lignes de la contestation. La dernière fois que j'ai eu ce collègue au téléphone, c'était il y a un an. Il ne m'appelait pas du tout pour avoir des moyens hospitaliers ou pour le salaire de ses infirmières, mais pour me demander de lui débloquer un problème de passeport périmé à l'aéroport de Nairobi où il emmenait toute sa famille pour un safari au Kenya…

Un peu agacée par l'indécence de mon collègue hospitalier, même si elle n'est pas responsable des actes de son mari, je ne lui réponds pas.

Dimanche 19 janvier

Ce 19 janvier 2020, j'affronte donc ce que les journaux appellent la « démission » des médecins hospitaliers. Si le collectif Inter-Urgences à l'initiative de la grève des urgences de 2019 était surtout constitué de paramédicaux, là il s'agit d'un mouvement de médecins, en majorité parisiens. Ils ont lancé une pétition de soutien en faveur d'une « démission » de leurs fonctions administratives, pensant ainsi lutter pour la survie de l'hôpital public. L'impact est essentiellement médiatique car les soins se poursuivent. Étant l'une des leurs, et ayant accepté en grande partie de devenir ministre pour tenter de redresser les dysfonctionnements du système, notamment la paupérisation de l'hôpital public, je ne peux qu'être d'accord avec l'objectif. Mais leurs revendications aujourd'hui sont inatteignables. Ils demandent 300 euros par mois d'augmentation pour toutes les professions hospitalières en tension [60].

Oui, bien sûr, les salaires des personnels sont un vrai sujet d'attractivité et de fidélisation, mais on ne peut atteindre une telle somme en une fois [61]. Sans compter que l'argent des salaires ne réussira pas à tout régler, loin de là. Nous n'avons absolument pas d'autre choix que de changer les organisations et d'investir dans les hôpitaux et le matériel, pour que l'environnement de travail soit plus respectueux des personnels et permette au secteur public de rester attractif.

Le collectif Inter-Hôpitaux a posé une date de grève pour demain, le 20 janvier, mais, pour le moment, sans l'appui des institutions, des fédérations ou des syndicats. Fort heureusement, la très grande majorité des chefs de service des hôpitaux publics français ne sont pas signataires à ce stade. Lors de la précédente grève fin 2019, le mouvement avait été très suivi à Paris en raison de l'organisation spécifique très bureaucratique de l'AP-HP qui désespère les personnels. Le taux de grévistes dans les hôpitaux de province était en revanche très faible, souvent inférieur à 5 %, ce qui me

60. Ce qui correspondrait, si on étend la mesure au 1,2 million d'agents de la fonction publique hospitalière, à un budget de la Santé (ONDAM) augmenté de 4,5 %, soit près de 10 milliards de plus cette année, loin des 2,5 % prévu pour l'année 2020.

61. Le Ségur de la Santé post-Covid a modifié ses règles.

faisait penser que le malaise des personnels de l'AP-HP était assez spécifique à cette institution.

En ce mois de janvier, le PR s'inquiète évidemment du mouvement de grève annoncé. La note qu'il m'a demandée doit lui parvenir aujourd'hui. Mon objectif est de lui faire comprendre que la crise de l'hôpital et du système de santé vient de très loin et ne se réglera pas d'un coup de baguette magique.

En arrivant au ministère, je connaissais la situation des hôpitaux, je l'avais vécue à l'AP-HP. Encore trois jours avant d'être ministre, j'assurais ma consultation à l'hôpital Saint-Antoine et je râlais contre le manque d'appareils indispensables comme les tensiomètres, le travail sur des ordinateurs obsolètes fonctionnant au ralenti et nous faisant perdre un temps précieux pendant les consultations, les ascenseurs de l'hôpital pleins de détritus et toujours en panne, et une organisation dépersonnalisée où les chefs de service sont impuissants faute de moyens financiers ou humains à leur disposition, et faute d'autorité hiérarchique sur leurs équipes.

La question pour un ministre est simple : comment passer d'un constat largement partagé à des solutions efficaces qui soient elles aussi partagées ?

J'avais compris de longue date qu'on ne pourrait redonner du souffle à l'hôpital public, budgétairement parlant, qu'en régulant mieux l'enveloppe allouée à ce qu'on appelle dans notre jargon « la médecine de ville » qui augmentait d'année en année, au détriment de l'hôpital public.

Car il faut comprendre comment fonctionnent les dépenses de santé. Si ce chapitre peut paraître un peu technique, le principe est pourtant très simple : la part de dépenses publiques du secteur de la santé est un budget fermé, une sorte de plafond de dépenses voté chaque année en décembre par le Parlement dans le cadre d'une loi financière [62]. Ce budget – autour de 200 milliards d'euros [63] à mon

62. Le PLFSS, projet de loi de financement de la Sécurité sociale, est présenté tous les ans au Parlement en septembre, pour que soit fixé le plafond des dépenses.

63. À titre de comparaison, et pour ne parler qu'en ordre de grandeur, les dépenses d'éducation s'élevaient à environ 100 milliards d'euros, les dépenses militaires à environ 40 milliards, et celles du système judiciaire à moins de

époque –, appelé ONDAM, permet de financer toutes les dépenses de santé, c'est-à-dire les consultations, les actes médicaux ou paramédicaux, les médicaments, le budget des hôpitaux (*via* leurs tarifs), les transports sanitaires et les indemnités journalières (arrêts de travail).

En France, ces dépenses de santé représentent 11,7 % de la richesse nationale marchande produite annuellement (PIB), un montant assez comparable à celui de la plupart des pays de l'OCDE. Disons qu'il n'y a pas de quoi en rougir. D'autres pays, dépensant beaucoup plus, sont moins efficients, comme les États-Unis, qui y consacrent 17 % de leur PIB et font beaucoup moins bien que nous en termes d'indicateurs de santé (leur système notamment assurantiel étant essentiellement fondé sur le secteur privé). En effet, outre ce qu'on dépense dans un pays pour la santé des citoyens, d'autres paramètres interviennent dans le résultat final que sont la durée de vie moyenne, la réduction de la mortalité évitable ou la qualité de vie, notamment les organisations, la formation des professionnels, l'accès aux soins, le système assurantiel, etc.

Dans cette enveloppe fermée qu'est l'ONDAM, certaines dépenses ne peuvent être maîtrisées par les pouvoirs publics, comme le nombre d'arrêts maladies ou d'actes remboursés, qu'ils soient réalisés par les médecins, par les infirmiers ou autres professions de santé, ou encore les dépenses de médicaments. Quand ces dépenses augmentent trop, la pratique de toujours a été de rétablir l'équilibre des comptes en diminuant les budgets alloués aux hôpitaux, ce qu'on appelle « les tarifs hospitaliers », pour que l'ensemble tienne dans l'enveloppe fermée votée par le Parlement [64]. Ainsi, les tarifs hospitaliers ont été diminués tous les ans pendant dix ans, jusqu'à ce que nous arrivions en 2017 et que je m'oppose à cette régulation macroéconomique qui désespérait les professionnels hospitaliers, moi la première. C'est cette baisse continue des tarifs pendant plus d'une décennie qui a été responsable de l'aggravation

10 milliards. Si l'on faisait la liste de l'ensemble des dépenses publiques, seules les pensions de retraite (autour de 300 milliards) dépassent les dépenses de santé.

64. Tous ceux qui souhaitent entrer dans le sujet de la tarification des hôpitaux, notamment par la tarification à l'activité, T2A, peuvent lire la remarquable revue : www.cairn.info/revue-francaise-d-administration-publique-2020-2-page-487.htm#pa12

de la dette des hôpitaux et de la diminution progressive des dépenses d'investissement dans les établissements.

En parallèle, l'ONDAM, cette enveloppe globale allouée aux dépenses de santé, augmente un peu tous les ans car la population âgée qui s'accroît a besoin de plus de consultations, parce que le nombre de malades chroniques augmente en parallèle, que certains médicaments innovants sont chers[65], etc.

Malheureusement, ces dépenses de santé augmentent chaque année plus vite que l'augmentation du PIB national, essentiellement parce que la population vieillit (et c'est une bonne chose). C'est le cas dans tous les pays du monde.

Ainsi, la question fondamentale que nous aurons à nous poser collectivement dans les années qui viennent devrait être celle de la part de la production annuelle de richesse nationale que nous acceptons de consacrer au système de soins. 12 %, 14 %, 17 %, voire plus ? C'est la raison pour laquelle il est si important de penser la santé pas seulement par le prisme d'un acquis à restaurer en cas de maladie (soins), mais aussi comme un capital à préserver (prévention) et à cultiver (promotion de la santé), ce qui suppose une approche d'investissement plutôt qu'une logique purement assurantielle. Le risque étant que les dépenses de l'Assurance maladie (on retrouve d'ailleurs dans ce terme la dimension purement assurantielle visant à réparer la maladie) représentent progressivement une part trop importante du budget de la nation, au

65. À titre d'exemples, des médicaments qui font gagner trois à six mois de survie pour des cancers peuvent coûter aujourd'hui entre 50 000 à 100 000 euros par mois, ou une thérapie génique révolutionnaire pour traiter une maladie orpheline de l'enfant peut coûter un million d'euros par enfant. La vie d'un enfant n'a pas de prix, et il est évident que je ne remets pas en cause ce type de dépense qui est en fait un investissement dans une vie sauvée. Je souhaite ici simplement illustrer les fourchettes de prix pour l'innovation. Pouvoir offrir ces progrès thérapeutiques à tous les citoyens français fait la fierté de notre pays.

Par ailleurs, la fixation du prix des médicaments remboursés par l'Assurance maladie est une procédure complexe. La régulation des prix est une bataille que j'ai eu à mener contre les industriels lorsque je présidais l'Institut du cancer puis la Haute Autorité de santé. La régulation de ce secteur nécessiterait des accords internationaux et il me faudrait un livre entier pour expliquer les difficultés rencontrées par les pouvoirs publics. J'avais d'ailleurs réussi, lorsque je présidais

détriment d'autres secteurs cruciaux comme l'éducation ou la justice, par exemple.

Cette augmentation de l'ONDAM chaque année, rendue nécessaire pour soigner une population qui vieillit, est votée par le Parlement dans le cadre de l'examen du PLFSS. Depuis des années, cette augmentation annuelle de l'ONDAM était contenue, pour ne pas dire contrainte (au maximum de 2 % sur les dix dernières années), jusqu'à ce que le Président soit élu[66].

Mon objectif en arrivant était alors de redonner de la marge aux hôpitaux en régulant mieux l'enveloppe dédiée à la médecine dite « de ville » et en ré-augmentant les tarifs hospitaliers.

Mais dès mon arrivée au ministère, les crises se sont succédé tant la situation était déjà dégradée. Ainsi, dès l'été 2017, la pénurie de médecins dans les territoires s'est révélée être un problème sanitaire majeur. Les élus et les journalistes ne parlaient plus que des « déserts médicaux[67] », des fermetures de maternités ou de services d'urgence. Je recevais, tout comme le président de la République, des centaines de lettres de maires, députés, sénateurs appelant à l'aide. Les nombreuses aides à l'installation des médecins mises en place quelques années auparavant ne fonctionnant pas, ou par effet d'aubaine, nous avons travaillé à un plan d'urgence pour lutter contre les déserts médicaux. Celui-ci, présenté par le Premier ministre en octobre 2017, comprenait une trentaine de mesures variées. Le mot hôpital n'y apparaissait presque pas, car ce plan d'urgence concernait essentiellement la médecine libérale dans les territoires déficitaires. En parallèle, le plan de transformation du

---

l'Institut national du cancer, à convaincre François Hollande de proposer ce sujet à un sommet du G7 au Japon en 2016.

66. Il avait promis pendant sa campagne une augmentation de 2,3 % tous les ans mais le budget a finalement été augmenté de 2,5 % en 2018, 2019 et 2020.

67. Je mets volontairement cette expression entre guillemets car il peut s'agir tantôt de la distance moyenne à un médecin (problème qui concerne surtout les zones rurales), tantôt de la densité de médecins par habitant (auquel cas cela concerne avant tout les zones urbaines sensibles), voire de la durée avant obtention d'un rendez-vous médical… En fait, quelle que soit la façon de mesurer les choses, l'ensemble du territoire, comme les autres pays de l'Union européenne et du monde, fait face à une pénurie de médecins (plus ou moins profonde selon les territoires et les spécialités).

système de santé (destiné notamment aux hôpitaux, à la formation des soignants, à l'organisation territoriale, au numérique et à la tarification) était en cours d'élaboration. Ce grand plan du quinquennat devait s'appeller Ma Santé 2022.

À ce moment-là, un de mes amis, ancien conseiller santé de François Hollande, était passé me voir dans mon bureau pour me dire que les hôpitaux allaient très mal et que je devais m'en préoccuper. Il avait raison. J'avais même accepté le poste de ministre en partie pour réformer le système et traiter la crise des hôpitaux, mais, étant donné la fonction qu'il avait exercée pendant le quinquennat précédent, son interpellation m'avait profondément agacée. Je lui avais donc rétorqué sans beaucoup de ménagement qu'il avait été en responsabilité pendant cinq ans, qu'il en était parti à peine quelques semaines auparavant et que je me demandais bien ce qui avait été fait en faveur de l'hôpital public pendant toutes ces années pour venir me faire la leçon juste un mois après ma prise de fonction. Car, les cinq années précédentes, outre une baisse des tarifs hospitaliers inégalée creusant la dette hospitalière d'autant, les dirigeants n'avaient été attentifs qu'à une seule chose, la situation financière de l'Assistance publique des Hôpitaux de Paris qui atteignait un déficit abyssal chaque année. La conversation s'était alors tendue entre nous. Il m'avait rétorqué qu'il avait été très attentif aux hôpitaux. Je lui avais alors demandé de me citer une seule mesure favorable à l'hôpital public sous le quinquennat Hollande. Il s'était raidi, mais n'en avait pas trouvé une seule… j'avais senti sa blessure quand il était sorti de mon bureau. Par la suite, l'hôpital où il exerçait, La Pitié-Salpêtrière, a été le berceau de la contestation et le point de départ du très radical collectif Inter-Hôpitaux. Je me suis longtemps demandé s'il y avait un lien.

Mais tout cela aurait été surmontable si nous n'avions pas une dramatique pénurie de soignants.

Car, en surplomb de ces problèmes d'ordre budgétaire que le monde de l'hôpital affronte depuis des années, j'avais découvert en arrivant les projections de démographie médicale réalisées par le ministère pour les quinze ans à venir qui étaient catastrophiques. Personne ne m'avait vraiment alertée sur ce point dans mes fonctions antérieures. J'avais alors immédiatement compris que la pénurie de médecins des années à venir allait être le plus grand défi de notre système de santé. En réalité, plus encore que le nombre absolu de médecins (déjà très déficitaire), c'était le temps médical disponible pour soigner une population dont les besoins augmentent chaque année qui devenait un véritable défi. Ce temps médical tend à diminuer encore plus que le chiffre absolu de médecins, les professionnels souhaitant dorénavant mieux concilier le travail avec leur vie personnelle.

Plusieurs facteurs ont contribué à cette pénurie médicale. Le premier est purement national, et lié à la convergence d'intérêts multiples. C'est lié à ce qu'on appelle le *numerus clausus*. Ce système, mis en place en 1971, visait initialement à contenir l'explosion du nombre d'inscriptions en faculté de médecine qui avait triplé en quelques années, afin que les facultés puissent faire face aux besoins de formation. À partir de la fin des années 1970, le ministère décida de diminuer ce nombre (passant alors d'environ 9 000 à moins de 4 000 médecins formés au début des années 1990), cédant ainsi aux syndicats de médecins libéraux qui ne souhaitaient pas voir leurs revenus diminuer en raison d'un trop grand nombre de professionnels sur le marché. Il faut dire que la concurrence des médecins entre eux était à l'époque très dure, car ils étaient en nombre suffisant pour couvrir les besoins de santé de la population. Cela convenait également à la Caisse nationale d'Assurance maladie, qui y voyait un moyen de maîtriser le nombre d'actes et de médicaments à rembourser. L'impact sur la démographie médicale a été progressif. Dès la fin des années 1990, face au vieillissement de la population, les ministres successifs ont petit à petit augmenté le *numerus clausus*, et le nombre d'étudiants admis en deuxième année est remonté à environ 9 000 à la fin des années 2000 [68]. Il aura fallu attendre 2019 pour que je supprime définitivement le *numerus clausus*, même si le facteur limitant était déjà, à ce moment-là, la capacité de formation des facultés de médecine. À mon sens, l'un des principaux facteurs qui n'a pas été anticipé

68. On formait 8 000 médecins par an en 1972 pour descendre progressivement à 3 500 par an en 1993, puis ce chiffre est remonté à plus de 6 000 par an en 2005, et à plus de 10 000 par an actuellement.

par les pouvoirs publics dans les années 1980 est, outre le vieillissement de la population et l'explosion des maladies chroniques, la diminution du temps de travail des médecins dont les aspirations se sont progressivement alignées sur celles du reste de la population, bien que leur temps de travail reste encore aujourd'hui bien supérieur. Il faut ajouter que, depuis toutes ces années, la pénurie a été compensée en faisant venir des médecins étrangers à bas coût, déshabillant encore un peu plus des pays déjà en grande difficulté d'accès aux soins.

Mais à ce problème purement national s'est ajouté un manque d'anticipation à l'échelon international des besoins en soignants. Ainsi, des évolutions démographiques qui auraient dû être mieux prises en compte ont abouti à ce que le monde entier devienne un vaste désert médical, mettant aujourd'hui tous les pays en compétition pour attirer des médecins. Personne n'a en effet anticipé l'explosion des besoins en soins liée au doublement de la population mondiale, passée de 4 à 8 milliards d'individus en soixante ans, soit seulement deux générations, à l'émergence d'une classe moyenne de 3 à 4 milliards de personnes sortant de la grande pauvreté (Afrique, Inde et Chine), consommant désormais des soins et des médicaments, et surtout, personne n'a vraiment pris en compte les conséquences de l'allongement de la durée de vie qui a augmenté en moyenne de vingt ans sur la même période. Or l'augmentation de vingt ans d'espérance de vie sur l'ensemble de la population mondiale[69] a conduit à une proportion importante de personnes vivant entre 60 et 80 ans et implique évidemment de disposer de structures de soins adaptées aux malades chroniques, alors que tous les systèmes de santé ont été conçus dans la seconde moitié du XXe siècle pour des malades plus jeunes, ayant des pathologies aiguës infectieuses ou des accidents du travail[70], et mourant avant 70 ans. Ainsi, les besoins en temps médical disponible ont littéralement explosé en deux générations bien loin de la capacité

69. En France, nous avons gagné douze ans d'allongement de la durée de vie en cinquante ans.

70. Preuve s'il en est : à l'époque de la création de la Sécurité sociale, la branche « accident du travail et maladies professionnelles » était totalement distincte de la branche « maladie ».

de formation des facultés du monde entier. Aujourd'hui, la France voit certains de ses médecins débauchés par des pays riches comme le Qatar ou les Émirats, par exemple, qui ont des systèmes de santé purement privés et qui rémunèrent très bien [71]. La concurrence internationale est rude. L'OMS évalue actuellement le déficit dans le monde à 15 millions de soignants [72], et ce déficit devrait s'aggraver selon l'agence onusienne qui table sur un manque de 18 millions en 2030.

Dans les hôpitaux, tout le monde constate donc avec amertume des fermetures de lits, laissant penser qu'il s'agirait d'une stratégie gouvernementale pour faire des économies (ce que plus personne ne cherche à faire depuis quelques années déjà...), mais l'absence de personnel pour prendre en charge les malades dans ces lits en est la raison principale. Quand j'entends, dans les revendications exprimées aujourd'hui, qu'il suffirait d'embaucher des soignants dans les hôpitaux pour régler la crise hospitalière, cela me semble d'une extrême mauvaise foi. Si seulement ces personnels existaient quelque part ! Ce serait nier qu'il y a aujourd'hui des milliers de postes d'infirmières ou de médecins vacants [73]. Certains professionnels profitent d'ailleurs de cette situation de pénurie et, *de facto*, l'aggravent en démissionnant de leur poste plein-temps et en devenant intérimaires. Cette nouvelle situation leur permet d'être bien mieux rémunérés en travaillant moins, ce qui amplifie ainsi le manque de personnel disponible dans les services et creuse de surcroît le déficit budgétaire des hôpitaux, aboutissant à aggraver encore plus le manque de ressources humaines et financières dans un cercle vicieux infernal [74].

---

71. Certains médecins généralistes dans nos territoires se voient proposer des salaires à l'étranger de 100 000 dollars par mois.

72. Toutes professions de santé confondues (infirmières, médecins, sages-femmes, pharmaciens, masseurs-kinésithérapeutes...).

73. Ces postes vacants atteignent 20 à 30 % dans certains hôpitaux limitrophes de l'Allemagne, du Luxembourg ou de la Suisse.

74. J'ai tenté, ainsi que mes successeurs, de réguler le coût horaire de l'intérim médical en fixant un plafond, mais les hôpitaux contournent les décrets afin de pouvoir faire tourner les services indispensables comme les blocs opératoires en manque d'anesthésistes ou les services d'urgences. Une loi dédiée a été votée depuis, en 2023, qui a encore abaissé le plafond.

À l'autre bout de la chaîne, les médecins généralistes en particulier ont été formés pendant des années autour de la notion capitale de la relation privilégiée médecin/malade. On leur a demandé de répondre au mieux aux attentes de leurs patients, d'être à leur écoute et à celle des familles, d'être empathiques. L'accent de la formation a été mis sur leur responsabilité à l'égard de leur patientèle. Beaucoup ont choisi cette voie pour cela d'ailleurs, et j'ai même porté une réforme de la formation avec la ministre de l'Enseignement supérieur et de la recherche, Frédérique Vidal, pour avoir plus de médecins issus de formations en sciences humaines et sociales. Or là, sous la pression de la pénurie, nous leur demandons subitement un changement de braquet, il leur faut être en responsabilité populationnelle et territoriale, voir plus de patients, transférer à d'autres professionnels les actes les plus simples, comme la vaccination aux pharmaciens ou le suivi des pathologies chroniques, où se noue cette relation, aux infirmiers de pratiques avancées. Cette nouvelle réalité qui s'impose à eux explique les tensions actuelles entre les médecins libéraux et la puissance publique.

Nous n'avons désormais plus le choix : améliorer la situation telle qu'elle se présente à nous en 2020 nécessite un peu plus d'organisation territoriale et de régulation de l'exercice professionnel, assortie de compensations financières pour tous ceux qui s'engagent dans cette voie et participent à un meilleur accès aux soins et à une meilleure qualité des parcours de soins. Nous n'avons plus les moyens de mettre les secteurs en concurrence car tous sont en difficulté, le défaut d'attractivité se retrouve partout, en libéral, à l'hôpital, en médecine scolaire ou du travail, dans les métropoles ou à la campagne, aucun secteur n'est épargné par la désaffection qui ne traduit que la pénurie généralisée. Même le secteur hospitalier privé qui s'est financiarisé commence à faire peser des contraintes de rendement sur les professionnels de santé qui y travaillent, notamment les chirurgiens. Aujourd'hui, le secteur libéral ne peut plus s'exonérer de participer au service public de la santé auquel nous sommes nous, Français, si attachés (car il est unique au monde), sans quoi nous risquons de voir l'hôpital public continuer à s'enfoncer sous le poids des besoins non comblés et de voir émerger une médecine à deux vitesses. Nous devons impérativement mieux répartir la charge de travail entre les secteurs privé et public[75], entre les professionnels eux-mêmes en fonction de leurs compétences, et penser le système de santé dans sa globalité comme un « bien commun » qui doit être au rendez-vous des besoins territoriaux comme n'importe quel service public. C'est ce qui a motivé pour moi le chantier de la transformation en profondeur du système dès mon arrivée (plan Ma Santé 2022 et loi dédiée en juillet 2019).

Je me mets à relire la note pour l'Élysée. Mon cabinet m'a préparé des graphiques avec tout l'historique des budgets hospitaliers et des investissements. Le PR connaît bien les mesures du plan hôpital et sait que nous allons dans la bonne direction sur le plan des organisations. Il me faut cependant lui expliquer pourquoi et comment, pour cette année 2020, je souhaite aller plus vite et plus loin, notamment sur la question des salaires hospitaliers.

La note part à l'Élysée ce dimanche soir 19 janvier. La grève administrative des médecins hospitaliers doit débuter comme prévu le lendemain.

Dans le feu de leur action, ils ont décidé de ne plus répondre à aucun mail et de ne plus venir à aucune réunion de l'administration…

Semaine 3

Lundi 20 janvier

- Début de la grève administrative des médecins hospitaliers.

Ce lundi matin, nous partons à l'aube en délégation avec le président de la République. Direction Dunkerque où se situe la nouvelle usine pharmaceutique d'Astra-Zeneca. Cette visite sert à illustrer l'investissement étranger dans notre pays avant le sommet des investisseurs « Choose France » organisé par le gouvernement au château de Versailles l'après-midi. Dans le petit avion qui nous

75. J'avais observé une très belle initiative d'un plateau technique partagé de cardiologie interventionnelle, entre le public et le privé, à l'hôpital de Bayonne lors d'une visite.

emmène, je suis assise en face du Président. Les entrevues avec lui sont toujours déroutantes. La rapidité avec laquelle il entre dans le détail du moindre sujet et l'angle souvent inattendu de ses questions obligent à un bon niveau de concentration pour 7 heures du matin. Comme à son habitude, il est souriant et paraît détendu. Il se dégage de lui un optimisme à toute épreuve qui le rend d'autant plus assuré. Il doit aussi savourer ce sommet avec les industriels qu'il a initié à son arrivée à l'Élysée, lui permettant d'attirer en France les plus grands dirigeants de groupes internationaux privés. Il est prêt à y mettre toute son énergie. L'objectif principal est de démontrer l'attractivité de la France et, ainsi, de favoriser les investissements et l'emploi sur notre territoire.

À 7 h 29, juste avant le décollage, j'envoie un SMS à JS depuis l'avion : « Je voyage avec le PR. Penses-tu qu'on va mettre des détecteurs de température dans les aéroports dans les prochains jours ? Comme aux USA ? Il risque de m'en parler. Merci. »

Et je lui transfère dans le texto un tweet qui relaie un article du *Point* : « Mystérieux virus en Chine : un troisième mort annoncé. » L'article est daté du jour. Il annonce « 300 personnes infectées à Wuhan ». L'OMS pourrait déclarer mercredi une « Urgence de santé publique de portée internationale ». J'attends son commentaire mais il me répond uniquement sur les détecteurs de température : « Possible mais peu efficace et complexe. »

Je relève le regard. Le Président feuillette ses notes. Au cours de ce trajet très court, ponctué d'un café serré, nous parlons des municipales et de la façon de ramener Cédric Villani – député LREM et candidat dissident à la mairie de Paris – à la raison. Une alliance sur une liste commune avec Benjamin Griveaux est une absolue nécessité. Tout cela a assez duré, la dissidence va faire perdre la majorité. Dans notre conversation, le Président évoque de s'impliquer. Je lui réponds que lui seul peut parvenir à convaincre Cédric Villani tant ses rapports avec Benjamin Griveaux sont exécrables. Je regretterai ce conseil.

Une fois rentrée, direction Versailles, où ma mission consiste à convaincre les industriels du médicament d'investir en France dans la construction de sites de production et la recherche. L'après-midi est organisé comme un véritable *speed dating*, chaque ministre recevant les dirigeants des grandes entreprises internationales de son secteur ; nous sommes quatre par table, je suis accompagnée d'un conseiller et, face à nous, chaque PDG vient avec son responsable français. Les entretiens sont menés en anglais avec un temps d'échange chronométré. C'est l'unique moment de l'année et dans ce seul cadre que je me retrouve en relation avec un industriel du médicament, car depuis l'affaire du Mediator, ils ne sont plus reçus par le ministère de la Santé mais seulement par Bercy. Ce jour-là, cinq ou six rendez-vous de trente minutes sont donc programmés.

Je ne garde en mémoire que le rendez-vous avec le nouveau PDG anglais de Sanofi, que je ne connaissais pas encore. Il vient me parler de son nouveau vaccin antigrippal, constitué de plus fortes doses d'antigène [76] et je l'entends me dire qu'ils construiront une usine en France si l'on accepte de rembourser leur nouveau produit. Je ne peux pas imaginer qu'un patron de l'industrie pharmaceutique française ne connait pas les mécanismes de remboursements d'un produit de santé par l'Assurance maladie qui passe par une évaluation scientifique des résultats cliniques par la Haute Autorité de santé. Et je lui rétorque que nous attendrons donc l'évaluation du bénéfice du vaccin par la HAS comme le veut la loi [77]. Il s'agace et hausse le ton. Je le tacle en retour sur le fait qu'ils n'ont pas répondu à mon courrier d'injonction de participer à la réparation du préjudice de la Dépakine® [78] pour les enfants atteints de

76. Je ne crois pas trop à l'efficacité de son vaccin antigrippe surdosé en antigène pour les personnes âgées. J'ai compris au cours de ma thèse en immunologie, où je travaillais sur un vaccin contre la leucémie, que l'excès d'antigène entraîne de l'anergie par sidération du système immunitaire et n'est pas forcément la solution pour induire une réponse immunitaire efficace. En d'autres termes, ce vaccin me paraît incroyablement daté, alors que je sais pertinemment qu'il y a aujourd'hui nombre d'approches innovantes dans le champ de la vaccination. Depuis, et comme le veut la loi, le produit a été évalué par la Haute Autorité de santé qui a conclu à l'absence d'amélioration du service médical rendu (ASMR V), ce qui signifie que ce vaccin n'apporte rien de plus que le vaccin antigrippe standard.

77. Les seuls produits remboursés sur décision d'un ministre, sans évaluation par la commission de la transparence de la Haute Autorité de santé, ont été les produits homéopathiques en 1984 par la ministre de la Santé Georgina Dufoix.

78. Voir le rapport d'Information du Sénat : la Dépakine est le nom d'un médicament commercialisé depuis 1967, devenu le plus utilisé au monde contre

troubles du neurodéveloppement. Il prétend que le ministère n'aurait pas tenu compte de courriers d'alerte de Sanofi dans les années 2000 et que mes prédécesseurs sont responsables… J'embraye alors sur le fait qu'ils ont abandonné la production du vaccin BCG pour les tumeurs de vessie et que la pénurie en cours est un drame pour les patients cancéreux. Le ton monte, je suis aussi désagréable que je sais l'être dans les rapports de force, lui est presque levé de sa chaise. L'entretien s'arrête net.

Quand il s'éloigne, visiblement courroucé que je n'aie pas déroulé le tapis rouge comme il l'imaginait, mon conseiller Grégory Emery et moi nous regardons stupéfaits. Je lui dis sur le ton d'une semi-plaisanterie : « Je hais l'arrogance de ces industriels, vivement le pôle public de fabrication des médicaments comme le propose le groupe communiste. » Mon conseiller acquiesce. Il faisait plutôt partie de la droite libérale avant de rejoindre le cabinet mais il est, comme moi, choqué par la conversation. Nous savons bien qu'il serait très complexe, pour ne pas dire utopique, d'imaginer nationaliser la production pharmaceutique mais, après une telle conversation, on a le droit de se lâcher un peu… Par curiosité, je regarde sur Internet le background du PDG. Il a fait sa carrière dans le

l'épilepsie et qui a été racheté par Sanofi. Depuis les années 1980, il est établi que la prise, par la femme enceinte, du valproate de sodium qu'il contient peut provoquer de graves malformations du fœtus. Dans les années 2000, de nombreuses études ont mis en évidence un lien entre l'exposition *in utero* au valproate de sodium et le développement de troubles neurodéveloppementaux. Les conséquences en termes de santé publique sont importantes : on estime que des dizaines de milliers d'enfants souffrent de dommages consécutifs à une prise de valproate de sodium pendant la grossesse. Contrairement à d'autres dossiers mettant en cause la santé publique, les dommages ne sont contestés par aucun des acteurs. La controverse porte sur la question de savoir si les professionnels de santé et les femmes ont été suffisamment informés des risques encourus. L'affaire de la Dépakine a fait l'objet de nombreux contentieux, à la fois au civil et au pénal. Toutefois, jusqu'à présent, aucune décision de justice définitive n'a encore reconnu la responsabilité du laboratoire. À la suite d'une mission de l'Inspection générale des affaires sociales (IGAS), un dispositif d'indemnisation pour les victimes, créé en 2016 (article 150, loi du 29 décembre 2016), est entré en vigueur le 1er juin 2017, et sa gestion a été confiée à l'Office national d'indemnisation des accidents médicaux (ONIAM). Lorsque j'étais ministre, j'avais demandé que l'on tente de retrouver, en utilisant les bases de données de l'Assurance maladie, le nom des femmes ayant pris ce médicament pendant leur grossesse, pour les inciter à demander une indemnisation.

marketing. Je dis à Grégory Emery : « C'est incroyable, comment peut-on diriger la plus grande boîte Pharma française en n'étant pas scientifique et en vendant des médicaments comme on vendrait des voitures ? C'est pour cela qu'on ne sera jamais bons. » Espérons que Sanofi ait d'autres pépites dans son pipeline [79]. Je sens tout de même que notre entretien catastrophique risque de fuiter et d'énerver l'Élysée, qui cherche à attirer des industriels sur le territoire.

Je préfère prendre les devants. Debout devant le pupitre encore vide du PR qui doit s'exprimer dans quelques instants lors du dîner de clôture, je préviens discrètement le secrétaire général de l'Élysée, Alexis Kohler. Celui-ci se crispe et souhaite que j'aplanisse les angles. Notre altercation n'est, à l'évidence, pas bien alignée avec l'objectif du sommet. Pour couronner cette séquence, parmi les deux cents convives attendus au dîner, me voici précisément assise à la même table que le PDG de Sanofi ! Il convient de faire œuvre d'un peu de diplomatie et je décide de me transformer en VRP de notre magnifique pays. Il vient d'emménager avec sa famille à Paris et ne connaît pas la France, je lui évoque donc Sarlat et son confit de canard, la Bretagne, l'Alsace et tout un tas d'autres lieux de visite aux quatre coins de l'Hexagone. Il repartira même avec une liste de destinations de week-end. Nous passons un bon moment et il m'en sait gré. Le lien est renoué. Gageons que la France est attractive.

Mardi 21 janvier

- Chine : 198 cas à Wuhan ; 2 décès officiellement.
- Monde : 3 cas exportés hors de Chine (1 Japon, 1 Thaïlande, 1 Corée du Sud).
- Le rapport de situation de l'OMS du 21 janvier n'évoque pas un risque épidémique hors de Chine et annonce qu'il réunira son comité d'urgence le lendemain.

6 h 30, heure de mon premier café. Il est temps de préparer mon interview du jour chez Sonia Mabrouk sur Europe 1. Nous

---

79. À l'époque, je n'imaginais pas le retard pris par les vaccins de Sanofi pendant le Covid, qui sont arrivés sur le marché avec deux ans de retard (fin 2022).

sommes censées parler de la PMA, des retraites et des hôpitaux. Mais l'interview commence par le virus en Chine et les aéroports. C'est la première fois qu'un journaliste m'interroge sur le virus. Je rappelle, concernant les vols, qu'il convient de prendre des mesures au niveau européen, tant nos pays sont interconnectés, et que toute personne arrivant de Chine et qui présente des symptômes doit s'isoler immédiatement et appeler le 15.

À partir d'aujourd'hui et jusqu'au 4 février, date du vote solennel, mon agenda se concentre en théorie exclusivement sur la loi de bioéthique qui doit être discutée jour et nuit au Sénat. Mais ce serait sans compter les concertations sur les retraites qui font la une des journaux et doivent aboutir rapidement [80].

Ce mardi 21 janvier commence donc par une préparation horriblement technique de la réunion de l'après-midi prévue à Matignon avec le Premier ministre, où je dois lui faire part des avancées des négociations avec les fédérations syndicales.

Le nouveau président élu de la commission médicale d'établissement de l'AP-HP, le professeur Rémi Salomon, a pris rendez-vous en milieu de matinée. Nous évoquons immédiatement la crise des hôpitaux et le mal-être spécifique au sein de l'AP-HP. Cet ensemble d'hôpitaux parisiens, qui concentre le plus grand nombre de lits d'hospitalisation d'Europe avait déjà subi de plein fouet la loi HPST [81] de 2008 qui, comme pour tous les hôpitaux français, avait exigé qu'il n'y ait plus qu'une tête et un chef (concept cher à Nicolas Sarkozy), le directeur. La loi avait remplacé les chefs de service, assortis de leurs fonctions médicales, managériales et administratives, par des chefs de pôles regroupant divers services et comprenant parfois une centaine de médecins ne se connaissant pas. Cette nouvelle organisation hospitalière avait également éloigné les cadres hospitaliers (que l'on appelait les surveillants à l'époque) des équipes infirmières en leur donnant des fonctions essentiellement administratives auprès de la direction, majoritairement de

80. Le dépôt de la « loi instituant un système universel des retraites » à la commission des Affaires sociales de l'Assemblée et du Sénat est prévu le 24 janvier.

81. Loi HPST (hôpital patient santé territoires) de 2008 portée par Roselyne Bachelot.

gestion des plannings et de « reporting » sur des tableaux Excel. La place des médecins dans la gouvernance hospitalière s'était réduite et la gestion des ressources humaines, qu'elles fussent médicales ou paramédicales, s'était éloignée des personnes concernées. Les trente-cinq heures, la création des pôles et une hiérarchie en silo avaient affaibli les unités de soins cohérentes que sont les services.

Cela faisait quelques années que j'avais remarqué dans mon unité d'hospitalisation à Necker-Enfants malades que lorsque les équipes infirmières allaient mal, ou étaient débordées en raison d'absences ponctuelles, on ne voyait plus le cadre infirmier discuter avec les équipes, voire mettre la main à la pâte. S'était installée une forme de déresponsabilisation des organisations, souvent les cadres ne connaissant même plus les noms et prénoms des personnels. Cette déshumanisation et démédicalisation des hôpitaux étaient mon obsession en arrivant. Je voulais revenir à une structuration autour des unités de services et à une plus grande implication des médecins dans les instances de décision, et j'étais, sur ce sujet de la gouvernance, très soutenue par le président de la République qui avait fait le même diagnostic [82].

Or, à l'AP-HP, au lieu d'aller à contrecourant de la loi HPST en rétablissant le rôle des chefs de service et la place des médecins dans les chaînes de décisions, le directeur général a voulu inventer son propre système, qui tirait encore plus loin les travers bureaucratiques. La nouvelle organisation de l'AP-HP qui n'existe dans aucun autre hôpital français a proposé la création de structures encore plus grosses que les pôles, appelées Départements médico-universitaires (DMU) [83], éloignant encore plus les unités de soin des directeurs.

82. Ma volonté de réformer la gouvernance se heurtait à un marécage administratif de réflexions en cours, et de blocages au sein même du ministère. En réalité, ce constat d'évolution technocratique masquait une forte hétérogénéité d'un hôpital à l'autre car le bon fonctionnement d'un hôpital repose sur la qualité des rapports du « couple » composé du directeur administratif et du représentant du corps médical (président de la CME) qui varient selon les caractères de chacun. J'avais tout de même confié une mission sur ce sujet de la gouvernance à un président de CME lyonnais, le professeur Claris.

83. Ces structures avaient comme objectif initial d'être un miroir des périmètres des universités pour simplifier la gestion des carrières hospitalo-universitaires et aligner les orientations de recherche. Mais entre-temps les universités ont fusionné et la réforme a perdu de son intérêt.

J'étais déjà convaincue par le risque théorique de technostructure lorsque Martin Hirsch, le directeur général de l'AP-HP, m'avait présenté son projet, mais je découvrirais l'effectivité du risque à l'occasion de la pénurie de lits de réanimation pédiatrique à Paris pendant l'automne 2019. J'apprendrais à cette occasion que les chefs de service de ces réanimations prétendaient avoir alerté sur les difficultés à venir plusieurs mois voire, pour certains, un an auparavant, et n'avaient, selon eux, reçu aucune réponse.

C'est au sujet de la réforme trop bureaucratique, découpant l'AP-HP en quatre zones et créant de nouvelles structures administratives, que mes rapports avec le directeur Martin Hirsch se sont détériorés. Ma vision était de créer des synergies entre les services et les hôpitaux par spécialités, pour être à l'avant-garde de la compétition internationale en innovation médicale. Je pensais que l'AP-HP devait avoir une organisation sur une base plutôt disciplinaire pour que les médecins s'y retrouvent et non pas géographique et administrative, au risque de mettre les groupes hospitaliers en concurrence les uns avec les autres.

J'avais convoqué Martin Hirsch dans mon bureau en 2018 pour lui expliquer pourquoi j'étais opposée à cette nouvelle organisation et lui avais proposé un autre schéma. Il avait répondu à mes remarques par un courrier assez léger, m'expliquant pourquoi sa réforme était adaptée et pourquoi il n'allait rien changer.

On peut se demander à ce stade pourquoi je ne l'ai pas remplacé puisqu'il avait été nommé en 2014. Mais le poste de directeur général de l'AP-HP est un poste très prestigieux qui fait l'objet d'une nomination avalisée par le couple exécutif. Mon manque de poids politique en ce début de mandat, les réseaux personnels de Martin Hirsch dans le monde politique et médiatique, et le fait que nombre de conseillers rêvaient de ce poste pour eux-mêmes, ont coupé ma capacité d'agir. L'AP-HP l'a payé cher car la situation, à l'évidence, ne s'est pas améliorée avec le temps [84].

Lors de cette conversation, le professeur Rémi Salomon finit par m'avouer un peu contrit qu'il était lui aussi opposé à cette nouvelle

84. D'autres difficultés que je ne peux pas énumérer dans le détail ici sont également responsables de la détérioration de la situation à l'AP-HP, notamment les difficultés de recrutement et de fidélisation des personnels du fait de la compétition avec le privé, des faibles salaires pour la région parisienne, etc.

organisation, notamment à la création des fameux départements médico-universitaires. Martin Hirsch s'étant vanté que sa transformation avait fait l'objet d'une unanimité au conseil de surveillance, je comprends que Rémi Salomon, qui en était membre, a en quelque sorte « suivi le mouvement ». Et, dorénavant, tous mes collègues de l'AP-HP viennent se plaindre au ministère du manque de sens et de réactivité, lui le premier… Je crains fort que cette première prise de contact ne m'aide guère à apaiser le secteur. Mais pas le temps de s'apitoyer, la journée doit continuer.

Comme attendu, le rendez-vous catastrophique avec Sanofi est bien remonté au château. À 10 h 20, je reçois un texto d'Alexis Kohler : « Chère Agnès, tu m'avais envoyé dimanche une note sur l'hôpital mais la pièce jointe était vide. Comme je ne sais pas si tu as eu ma réponse, je double mon message de ce SMS. J'ai eu un retour inquiet de Sanofi suite à votre entretien. Il faut vraiment qu'on arrive à les faire investir en France et à travailler avec eux sur leur projet de nouvelle usine. Bises, Alexis. »

Je lui réponds : « Bonjour Alexis, je suis prête à débriefer avec toi du RDV Sanofi par oral. Le Président a eu ma note sur l'hôpital et je vais donc te la renvoyer. Amitiés. » Comment lui expliquer qu'en tant que scientifique, je ne trouve pas le fleuron de l'industrie pharmaceutique française et son vaccin anti-grippal très impressionnants et que cela a dû se sentir…

12 h 42, alors que je relis mon discours sur la bioéthique pour le Sénat, nouveau long mail de Jérôme Salomon :

« Chère Agnès,

« Comme promis le point de situation à date. Nous devrions avoir les résultats définitifs en fin de journée. Les fuites ont débuté sur l'existence d'un cas probable… Bon courage : doc joint qui reprend le doc du 20 janvier avec une remise à jour de quelques informations : plusieurs centaines de cas probables car formes paucisymptomatiques fréquentes. Transmission interhumaine désormais de plus en plus probable. La Chine entre dans la période du Nouvel An chinois avec des dizaines de millions de Chinois qui voyagent vers leurs familles. Enfin le cas exploré en France en attente du séquençage du virus s'améliore, il est quasi asymptomatique. Nouveaux prélèvements ce jour adressés au CNR. La mission COREB[85] a finalisé un document de recommandations pour la sortie de ce patient (vocation à être généralisé pour tout cas confirmé), réalisé par cliniciens, COREB, CNR, SpF[86], SF2H, et conf tél prévue demain le 20/01 matin pour statuer sur le cas. Le patient a compris l'enjeu et est compliant.

« Liaisons France Chine en hausse : 126 vols hebdomadaires par pavillon, cinq compagnies françaises, huit chinoises, douze villes desservies en France.

« Portiques de détection de fièvre : peu efficaces si fièvre traitée par antipyrétiques, Faux + et faux – ; difficultés de *screening* entre grippe (épidémie en cours) et autres infections virales. Nous travaillons à un document d'information et de conduite à tenir à distribuer aux passagers ; affiches seront en français, chinois et anglais. Messages audio possibles. Nécessité d'une mobilisation très forte si nous voulons un contrôle sanitaire aux frontières (décision non prise par l'OMS et l'UE à ce stade). Nous n'avons pas d'effectif d'officiers sanitaires dans les aéroports (contrairement aux USA). »

La transmission interhumaine semblerait donc de plus en plus probable, et l'existence de formes peu symptomatiques fréquente. Le premier prélèvement du malade hospitalisé dans l'est de la France depuis cinq jours (entré à l'hôpital le 16 janvier) n'a pas permis de faire un diagnostic fiable. Le patient est positif à un virus de la famille des coronavirus, mais il reste à déterminer s'il s'agit d'un simple rhume ou du SARS-CoV-2. Un nouveau prélèvement est donc envoyé au Centre national de référence des coronavirus, situé à l'Institut Pasteur.

Je comprends également dans son mail que les portiques thermiques apportent une fausse sécurité. En raison du temps

---

85. Coordination opérationnelle des risques épidémiques et biologiques. La mission COREB nationale est chargée par la DGS et la DGOS d'assurer l'animation des services de maladies infectieuses et tropicales (SMIT) des établissements de santé de référence (ESR) pour le risque épidémique et biologique (REB). Au fil des années, le réseau REB s'est enrichi de nombreux acteurs de différentes disciplines et types d'exercice : hôpitaux de tout le territoire, acteurs de la ville et du médico-social, médecins et cadres de santé non seulement de l'infectiologie mais aussi des urgences, de l'hygiène, de la biologie, de la réanimation, de la pédiatrie, formateurs, administratifs, auxquels s'ajoutent les partenaires institutionnels.

86. Santé publique France.

d'incubation long, les gens peuvent être porteurs du virus, et donc contagieux, sans avoir de symptômes. Voilà pourquoi Jérôme Salomon évoque des « faux négatifs » (des personnes porteuses du virus, qui à leur arrivée en France, n'ont pas encore de fièvre), et inversement des risques de « faux positifs » (des personnes qui présentent de la fièvre, mais en raison de l'épidémie grippale ou d'un autre virus que le SARS-CoV-2). L'OMS et l'UE ne recommandent pas de mesures aux frontières à ce stade. Nous appliquons donc le Règlement sanitaire international (RSI) : nous mettons en place la distribution massive de documents dans les aéroports en trois langues (français, anglais, chinois) pour expliquer la conduite à tenir aux personnes qui déclareraient des symptômes à leur arrivée sur le territoire.

15 heures : Aujourd'hui est un grand jour puisque nous commençons les discussions de la loi de bioéthique au Sénat. Mes trois secrétaires d'État, Adrien Taquet, Christelle Dubos et Laurent Pietraszewski, me remplacent au banc à l'Assemblée nationale pour les questions au gouvernement du mardi. Mon ministère en a cinq, comme souvent. Une sur la politique familiale, deux sur l'hôpital public et deux sur le rapport OXFAM concernant les inégalités. Rien sur la situation en Chine.

En parallèle, au Sénat, Frédérique Vidal, Nicole Belloubet et moi enchaînons nos discours solennels introductifs de la loi de bioéthique. Il est prévu que j'assiste aux débats autant que possible et Adrien Taquet me remplacera au banc en fonction des contraintes d'agenda. Les sujets de bioéthique avec les débats sur la PMA, les transgenres, la congélation d'ovocytes, l'accès aux origines, la génétique populationnelle, la génétique préimplantatoire, les greffes d'organe, etc., s'entremêlent avec mes rendez-vous sur les retraites avec les syndicats, au ministère et à Matignon.

Moi au PM 15 heures : « Bonjour Édouard, ce petit mot pour te signaler que je risque d'arriver un peu en retard à la réunion retraites car je ne veux pas partir de la discussion générale de la loi de bioéthique sans écouter Bruno Retailleau [87]. Désolée.

« Bon courage pour les QAG. »

87. Si un ministre peut se faire remplacer au banc pendant les débats, il se doit au moins d'écouter les réponses des présidents des groupes parlementaires à son discours introductif à un texte de loi.

17 h 47, Jérôme Salomon m'envoie un mail avec un document joint. Il s'agit d'un point de situation extrêmement complet de plusieurs pages. Je suis au banc et, de façon très irrévérencieuse, je lis le document sans prêter grande attention aux présidents de chaque groupe sénatorial qui se succèdent à la tribune pour leur discours introductif sur la bioéthique. Mon cabinet s'inquiète, cela va finir par se voir que je n'écoute pas !

Ce mail de la DGS détaille les raisons scientifiques pour lesquelles les portiques de température ne sont pas la solution. Il préconise le port du masque par les personnes infectées et explique la transmission par gouttelettes. JS me fait ensuite un cours détaillé de plusieurs pages sur les précédentes épidémies de SRAS et de MERS. Cette première note de la DGS me permet d'avoir un rappel accéléré sur la famille des coronavirus…

Émergence épidémique vCoronavirus-2019/Point au 21 janvier 2020.
Mobilisation des autorités sanitaires françaises depuis la fin décembre 2019 à la suite de la confirmation d'une émergence épidémique en Chine, liée à un nouveau coronavirus dont le réservoir pourrait être animal, et de la confirmation par l'OMS début janvier 2020.

Ce que nous savons depuis le début de l'alerte

Réunion de sécurité sanitaire et bulletin quotidien des alertes (DGS CORRUSS et SpF).

Point avec UE (Health Security Committee, European CDC : *risk assessment*) et l'OMS (siège de Genève : Règlement sanitaire international, experts du GOARN).

Santé publique France mobilisé pour le classement des cas en lien avec Samu, ARS, CIRE, Établissements de santé de référence et services de maladies infectieuses et tropicales.

Le Centre national de référence (CNR) des virus grippaux et respiratoires mobilisé pour test et procédure diagnostique partagée par ESR (opérationnelle dans une dizaine de jours).

ARS alertées par message officiel (MINSANTE).

« DGS-URGENT » envoyé à tous les destinataires inscrits (800 000 professionnels de santé).

Cellule nationale de coordination du risque épidémique et biologique (COREB) saisie, ainsi que les experts virologues et infectiologues, équipe REACTing de l'Inserm mobilisée.

Mobilisation de nos capacités de modélisation mathématique (Institut Pasteur).

CORRUSS placé en niveau 2 de mobilisation renforcée le 21 janvier.

Réunion inter-directions prévues le 22 janvier au ministère de la Santé (présidence DGS).

MAEI informé (CDC informé et associé) ; DGAC alertée.

Lignes aériennes directes Wuhan/Paris contactées pour information des voyageurs.
Aéroports F internationaux contactés : affichage à destination des voyageurs.

Ce que l'on sait

Cas de pneumonies avérés à Wuhan depuis fin décembre 2019, adultes hommes et femmes.

Relation épidémiologique initiale avec marché Seafood, animaux vivants (désinfecté et fermé).

Nombre de cas : formes paucisymptomatiques probables (1 700 cas estimés selon étude de l'Imperial College of London avec infos disponibles au 12/01).

291 cas confirmés (35 graves dont une douzaine sous ECMO). Des cas ont été confirmés à Shenzen, Shanghai et Pékin. Déploiement du test diagnostique au niveau national en Chine. **6 décès** rapportés officiellement (comorbidités sous-jacentes).

Plusieurs cas exportés : Japon 1, Thaïlande 2, Taiwan 1 et Corée du Sud 1. Source de contamination unique au sein d'un marché d'animaux vivants peu probable. Une transmission interhumaine est désormais avérée, importance des mesures barrières.

Ce que l'on ne sait pas

Le niveau réel de transmission interhumaine (Index R0 de transmission) ; la possibilité de cas nosocomiaux (niveau de risque pour les patients et le personnel de santé).

L'existence ou non de cas peu symptomatiques favorisant la transmission non détectée.

La létalité réelle des infections (taux de mortalité chez les personnes infectées).

La capacité de mutation virale et de résistance virale aux éventuels antiviraux disponibles.

Les populations cibles de ce virus (enfants, adultes, sujets âgés ou fragiles ?).

L'origine de ce nouveau coronavirus, proche du SRAS génétiquement.

Analyse générale

La situation est encore **très évolutive** et les données sont partielles et récentes.

Il convient de rester très **prudent et vigilant** en raison des deux épisodes récents d'émergence de coronavirus, celui du SRAS 2003 et du MERS-CoV depuis 2012, car les réservoirs animaux sont multiples, le niveau de transmission interhumaine peut être élevé, la transmission nosocomiale établie pour SRAS et MERS, la virulence de ces deux virus est élevée.

La coexistence de cette émergence virale avec l'épidémie grippale saisonnière entrave les capacités de repérage précoce des cas, les tableaux cliniques étant proches.

La possibilité d'une co-infection grippe+ vCoro a été évoquée (décrite avec SRAS et MERS).

La Chine entre dans la période du Nouvel An chinois (25/01) pendant laquelle des dizaines de millions de Chinois voyagent avec leur famille.

Une réunion du comité d'urgence de l'OMS est convoquée le 22/01 par le DG de l'OMS, le Dr Tedros Adhanom Guebreyesus (USPPI[88] : 2009 H1N1, 2014 Polio puis Ebola ; 2016 Zika ; 2019 Ebola en RDC). Pas d'USPPI pour MERS ou fièvre jaune.

Situation et investigation en France

Un cas probable, homme d'une cinquantaine d'années de retour de Wuhan, a été rapidement isolé et exploré dans un Établissement de santé de référence (Nancy) et bénéficié de nombreux bilans (tests grippe et différents virus). **17 personnes contacts** de ce cas ont été repérées, informées et suivies. Les tests de confirmation ont exclu le diagnostic d'infection. L'évolution clinique est favorable.
La mission COREB a élaboré avec l'ensemble des parties prenantes (cliniciens/ CNR/ SpF/ SF2H) un document de recommandations qui a vocation à être rapidement généralisé pour tout cas confirmé.
Nous nous appuyons sur les retex (retour d'expérience) des épisodes internationaux SRAS et MERS-CoV et sur l'expertise nationale, forte en ce domaine (épidémiologistes, virologues, infectiologues).
Liaisons aériennes France-Chine : en hausse constante : 126 vols hebdomadaires par pavillon, 5 compagnies françaises, 8 chinoises, 12 villes desservies en France. De très nombreuses liaisons indirectes (escales au Moyen-Orient).

Dispositifs de détection de fièvre aux points d'entrée sur le territoire

Détection des passagers au départ de Wuhan et procédure classique si fièvre à bord.
Systèmes peu efficaces si prise d'antipyrétiques ; nombreux faux positifs et faux négatifs. Difficulté de *screening* entre grippe (épidémie en cours) et autres infections virales. Affiches d'information officielle en français, chinois et anglais dans les aéroports pour départs et arrivées. Nous travaillons à un document d'information et de conduite à tenir à distribuer aux passagers. Messages audios et écrans possibles dans les avions et aéroports. Pas de contrôle sanitaire effectif aux frontières (décision non prise par l'OMS et l'UE à ce stade). Pas de personnel dédié ni officiers sanitaires dans les aéroports et point d'entrée du territoire (contrairement aux États-Unis). Mesures souvent peu efficaces et complexes à mettre en œuvre.

Contexte historique et EDL

Les coronavirus (CoV) forment **une immense famille de virus** possédant un génome à ARN extrêmement long (plusieurs milliers de nucléotides). Ils sont entourés d'une capsule de protéine en forme de couronne qui leur vaut leur nom. Il existe de nombreux sous-types de coronavirus infectant différentes espèces animales. L'homme peut en héberger au moins cinq, parmi lesquels les plus courants sont HCoV-229 et HCov-OC43. Très répandus, ces virus sont associés à **des rhumes et des syndromes grippaux bénins**, Ils peuvent également infecter l'homme sans déclencher de symptômes ou, inversement, être impliqués

88. Urgence de santé publique de portée internationale.

dans des complications respiratoires de type pneumonie chez des personnes immunodéprimées ou des nourrissons. Ces virus se transmettent facilement d'homme à homme par voie aérienne, au contact de sécrétions ou d'objets contaminés, particulièrement en période hivernale. La période d'incubation qui précède l'apparition des symptômes dure trois à six jours et les traitements, s'ils sont nécessaires, sont symptomatiques. Les infections à coronavirus ne sont habituellement pas diagnostiquées en raison de leur caractère bénin et de leur guérison spontanée.

L'épidémie de Syndrome respiratoire aigu sévère (SARS-CoV) : le SARS-CoV est le premier coronavirus qui a entraîné une maladie grave chez l'homme. Il a sévi sous forme épidémique **entre novembre 2002 et juillet 2003**. Plus de **8 000 cas** ont été recensés dans trente pays (dont près de 20 % chez des soignants) et **774** personnes sont décédées (soit près de 10 % de mortalité). L'épidémie est partie de quelques cas dans la province du Guangdong, en Chine du Sud Est, suite à la consommation de viande de civette infectée. Plusieurs cas graves sont survenus dans différentes villes des environs de Guangzhou, puis le virus a été introduit à Hong Kong en février 2003. Il s'est ensuite propagé au Viêtnam, à Singapour, au Canada, aux Philippines, au Royaume-Uni ou encore aux États-Unis, suite aux déplacements de personnes infectées. **Il a été possible d'établir un lien entre plus de la moitié des infections et un seul patient arrivé à HK le 21 février 2003 !** Comme avec les coronavirus communs, la transmission du SARS-CoV a eu lieu de personne à personne par voie aérienne *via* des gouttelettes respiratoires, par contacts directs avec des sécrétions ou liquides biologiques, ou encore par l'intermédiaire d'un objet contaminé. Néanmoins, le SARS-CoV était **modérément transmissible** et une fraction de patients semblait incapable de le transmettre. À l'inverse, quelques cas ont été à l'origine de très nombreux cas secondaires. Les experts ont parlé de **super-contaminateurs.** Ce phénomène pourrait être dû à la charge virale transmise au moment de la contamination et au stade de l'infection. L'épidémie a pu être contrôlée grâce à une alerte mondiale déclenchée le 12 mars 2003 par l'OMS, l'arrêt de la consommation de civettes en Chine, la détection précoce des cas suspects, l'isolement des malades dès les premiers symptômes, la prise en charge des personnes avec qui ils avaient été en contact et la protection des soignants.

L'épidémie de coronavirus du Syndrome respiratoire du Moyen-orient (MERS-CoV)

Les premiers cas d'infection par le MERS-CoV remontent à 2012, en Arabie saoudite. La transmission du virus se poursuit aujourd'hui à faible ampleur : les autorités sanitaires ont recensé **2 484 cas et 857 décès** dans vingt-six pays (soit un taux de létalité d'environ 30 %), principalement dans la **péninsule arabique mais également en Corée du Sud**. En France, 2 cas ont été diagnostiqués en 2013, dont un cas de transmission secondaire. Les patients avaient été isolés à Lille, ce qui avait empêché toute diffusion du virus.

Le virus semble **transmis à l'homme par le dromadaire *via* des sécrétions** (urine, lait de chamelle…). Plusieurs cas de transmission interespèce sont à l'origine de différents foyers épidémiques humains. La transmission d'homme

à homme a lieu par voie aérienne, *via* des gouttelettes en suspension dans l'air. Mais le virus est faiblement transmissible. Néanmoins, un patient hospitalisé en Corée du Sud est à l'origine de 154 contaminations.
L'OMS surveille activement la diffusion du virus et recense les nouveaux cas afin de mettre à jour régulièrement la liste des pays touchés. L'enjeu est de contenir l'épidémie. Des mesures de prévention concernant les contacts avec les dromadaires, les barrières mécaniques, comme le port d'un masque ou d'une blouse blanche pour les soignants, le lavage des mains et surtout l'isolement des patients aux symptômes suspects, sont efficaces.

À l'heure actuelle, aucun traitement spécifique ou vaccin n'est disponible contre ce virus qui frappe plus sévèrement les personnes immunodéprimées ou atteintes de pathologies chroniques (diabète, insuffisance rénale, infection pulmonaire chronique…). Le diagnostic peut être posé de différentes façons : à partir d'une culture virale, d'un prélèvement réalisé sur un malade, par le tirage de l'anticorps neutralisant contre ce virus, ou encore par la détection du matériel génétique du virus (RT-PCR). Il n'existe **pas de médicament spécifique contre ces virus** : la prise en charge repose sur des traitements symptomatiques et des soins de support.

Comment ces virus émergents parviennent-ils chez l'homme ? Le SARS-CoV et le MERS-CoV ont tous deux la chauve-souris comme réservoir. Le virus est symptomatique chez cet animal. Un hôte intermédiaire est nécessaire à la transmission de ces virus à l'homme : **la civette palmiste masquée pour le SARS-CoV**, vendue sur les marchés et consommée au sud de la Chine, et **le dromadaire pour le MERS-CoV**. Le virus passe chez l'homme *via* les sécrétions animales, dans des conditions particulières qui restent à identifier. Des mutations génétiques facilitent probablement cette transmission interespèce, permettant au virus d'être reconnu par les récepteurs présents à la surface des cellules humaines. Néanmoins, il est difficile de croire qu'une à deux mutations puissent déclencher à elles seules ce passage. Pour le SARS-CoV, une poignée de contaminations serait à l'origine de la majorité des cas *via* une chaîne de transmission humaine associée à des déplacements des personnes contaminées à travers le monde. Alors que pour le MERS, plusieurs personnes ont été contaminées depuis l'animal et ont transmis le virus en petits foyers épidémiques.

Conseils et bonnes pratiques
Se tenir informé, données officielles, se méfier des *fake news*.
Application du Règlement sanitaire international, collaboration étroite avec l'OMS : surveillance, définition de cas, prise en charge, hygiène, communication, mobilisation en ville, éviter la transmission depuis les animaux, isolement à domicile. Hygiène des mains ; port du masque chez les sujets symptomatiques, transmission gouttelettes ; éviter contact non protégé avec personnes malades ; éviter marché animaux vivants ; viande bien cuite [89].

89. À cette époque, nous n'étions pas en mesure d'infirmer le risque de contamination alimentaire et cela nous inquiétait également.

Ainsi se termine la première note de la DGS.

Je décide d'approfondir tout cela et me fais excuser par le président de séance auprès des sénateurs. J'ai dû être bien inspirée, car dès mon retour Jérôme Salomon monte dans mon bureau pour m'informer d'un bruit persistant qui circulerait dans les services de l'OMS : il y aurait une transmission interhumaine avérée.

J'en comprends immédiatement l'implication. La transmission interhumaine peut se faire par voie respiratoire, par les mains, par les selles, voire les trois, ou encore par voie sexuelle ou sanguine, comme c'est le cas pour le sida et les hépatites. Surtout, cela change drastiquement le niveau de risque de propagation au-delà de Wuhan. Nous ne sommes plus du tout dans le scénario initial, celui d'une zoonose limitée à des personnes qui auraient fréquenté un marché aux poissons. Nous nous asseyons tous les deux pour réfléchir aux conséquences de cette rumeur et à la conduite à tenir. Avec JS et mon directeur de cabinet, nous décidons ce soir-là de tenir une conférence de presse[90]. La ligne de crête est mince : je veux prévenir les Français du possible risque d'une crise sanitaire mondiale, mais sans créer la panique. L'objectif est de faire monter l'information et le degré de vigilance progressivement dans les médias. Il n'est pas question d'affoler tout le monde dès la première prise de parole sur une éventuelle extension du virus, sans preuve, sans consensus international (et encore moins national) et alors qu'il n'y a à cette heure aucun cas détecté en Europe et seulement deux décès en Chine. Il faut trouver le bon équilibre. Aucun risque sérieux n'est annoncé officiellement par les institutions internationales, l'OMS n'a pas déclaré l'Urgence de santé publique de portée internationale et la transmission interhumaine n'est pas encore confirmée. Avant que JS ne quitte mon bureau, alors que je le raccompagne à la porte, je lui demande, de façon instinctive, combien nous avons de masques en stock.

90. Nous sommes le premier pays à tenir une conférence de presse aussi tôt. L'OMS elle-même ne commencera ses points presse quotidiens que quinze jours plus tard. À ma connaissance, seul le directeur du Centre de contrôle des maladies de Corée du Sud, pays qui a connu l'épidémie de SRAS, a tenu une conférence de presse à la même date.

Quelques minutes plus tard, alors que Jérôme Salomon s'active à préparer la conférence de presse, il m'informe par SMS : « J'ai eu OMS, réunion des experts demain ; je réunis une interservices demain pour mobiliser. Le cas suspect est infirmé : négatif ! »

Moi : « On va pouvoir le dire au point presse. »

Le cas de Nancy est donc heureusement négatif. Il s'agit pour ce patient d'un simple coronavirus de rhume. La France ne compte aucun cas détecté sur le territoire.

Ainsi commence la conférence de presse.

Sur la situation du coronavirus

« Mesdames, Messieurs,

Je pensais important d'introduire cette conférence de presse au regard de l'évolution de la situation internationale de ces derniers jours et des inquiétudes et informations qui remontent depuis ce matin.

Ce temps d'échange permettra à la Direction générale de la santé et Santé publique France de faire un point de la situation et revenir sur la préparation de notre système de santé, les modalités de surveillance, autrement dit sur notre mobilisation ! Je remercie également le professeur Yazdan YAZDANPANAH [91] qui répondra à vos questions autour de la prise en charge et de la recherche.

Vous le savez, le 31 décembre 2019, l'Organisation mondiale de la santé a été informée de plusieurs cas de pneumonies dans la ville de Wuhan en Chine. **Le virus, jusqu'ici inconnu, est un coronavirus. Il a été dénommé "2019-nCoV".**

Ce type de virus provoque chez l'homme des maladies le plus souvent bénignes, mais certains peuvent provoquer des symptômes plus sévères.

91. Le Pr Yazdan Yazdanpanah est chef de service des maladies infectieuses à l'hôpital Bichat et directeur de l'Institut thématique multi-organismes d'infectiologie (ITMO d'infectiologie) qui est un réseau rassemblant l'ensemble des unités de recherche en France travaillant sur les maladies infectieuses. Dans ce cadre, il coordonne REACTing, consortium d'équipes de recherches qui se mobilisent en cas d'épidémie.

Nous sommes au début de l'épidémie et nous n'avons pas la réponse à toutes les questions qui se posent et c'est normal. **La situation est très évolutive et l'évolution des connaissances permettra d'en savoir plus sur les modes de transmission** de ce virus autant que sur son origine.

Le risque d'introduction en France de cas liés à cet épisode est faible mais ne peut être exclu, d'autant qu'il existe des lignes aériennes directes entre la France et la ville de Wuhan.

Des messages de précautions à destination des voyageurs se rendant à Wuhan depuis Paris ou au retour de Wuhan sont d'ores et déjà diffusés dans les avions (pour les vols directs), des affiches ont été disposées à l'aéroport de Roissy.

Je tiens à revenir quelques instants sur une mesure de gestion qui a fait l'objet de plusieurs questions : le contrôle aux frontières. À ce stade, **aucune mesure de contrôle aux frontières n'a été prise conformément aux recommandations de l'OMS**. En fonction de l'évolution de la situation, si les recommandations de l'OMS changent, la France évaluera l'opportunité de mettre en œuvre les mesures préconisées.

Quelques mots enfin pour vous dire que notre système de santé est préparé. **Les professionnels de santé et établissements de santé ont été informés** et des recommandations sur la prise en charge d'éventuels cas en France leur ont été délivrées en cas de mobilisation.

Mesdames, Messieurs, encore une fois merci d'être présents ce soir.

Je vais laisser la parole au professeur Jérôme Salomon qui va vous présenter la situation ce soir et à qui j'ai demandé de suivre l'évolution de la situation dans les prochains jours, en lien bien évidemment avec l'OMS. »

Lors de cette première conférence de presse, ma phrase exacte est la suivante et reprend la formulation de l'OMS :

« Le risque d'introduction en France des cas liés à cet épisode est faible mais ne peut être exclu, d'autant plus qu'il existe des lignes aériennes directes entre la France et la ville de Wuhan. » Dans l'emballement de quelques journalistes et des réseaux sociaux, la phrase est devenue « le risque épidémique est faible », détournant totalement le sens de mon propos[92].

---

92. Cette phrase ainsi tronquée circule toujours sur les réseaux sociaux.

20 h 18 : Sorti du point presse, Jérôme Salomon m'informe par SMS : « Premier cas aux USA. [93] »

Ma journée ne s'arrête pas là. Je suis contrainte de m'extraire de la salle de presse pour donner une conférence prévue de longue date à la Maison de l'Amérique latine dans le cadre d'un *think-tank* appelé « Matières grises [94] ». Il s'agit de ces formats prisés de dîner-débat au cours desquels l'invité s'exprime pendant que les convives mangent… Mais tout le secteur est présent et c'est l'occasion de présenter la future loi sur le « grand âge ».

21 heures, retour au Sénat où se poursuit l'examen de la loi de bioéthique. En théorie, les séances se terminent à minuit mais, en réalité, le temps de finir les séries d'amendements, nous quittons l'hémicycle plus souvent à 1 heure du matin.

Les discussions autour du texte de loi commencent à peine.

Peut-on élever un enfant sans père ? Doit-on rembourser ou non la PMA pour toutes les femmes ?

Le bulletin du CORRUSS m'arrive pendant les débats : infection alimentaire collective par une bactérie dans l'eau à La Réunion. Rupture de stock de corticoïdes (Solumédrol), il semble que cela soit dû à un défaut de qualité lors de la chaîne de production. Cela m'inquiète, car il s'agit d'un médicament tout à fait essentiel. Mais la cause rapportée laisse penser que la production devrait reprendre rapidement, et je sais que le ministère est déjà en train de recenser les stocks industriels.

2 heures du matin, de retour chez moi, je regarde des images de Chine sur Twitter et les chiffres rapportés par le centre américain Johns Hopkins. Nous sommes totalement dépendants de ce que disent les autorités chinoises à l'OMS. Et elles disent peu. C'est frustrant. Il faut que je parvienne à me faire ma propre opinion.

93. Le seuil d'un million de morts aux États-Unis sera franchi en mai 2022.

94. Son président, Luc Broussy, est président du conseil national du Parti socialiste et spécialiste des questions liées au vieillissement.

En fin de journée, il y a 291 cas confirmés en Chine (35 graves dont une douzaine sous ECMO[95]), 6 décès officiels, 1 cas au Japon, 2 en Thaïlande, 1 à Taiwan, et 1 en Corée du Sud[96].

Mercredi 22 janvier

- Total monde : 550 cas, essentiellement en Chine, et une dizaine de décès (tous en Chine).
- Le centre de crise du ministère, CORRUSS, est placé en niveau 2 de mobilisation renforcée[97] et convoque une réunion inter-directions (DGS, DGOS, DGCS, DSS, DICOM).

Dès le réveil, nous commençons nos échanges avec Jérôme Salomon.

7 h 21 JS : « Une Chinoise en isolement à Bichat : résultats ce soir. »

Moi : « Elle vient d'où ? »

JS : « Chinoise de Wuhan, en vacances en France. »

Moi : « On ne va pas pouvoir ne pas mettre les détecteurs de température même si c'est inutile. La population ne comprendra pas. »

JS : « Oui, je vois DGAC et ADP[98] ce matin. Attention aux chiffres. Les Chinois viennent de déployer leur test et s'y mettent largement donc ça va monter fortement. Il faudra peut-être que tu interviennes auprès de Borne[99] si les compagnies aériennes renâclent… Je te prépare un point complet. »

---

95. Extra Corporeal Membrane Oxygenation : il s'agit d'une technique lourde utilisée en réanimation, permettant d'oxygéner le sang *via* une machine de circulation extracorporelle lorsque les poumons ne fonctionnent plus.

96. Le cas américain n'apparaît pas encore dans les documents qui me parviennent ce soir-là.

97. Ce niveau d'activation du centre de crise correspond au niveau renforcé du dispositif général de gestion de crise. Une équipe dédiée est nommée au CORRUSS avec astreintes de soirs et week-ends, en responsabilité de coordonner le secteur de la santé au niveau national, de suivre les évènements avec les ARS, d'analyser et de prioriser les informations pour en faire des synthèses et de projeter des moyens humains si besoin.

98. Aéroports de Paris.

99. Élisabeth Borne est à cette date ministre de la Transition écologique et solidaire et, de ce fait, en charge des transports.

Ainsi, les autorités chinoises viennent de déployer leur test PCR et le nombre de cas déclarés va monter mathématiquement.

Les reprises médiatiques de la conférence de presse donnée la veille m'agacent. Sur les chaînes d'information, la phrase coupée a ainsi été relayée partout dans les bandeaux qui défilent en continu. Seule la partie rassurante de mon propos a été retenue. Le message véhiculé n'est pas le bon. Je ne voulais surtout pas créer une vague d'inquiétude avec un message d'alerte sensationnaliste, mais je n'ai pas organisé une conférence de presse pour me contenter de dire que tout va bien et qu'il n'y a pas lieu de s'inquiéter !

Il est parfois déroutant de voir à quoi tient le destin. Comme dans le film de Resnais, *Smoking, No smoking*, qu'aurait été la suite pour moi, si les médias avaient repris l'autre partie de la phrase : « Le risque d'importation ne peut être exclu, d'autant qu'il existe de nombreuses lignes directes entre Wuhan et la France » ? Ou bien : « La situation est très évolutive » ?

Ce matin-là, et sans avoir la moindre idée de ce qu'il adviendra plus tard, j'alerte juste mon directeur de cabinet, Raymond Le Moign, car mon message n'a pas été entendu, il faut rectifier le tir.

7 h 45 : « Bonjour Raymond,

« Tu as eu raison de me pousser à aller chez Luc B. hier soir…

« Pour le coronavirus, les médias reprennent en bandeau mon message d'hier (risque faible en France) qui est déjà obsolète. En réalité c'était “à l'heure où je vous parle”… J'ai repris la parole hier soir pour introduire la conférence de presse mais je pense que le prochain point presse c'est à moi de donner les informations pour rectifier l'impression de banalisation.

« Dans l'immédiat il faudrait que Carine tweete le contenu de la conf de presse d'hier soir en mon nom et rappeler que nous nous réunissons avec l'OMS ce soir pour prendre de nouvelles dispositions, si nécessaire.

« Je suis embêtée de la façon dont cela sort ce matin alors que nous avons possiblement le premier cas français. En 2003 (SRAS) les Chinois ne voyageaient pas… »

Avec Raymond Le Moign (RLM) j'ai une relation de confiance totale, devenue amicale avec le temps. Bien qu'il soit parfois critique à mon égard, me trouvant un peu trop spontanée pour une ministre, je lui pardonne. L'intelligence n'est pas son moindre défaut. Connu pour être un bourreau de travail, il est respecté de tous au ministère. Je sais que si je lui fais passer ce message d'alerte, il fera ce qu'il faut pour en redresser le sens.

Après mon premier rendez-vous de préparation du projet de loi sur les retraites avec le secrétaire d'État et mes équipes, je reprends le fil du coronavirus et écris à Grégory Emery, mon conseiller sur les crises sanitaires.

Moi à 10 h 27 : « Peux-tu passer me voir en sortant de réunion de sécurité sanitaire ? Merci. »

GE me répond : « Je suis en réunion interservices coronavirus. Tu veux que je monte après ? »

Une fois dans mon bureau, nous discutons des mesures à mettre en place dans les aéroports et essayons d'anticiper ce que dira l'OMS. Nous savons lui et moi que les épidémies ne s'arrêtent pas aux frontières, jamais, mais qu'il faut à tout prix ralentir la pénétration du virus en Europe. En phase 1, la stratégie repose sur la « mitigation », c'est-à-dire parvenir à contenir le virus dans les zones où il circule déjà pour qu'il ne se répande pas, ou pas trop vite, et tracer les cas contact des cas avérés hors de Chine pour mettre les gens en quarantaine.

Grégory Emery, remarquable médecin spécialiste de santé publique, est mon conseiller en charge des crises sanitaires, de l'international et des médicaments/produits de santé. Cela fait beaucoup de sujets épars, mais c'est l'apanage des cabinets ministériels réduits à dix personnes. Nous nous sommes connus lorsque je présidais la HAS où il dirigeait le service d'évaluation des dispositifs médicaux avant qu'il ne rejoigne le ministère de la Santé. Nous nous sommes revus lorsqu'il a été en charge de l'effondrement du système de santé de l'île de Saint-Martin après l'ouragan Irma, puis de Mayotte au moment des violences et des grèves. Nous sommes devenus proches lorsqu'il a intégré mon cabinet en 2018.

La fin de matinée est destinée à négocier avec les représentants de la Fédération française des praticiens de santé (FFPS) afin d'identifier pour chacune des professions les mesures d'accompagnement de la réforme des retraites. J'essaye de me concentrer sur la note très complexe qu'on m'a préparée et que je découvre. Habituellement, quand il s'agit de sujets très spécifiques, je peux disposer d'un temps d'échange avec mon directeur de cabinet ou avec mes conseillers afin de préparer les discussions et de maîtriser la partie technique, mais mon agenda de ces derniers jours a rendu impossible cette préparation en amont. J'ai face à moi les syndicats des podologues, des orthophonistes, des orthoptistes, etc. qui me posent des questions précises, relatives à leurs domaines, et qui me mettent clairement dans un corner. Je ne comprends pas la moitié des propositions faites par les services et je me sens incapable de leur apporter des réponses claires. Je m'interromps et laisse mes conseillers finir. Impossible de continuer à m'exposer ainsi ! Cet agenda dément me met en danger.

Mail de JS à 12 h 21 : « Chère Agnès, Le point de situation actualisé en PJ.

« J'ai réuni toutes les directions concernées et les échanges ont été constructifs. Réunion UE/HSC ce jour. Réunion OMS comité d'urgence ce jour. Un point important : toutes les lignes directes se posent à Paris CDG. Possibilité d'un déplacement à CDG demain à l'arrivée du vol AF en provenance de Wuhan. À ta disposition pour toute question. »

Moi à JS 13 h 37 : « OK. Pourquoi avais-je l'info de 12 aéroports ? »

Mail de JS 13 h 49 : « 12 aéroports internationaux avec liens par escales. »

La réunion entre l'Union européenne et le Comité de sécurité sanitaire européen (UE/HSC) ne préconise pas la fermeture des frontières, suivant ainsi les recommandations du Règlement sanitaire international. Les services de l'Union européenne travaillent ce jour-là à la rédaction d'un document pour l'ensemble des États membres. L'OMS de son côté réunit pour la première fois son comité d'urgence.

Pendant la pause déjeuner, je reviens finalement vers Alexis Kohler par SMS.

Moi à AK : « Peut-être deux informations pour expliquer l'humeur du PDG de Sanofi et l'atmosphère du RDV :

« 1. Il a été énervé que le PR aille chez Astra Zeneca alors qu'il estime être un plus gros investisseur (et doublement vexé de voir le patron d'Astra Z. Soriot, à la table du PR et pas lui.

2. Ses demandes étaient d'ordre industriel car il souhaite être mieux accompagné et ne portaient pas tant sur les baisses de prix ou leurs nouveaux produits.

Il voulait du donnant-donnant, type j'investis dans une usine si vous remboursez mon nouveau vaccin, or nous ne pouvons pas rembourser sans évaluer et les deux sujets doivent être déconnectés. Voilà pour l'éclairage général. J'ai prévu de le revoir avec Bruno Le Maire. Amitiés. AB »

14 h 40 : Départ pour la séance hebdomadaire des QAG au Sénat. Les questions portent sur les lunettes du 100 % santé qui seraient fabriquées en Chine et de mauvaise qualité, et sur le rapport OXFAM décrivant l'explosion des inégalités.

Je reste sur place pour le suivi de l'examen du projet de loi de bioéthique jusqu'à minuit. L'hémicycle se fait l'écho de débats animés et je regarde de temps en temps mon portable.

Un SMS me parvient de JS à 16 h 10 : « Cas Bichat exclu ! »

Il s'agit ici de la première patiente d'origine chinoise suspectée d'être atteinte et hospitalisée à Bichat. Grand soulagement. À cette heure, donc, la France ne recense toujours pas de cas diagnostiqué.

Ce jour-là, le Sénat aura finalement voté pour la PMA mais à condition qu'elle ne soit pas remboursée, sauf en cas d'infertilité (ce que personne ne sait définir médicalement puisque l'infertilité d'un couple peut, parfois, être d'ordre psychologique). Je n'ai malheureusement pas pu être présente lors du vote qui s'est tenu avant le déjeuner, à cause d'un agenda trop chargé. Si la PMA n'est pas remboursée, il s'agira encore d'un droit formel qui ne pourra pas être exercé par les plus pauvres. Un amendement à l'Assemblée en deuxième lecture rectifiera le tir… De retour au Sénat dans la soirée, nous enchaînons sur l'accès aux origines et les dons de gamètes.

GE 21 h 07 : « Je viens de voir la conférence de presse de l'OMS. Le comité ne conclut pas sur la caractérisation de l'épidémie. Ils se réunissent à nouveau demain. »

Moi : « Ils sont mignons… »

L'ironie est très souvent le mode d'expression de mon mécontentement.

Moi : « Il faut tout de même montrer qu'on a fait des choses indépendamment de leur classification sans attendre l'aval de l'OMS. Je suis plutôt favorable à faire une sortie dédiée. »

GE : « Bien pris, le problème est que l'aéroport est peu visuel et qu'il n'y aura pas de vol finalement demain. Je vois ce qu'on peut te proposer à la fois pour ne pas être anxiogène mais également pour que ça ait du sens. Sinon une réunion CORRUS avec des experts demain, c'est assez classique. »

Moi : « Pourquoi pas, plus simple. »

GE : « Je vois avec Carine, on voit comment cela tourne demain. Bon courage et repose-toi si tu peux. »

Moi : « OK, on finit à minuit. »

L'époque veut cela, les déplacements doivent être « visuels » pour intéresser les médias… Et la décision de l'OMS nous laisse pantois.

Les conclusions à l'issue de la réunion du comité d'urgence de l'OMS sont les suivantes :

> L'OMS a réuni ses experts le 22 janvier et a décidé de ne pas déclarer l'USPPI. Des experts se sont rendus à Wuhan et confirment pour la première fois la transmission interhumaine à Wuhan tout en précisant qu'ils ne savent pas préciser son ampleur.
> Les recommandations sont essentiellement adressées à la République populaire de Chine. Pour les autres pays il est signifié que l'on peut s'attendre à des cas importés et qu'il convient de savoir les repérer, les isoler et trouver les cas contact, et qu'en vertu du Règlement sanitaire international, il convient de faire preuve de solidarité.

Le DG de l'OMS fait en parallèle un discours à la presse : « Je ne déclare pas l'USPPI aujourd'hui… Ne vous trompez pas, c'est une urgence en Chine mais pas encore une urgence sanitaire mondiale… Pour le moment l'OMS ne recommande pas de restriction générale des voyages et du commerce… Nous pouvons prendre des mesures simples pour nous protéger mutuellement, par exemple nous laver les mains et nous couvrir la bouche et le nez quand nous éternuons. »

Ce même jour, Jérôme Salomon a réuni toutes les directions du ministère de la Santé (réunion interservices) et envoie un deuxième message d'alerte aux professionnels libéraux, sociétés savantes, ARS et établissements en tous genres.

De mon côté, j'ai demandé qu'on m'organise un échange avec la commissaire européenne à la Santé, Stella Kyriakides [100], car il

100. La Commission européenne comprend vingt-sept commissaires. Elle est présidée par Ursula von der Leyen. Chaque commissaire est responsable d'un champ d'activité, il y a donc une commissaire dédiée à la Santé.

m'apparaît indispensable de pouvoir agir en cohérence au niveau européen. Je veux savoir ce qu'elle prépare.

Jeudi 23 janvier

• Total monde : 654 cas selon le site du Johns Hopkins.
Selon la note de la DGS :
• Chine : plus de 500 cas confirmés, dont quelques dizaines de cas graves et patients en réanimation (défaillances multiviscérales et respiratoire) ; 17 décès rapportés officiellement.
• Monde : 6 cas exportés (1 Japon, 1 Taiwan, 2 Thaïlande, 1 États-Unis, 1 Corée du Sud).
• Source de contamination inconnue.
• Mesures drastiques de confinement à Wuhan mises en place depuis le 22 janvier avec suspension des transports routiers, ferroviaires et aériens.
• Le comité d'urgence de l'OMS réunit à nouveau les experts.

9 h 30 : La journée commence par ma participation au Comité stratégique de la santé mentale et de la psychiatrie. La psychiatrie est depuis des années la spécialité oubliée des politiques publiques dans notre pays et j'ai mis un point d'honneur à rendre compte de mon action depuis deux ans et de l'avancée de mon plan [101]. Le point d'orgue est ce discours que je dois prononcer au Palais des Congrès devant plusieurs centaines de participants, à l'occasion de la clôture du grand Congrès de l'Encéphale. Il y a tellement d'actions en cours dont je souhaite parler que je finis mon speech sans voix. J'ai longtemps été timide. Plus jeune, parler en public était pour moi une épreuve. Mes années d'enseignement [102] m'ont

101. En 2018, j'ai créé auprès de moi une Délégation à la psychiatrie et à la santé mentale, afin d'accélérer la transformation du secteur. Le Pr Frank Bellivier, le délégué, a été nommé par décret du 29 avril 2019. Il était chargé de mettre en place la stratégie nationale en faveur de la santé mentale et de la psychiatrie élaborée un an auparavant, de s'assurer de son déploiement dans les territoires, de contribuer à accompagner les évolutions de la psychiatrie pour améliorer la qualité des prises en charge, de diversifier les lieux d'accueil personnalisés et accessibles à l'ensemble de la population, de favoriser la recherche, etc.

102. J'ai enseigné la médecine en faculté de médecine (université Paris-Descartes) de 1992 à 2011.

beaucoup apporté, elles m'ont notamment appris à dépasser cette peur. Mais, comme un vestige de ma timidité, mes cordes vocales sont restées fragiles. Ce jour-là, mon discours dure 40 minutes. C'est trop long. Ma voix s'épuise. Je bois régulièrement un verre d'eau pour tenter de la retrouver. Le point presse éclair qui se tient dans le hall du Palais des Congrès clôture la séquence. Je finis aphone.

De retour dans la voiture, j'écris au Premier ministre.

11 h 15 : « Bonjour Édouard, puis-je te parler un instant de la gestion de crise du coronavirus ? J'ai besoin qu'on nous voie à l'œuvre sans attendre une décision de l'OMS et surtout que les douanes, la police, etc. ne se mettent pas à porter des masques dans leur coin façon Lubrizol. Il faut une coordination. Merci d'avance. »

Je fais volontairement référence à l'accident qui s'est produit à Lubrizol. Beaucoup d'inquiétudes, légitimes, préoccupaient alors les élus locaux. Nous nous étions rendus sur place avec Élisabeth Borne et Christophe Castaner afin de répondre aux questions, de rassurer et d'expliquer que les agences sanitaires, après de nombreuses analyses de l'air et des retombées dans les zones avoisinantes, n'avaient relevé aucun toxique.

Aucun ministre ne portait un masque, la question n'ayant même pas été soulevée compte tenu des conclusions scientifiques rassurantes qui avaient été rendues. Mais tous les gendarmes qui assuraient la sécurité du site avait reçu l'ordre inverse de leur hiérarchie, c'est-à-dire de porter des masques. Cette contradiction sautait aux yeux ! Si les gendarmes portaient un masque, c'était bien la preuve qu'il devait y avoir un risque…

Mail de JS à 11 h 24 : « Chère Agnès,

« En réponse à notre échange, le point de situation actualisé avec tous les éléments nécessaires à une réunion de haut niveau. J'ai tenu une première réunion interservices hier au CORRUSS. À ton entière disposition pour des renseignements complémentaires. »

En substance, le nouveau document de la DGS daté du 23 janvier complète la note initiale du 21 janvier. Il met les cas à jour, stipule que les ARS doivent immédiatement signaler tout cas possible au CORRUSS, et que le ministère de la Santé communiquera – instantanément et largement – si un cas est confirmé.

Le nouveau coronavirus aurait 80 % d'homologie avec le SRAS. Concernant les aéroports, il y a 26 vols hebdomadaires pour Air France/Sky Team et 60 vols pour 5 compagnies chinoises. Tous les vols directs se posent à CDG, mais de très nombreuses villes sont desservies avec des escales à l'étranger, sans compter qu'on peut arriver par des aéroports proches de France.

La note insiste sur le besoin de cohérence France/UE/OMS et rappelle que les mesures de détection de la fièvre ont des limites connues et publiées. C'est particulièrement vrai quand les phases d'incubation sont longues et quand on est possiblement contagieux plusieurs jours avant les symptômes ; ou encore, quand il y a beaucoup de cas asymptomatiques, c'est-à-dire des personnes qui disséminent le virus sans jamais être malades elles-mêmes. Le plus efficace, et de loin, est que toute personne exposée se surveille et sache quoi faire immédiatement en cas de fièvre ou de toux.

La réunion interservices qui s'est tenue la veille au ministère, outre les mesures prises sur le plan sanitaire, demande un soutien du service d'information du gouvernement (SIG) indispensable pour riposter sur les réseaux sociaux, car nous nous doutons que des *fake news* ne vont pas tarder à émerger. Pour informer le grand public, nous actons également de la nécessité de créer un site Internet dédié aux questions des Français, afin de pouvoir y répondre massivement.

Après réflexion, nous avons décidé avec GE de faire venir les journalistes dans les locaux du centre de crise du ministère plutôt que dans un aéroport, cela permettra également de refaire devant la presse un état des lieux de la situation.

Ainsi, à 14 heures, il a organisé une visite médiatisée du CORRUSS au retour du Palais des Congrès. J'avale trois gorgées d'un thé chaud en marchant dans le couloir pour pouvoir parler de nouveau aux micros tendus. Jérôme Salomon est absent en raison de problèmes familiaux graves. Dans ce contexte, on en vient à oublier que les équipes ont une vie en dehors du ministère, avec son lot de joies et de drames.

C'est l'occasion de présenter le centre de crise aux journalistes présents – ils sont nombreux – et de faire un point presse sur la situation. Beaucoup de questions portent sur les portiques de température pour détecter les cas éventuels. Il va falloir faire œuvre de pédagogie et expliquer pourquoi il ne s'agit pas d'une solution miracle.

À cette date, la question des portiques thermiques dans les aéroports s'impose dans les médias et fait l'objet de nombreux débats. Les journalistes se massent à Charles-de-Gaulle et réalisent des micros-trottoirs en sortie des vols pour montrer qu'il n'y a pas trace de portiques et conclure qu'on laisse entrer les passagers sur le territoire sans aucune vérification. La mise en place de ces portiques rassurerait le grand public, je le comprends bien, mais il est scientifiquement prouvé qu'il ne s'agit pas d'une mesure efficace lorsqu'elle est appliquée à l'arrivée des vols. Les recommandations de l'OMS sont donc claires sur ce point : en période d'épidémie, les portiques de détection doivent être mis au départ des vols de la zone épidémique (en l'occurrence la Chine) pour ne pas transporter de passagers malades (quelle que soit la maladie) et, à l'inverse, à l'arrivée des voyageurs venant de la zone à risque, il est plus pertinent de leur donner l'information sur la conduite à tenir en cas de symptômes.

Devant la pression qui continue de monter, et parce qu'il sent que j'ai besoin qu'on me donne l'intégralité des informations avant de trancher définitivement, Jérôme Salomon passe me montrer un document de la DGS remarquablement bien fait sur le sujet, un tableau qui synthétise toute la littérature scientifique sur les portiques. Les publications montrent l'inefficacité des portiques pour identifier des passagers malades lors des précédentes pandémies ou épidémies, H5N1, H1N1, SRAS, MERS, Ebola, etc. Le rationnel pour le SARS-CoV-2 est encore plus faible, puisque la contagiosité précède de deux à dix jours les symptômes. En pratique, avec ce que l'on sait, pour un passager malade repéré, on en laisserait passer entre cinq et dix qui seraient contagieux.

C'est le problème classique qui se joue entre les évidences scientifiques souvent contre-intuitives et des décisions politiques qui répondent à d'autres enjeux, notamment celui d'être en phase avec l'opinion. Je suis toujours tiraillée entre mes deux casquettes, celle de médecin et celle de ministre. Même si scientifiquement ces portiques ne sont pas utiles, je comprends bien que politiquement cela pourrait l'être…

JS à 15 h 32 : « Tu as été parfaite. Deux remarques pour contrôles thermiques, il faut réorganiser CDG pour les arrivées (N.B. : vols dans tous les terminaux) et s'assurer que nous avons des détecteurs… pas gagné. »

Moi : « Je sais. On a raison scientifiquement mais on aura tort politiquement. »

JS : « J'espère surtout qu'on pourra le faire techniquement. »

Moi : « On l'a déjà fait, non ? »

JS : « Non, juste pour Ebola… Trois vols par semaine [103] ! »

Moi : « Ah oui, effectivement. Alors on peut peut-être prendre les devants et dire pourquoi on ne le fera jamais. Mais ne pas être en réaction. »

JS : « OK, on vérifie tout. Je place une équipe médicale à l'arrivée du vol Wuhan. OK pour toi ? »

Moi : « Oui, vois avec Grégory. »

Une équipe médicale est donc placée à l'arrivée du vol prévu cet après-midi au départ de Wuhan, au cas où. Ce sera le dernier vol, et pour cause…

En effet, dans le même temps, et c'est un coup de tonnerre pour moi, la Chine vient d'annoncer la fermeture totale de la ville de Wuhan dans la nuit du 22 au 23 janvier 2020. Cette information n'est pas anodine. Elle signifie que désormais, et jusqu'à nouvel ordre, toute entrée ou sortie de la ville est suspendue. À cette date, les déplacements et interactions restent encore possibles au sein de la ville. Mais l'isolement d'une ville de cette taille n'est jamais arrivé à l'époque moderne et ne fait pas partie des recommandations du

103. Avec le virus Ebola, non seulement la problématique des portiques thermiques ne concernait que trois vols par semaine, mais la fièvre apparaît dès lors que le patient est contagieux. Et il n'existe pas de patients asymptomatiques. Ça n'est donc pas comparable avec le Covid où la face immergée de l'iceberg est certainement majeure et où les portiques laissent passer très vraisemblablement la majorité des personnes porteuses.

Règlement sanitaire international. Cette pratique date plutôt des épidémies de peste au Moyen Âge…

De retour au Sénat pour défendre l'accès aux origines pour les enfants nés de dons de gamètes dans le cas d'une procédure de PMA…
Un SMS de JS me parvient à 18 h 12 : « Arrivée du vol s'est très bien passée. Flyers [104] et équipe à la passerelle. »

Puis un dernier SMS de JS, qui pourrait paraître anodin, me parvient à 19 h 52 : « Pas USPPI (Urgence de santé publique de portée internationale) [105]. »
C'est une indication importante. L'OMS, pour la deuxième journée consécutive, considère qu'il ne s'agit pas d'une urgence sanitaire de portée internationale. Le comité d'urgence de l'OMS explique que c'est local ou régional et que ça peut encore être circonscrit, et, dans ce même communiqué, l'OMS indique qu'à ce stade le risque en Europe est faible.

Au banc, les débats autour de moi continuent de secouer le Sénat : comment organiser les dons de gamètes dans cette nouvelle configuration de la PMA pour toutes ? Je sors à 1 heure du matin et rouvre mes mails et ma revue de presse.

La *newsletter* de janvier du Conseil national de l'Ordre des médecins est parue ce 23 janvier. Le mot coronavirus n'y figure pas.

Le bulletin du CORRUSS quant à lui parle d'une alerte cyclonique à La Réunion, de catégorie moyenne.
Je suis particulièrement attachée à l'île de La Réunion où j'ai vécu enfant pendant un an. Cette note m'interpelle, car je sais les cyclones insidieux. Je garde un souvenir traumatisant de la destruction de l'île de Saint-Martin aux Antilles, en septembre 2017. Le

104. Il s'agit donc des dépliants d'informations évoqués précédemment, distribués aux passagers à la sortie de l'avion, sur lesquels est expliquée la conduite à tenir en cas de symptômes ; ils sont rédigés en français, en anglais et en chinois.

105. Déclaration de l'OMS, intitulée : « Déclaration sur la réunion du comité d'urgence du Règlement sanitaire international (RSI), concernant la flambée du nouveau coronavirus (2019-nCoV) ».

cyclone IRMA avait commencé doucement, rien ne pouvait présager qu'il passerait quelques jours plus tard en catégorie 5, engendrant des scènes apocalyptiques et arrachant tout sur son passage. Je revois cette végétation sans feuilles, les troncs d'arbres dénudés, le paysage tropical devenu gris, les bateaux éventrés au milieu des rues, et par-dessus tout la détresse et le désespoir des gens hagards, ayant tout perdu.

Je me dis qu'il faudra veiller demain au suivi de cette alerte cyclonique, mais que là, il faut dormir…

Vendredi 24 janvier

- Monde au total : 941 cas selon le site du Johns Hopkins ; 26 décès rapportés (tous en Chine).

Selon la note de la DGS :

- Chine : 830 cas confirmés, dont 177 cas graves en réanimation (défaillance respiratoire, défaillance multiviscérale, ECMO). Déploiement du test diagnostic au niveau national.
- Monde : 10 cas exportés hors de Chine (2 Japon, 2 Thaïlande, 1 Taiwan, 1 États-Unis, 1 Singapour, 1 Viêtnam et 2 Corée du Sud).
- Tous les pays tracent les cas contact, soit plus de 6 000 cas contact recensés.
- Les mesures de confinement prises pour la ville de Wuhan s'étendent à Ezhou et Huanggang depuis le 22 janvier (autoroutes, trains, avions, port de masque exigé, annulations des festivités). Puis décision de confinement strict de Wuhan dans la nuit du 23 au 24. L'armée patrouille dans les rues[106].
- La transmission interhumaine semble désormais avérée.
- Le comité d'urgence de l'OMS qui s'est réuni les 22 et 23 janvier a décidé de ne pas déclencher d'USPPI… et le DG de l'OMS, Tedros, annonce qu'il se rendra à Pékin avec une équipe.

---

106. Entre le 22 et le 24 janvier, les autorités chinoises prennent la décision d'isoler plusieurs villes, ce qui signifie que l'on ne peut plus entrer dans la ville ni la quitter, mais que la population peut encore y circuler. Puis il est finalement décidé un confinement strict, c'est-à-dire que les gens n'ont plus le droit de sortir de chez eux.

À 7 h 32, Grégory Emery me donne les derniers chiffres pour le Conseil des ministres de ce matin : « Dernier bilan selon les autorités chinoises 25 morts et 800 cas pour actualiser tes EDL [107]. Bon courage pour le CdM. »

Moi : « Oups ! Cela va vite… je pense que vu les décisions qu'ils ont prises, ils doivent avoir assez peur, et cela ne va pas s'arrêter tout de suite.

« Est-ce plus létal que la grippe ? »

GE : « Oui, il est clair que la réaction est soit disproportionnée soit proportionnée à un risque dont on n'a pas tous les paramètres.

« Pour la létalité, on n'a pas d'éléments certains car comme dit Santé publique France, on n'a pas le dénominateur précis. On sait que c'est moins létal que SRAS et MERS. On est à ce stade sûr de la létalité de personnes avec comorbidités. Je ne ferai pas de comparaison avec la grippe saisonnière. »

Moi 7 h 40 : « OK. Ils en sont à 20 villes à l'arrêt. 30 millions de personnes. Dans une épidémie où tu mets les gens en quarantaine, tu attends deux fois la période d'incubation après la fin du dernier cas recensé… ils ne vont pas fermer les villes trente jours ?!!! »

Les autorités chinoises ont décidé un confinement très strict. Les images que je capte sur les réseaux sociaux sont inouïes. La ville est totalement coupée du monde, l'armée sillonne les rues. Les gens semblent claquemurés chez eux sans avoir le droit de sortir. La nourriture est déposée par les militaires au bas des immeubles. Je me rappelle mes quelques notions d'épidémiologie sur les mises en quarantaine dans les maladies infectieuses, et comprends que leur confinement, pour être logique et efficace, devrait durer plusieurs semaines. En théorie, la fin d'une quarantaine doit être décidée ainsi : à partir du dernier cas avéré, il faut compter deux fois la période d'incubation. Dans le cas du coronavirus, il faudrait donc prévoir vingt-huit jours de confinement après le dernier cas détecté…

Vont-ils vraiment fermer plusieurs villes, c'est-à-dire enfermer chez eux des millions de personnes, pendant plus d'un mois ?

107. Éléments de langage.

GE a lu dans mes pensées : « Tu as raison. À ce stade la quarantaine est décidée sur des bases non explicites comme on dit. »

S'ensuit un échange sur les masques. Je me tourne cette fois vers Grégory Emery pour connaître l'état du stock [108] et lui fais part de ce que j'ai entendu dans la presse :

Moi : « Il paraît que certaines pharmacies françaises n'ont plus de masques. Je réponds quoi à la presse ? Les gens font des stocks [109]. »

GE : « Je te prépare des éléments précis sur ce point. Après, la réponse est assez classique. Les masques font partie des mesures barrières quand une personne tousse. Ils ne protègent pas les personnes qui les portent. Nous allons faire un point avec les pharmaciens pour que les messages soient bien passés dans les officines. »

Moi : « Est-ce qu'on possède des stocks en cas d'épidémie ? Est-ce qu'on a des combinaisons pour les soignants comme en Chine ? »

GE : « Oui, on a des stocks : 33 millions pédiatriques et 66 millions adultes. On recevra avant la fin du mois de février de nouveaux stocks équivalents. »

Et, comme un écho à ma question, je reçois la même réponse chiffrée de Jérôme Salomon qui sort de son interview chez Bourdin et qui visiblement vient lui aussi d'obtenir les chiffres de stocks.

JS 8 h 28 : « Pas d'inquiétude sur les masques : 65 millions adultes et 33 millions pédiatriques disponibles. Je viens de passer avec Bourdin. »

À 8 h 55, Jérôme Salomon m'envoie le point de situation journalier qui apporte quelques nouvelles informations : la durée d'incubation serait de deux à douze jours, en moyenne sept.

---

108. J'ai déjà posé oralement la question des stocks à Jérôme Salomon le 21 janvier, mais, n'ayant toujours pas eu la réponse de la DGS, je pose la même question, cette fois par SMS, à mon conseiller crise au cabinet.

109. Il m'a fallu du temps pour comprendre, *a posteriori*, pourquoi des stocks de masques en pharmacie avaient été achetés si tôt. Un journaliste en Asie m'expliquera des mois plus tard qu'une consigne avait été donnée par le gouvernement chinois à la diaspora chinoise : certaines pharmacies auraient ainsi été dévalisées en masques par des personnes d'origine chinoise, inquiètes pour leurs proches, et qui les auraient envoyés en nombre à leurs familles ou à des soignants en Chine. Je n'ai pas eu les moyens de le vérifier par moi-même.

Y figure également une information sur les masques :

En complément du stock disponible, nous devons recevoir avant la fin du mois de février 10,6 millions de masques pédiatriques et 54,6 millions de masques adultes supplémentaires.

Concernant les portiques de détection dans les aéroports, la note confirme par écrit qu'aucun cas n'a été repéré lors des précédentes épidémies SRAS, Ebola ou MERS. Que de tels équipements nécessitent de reconfigurer les aéroports, de mobiliser des équipes et des moyens matériels lourds sur une période très longue. Les vols directs hebdomadaires sont extrêmement nombreux (86 par jour), sans parler des vols avec escales qui sont très largement supérieurs.

La transmission interhumaine étant désormais avérée selon l'OMS, une campagne nationale est lancée sur l'importance des mesures barrières, notamment pour les malades et les professionnels de santé (hygiène des mains, port du masque chez les sujets symptomatiques, et isolement).

De retour au ministère, Jérôme Salomon passe dans mon bureau peu après 9 heures pour notre point quotidien. Je reviens sur son texto du matin et lui dis instinctivement que le nombre de masques me semble insuffisant.

Il me confirme les recommandations nationales : les stocks sont prévus uniquement pour les malades et les soignants. Et ajoute, à juste titre, qu'il ne s'agit là que du stock d'État. Il y a aussi des stocks de masques pour les soignants dans tous les hôpitaux [110]. Il me rappelle enfin qu'il a demandé à l'ANSM de suivre les stocks et les commandes en cours [111].

---

110. Il s'agit du stock « tactique » (c'est-à-dire au plus près des besoins) qui est constitué en parallèle au stock d'État appelé « stratégique » (centralisé à l'agence Santé publique France). En 2011, puis en 2013, des décisions ont été prises par les ministères et le SGDSN, notamment en réponse aux critiques de la gestion de la crise H1N1. Cette décision avait été relayée aux ARS et aux hôpitaux : il avait alors été acté que les hôpitaux devaient désormais avoir leur propre stock, afin d'éviter les problèmes logistiques, et parce qu'ils étaient les plus à même de connaître leurs besoins quotidiens. À la suite de ces décisions, le stock d'État centralisé de masques FFP2 pour les soignants s'est arrêté comme prévu en 2015, la responsabilité ayant été transférée aux hôpitaux.

111. J'apprendrai un peu plus tard qu'aucun pays du monde ne disposait d'une telle réserve, sauf peut-être les Britanniques. Les États-Unis, par exemple, n'en auraient eu que 37 millions, et la majorité des pays n'avait pas de stock du tout.

Bien que rassurée, je lui rétorque tout de même sur le pas de la porte que, par précaution, il faut en recommander, on ne sait jamais. Puis je parcours au pas de charge le grand couloir du ministère, mon lourd et précieux dossier sous le bras, pour me rendre au Conseil des ministres.

Car le Conseil des ministres de ce matin est *the big one*.

C'est aujourd'hui que Laurent Pietraszewski et moi présentons le projet de loi sur les retraites. Nous avons consciencieusement préparé l'exposé la veille dans mon bureau. Je commencerai par la loi organique qui expose les modes de financement et les organisations structurelles pour ne créer qu'une seule caisse à la place des quarante-deux caisses de retraite existantes. Le secrétaire d'État, lui, exposera le projet de loi ordinaire avec l'ensemble des mesures pour aboutir à la retraite par points. Notre présentation sera suivie d'une conférence de presse à la sortie. Je sais que toute la France retient son souffle pour savoir ce que le gouvernement a concocté depuis trois ans.

Le Président s'exprime au tout début du Conseil pour revenir sur la radicalité et les violences lors des dernières manifestations contre le projet de loi sur les retraites. Il revient ensuite sur l'évènement Choose France à Versailles pour réaffirmer « qu'il ne s'agit pas d'entre-soi mais que toute la France en profite ». Même si aucun regard réprobateur ne m'est directement adressé par le chef de l'État, je sens bien que la phrase a le ton du reproche. Il a dû avoir vent de mon altercation avec le patron de Sanofi, mais la remarque ne me touche pas plus que cela. J'ai été fidèle à mes convictions.

Puis il évoque son déplacement à Yad Vashem en Israël la veille, à l'occasion des 75 ans de la libération des camps de concentration, et rappelle avec raison que « l'antisémitisme est toujours à l'avant-garde de la haine des autres » et que « ce n'est pas le problème des Juifs mais celui de la société ».

L'ordre du jour débute par les textes de lois, et je présente celui sur le système universel de retraite par points, qui occupe une place prépondérante ce jour-là.

Après la présentation hebdomadaire de la situation internationale par Jean-Yves Le Drian (JYLD), je reprends la parole sur le coronavirus en Chine. C'est la première fois que le sujet est abordé officiellement en Conseil des ministres. Je fais part de tout ce que nous savons mais aussi de ce que nous ne savons pas, car ce virus compte encore de nombreuses inconnues. Mon cabinet m'a préparé un bon dossier. Y figure notamment l'étude de modélisation de l'Inserm qui évalue le risque d'importation dans les différents pays d'Europe selon l'intensité de leurs liaisons avec la Chine. Cette étude conclut que l'Allemagne et l'Angleterre devraient être touchées les premières par des cas importés.

Bruno Le Maire est le seul à venir me voir une fois le Conseil terminé, me touvant très alarmiste.

La conférence de presse en sortie du Conseil des ministres est entièrement dédiée au projet de loi sur les retraites. L'enjeu est là. Une quarantaine de journalistes posent leurs questions. Je suis concentrée derrière le pupitre blanc. J'ai une note avec quelques éléments de langage pour parler de la loi et également quelques notes sur le coronavirus. La conférence de presse se termine par deux ou trois questions au sujet des portiques thermiques et des mesures sanitaires prises dans les aéroports. Je cite l'étude des chercheurs que j'ai sous les yeux[112].

16 heures : Cela faisait longtemps que je l'attendais, et je dois préparer au mieux ce rendez-vous à Matignon. Est en effet prévue une réunion bilatérale avec le Premier ministre et son cabinet. La dernière datait probablement de l'automne. J'y vais avec un objectif clair : obtenir que la reprise d'un tiers de la dette des hôpitaux publics, arbitrage que j'ai obtenu à l'automne (c'est-à-dire 10 milliards d'euros) se traduise par une procédure simple pour les établissements. J'insiste pour que l'allègement de la dette ait lieu avant l'été, alors que l'implacable machine administrative s'est mise en marche. En effet, Bercy exige d'abord qu'on produise une doctrine permettant de faire varier la somme affectée d'un hôpital à l'autre selon différents critères[113]. Mais cette approche va

112. Il s'agit de l'étude de l'équipe de Vittoria Colizza, daté du 24 janvier 2020. Cette étude se révélera inexacte et sera rectifiée le 28 janvier 2020. L'équipe n'avait pas pris en compte initialement les nombreux vols directs Wuhan-Paris dus à nos coopérations industrielles importantes dans cette ville mais seulement le nombre global de passagers par an en provenance de la Chine dans chaque pays d'Europe, expliquant leur erreur.

113. Pour cela, le ministère des Finances a saisi les corps d'inspection IGAS et IGF pour qu'ils rédigent un rapport avant l'été.

nécessairement prendre un temps fou et désespérer tous les personnels des établissements. Je lui propose donc un scénario plus rapide où l'on reprend sans discussion 10 % de la dette de tout le monde, on verra bien ensuite comment répartir les 20 % restants en 2021 et 2022, en fonction de critères plus fins. Le Premier ministre a l'air plutôt favorable à l'idée d'accélérer le processus. Les hôpitaux devraient récupérer de la marge très vite.

Je sors vers 17 heures, soulagée.

18 heures : Je retourne vers mon ministère. Ce vendredi soir, il fait nuit noire et la température est glaciale. La semaine a été particulièrement dense, entre les hôpitaux, la réforme des retraites et les débats sur la bioéthique. Une séance de photos pour illustrer un rapport est prévue dans mon bureau avec les secrétaires d'État. Nous nous apprécions tous les quatre. La prise de vue est joyeuse. Les nerfs lâchent. La fatigue, la complicité et une phrase d'Adrien Taquet nous amènent au fou rire alors que le photographe commence tout juste à prendre ses clichés. Dernier moment d'insouciance.

À 19 h 15, avant le point presse, Jérôme Salomon nous interrompt pour une urgence : « Un cas est confirmé à Bordeaux. »

Les visages s'assombrissent. Nous passons du rire au silence. C'est le premier cas en France.

Il convient de prévenir au plus vite le couple exécutif.

Moi au PR à 19 h 18 : « Premier cas de coronavirus à Bordeaux. »

Moi au PM à 19 h 30 : « Premier cas à Bordeaux. Bon WE… »

PM : « Vu. Ça va occuper l'espace… »

Mon directeur de cabinet nous rejoint autour de la grande table de travail [114]. La première préoccupation, immédiate, est de tracer les contacts des cas confirmés pour que cela ne s'étende pas. Les ARS sont déjà sur le coup. Elles ont prévu de mettre les contacts en isolement pour quatorze jours et de les suivre quotidiennement par téléphone.

114. Les ministres choisissent leurs meubles de bureau au sein du Mobilier national. Lors des commémorations autour de la panthéonisation de Simone Veil, j'ai découvert que j'avais choisi par hasard la même table de réunion qu'elle.

Nous réfléchissons aux conséquences de tout cela. Par exemple, comment justifier l'isolement sanitaire des cas contact à l'égard de leurs employeurs ? Il nous faut trouver un moyen de compenser financièrement cet isolement forcé sans quoi nous aurons du mal à faire appliquer les quarantaines à venir ! Je demande qu'on prenne l'attache de la Caisse nationale d'Assurance maladie pour créer un arrêt de travail pour cause de quarantaine. Et je sens intuitivement que cela ne va pas être la seule question qui va se poser à nous dans les semaines qui viennent.

Puis nous recevons en direct l'annonce de deux autres cas à Bichat, dont un doit encore être confirmé par le laboratoire.

Moi au PR 20 h 11 : « Deux autres cas confirmés ce soir. Je vais mettre les personnes contact à l'isolement. Je parle à la presse dans dix minutes. »[115]

20 h 46 : Appel manqué du président de la République pendant le point presse. L'absence de conseillère santé à ses côtés impose que nous échangions en direct. Le poste est vacant depuis plusieurs semaines et je n'ai personne à qui référer pour que le PR puisse disposer des informations majeures en temps et en heure. Ça n'est pas très pratique compte tenu de son agenda.

Moi au PM 21 heures : « *Yes*, et mes semaines à venir. Je vais isoler les cas contact. Deux autres cas ce soir à Bichat. Édouard, il me semble que ce serait bien de faire une réunion ministres à Matignon demain à mon avis sans CIC[116] formelle. »

---

115. Lors de cette conférence de presse, je dis à nouveau que « le risque de diffusion est faible », je désigne à ce moment-là le risque de diffusion à partir des malades et des cas contact qui est faible en raison de leur isolement immédiat. De fait, aucune chaîne de contamination n'a été relevée à partir des premiers cas français importés.

116. La Cellule interministérielle de crise est activée par le Premier ministre. Elle est située dans des locaux dédiés et équipés au ministère de l'Intérieur, place Beauvau. Elle est activée lorsqu'un évènement inattendu et grave doit être traité par plusieurs ministères (crise intersectorielle). Sous l'autorité du ministre de l'Intérieur, elle y accueille notamment les services opérationnels des ministères concernés, les communicants, etc. En cas de crise sanitaire, le RSI prévoit la possibilité de deux formats de CIC, soit au sein des ministères de la Santé, soit au niveau intergouvernemental. Cela dépend des organisations internes à chaque pays, tous les pays n'ayant pas un centre de crise ministériel. En France, c'est la

En parallèle, je décide de joindre les autorités internationales.

Moi à Tedros Adhanon Ghebreyesus, le directeur général de l'OMS à 20 h 07 : « *First case in France, can we have a talk in the evening ?* »

Une secrétaire attentionnée a dû avertir la cuisine du ministère que la soirée allait être longue car une table roulante chargée de tranches de saucisson, d'un plateau de fromages et de deux bouteilles de vin est apparue miraculeusement dans le bureau du directeur de cabinet. Les conseillers ont migré autour de sa table pour continuer à dérouler les actions de la nuit. Je les rejoins par la petite porte qui donne entre nos bureaux adjacents et les préviens que « cela va être long et ne fait que commencer », et qu'il n'y a qu'« une seule règle en communication de crise, dire toute la vérité, tout de suite, ne rien cacher même quand on ne comprend pas ou qu'on ne sait pas ».

Le troisième cas est confirmé à Bichat peu après 21 heures.

JS 21 h 09 : « 3e cas confirmé. On le rajoute ou on attend demain ? »

Moi à JS : « On le rajoute pour être transparent. On pourra dire qu'il a été confirmé quelques heures plus tard [117]. »

JS : « Couple de Chinois en tourisme à Paris, pas de fièvre à l'arrivée. »

Moi : « Ils viennent de quelle ville ? »

JS : « Wuhan. »

---

nature d'une crise, son ampleur, son caractère intersectoriel et/ou la gravité de ses conséquences sur les différents secteurs d'activité qui déclenche une CIC formelle. Ainsi, en cas d'attentat, c'est toujours la CIC de la place Beauvau qui est activée. En revanche, lors de l'épidémie liée au virus Zika aux Antilles, seul le centre de crise du ministère de la Santé a été activé. Par ailleurs, rien n'empêche les cabinets du PR et du PM de suivre de près une crise pilotée par un ministère. C'est ce qui a été fait au début de la crise avec des réunions régulières des cabinets ou des ministres à Matignon.

117. Le problème que j'évoque ici est la discordance entre le communiqué de presse (qui annonce trois cas confirmés) et le point presse (où je viens d'annoncer deux cas confirmés, car nous n'avions pas encore l'information du troisième). Mon souci est d'éviter tout point d'accroche qui pourrait créer de la défiance.

Les deux patients de Bichat sont donc un jeune couple de touristes chinois en provenance de Wuhan il y a une semaine, évidemment sans fièvre à leur arrivée en France, et qui viennent de déclarer des symptômes. Cela clôt le débat sur l'intérêt des portiques de température.

Je détaille tout cela au PR et au PM. Une réunion des cabinets s'organise le lendemain matin à Matignon.

J'appelle ensuite le directeur général de l'OMS, Tedros, et lui fais part de ma perplexité sur le fait que l'OMS a refusé de lancer l'alerte internationale (USPPI) deux jours de suite. Je comprends par sa réponse alambiquée que l'OMS considère l'évènement comme étant encore localisé, ce qui ne répond pas pour eux aux critères d'une épidémie. Puis il me dit qu'il va se rendre à Pékin pour un point de situation sur place, qu'il fait confiance aux autorités chinoises dans leur gestion de crise et qu'il saisira de nouveau son comité d'urgence pour continuer à réfléchir sur le déclenchement de l'alerte dans quelques jours. Il ne me semble ni stressé ni pressé.

Je n'ai pas confiance dans la direction de l'OMS [118] qui ne veut probablement pas froisser le gouvernement chinois. Les enjeux économiques et politiques sont majeurs dans ce type d'institution

118. La nomination du DG de l'OMS est le résultat d'un long processus. Le mandat est de cinq ans, renouvelable une fois. Les candidats doivent être proposés par l'un des 194 États membres de l'OMS, souvent soutenus par plusieurs pays, voire un continent, et sont ensuite soumis au vote des États membres lors de l'Assemblée mondiale de la Santé qui se tient à Genève en mai. Lorsque je suis arrivée au ministère, en mai 2017, juste avant le vote pour le nouveau DG de l'OMS, j'avais tout de suite signifié au Quai d'Orsay que je souhaitais soutenir David Nabarro, professeur de médecine anglais, très réputé et expérimenté (il a fait sa carrière au sein de différentes organisations internationales, mais il a aussi une expérience de terrain, en Irak, au Soudan…). Je le connaissais de mes fonctions antérieures et j'avais beaucoup de respect pour lui. Je ne connaissais pas Tedros, mais je savais qu'il avait fait de la politique au sein du Front de libération du peuple tigré, lorsque ce parti ethno-nationaliste était au pouvoir en Éthiopie de 1991 à 2018, occupant successivement le poste de ministre de la Santé, puis celui de ministre des Affaires étrangères, etc. Mais, avant tout, j'étais convaincue qu'on ne pouvait diriger une agence sanitaire internationale sans être médecin. Jean-Yves Le Drian, à qui j'avais exprimé mon étonnement face à cette candidature, m'avait répondu que le choix de DG de l'OMS revenait au ministre des Affaires étrangères, et non à la ministre de la

internationale. Les experts du groupe de travail sur les urgences sanitaires réunis à l'OMS auraient dû être plus alarmistes ces derniers jours car, certes, c'est encore localisé, mais pourquoi ne pas plus anticiper le risque de diffusion ? Qu'est-ce que cela leur coûte ? Ils l'ont déjà déclenchée plusieurs fois [119]. Et le virus doit déjà circuler pas mal vu le nombre de cas asymptomatiques ou de cas identiques à notre couple de touristes qui a voyagé lors de la phase d'incubation avant d'être diagnostiqué.

Il est déjà 22 heures passées, je parviens à joindre la commissaire européenne à la Santé Stella Kyriakides. Je ne la connais pas, elle est nouvelle à la Commission. Elle est chypriote, psychologue clinicienne de formation et essentiellement connue comme militante européenne de la lutte contre le cancer du sein avant d'être députée dans son pays, et je ne suis pas sûre que les crises sanitaires soient sa compétence principale. Je lui fais part de mes inquiétudes et lui demande qu'elle coordonne les États sur la réponse à la crise. Elle semble un peu incrédule, elle n'a pas prévu de réunion sur le sujet et me répond qu'elle n'a pas la compétence de convoquer les ministres… Et d'ajouter que c'est à la présidence croate des pays de l'Union de monter une réunion des ministres de la Santé à Bruxelles. Et que c'est à moi de les appeler. Dont acte. Je ne connais pas grand-chose aux sujets diplomatiques ni au partage des responsabilités. Il faut que mon équipe se mette en quête du numéro de téléphone du ministre croate de la Santé, il est 23 heures.

Pendant que nous gérons nos premiers cas ce 24 janvier 2020 au soir et que la DGS alerte tous les professionnels de santé par messagerie, les Chinois annoncent la construction en huit jours d'un hôpital de mille lits. Mon inquiétude monte d'un cran. Ils doivent craindre une vague sévère. Mais nous n'avons pas non plus de vision claire de l'offre de soin existante à Wuhan. La presse présente plutôt cela comme un exploit technique et nombre de

---

Santé. La France avait sans doute déjà tranché après des tractations internationales, nous soutiendrions Tedros.

119. L'Urgence de santé publique de portée internationale (USPPI) a été déclenchée en 2009 pour H1N1, en 2014 pour la polio puis Ebola, en 2016 pour Zika, et en 2019 pour Ebola.

commentateurs semblent persuadés que c'est pour compenser un manque de moyens existants.

En parallèle, je charge Jérôme Salomon de contacter les équipes qui ont reçu les trois premiers patients pour disposer d'un compte rendu détaillé de leur histoire et de leurs symptômes, ce qu'en médecine on appelle l'anamnèse. Ce travail consiste à faire une chronologie précise des évènements et permet souvent d'éclairer les diagnostics.

Et comme tous les soirs, je regarde le bulletin du CORRUSS : problème d'approvisionnement en produits de santé en Corse par blocage portuaire. Décès d'une femme et de son bébé dans une maternité (enquête en cours). Inondations dans l'Aude et les Pyrénées orientales.

Dans la nuit, le troisième message DGS-URGENT est envoyé pour informer les professionnels libéraux des trois patients en France, aider les médecins à détecter les cas et leur donner la conduite à tenir [120]. Les ARS, de leur côté, ont organisé le *tracing* et l'isolement – quarantaine de quatorze jours à domicile – des cas contact des trois premiers malades.

Samedi 25 janvier

- Chine : 1 350 cas confirmés, dont 177 cas graves en réanimation (15 %) avec défaillance respiratoire ou multiviscérale (ECMO), 41 décès (3 %), tous adultes (le plus jeune a 36 ans). Plusieurs milliers de cas suspects (29/31 provinces chinoises touchées).
- Monde : moins de 50 cas exportés (2 Japon, 5 Thaïlande, 3 Malaisie, 3 Taïwan, 5HK, 2 Macau, 2 États-Unis, 3 Singapour, 2 Viêtnam, 2 Corée du Sud, 1 Turquie, 1 Népal, 1 Australie).
- France : 3 cas confirmés, 6 cas exclus.

120. Il leur est envoyé la « définition des cas », c'est-à-dire les personnes à risque d'être porteuses du virus sur la base de leurs voyages et de leurs symptômes.

- L'évaluation par l'OMS du risque épidémique est notée : très élevé en Chine, élevé au niveau régional et modéré au niveau mondial.
- Ouverture d'une page d'information : gouvernement.fr/info-coronavirus.
- Une première réunion interministérielle (RIM) des cabinets se tient à Matignon.

Je n'ai pas dormi de la nuit. Je suis convaincue qu'il faut prendre les devants avec des mesures plus offensives quels que soient les avis extérieurs, et notamment celui de l'OMS. J'ai prévu une journée complète de travail au ministère sur tous ces sujets et je dois également préparer mon passage dans l'émission Le Grand Jury, diffusée demain sur RTL et LCI.

Les échanges avec Jérôme Salomon commencent tôt, nous sommes visiblement tous sur le qui-vive.

Mail de JS à 7 h 28 : « La létalité maximale reste de 3 % (contre 33 % pour le MERS et 10 % pour le SRAS, et environ 1 % pour les grippes sévères) [Note perso : grippe habituelle, mortalité de 0,1 %]

« Les scientifiques estiment que le virus mute vers la contagiosité plus que vers la virulence et qu'il a largement diffusé hors de Chine. Le nombre de cas paucisymptomatiques, non diagnostiqués, est estimé très élevé. Les USA augmentent le nombre de sujets contact suivis mais ne demandent pas de mesures de confinement des contacts (suivi biquotidien et contact par officiers sanitaires). Nous analysons l'accès au Lopinavir (AMM VIH), les Saoudiens ont testé Lopinavir + IFN beta dans le MERS. J'actualise le point de situation dans la matinée. »

Moi : « OK, donc il va falloir communiquer aujourd'hui et se caler avec les autres pays. »

Mail JS 7 h 40 : « Le point actualisé à 7 heures. La note de la DGS du 25/01 envoyée à 7 heures ajoute de nouvelles informations : il y a 50 000 résidents français en Chine, et près de 1 million de touristes. Grosse communauté chinoise en France.

« Sur les 3 cas confirmés en France : un homme français qui revient de Shanghai mais a été à Wuhan du 13 au 15 janvier, hospitalisé à Bordeaux, identification des cas contact en cours ; un couple de touristes chinois arrivés de Wuhan, sans fièvre à l'arrivée, enquête en cours. Mesures drastiques de confinement (50 millions de personnes) dans les dix principales villes touchées dont Wuhan, Enzhou et Huanggang depuis le 22 janvier. Construction en cours d'un hôpital dédié de mille lits en huit jours. Les masques FFP2 en établissements de santé : vérification Samu et SMIT en cours. Il y a un numéro vert que nous avons mis en place ce samedi, mais pour toute question médicale il faut appeler le 15. »

À la suite de ma demande de la veille de recenser tous les médicaments qui pourraient être utiles pour traiter ce virus, il me donne quelques pistes dont le Lopinavir et l'Interféron, testé par les médecins saoudiens dans le MERS. On attend le retour des chercheurs.

C'est toutefois l'information suivante qui est pour moi déterminante : Sur les 3 cas confirmés en France, l'un est un homme français hospitalisé à Bordeaux, qui revient de Shanghai, mais qui s'est rendu à Wuhan du 13 au 15 janvier.

Cette personne n'a donc passé que trois jours au maximum à Wuhan, dans une ville de 11 millions d'habitants, c'est-à-dire près de la taille de la région parisienne. À cette date, la Chine prétendait avoir moins de 100 cas confirmés, tous en lien avec le marché aux animaux. La chance de rencontrer ce virus dans un tel espace géographique et avec aussi peu de cas avérés était, à l'évidence, statistiquement très faible puisqu'il avait fréquenté l'autre côté de la ville. J'en conclus rapidement que soit le nombre de cas asymptomatiques en circulation à cette date était déjà énorme et l'avancée de l'épidémie sous-estimée, soit les autorités chinoises ont minimisé le nombre de cas avérés.

La construction d'un hôpital de mille lits en un temps record me fait plutôt pencher pour la deuxième hypothèse. Certains m'expliquent qu'il n'y a pas de médecine de ville en Chine, que tout malade est donc forcément pris en charge à l'hôpital et que cela peut être une explication.

Je me dis plutôt que le nombre de cas nécessitant de l'oxygène doit être important. Les autorités chinoises rapportent autour de 15 % de cas graves. Cela indique qu'ils sont loin du pic et envisagent des milliers de malades, dont 10 à 15 % auront besoin d'être hospitalisés pour recevoir de l'oxygène. Une simple règle de trois me fait frémir : si les mille lits correspondent à 15 % de cas graves survenant à J14 de l'infection, ils doivent donc suspecter 10 000 cas dans la semaine qui vient, soit plus de dix fois plus que ce qui est annoncé aujourd'hui. Je ne suis pas épidémiologiste, mais j'ai la ferme impression qu'on se moque de nous...

Il est 9 h 41. Dans la voiture qui m'amène au ministère ce samedi matin, j'envoie à mon directeur de cabinet un message de mobilisation générale car je ne crois plus à ce que racontent les autorités : « Raymond, il va falloir préparer trois scénarios de virulence et de mortalité. Car nous devons savoir combien on a de transports et de lits mobilisables, combien de respirateurs. Il nous faut des écrits cet après-midi. La mortalité de 3 % a l'air de se confirmer. C'est beaucoup pour un virus qui a une cinétique de type grippe. Je pense qu'il faut une réunion au ministère lundi avec les conférences (doyens, PCME et DH) [121]. Il faut mandater Yazdan Yazdanpanah pour tester des antiviraux et proposer un protocole rapide. Enfin, le HFDSN [122] doit se renseigner sur l'implication du P4. Je t'attendrai au ministère. »

Moi au PR 10 heures : « Monsieur le PR, je suis à votre disposition pour faire un point de situation quand vous le souhaitez. Je demande qu'on travaille à différents scénarios de mise en tension de nos hôpitaux et systèmes de santé en fonction de la contagiosité et de la mortalité, et à l'Inserm (groupe REACTing) [123] un plan

121. Doyens : ce sont les représentants des facultés de médecine ; PCME : présidents de Commission médicale d'établissement, ce sont les représentants de la communauté médicale au sein de la direction d'un hôpital ; DH : directeurs d'hôpitaux.

122. Haut fonctionnaire de défense et de sécurité nationales du ministère.

123. Il faut souligner que REACTing est le réseau d'équipes de recherche mis en place par l'ARNS et l'Inserm, à l'époque où mon mari dirigeait l'Institut, et qui est devenu rapidement fonctionnel lors de la première grande épidémie d'Ebola en 2014. Cette structuration purement organisationnelle vise à coordonner des équipes de recherche de tous les organismes de recherche français (CNRS, Inserm, Pasteur, IRD, etc.) pour répondre dans l'urgence à l'émergence d'une épidémie nouvelle. L'objectif est de répondre à quatre types de questions :

1. connaître le pathogène ;
2. mettre au point des tests ;
3. mettre au point des traitements ;
4. informer.

d'évaluation des trois antiviraux potentiellement utilisables sur cette famille de virus. Je mobilise toutes les compétences ce WE pour une réunion probablement lundi matin au ministère. L'OMS a à mon avis pris la mauvaise décision vendredi de ne pas déclencher une alerte mondiale. J'ai appelé Tedros (OMS) et la commissaire européenne hier soir. Ils refont une réunion ce matin pour qu'il y ait des recommandations internationales sur la conduite à tenir (isolement des contacts ou pas). Un point presse aura lieu au ministère cet après-midi. Bien à vous. »

La première réunion des différents cabinets ministériels sur la crise se tient à Matignon à 11 heures : les conseillers y parlent avions et frontières, espace Schengen, et décisions qui ne se prennent qu'au niveau de l'Europe. Aucun intérêt de fermer les vols directs venant de Chine car il y a des centaines de vols avec escales (Dubai, Francfort...). Les gens peuvent aussi atterrir à Bruxelles ou à Genève, puis venir à Paris par le rail. Il paraît donc indispensable d'avoir une position commune à l'espace Schengen. La fermeture des frontières ne s'applique efficacement que pour les îles ou pour des pays avec peu de frontières franchissables (Corée du Sud par exemple), certainement pas pour notre grand continent européen ; on ne va pas refouler tous les Européens qui souhaitent rentrer chez eux des quatre coins du monde. Ne parlons même pas des 400 000 transfrontaliers qui vont et viennent pour leur travail chaque jour en France.

Tout le monde comprend qu'on ne bloque jamais une épidémie quand elle part, cela se propage comme un incendie, la seule technique est de tarir la source très tôt, ce que le gouvernement chinois tente de faire. Il est donc décidé de mettre en place un contrôle médical à l'arrivée des vols de Chine, avec des « notices » qui expliquent la conduite à tenir en cas de symptômes, en français, en anglais et en chinois, et de poursuivre la politique d'information dans tous les aéroports. Le débat dans les médias continue de porter

Ce réseau avait été présenté dans le cadre d'un sommet international auquel participait la ministre de la Santé de l'époque et salué comme une initiative innovante par la presse internationale. La réactivité en cas d'épidémie et la coordination des chercheurs sont les clés de l'efficience de l'action publique et de la visibilité internationale.

sur les détecteurs de température mais la doctrine est claire : ces portiques ne permettent pas d'empêcher le virus d'entrer sur le territoire. Beaucoup de porteurs du virus sont asymptomatiques et arrivent sans fièvre ou prennent du paracétamol avant de descendre de l'avion. Ils tombent malades généralement bien après, en raison de la durée de la phase d'incubation[124]. J'attends avec impatience les recommandations de l'OMS pour que tous les pays se coordonnent et qu'on arrête de polémiquer dans les médias avec des solutions simplistes.

De retour chez moi vers 15 heures, je tourne en rond dans mon salon. J'ai le numéro de portable de mon homologue allemand, le ministre de la Santé Jens Spahn, que je connais bien.

16 heures : « *Jens, I would like to discuss about the coronavirus crisis.* »

Il se montre très surpris et me demande de quelle crise je parle. Je comprends qu'en Allemagne ce sont les experts qui gèrent, pas lui. Il me répond : « *It's a flu, no ?* »... J'ai du mal à le croire, mais il ne semble pas inquiet ni même mobilisé par ce qu'il nomme une « grippe ». De plus, il me confirme que chaque Land a sa propre façon de faire et prend les décisions indépendamment des autres (aéroports, gestion des cas contact, quarantaine, etc.). Il n'y a pas de coordination nationale de la santé dans son pays. Je lui explique ce que nous avons mis en place, à savoir circonscrire les foyers et isoler des cas contact à domicile. Il va se renseigner auprès de ses experts et revenir vers moi dans la journée. J'ai la nette impression que ce n'est pas son sujet. En tout cas, pas encore.

17 heures : il me rappelle après avoir interrogé ses services. Visiblement les experts allemands ont la même stratégie que la nôtre dans les aéroports, qui consiste à distribuer des flyers explicatifs de la conduite à tenir. En revanche, eux ne mettent pas en isolement les cas contact, à l'instar des États-Unis, et les suivent par téléphone. Il me demande alors en retour ce que la France compte faire pour ses ressortissants à Wuhan (ils auraient une quarantaine de ressortissants

124. Ce sera d'ailleurs le cas de la totalité des cas importés que nous avons eus sur le territoire. Ils sont entrés en bonne santé et ont développé la maladie dans les jours qui ont suivi.

allemands sur place) et si nous organisons un vol. Visiblement, les Allemands seraient intéressés à ce que nous les prenions en charge.

À 16 h 16 JS : « Fr Info parle de l'accueil médicalisé à CDG et Éric Caumes [125] communique sur son cas possible ; 4 000 passagers par jour. »

Moi à JS à 16 h 16 : « Les Allemands viennent de me dire qu'ils distribuent des flyers à partir d'aujourd'hui aux vols venant de Chine. Et OK pour cas contact qui restent chez eux. »

Moi au PM 16 h 19 : « Bonjour Édouard, J'imagine que tu es au Havre Il faudrait que je puisse te faire un point de situation et te donner mon sentiment sur l'épidémie dans la journée. Amitiés. »

PM : « Je t'appelle dans la demi-heure. »

17 heures : pour gagner du temps, je décide de transférer à mon directeur de cabinet le texto de Jens Spahn : « *Dear Agnès,*

« *Just called our people to update me ; They say they were in steady contact with your people the ECDC et WHO the past days and that they all agreed on how to proceed.*

« *Contact cases we do not isolate but our authorities reach out of them contact and inform them ask them to stay at home if possible and tell them to see a doctor as soon as there is the slightest symptom. At Frankfurt airport, they started today to give flyers with accurate information to all passengers arriving from China. Regarding germans in the Wuhan region we now ask our foreign office how they handle it. I'll let you know.*

« *Best Jens.* »

Raymond me répond : « Effectivement, ils ne paraissent pas en mode accéléré… »

À l'évidence, mes amis allemands commencent seulement à prendre le sujet au sérieux.

17 h 20 : Je tente de rappeler Édouard mais il ne peut pas répondre et nous échangeons par texto.

Moi 17 h 20 à Édouard : « Jean-Yves Le Drian vient d'annoncer sur CNN qu'on évacuait les Français de Wuhan ! Rien n'est calé

125. Chef du service d'infectiologie à La Pitié-Salpêtrière.

côté MSS. Peux-tu dire à tout le monde de ne pas communiquer sans validation. Il ne m'a pas prévenue, c'est ingérable.

« Désolée de te déranger encore. »

PM : « OK Thomas [126] gère. Je ne comprends pas pourquoi le Quai a parlé alors que des réunions ont lieu et sont programmées... mais Thomas regarde ça et te dit ASAP. »

Moi : « OK merci bcp à demain. »

17 h 32 : J'appelle mon directeur de cabinet pour faire le point car la difficulté de déclencher une coordination internationale me désespère. Jérôme Salomon l'a informé que le groupe de travail de l'OMS doit envoyer des recommandations et qu'ils sont en train de travailler dessus depuis quarante-huit heures.

19 heures, moi à JS : « Parfait. L'OMS a dû envoyer les *guidelines.* 17 heures demain chez le PM avec toi. »

19 h 29, moi à RLM : « Raymond, le ministre allemand vient de m'envoyer un texto. Il y a quelques ressortissants allemands à Wuhan et il me demande si on peut les ramener avec les nôtres... C'est un sujet MAE. Peux-tu les prévenir ? »

Lui : « OK. »

RLM me fait part du retour du ministère de l'Europe et des Affaires étrangères sur le sort des nombreux Français enfermés à Wuhan : « Pas encore de message des autres Européens de notre côté mais on a ça bien en tête... Jean-Yves Le Drian très déterminé à lancer l'opération aérienne le plus rapidement possible. À partir de là on engagera les contacts avec les Européens... »

Dans la soirée, je regarde tout ce qui circule sur l'épidémie. Effectivement, il est hors de question de laisser des Français là-bas. Les images de Wuhan que je trouve sur Internet sont très inquiétantes. Elles donnent l'impression que les autorités chinoises sont débordées. Une vidéo en noir et blanc, filmée depuis une fenêtre, montre un camion frigorifique en bas d'une barre d'immeubles dont on sort vraisemblablement des cadavres. Une autre évoque que les soignants passent leurs journées et leurs nuits

126. Thomas Fatôme est le directeur adjoint du cabinet du Premier ministre, en charge du social et de la santé.

à l'hôpital sans pouvoir en sortir. Ainsi, une jeune fille vient apporter un repas à sa mère devant les marches de l'hôpital, peut-être une infirmière. Une autre image montre un homme debout de dos dans la rue qui tombe sur le dos raide mort. Je me demande quelle pathologie peut engendrer cela. AVC ? Embolie ? Infarctus massif ?

Tout comme l'annonce de la construction d'un hôpital de mille lits en seulement huit jours, toutes ces images m'inquiètent. Mais je sais aussi à quel point les réseaux sociaux peuvent manipuler les images, les lieux, les moments. Impossible de démêler le vrai du faux.

Je tombe alors sur une vidéo de Didier Raoult, professeur de microbiologie à Marseille que je connais de réputation et qui se moque ouvertement de la réaction face au coronavirus sur YouTube [127].

Il faut aussi gérer le reste, le séisme en Turquie, en espérant qu'il n'y ait pas de Français blessés. Le Conseil d'État a annoncé qu'il ne peut garantir la légalité de la loi sur la réforme des retraites faute de garanties financières suffisantes et les syndicats annoncent une nouvelle journée de mobilisation mercredi.

Ce jour-là, dans un communiqué de presse, l'ECDC félicite la France sur ses capacités de détection : « Le fait que ces cas ont été identifiés prouve que la détection et la confirmation de ce nouveau virus fonctionne en France, démontrant un haut niveau de préparation pour prévenir et contrôler les possibles infections à 2019-nCov. »

Dimanche 26 janvier

Point CORRUSS :

- Chine : 2 100 cas confirmés, dont 240 cas nécessitant de la réanimation, 56 décès officiellement (2,8 %). 50 millions de personnes sont confinées, presque autant que la population française.

---

127. Chaîne YouTube de Didier Raoult à la date du 21 janvier : « Il y a trois Chinois qui meurent et ça fait une alerte mondiale. L'OMS s'en mêle, on en parle à la télévision et à la radio. Tout cela est fou, il n'y a plus aucune lucidité. »

- Monde : 45 cas exportés hors Chine dans 13 pays (Japon 2, Thaïlande 5, Malaisie 4, Taiwan 3, Hong Kong 5, États-Unis 3, Singapour 4, Viêtnam 2, Corée du Sud 2, Turquie 1, Népal 1, Australie 4).
- France : 3 cas confirmés.
- Le risque d'importation en Europe toujours considéré comme modéré (OMS et ECDC)[128].

- Gestion spécifique des personnes de retour de Chine, des co-exposés et des contacts : accompagnement personnalisé, suivi bi-quotidien de la température pendant quatorze jours, maintien à domicile si risque modéré ou élevé, port de masques dès l'apparition de symptômes.

- La veille, le samedi 25 janvier, le ministère de la Santé a mobilisé la réserve sanitaire pour anticiper les besoins en cas de crise.

9 h 13 : Le mail quotidien de JS tombe dans ma boîte et fait l'objet d'une réactualisation du CORRUSS le matin même, probablement à la suite de nouvelles informations.

JS à 8 h 30 « À tout de suite pour la réunion de préparation.

« La note de la DGS ajoute quelques points : toujours 3 cas en France hospitalisés, contacts isolés chez eux, 8 cas d'ores et déjà exclus, 5 cas possibles en train d'être testés. En Chine, construction d'un deuxième hôpital de mille trois cents lits en quinze jours en plus du premier. Le CNR (Centre national des virus grippaux et respiratoires) est mobilisé pour test et procédure diagnostique partagés par tous les établissements de santé de référence. Ce sera opérationnel dans huit jours.

« Le MSS communique immédiatement si un cas est confirmé, définition et conduite à tenir pour contacts à risque négligeable/ faible (suivi quatorze jours) /modéré (suivi à domicile). »

---

128. L'OMS corrigera *a posteriori* ses bulletins d'évaluation de risque publiés entre le 22 et le 26 janvier, considérant qu'ils se sont trompés et que le risque était en fait élevé au niveau global à ces dates…

Lors de mon passage à l'émission Le Grand Jury à midi, il est beaucoup question du coronavirus. J'essaie d'être pédagogue sur ce que nous savons et tout ce qui reste à savoir. À la sortie du plateau, comme un cri du cœur, je fais part au journaliste Benjamin Sportouche de mon exaspération face aux deux décisions incompréhensibles de l'OMS cette semaine. Comment ont-ils pu ne pas déclencher une alerte mondiale ?

Mail de JS à 14 h 24, en complément de dossier et en préparation de la réunion de 17 heures à Matignon autour du PM :

« Chère Agnès,

« Je t'ai présenté en mode crise classique pour que cela soit plus clair : 1. situation ; 2. gestion ; 3. communication ; 4. anticipation.

« Tu as aussi les annexes (virologie et antécédents SRAS et MERS) et en fin de document la chronologie des actions.

« **IMPORTANT : Les Chinois viennent d'annoncer que le virus pouvait se transmettre entre humains avant la phase clinique, ce qui représente une information majeure qui met à mal les contrôles thermiques, mais renforce la nécessité du suivi des exposés, le port du masque antiprojections des personnes à risque et ta décision du maintien à domicile.**

« De nombreuses maladies contagieuses sont dans cette catégorie : VIH, grippe, rougeole, varicelle. À tout à l'heure.

« Jérôme. »

GE à 14 h 17 : « Bravo pour ton émission de ce matin. As-tu réussi à joindre le ministre britannique ? Souhaites-tu que je t'arrange un entretien téléphonique demain matin ? »

Moi à 14 h 40 : « Merci Grégory, plus trop la peine. C'était avant de recevoir les recommandations de l'OMS pour caler les dispositifs. Bon WE. »

Attentionné, il me conseille de me reposer et de couper un peu.

Moi à 15 h 26 : « Merci. Je suis trop en alerte pour réussir à dormir. On verra ce soir… »

Appel manqué du DG de l'OMS Tedros à 17 h 15. Il embarquait certainement pour Pékin comme prévu.

18 heures : Le Comité interministériel se tient à Matignon autour du PM, certains ministres sont présents autour de la table, d'autres se sont fait représenter par leur directeur de cabinet.

Je commence par présenter les scénarios élaborés hier en urgence par l'agence Santé publique France :

– Scénario 1 : Contrôle rapide SRAS-like, qualifié de « peu probable ».

– Scénario 2 : Pandémie avec impact sanitaire et sociétal significatifs, qualifié de « plus probable ».

– Scénario 3 : Pandémie avec impact majeur sanitaire et sociétal, qualifié de « très peu probable ».

Les experts épidémiologistes de l'agence estiment donc que le risque de gravité est de niveau intermédiaire.

Le deuxième point à l'ordre du jour concerne les Français de Wuhan. Il faut les rapatrier. C'est évident pour tous. Il n'est pas envisageable de laisser nos ressortissants isolés dans une ville en quarantaine où circule un virus inconnu potentiellement mortel.

Je cours pour la conférence de presse de 20 heures et préviens Jean-Yves Le Drian qu'à la suite de la décision du PM, j'y ferai l'annonce du rapatriement. Il me répond instantanément que nous sommes en phase et qu'il fera un point le lendemain avec son homologue chinois pour organiser tout cela.

Entre-temps, nous avons régulièrement en France des cas suspects qui font l'objet de tests. Message de JS à 20 h 05 : « Cinq résultats négatifs ce soir. »

Puis peu après de GE : « Pour info, tous les résultats attendus ce soir sont négatifs. »

Dans ce même week-end, je tente une nouvelle fois de mobiliser la commissaire européenne pour discuter de la tenue d'un Conseil des ministres sous la présidence croate. Même si elle acquiesce sur le fond, elle me fait comprendre à nouveau que ce n'est pas dans ses attributions et me révèle que les autorités allemandes n'en veulent pas. Leur argument serait qu'on a déjà du mal à se mettre d'accord à deux ou trois… alors à vingt-sept, ils pensent que c'est inutile d'essayer. C'est donc à moi de faire pression sur les pays européens…

J'appelle immédiatement le ministre de la Santé croate pour le convaincre d'organiser une réunion à Bruxelles mercredi ou jeudi. Son anglais est approximatif et je ne suis pas certaine de tout comprendre, mais il semble qu'il y soit favorable et qu'il va s'y atteler. En revanche, mon collègue allemand Jens Spahn me fait savoir que son pays est furieux qu'on agisse derrière son dos.

De son côté, ce dimanche soir, le PR reçoit Cédric Villani à l'Élysée pour le convaincre de se rallier à Benjamin Griveaux dans l'objectif de sauver les chances du parti présidentiel à Paris.

À la nuit tombée, sortant tout juste du bureau du Président, le candidat dissident réaffirme au micro tendu d'une chaîne info, devant l'entrée de l'Élysée, qu'il est hors de question qu'il retire sa candidature. Sa façon de s'en vanter laisse comprendre qu'il n'en avait de toutes les façons aucunement l'intention. Les commentateurs sur les plateaux semblent considérer qu'il s'agit d'un véritable camouflet pour le président de la République. Effectivement, venant d'un député de la majorité, cela manque d'élégance. Je m'en veux d'avoir donné au Président le conseil de le rencontrer lorsque nous étions dans l'avion lundi dernier…

Le *JDD* du 26 janvier publie un article centré sur la situation à Wuhan, sans autre alerte sur le reste du monde. Ils ont peut-être raison, les experts européens sont rassurants.

Ce dimanche 26 janvier, l'ECDC publie son analyse de risque :

– Probabilité d'infection modérée pour les citoyens de l'UE résidant ou visitant Wuhan.

– Forte probabilité d'importation de nouveaux cas dans les pays d'Asie (voyages fréquents à Wuhan).

– Probabilité modérée d'importer de nouveaux cas dans l'UE.

– La probabilité qu'un cas détecté dans l'UE entraîne des cas secondaires dans l'UE est faible (car bon respect des recommandations).

Ce même jour, les autorités chinoises annoncent officiellement qu'on peut être contagieux avant les symptômes, d'où la nécessité d'isoler les cas contact et de rappeler les mesures barrières.

Semaine 4

Lundi 27 janvier

- Chine : 2 737 cas confirmés (dont 1 000 à Hubei), surtout des adultes, plusieurs centaines sont en soins intensifs. Rares enfants, le plus jeune a 9 mois. 30/31 provinces chinoises touchées (sauf Tibet). 80 décès (taux de mortalité à 2,9 %), le plus jeune est âgé de 36 ans.
- Monde : 2 900 cas, 57 cas exportés hors de Chine dans 13 pays (Japon 2, Thaïlande 8, Malaisie 4, Taiwan 4, Hong Kong 8, Macau 5, États-Unis 4, Singapour 4, Viêtnam 2, Corée du Sud 2, Turquie 1, Népal 1, Australie 5).
- France : 3 cas.

- Pour l'OMS, le risque d'importation en Europe est considéré comme modéré et le risque épidémique en Chine passe de modéré à élevé.
- Activation au niveau 3[129] du CORRUSS au MSS.
- Le DG de l'OMS, Tedros, est parti à Pékin.

Une nouvelle semaine commence. La loi de bioéthique au Sénat est loin d'être terminée. Nous comptons 3 cas importés de Chine, les cas contact sont isolés et, d'ici demain, il nous faut trouver un lieu de résidence pour plusieurs centaines de personnes venant de Wuhan qu'il nous faudra mettre en quarantaine et pour lesquels nous devrons organiser un accueil médicalisé, au cas où ils seraient malades.

Faute d'un agenda qui déborde, j'ai annulé à la dernière minute mon voyage avec le PM à Auschwitz pour la commémoration du 75e anniversaire de la libération du camp. Le PR, lui, fait une visite au mémorial de la Shoah. Ancien déporté, mon père y sera, accompagné de ma mère.

---

129. CORRUSS niveau 3 : il s'agit du niveau le plus élevé d'activation du centre de crise. Les dernières fois qu'il a été activé, c'était suite aux attentats terroristes de Paris en novembre 2015, et de Nice en juillet 2016.

Mail de JS à 8 heures : « Bonjour, le point actualisé nCov à 8 heures. »

Il vient de passer sur France Info et part sur BFM. JS est un excellent pédagogue et je suis rassurée qu'il accepte de prendre la parole sur les ondes. Il se pose la question de passer le centre de crise en niveau 3, en raison de la charge de travail, et pour une meilleure coordination des services. On échange sur le maintien à domicile des contacts et des rapatriés qui nécessite d'activer l'article L3131. Nous actons de décider de tout cela à son retour au ministère.

Le L3131 est un article du Code de la santé publique qui permet au ministre de la Santé de décréter une obligation de maintien à domicile d'une personne pour des raisons sanitaires. Il s'agit d'une notification individuelle qui, comme toute restriction de liberté, doit être signalée au procureur de la République. Il nous paraît indispensable de l'activer aujourd'hui pour obliger les malades et les cas contact à l'isolement. Il serait inconcevable de laisser circuler des personnes potentiellement contagieuses. Et j'attends un peu de créativité administrative de la part de mes services pour compenser les pertes de rémunérations induites pour toutes les personnes en quarantaine…

Moi à RLM, à 6 h 31 : Je lui fais suivre le tweet d'alerte d'un médecin que je ne connais pas, le Dr Lamarre, au sujet des médicaments non génériques substituables chez les schizophrènes. Suite à nos réformes, les patients ne veulent pas avancer le coût du traitement lorsqu'il n'est pas générique et cessent donc de le prendre. Le psychiatre s'en inquiète. J'ajoute : « Je trouve la remarque pas fausse… Il faudrait peut-être faire quelques exceptions. »

Dans ce ministère, tous les sujets sont potentiellement importants et l'arrêt d'un traitement chez un malade schizophrène peut être dangereux, comme l'atteste le drame meurtrier de début janvier[130]. Il faut rectifier le tir dans les décrets d'application à venir.

130. Cf. Alerte du CORRUSS début janvier signalant une attaque au couteau par un malade schizophrène ayant arrêté ses traitements.

Le Dr Gérald Kierzek, qui est chroniqueur sur LCI, tweete à 9 h 28 : « Hey @FranceInfo, le coronavirus ne fait pas "des ravages en Chine" avec 80 morts sur 1,5 milliard ! Selon l'@IHU_Marseille, 600 morts de coronavirus en France chaque année et 10 000 à 15 000 de grippe #onsecalme »

Journée assez calme pour travailler le dossier sur la radicalisation avant la réunion chez le PR prévue le lendemain. Sur ce sujet, les problématiques qui sont du ressort du ministère des Solidarités et de la Santé sont notamment les certificats de virginité qui explosent et la détection des signaux faibles de radicalisation des personnels dans les établissements médicaux et médico-sociaux. Les services m'ont préparé différentes notes que je dois étudier.

À midi, 300 personnes environ sont réunies pour les vœux aux personnels qui se tiennent à la cafétéria du ministère. Après mon discours au pupitre, j'en profite pour échanger un peu avec les agents des différents bureaux. Je les félicite pour le travail accompli cette année, sans imaginer ce qui les attend… puis je remonte rapidement dans mon bureau.

Car pour la suite de cette journée plutôt posée, ma cheffe de cabinet m'a programmé des entretiens d'embauche avec des candidats aux profils très différents afin de recruter le successeur d'Olivier Noblecourt [131] à la Délégation interministérielle de lutte contre la pauvreté.

L'Institut Pasteur annonce que le test diagnostic par RT-PCR est opérationnel à Paris et à Lyon [132] et qu'il peut donc commencer à être déployé. Selon le plan du ministère, le déploiement commence par les établissements de référence qui seront en première ligne,

131. Olivier Noblecourt part faire campagne aux municipales sous la bannière du PS à Grenoble.

132. Les deux Centres nationaux de références (CNR) du coronavirus, chargés notamment de mettre au point le test PCR à partir de la séquence génétique du virus, sont situés à l'Institut Pasteur de Paris et aux Hospices civils de Lyon. Les CNR existent en France pour tous les pathogènes comme requis par le Règlement sanitaire international. Ce sont des laboratoires spécialisés qui sont financés par appels à candidature. Le réseau des CNR sert d'alerte et d'appui au ministère de la Santé. Par exemple, l'IHU de Marseille est un CNR, uniquement pour les Rickettsioses.

c'est-à-dire les CHU, puis il s'étendra rapidement, *a priori* en deux semaines, à tous les hôpitaux[133].

Dans un communiqué commun, et à la suite de l'appel à la grève lancé par le collectif Inter-Hôpitaux, les organisations syndicales qui représentent les praticiens hospitaliers appellent à une nouvelle journée de mobilisation le 14 février prochain. Elles précisent qu'une partie de leurs revendications telles que les revalorisations ou les arrêts des fermetures de services, doit être abordée dans le cadre des négociations sur l'exercice médical qui s'ouvriront dans quarante-huit heures avec moi[134].

17 h 44, SMS de JS : « Risque OMS passe de modéré à élevé[135]. »

Il est temps. Je ne comprends pas pourquoi l'OMS attend la progression des cas pour lancer l'alerte. Il est évident que les chiffres ne traduisent pas la réalité des cas, puisque les cas graves correspondent à des personnes qui se sont infectées au moins huit jours avant. Une épidémie, comme beaucoup de phénomènes naturels, suit une courbe exponentielle et non une croissance linéaire[136]. C'est comme si l'on attendait un crash pour activer le frein…

Je commence à regarder toutes les courbes en échelle logarithmique, ce qui permet une plus juste projection.

Et curieuse de savoir ce que l'équipe de l'OMS a vu ou entendu lors de son déplacement en Chine, j'essaye de contacter Tedros.

18 h 13 : « *Dear Tedros, I supposed you came back from Beijing. What is your feeling on the severity of the cases ?* »

Pas de réponse. Il n'est peut-être pas rentré.

---

133. Le déploiement des tests suit un plan bien rôdé pour la gestion des crises sanitaires. En effet, les tests PCR nécessitent une mise au point dans chaque laboratoire lorsqu'il s'agit d'un germe nouveau. Ils n'existent pas en kit prêt à l'emploi à cette date.

134. La réunion programmée le 29 janvier s'est bien tenue avec les organisations syndicales de la fonction publique hospitalière.

135. À cette date, l'OMS n'évoque pas le risque en dehors de la Chine ou le risque pandémique.

136. Voir l'excellent livre de vulgarisation de Michaël Launey sur les mathématiques, *Le Théorème du parapluie, ou l'Art d'observer le monde dans le bon sens*, Flammarion, 2019.

GE 18 h 49 : « J'ai indiqué au cabinet de Spahn que tu lui avais mis un message. Il va te répondre par SMS. »

Mail de JS à 19 h 08 : « Chère Agnès,

« La chronologie que tu souhaitais pour le suivi de cette émergence épidémique !

« Bonne soirée. »

J'avais demandé à JS de me faire une frise des éléments factuels depuis le 1er janvier. Tout va si vite, j'ai peur d'oublier. Cette vision chronologique me permet d'avoir une vue d'ensemble.

Ce soir, 27 janvier 2020, la Chine compte 100 morts.

Le quatrième message aux hôpitaux part du centre de crise du ministère de la Santé. Il évoque le risque de ruptures et demande aux établissements de faire remonter leurs capacités d'hospitalisation et leurs stocks (nombre de lits, de masques et d'équipements de protection). Cela fait suite à la demande que j'ai passée par SMS à mon directeur de cabinet, le samedi 25 janvier 2020 au matin.

Sans attendre les remontées de terrain dont je sais qu'elles prendront plusieurs jours, voire une semaine, une première saisine pour commander des masques est rédigée par la DGS et part à l'agence Santé publique France.

Le poste de conseiller santé étant toujours vacant, je décide de faire un message au PR. Il est 21 h 23 :

« Monsieur le PR,

« Je sais votre emploi du temps chargé et me permets juste un petit CR de la situation sanitaire internationale.

« 1. En Chine le nombre de cas augmente de façon exponentielle depuis huit jours (200 à 3 000). Il est difficile de savoir s'il s'agit d'une réalité traduisant uniquement la contagiosité du virus ou si cela repose aussi sur une meilleure capacité des médecins de faire le diagnostic dans les hôpitaux (efficacité du test). Cela dit, toute la province de Hubei est touchée (mise à l'isolement de treize villes soit 56 millions d'habitants), le nombre de cas augmente à Pékin et dans les provinces bien au-delà, et il est probable qu'ils n'arrivent pas à terme à éviter la propagation du virus. Il n'est pas certain que nous ayons une bonne vision de la situation sur place car pas d'images… Leurs mesures (arrêt des vols de Wuhan et isolement) ont toutefois permis de ralentir la dissémination, notamment à l'étranger.

« 2. L'impact sanitaire au niveau mondial est difficile à anticiper car il dépend de plusieurs facteurs (contagiosité et mortalité). La mortalité est plus faible que le SRAS mais la contagiosité plus forte. Cela peut tout de même être sévère si beaucoup de personnes sont touchées. À titre d'exemple la grippe touche 2 millions de personnes par an en France et a une mortalité de 0,5 % soit 10 000 morts. Si 10 millions de personnes sont touchées et que la mortalité est de 1 % (grippe grave) cela fait 100 000 morts…

« 3. Pour l'instant il s'agit encore d'une épidémie régionale : tous les cas mondiaux viennent de la région de Wuhan. Le jour où nous aurons des cas à l'étranger chez des personnes ne venant pas de Chine ce sera un tournant vers une pandémie mondiale.

« 4. Les mesures prises en France qui confinent pendant quatorze jours les cas contact (comme les Français qui vont revenir de Wuhan cette semaine) permettent de juguler la propagation pour l'instant. Nous sommes plus précautionneux que les USA qui ne confinent pas leurs cas contact ni leurs ressortissants rapatriés. La question qui se posera si cela continue de progresser est d'arrêter les vols vers la Chine, ce qui ne pourra se décréter que par décision internationale ou au minimum européenne pour avoir du sens.

« 5. Tous les scénarios en fonction des différents paramètres (contagiosité, gravité, mortalité) sont travaillés par mes services pour évaluer l'impact sur le système de santé et anticiper. Je ferai un point si vous le souhaitez en Conseil des ministres mercredi.

« Bien à vous. »

Sa réponse me parvient assez tard, comme à son habitude.

PR à 00 h 50 : « Très clair merci. Heureux ce matin d'avoir vu vos parents. »

Bulletin du CORRUSS : intrusion pour un règlement de comptes au CHRU de Nancy et décès d'un enfant de 4 ans de la grippe (le deuxième cette année).

L'aspect formel, implacable, du bulletin du CORRUSS rend la phrase d'autant plus insupportable. On oublie que la grippe peut tuer, même des enfants. Je me projette dans la famille de ce petit, leur douleur, insondable… Un visage me revient à l'esprit, celui de

Mehdi, 9 ans. Il était venu d'Algérie pour une maladie hématologique rare, une aplasie médullaire. Il était hospitalisé en chambre stérile depuis plusieurs semaines. J'étais son interne et aimais le faire rire car il était seul, sa famille étant repartie au pays. Lui, en retour, me faisait chaque jour un dessin. La greffe de moelle issue de sa sœur avait bien prise mais ce soir-là, à l'hôpital Saint-Louis, nous manquions de transfusions de plaquettes. Il lui fallait attendre le lendemain. Soudain il s'est plaint d'avoir très mal à la tête, anormalement mal. Avec une infirmière de nuit dont j'étais très proche, nous l'avons descendu dans son lit au scanner. Le verdict était là : l'hémorragie cérébrale tant redoutée… Il n'y avait plus rien à faire. C'était mon premier stage d'interne, j'avais 25 ans. J'étais de garde ce soir-là, c'était probablement la dernière avant de m'arrêter pour accoucher de mon fils aîné. Mehdi souffrait atrocement. Je lui ai caressé la tête pendant des heures pour essayer de le soulager, la morphine faisant peu d'effet. Il ne voulait pas que j'arrête. J'ai gardé sa tête entre mes mains comme il me le demandait, jusqu'à ce qu'il s'éteigne au petit matin. Je pensais à mon propre enfant à venir quelques semaines plus tard. Ce matin-là, bouleversée, j'ai appelé sa mère et ses sœurs impuissantes en Algérie, puis j'ai décidé de ne jamais faire de pédiatrie. Je sais depuis ce jour que je ne supporte pas la mort d'un enfant.

Mardi 28 janvier

- Chine et monde : 5 600 cas selon le site du Johns Hopkins et 100 décès en Chine.
- Élargissement de la définition de cas.
- Une délégation d'experts internationaux se rend en Chine pour l'OMS.
- Le quatrième message MINSANTE part de la DGS. Il évoque le risque de rupture et demande aux établissements de faire remonter leurs capacités d'hospitalisation et leurs stocks.

7 h 43, j'appelle RLM pour préparer la conférence de presse de rentrée. Celle-ci est dédiée à l'année écoulée et présente tous les projets en cours dans le cadre des vœux à la presse. Malheureusement, nous avons peu de questions sur les sujets de mes secrétaires

d'État, notamment sur les retraites, mais beaucoup sur la grève administrative à l'hôpital. Au-delà des premières mesures financières pour les hôpitaux, je rappelle donc aux journalistes présents qu'une deuxième série de mesures sera annoncée d'ici l'été sur les questions d'attractivité, en d'autres termes « sur les salaires », mais j'use volontairement d'une périphrase pour ne pas effrayer Bercy. Plusieurs questions portent également sur le sujet du retour de ressortissants français depuis Wuhan, précisément sur le lieu, la date et l'heure d'arrivée de leur avion. L'exercice est complexe, d'autant que nous ignorons encore le nombre précis de personnes que cela concerne, les départs étant bien sûr volontaires et non obligatoires.

Comme nous procédons chaque fois lors des conférences de presse, mon directeur de cabinet Raymond Le Moign m'envoie par SMS des éléments de réponse, à mesure que les questions sont soulevées. Mon antisèche en quelque sorte.

RLM 9 h 52 : « … Arrivée du premier avion à Paris jeudi soir. Jeudi soir à Wuhan premier avion de Paris. »

Moi : « Jeudi soir à Wuhan et vendredi à Paris ? »

Lui : « Oui, mais peut-être pas dire le créneau précis. »

Les journalistes alternent les sujets, annonce de grève des hôpitaux, Wuhan, etc. Les échanges sont rapides :

RLM à moi : « Deuxième paquet de mesures : on fait le bilan des premières mesures et on travaille d'emblée sur ce qu'il est possible de proposer pour la fin de l'année en termes d'attractivité RH. »

Puis : « Démission des chefs de service : j'ai besoin des chefs de service… et j'ai besoin de leur retour sur les premières mesures et de travailler avec eux sur le deuxième paquet. »

Enfin : « Il y aura plusieurs avions de rapatriement. Plusieurs avions qui se succéderont. »

Quelques questions me sont par ailleurs posées au sujet des municipales. C'est légitime, il n'était jusque-là pas exclu que je sois candidate à une mairie d'arrondissement à Paris. Mais ce 28 janvier au matin, l'inquiétude que je sens poindre au sujet du virus s'ajoutant à un agenda déjà très chargé, je sais que ma décision est prise de ne pas faire campagne aux municipales. Je me laisse encore la possibilité d'être sur une liste, mais n'ai pas suffisamment creusé la question avec Benjamin Griveaux.

À 11 heures, la réunion sur la radicalisation se tient chez le PR. Elle dure plus de 2 h 30. Le sujet a été ravivé en octobre 2019 par l'attentat de la préfecture de police de Paris [137]. Le PR ne veut pas que les choses restent en l'état et souhaite un texte de loi [138]. Nous n'avançons pas assez vite à son goût, ce qui le met de très mauvaise humeur, notamment contre le ministre de l'Intérieur. Il trouve les propositions molles, plutôt inutiles. Il est très rare qu'il laisse transparaître une exaspération, mettant plutôt un point d'honneur à se montrer aimable et attentif en toutes circonstances. Ce matin, son visage est marqué, il a les traits tirés. C'est la deuxième réunion qui se passe mal sur le sujet. Ses yeux regardent fixement ses notes quand il nous parle. Il attend des mesures fortes.

La question la plus compliquée tourne autour de la loi de 1905 qui, telle qu'elle est rédigée actuellement, empêche de réorganiser l'islam de France. En particulier elle ne permet pas de régler la question des financements étrangers. Mais beaucoup autour de la table expriment leur inquiétude d'ouvrir un débat sur cette loi. J'en fais partie.

J'interviens sur le sujet des certificats de virginité. La question est de savoir s'il faut les interdire. Il est en effet contraire à nos valeurs que de tels certificats existent sur le territoire national. Mais interdire aux médecins de les établir revient à livrer les jeunes filles – qui en font la demande en raison d'injonctions familiales – à des examens pratiqués clandestinement, sans suivi et sans cadre. Les solutions ne sont pas simples.

La réunion se termine. On est prié de travailler mieux et plus pour la prochaine fois.

En parallèle des discussions tendues au cours de cette réunion, JS continue de m'informer sur la situation qui nous préoccupe :

---

137. L'attentat du 3 octobre 2019 dans l'enceinte de la Préfecture de police de Paris avait fait quatre morts, outre le tueur et deux blessés parmi les employés de l'administration. L'enquête avait révélé que son auteur était lui-même un agent de la Préfecture. Le problème est donc interne, des personnels s'étant radicalisés peuvent travailler au sein des différents services de l'État.

138. Après de nombreuses heures de débats sur le contenu, mais également sur le titre à donner à cette loi (faut-il expliciter, ou non, l'expression « islamisme radical » ?), cette loi a été publiée le 24 août 2021, sous l'intitulé : « Confortant le respect des principes de la République ».

SMS de JS à 11 h 13 : « Le cas allemand est un cas secondaire ! Première transmission en Europe par un collègue de retour de Wuhan. Même situation au Japon. »

Je prends connaissance de ce message à 13 h 30 seulement à ma sortie de l'Élysée. En effet, lorsqu'il s'agit de sujets particulièrement sensibles et pouvant toucher à la sécurité nationale, les téléphones de tous les ministres sont consignés dans une boîte et tenus à l'extérieur de la salle [139].

Au cours des 100 mètres qui me séparent de l'Élysée pour me rendre à la conférence que je dois donner au Cercle Interallié, je reçois un appel de Grégory Emery qui me remonte une demande transmise par le Quai d'Orsay. Le gouvernement chinois manque de masques et de blouses et la pression monte pour qu'on leur envoie du matériel dans l'avion qui part chercher les rapatriés à Wuhan. Ma réponse est immédiate : c'est niet. Je ne sais pas quels seront nos besoins si le virus progresse, je suis en attente des stocks précis, mon rôle est de protéger les Français. Il est impensable que l'on se prive de matériel.

J'en reste là au cours de notre échange, mais je comprendrai plus tard que le gouvernement chinois ne laissera pas atterrir l'avion sans un retour de notre part, arguant du fait que la solidarité entre États fait intégralement partie du Règlement sanitaire international [140].

Encore tendue par l'ambiance à couteaux tirés de la réunion avec le PR, je file à deux pas de l'Élysée pour un déjeuner de conférence/débat, promesse de longue date qui tombe vraiment mal. Ce sont essentiellement des chefs d'entreprise, une centaine d'entrepreneurs, qui ont attendu patiemment depuis plus d'une heure, avant de se résoudre à commencer le déjeuner. Il est 13 h 45. Je me mets au pupitre en retard, prenant à la va-vite une bouchée de l'entrée, et j'active le mode automatique.

Jérôme Salomon a été tenu informé par Grégory Emery de ma réponse au sujet du matériel à envoyer en Chine.

139. C'est notamment le cas lors des Conseils des ministres.

140. Finalement nous serons obligés d'envoyer 200 000 protections individuelles dans l'avion en raison de la demande appuyée des autorités chinoises qui ne veulent pas laisser atterrir l'avion et aussi en vertu du RSI qui exige une solidarité internationale en cas d'épidémie.

JS à 14 h 59 : « Message bien reçu ! Les stocks sont tendus partout donc on ne donne rien ! Yazdan a bien avancé sur le protocole. »

J'ai en effet exigé la rédaction par des infectiologues d'un protocole de recherche clinique permettant d'encadrer le fait que l'on teste les rapatriés de Wuhan à leur arrivée en France, même s'ils sont asymptomatiques. Les recommandations internationales indiquent de tester uniquement les personnes présentant des symptômes mais il me paraît indispensable de pouvoir tester tous ceux qui arrivent directement de l'épicentre de l'épidémie. Étant hors recommandations, ces tests relèveront donc de la recherche ; l'accord d'un Comité de protection des personnes (CPP) [141] est donc requis. C'est la loi. La rédaction de ce protocole a été confiée au Pr Yazdan Yazdanpanah. Il doit réunir les experts qui vont me proposer une prise en charge rationnelle et éthique des ressortissants français. Ce protocole doit encadrer la décision de tester ces personnes, y compris les enfants, la fréquence des tests, et déterminer ce que nous devons faire si un test revient positif et que les personnes ne présentent aucun signe de maladie. Ces décisions ne peuvent pas varier d'un médecin à l'autre, selon les jours et les centres. Il faut harmoniser cela pour toute la France et tous les rapatriés.

Dans l'histoire de la médecine, les crises ont souvent été prétexte à bafouer l'éthique. C'est après le procès des médecins nazis de Nuremberg qu'ont été posées les fondations des lois encadrant la recherche sur la personne humaine. Depuis, elles n'ont eu de cesse d'être améliorées. Pour la ministre que je suis, mais surtout le médecin, la vigilance la plus stricte s'impose. L'avenir nous montrera que nous n'avons pas échappé aux dérives. Mes ordres sont donc clairs : personne ne touchera aux rapatriés si rien n'est écrit et approuvé par un CPP. Il leur reste deux jours pour le faire…

Ma conférence terminée, retour au Sénat pour les débats sur la loi de bioéthique qui débutent à 15 heures. Je passerai huit heures au banc cette journée-là. Les échanges sont techniques et parfois

141. Les comités d'éthique qui évaluent les essais cliniques en France sont appelés CPP pour Comité de protection des personnes.

très tendus. Ils portent sur les questions de génétique prénatale, sur l'intelligence artificielle, sur les algorithmes utilisés en médecine et sur la recherche utilisant les cellules souches embryonnaires. Aucune place pour l'improvisation.

Ce même après-midi, parce que je ne peux me dédoubler, Christelle Dubos me remplace à l'Assemblée pour les questions d'actualité au gouvernement. Une question sur le remboursement des frais d'optique puis une autre sur le plan pauvreté. Un élu de la nation, le député Christophe Naegalen, cite l'épidémie de Wuhan en posant une question au sujet des rapatriés. C'est la première sur le coronavirus.

Au cours de cette journée dans l'hémicycle du palais du Luxembourg, l'actualité continue de s'imposer.

Moi à JS 18 h 16 : « Peut-on faire un point avant que je ne reparte à Matignon et au Sénat ? Je te laisse faire ton point presse avant. RLM me dit qu'on a un 4e cas ? »

JS : « Oui, confirmé. »

19 heures. Petite pause au Sénat… Se tiennent à Matignon les vœux aux parlementaires. Je m'y rends avec plaisir car cela devrait me détendre.

Le PM fait un discours de quarante minutes sur la réforme des retraites pour nous préparer au dur combat parlementaire. Quelques ministres sont debout derrière lui, sur l'estrade. En ce mois de janvier, la salle du rez-de-chaussée de Matignon est bondée, surchauffée et acquise. Tout le monde est de très bonne humeur. Le PM les séduit toujours par son sens de l'humour *british*. Je porte des talons hauts, je ne m'attendais pas à un discours aussi long, il fait une chaleur écrasante, je suis au bord du malaise.

Après le jeu habituel de quelques questions/réponses auxquelles le PM excelle, je fonce vers le buffet et tombe nez à nez avec mon ami, le député Gilles Le Gendre, président du groupe LREM. En l'espace de deux secondes, je lui exprime mon sentiment d'angoisse et lui parle de la catastrophe que je sens venir avec ce virus. Il me regarde un peu interloqué mais je n'ai pas le temps d'approfondir, un député LREM m'interpelle pendant mon échange pour me parler d'un sujet qui lui tient à cœur. Je le reconnais, il m'avait déjà sollicitée lors d'une réception à l'Assemblée nationale. Il me déroule aussitôt son argumentaire sur les ondes électromagnétiques qui seraient émises par les pales des éoliennes (*sic* !) et qui polariseraient électriquement les nappes phréatiques (*sic* !) et feraient mourir les vaches… Impossible de mettre un terme à la conversation sans sembler minimiser l'enjeu et le vexer. Je ne sais quoi lui répondre, tente une diversion puis, grâce à un regard désespéré à l'attention de mon attachée parlementaire, celle-ci parvient à me tirer de là. Nous nous enfuyons en courant de Matignon pour retrouver le Sénat. Pour couronner cette journée interminable, je n'ai pas pu avaler quoi que ce soit au buffet en dehors d'un verre d'eau.

Les articles sur la génétique ont été discutés une bonne partie de la journée. J'y suis particulièrement attachée. Je veux faire revenir les sénateurs sur tout ce qui a été voté en commission spéciale préalable à la discussion de la loi dans l'hémicycle. Un énorme effort de persuasion m'attend contre les rapporteurs de la loi qui ont une vision très libérale. Ils souhaitaient autoriser les tests génétiques récréatifs et accorder beaucoup de possibilités au secteur privé lucratif. Je n'ai qu'une seule obsession : convaincre une majorité de sénateurs qui ne sont pas du même bord que moi de me suivre. Or ces questions d'éthique doivent être regardées à l'aune des valeurs auxquelles nous sommes attachés, liberté, solidarité, gratuité du don, non-disponibilité et non-marchandisation du corps humain. On imagine bien dans les questions de génétique, de tris d'embryons, de choix familiaux, la limite de l'argument de la liberté individuelle et à quel point ces choix peuvent mettre en tension nos valeurs collectives. Lors de ces débats, les digues que je souhaitais conserver n'ont pas cédé. J'apprécie la qualité des discussions dans les deux hémicycles, la profondeur des arguments, le travail réalisé par les parlementaires. Beaucoup d'entre eux, cette semaine-là, font part d'expériences personnelles douloureuses, rendant les moments émouvants et démontrant que ces questions de bioéthique peuvent toucher chacun d'entre nous.

Mais, au banc derrière moi, mes collaborateurs qui travaillent depuis des mois sur ce texte s'agacent de mon manque de concentration. Il est vrai que je passe beaucoup de temps sur mon portable. Malgré l'importance des débats, mon esprit reste ailleurs.

Moi au PM 21 h 22 : « Rebonsoir Édouard, une info et une question. Pour le 4e patient, l'histoire est plus complexe, il s'est présenté deux fois aux urgences pour diarrhée sans fièvre ni toux. Ma question maintenant : as-tu arbitré sur le lieu d'accueil [142] dans le tout nouveau bâtiment sur le site de Polytechnique à Saclay ? Il semble qu'il soit isolé du reste du campus, avec une voie d'accès, et proche de tous les grands hôpitaux de Paris. Nous allons accueillir 250 personnes. Il semble que la Défense soit très réticente. As-tu été informé ? »

PM 21 h 22 : « Pas encore, je vais voir cela. »

Moi : « OK merci. »

Moi 22 heures : « 3 nouveaux cas en Allemagne, 4 [143] contre 4, match nul. À demain. »

Dans nos réunions avec la DGS cette semaine-là, les discussions portent sur l'évaluation des personnes à risque par la régulation des Samu/centres 15. En effet, pour l'instant, seules les personnes revenant de la région centre de l'épidémie sont prises en considération comme étant à risque de porter le virus. JS et moi pensons qu'il est indispensable d'élargir la zone géographique au-delà de la Chine, en Asie, d'élargir également la « définition des cas à risque » à d'autres symptômes (le patient âgé hospitalisé à Bichat a présenté une diarrhée bien avant d'avoir de la fièvre et des problèmes respiratoires) et enfin de considérer la période d'incubation comme déjà contagieuse pour mieux tracer les contacts.

Pour l'instant, l'OMS, l'ECDC et l'US CDC campent sur leurs positions, malgré la demande de la France. Je les trouve beaucoup trop restrictifs sur leur façon de voir les choses et pense qu'il faut au contraire rester ouverts à la possibilité d'autres symptômes et d'autres zones à risque. J'en fais une affaire personnelle et pousse mes équipes à convaincre les autorités internationales.

---

142. Il s'agit du lieu d'accueil des rapatriés. Matignon a demandé aux préfets lors de la réunion interministérielle de dimanche de faire remonter tous les lieux d'accueil possibles en France permettant de recevoir 200 personnes à mettre en isolement et autant d'encadrants.

143. Il convient de préciser qu'il s'agit uniquement de cas importés de personnes revenant de Wuhan, et non du début de l'épidémie, laquelle démarrera près d'un mois plus tard, le 27 février 2020.

En revanche, le vote des sénateurs sur les questions génétiques m'est favorable contre l'avis de la commission spéciale. Une bataille de gagnée aujourd'hui !

Le rapporteur est furieux. Il avait un avis très tranché et avait réussi à convaincre toute la commission. J'aime bien emporter l'adhésion au Parlement sur un sujet complexe. Il faut bien se satisfaire de petites victoires de temps en temps, même si les questions génétiques n'intéressent pas grand monde à l'extérieur de l'hémicycle.

Moi à JS, 22 heures : « Sait-on combien de pays sont capables de faire le test ? »

JS : « Ça s'étend vite car partage du test entre tous les labos référents grippe [144]. »

Au Sénat les discussions se poursuivent. La ministre de la Recherche m'a rejoint pour participer à la suite des discussions sur les cellules souches embryonnaires. Nous partageons quelques bonbons, histoire de tenir la soirée. Mais des alertes surgissent régulièrement sur l'écran de mon téléphone. L'une d'entre elles me fait tressaillir.

Moi à JYLD 23 h 50 : « Jean-Yves, il semble que l'Italie a arrêté tous ses vols de et vers la Chine. Il n'y a visiblement aucune coordination européenne… l'OMS est en dessous de tout et ne prend aucune décision. On va être attaqués dans la presse, il faut caler un point très vite. »

JYLD me répond le lendemain matin à 6 h 48 : « Je suis à Berlin, j'ai envoyé ton message à mon Dircab. Bises. »

Ce jour-là, l'OMS et l'Organisation mondiale du tourisme (OMT) publient une déclaration conjointe qui vise à rassurer les milieux internationaux. Elle dit en substance : **« Nous concertons, nous travaillons, nous coopérons mais la réponse doit être mesurée et cohérente… Des restrictions aux voyages allant au-delà des recommandations actuelles pourraient perturber inutilement le transport international et avoir des répercussions**

144. Il existe un réseau européen de laboratoires qui correspondent les uns avec les autres sur le virus de la grippe.

négatives sur le secteur du tourisme... En ces temps difficiles, l'OMT et l'OMS avec le reste de la communauté internationale sont solidaires des pays touchés [145]. »

Point du CORRUSS à 21 heures

- Chine : 4 610 cas confirmés, dont 2 714 à Hubei.
- Hors Chine : 80 cas exportés dans 19 pays (Japon 6, Thaïlande 14, Malaisie 4, Taiwan 8, Hong Kong 8, Macau 6, USA 4, Singapour 4, Viêtnam 2, Corée du Sud 2, Turquie 1, Népal 1, Australie 5, Canada 2, Cambodge 1, France 3, Côte d'Ivoire 1, Sri Lanka 1, Allemagne 1).
- Transmission interhumaine décrite en Chine, Japon et Allemagne.
- France : 4 cas importés (Bordeaux, couple de touristes chinois à Bichat et 1 touriste chinois âgé en réa à Bichat). 21 cas exclus à date.

- Les recommandations sont de tester en cas de symptômes et exposition lors d'un voyage en Chine dans les quatorze jours OU d'un contact avéré étroit avec un cas confirmé.
- Côté allemand, Jens Spahn donne sa première conférence de presse, avec le Robert Koch Institut, une semaine après nous.
- L'Italie suspend unilatéralement ses vols vers la Chine.

Mercredi 29 janvier

- Monde : 6 200 cas selon le site du Johns Hopkins.
- France : 5 cas importés et confirmés.
- Réunion ce jour au MSS autour de JS, en présence des représentants des professionnels de santé, ordres et sociétés savantes, pour alerter et exposer ce que nous savons du coronavirus.
- L'OMS annonce convoquer son comité d'urgence pour le lendemain.
- L'OMS donne son 3e point presse, nous en sommes au 8e.

145. Communiqué conjoint OMS, OMT daté du 27 janvier 2020.

9 heures : Petit-déjeuner avec le maire de Nancy, Laurent Hénart, pour parler de l'investissement de l'État dans la reconstruction de son CHU ; projet travaillé de longue date et enfin acté. En ce mois de janvier, les pressions des élus montent de toutes parts pour rénover leurs établissements, ça sent les municipales. Chacun y va de son courrier et demande une rallonge que le ministère n'a pas…

10 heures : Comme à son habitude, le Conseil des ministres commence par un exposé du PR sur l'actualité de la semaine. Il évoque l'affaiblissement de la mobilisation autour des retraites, et considère que la conférence des financements à venir permettra d'objectiver le débat, ce qui signifie d'objectiver que le déficit de cette branche ira en se creusant dans les années à venir. À l'occasion du démarrage de la commission spéciale qui va examiner le texte à l'assemblée, il nous demande de monter au front pour le défendre. Il faut dire que peu de ministres osent s'emparer du sujet dans les médias tant la réforme est complexe. Les pièges techniques ne manquent pas ; pour un non-spécialiste, on a vite fait de se ridiculiser. Puis il nous alerte sur le Brexit et la dangereuse période de transition à venir, là encore source de complexité administrative.

Le PM dit quelques mots de la gestion de crise du coronavirus et du rapatriement. Je complète son point avec les informations qui m'ont été préparées par mon cabinet. Ensuite, la garde des Sceaux présente un projet de loi relatif au parquet européen et à la justice pénale spécialisée. En fin de Conseil, nous avons un long débat sur la réforme constitutionnelle, son champ, et la réduction du nombre de parlementaires. Le calendrier de cette réforme devient de plus en plus intenable à mesure que le temps passe, pour ne pas dire irréaliste.

Nos téléphones restant dans un meuble à tiroir dans le salon d'entrée pour éviter de nous déconcentrer et décourager les fuites, les messages m'apparaissent en sortant.

Mail de JS à 10 h 35 : « Bonjour, j'ai obtenu de SpF une modification des cas ce jour pour élargir la zone géographique, élargir la définition des symptômes, être très attentif aux cas contact à haut risque d'un cas confirmé, aux implications pour le contact *tracing* des cas confirmés (contagiosité probable la veille des symptômes) [146].

---

146. À ma demande réitérée depuis plusieurs jours, nous obtenons enfin l'élargissement de la définition de cas par Santé publique France pour être certains de ne pas passer à côté de cas avérés importés et éviter la propagation auprès d'éven-

Il est sidérant de voir que ni l'OMS, ni l'US CDC, ni l'ECDC ne veulent bouger ! »

Nous allons diffuser très largement dès aujourd'hui par MINSANTE, MARS et DGS-URGENT et je rencontre les représentants du personnel. J'ai obtenu un appui systématique de SpF pour le classement difficile d'un cas en région avec un appui national si besoin.

J'ai enfin eu gain de cause. Cette modification de la définition de cas, que la France sera seule à mettre en œuvre aussi tôt, permettra d'attraper plus de malades potentiels dans nos filets et fait l'objet d'une communication immédiate à tous les professionnels.

JS à 12 h 42 : « *Comité d'urgence demain*[147]. »

Ce jour-là JS convoque également une réunion avec le secrétariat général à la Défense et la Sécurité nationale pour évoquer les mesures d'anticipation, notamment sur les commandes de protections individuelles (masques, blouses, gants, etc.) lancées ce week-end.

Retour au ministère. J'apprends qu'après avoir interrogé tous les préfets de région pour trouver un site approprié, Matignon a choisi Marseille pour le rapatriement ! Ils ne se rendent pas compte ! Il y a l'IHU Méditerranée là-bas, dont la réputation du directeur Didier Raoult n'est plus à faire. Matignon ne compte pas de médecins et n'identifie donc pas le personnage ; il va falloir que je les prévienne, mon opinion le concernant est plutôt tranchée. En effet, entre 2011 et 2016, alors que j'étais présidente de l'Institut national du cancer, Didier Raoult publiait dans l'hebdomadaire *Le Point* des tribunes à charge sur les mesures de prévention du cancer que l'Institut mettait en place[148]. Puis, en janvier 2018, alors que j'étais devenue ministre, il

tuels cas contact. Il s'agit d'une décision unilatérale de la France contre l'avis de l'OMS, de l'US CDC, et de l'ECDC, qui restent plus restrictifs. Ainsi :

1. la zone géographique de risque est étendue à toute la Chine ;
2. les symptômes pris en compte pour considérer qu'un cas est suspect sont plus larges que la fièvre et la toux ;
3. le *tracing* des cas contact devra débuter avant les symptômes du cas index.

147. Il s'agit du comité de l'OMS qui peut statuer sur l'Urgence de santé publique de portée internationale.

148. Il expliquait, à la faveur de ces éditoriaux, qu'il fallait exposer les enfants au soleil à midi (« Le soleil, c'est bon pour la santé », *Le Point*, 29 décembre 2014) quand nous faisions une campagne de prévention des mélanomes dont

publiait un livre expliquant que la politique vaccinale, et notamment les vaccins que j'avais rendus obligatoires pour les enfants, était incohérente, que nous n'aurions pas choisi les bons vaccins, que tout était mal fait et mal pensé. Mon unique but avec cette obligation était alors d'éviter la mort ou le handicap sévère de plusieurs dizaines d'enfants par an, liés à la rougeole ou aux méningites, par exemple. Sa prise de position intervenait dans une période où la moitié de la France se disait « contre » les onze vaccins, la mode étant plutôt « à l'immunité naturelle [149] ». Il avait d'abord fallu expliquer cela au président de la République qui avait vu arriver ce sujet inattendu et explosif au tout début de son mandat, et réussir à le convaincre. Ensuite, les combats au Parlement avaient été âpres et très longs, y compris avec certains députés LREM. Tous étaient pris à partie dans leur circonscription et m'en voulaient terriblement. Ils n'avaient pas nécessairement les arguments scientifiques pour expliquer un tel choix et affronter les polémiques. Si je n'avais pas été scientifique, immunologiste de surcroît, capable d'argumenter dans les moindres détails, je n'aurais jamais réussi à faire passer cette loi. Je me souviens encore de l'arrivée nocturne de Nicolas Dupont-Aignan, resté seulement dix minutes dans l'hémicycle pour déclamer sa bouillie antivax, me menaçant au passage d'un procès retentissant. Et certains députés du RN hurlant à chaque séance au Parlement que j'étais vendue aux labos. Infamie. Mais de la part de Didier Raoult, microbiologiste, sa prise de position contre ma politique de vaccination obligatoire m'avait ulcérée et parue opportuniste.

Mon directeur de cabinet est d'accord avec moi, cela risque d'être très difficile de se coordonner avec lui pour gérer au mieux la prise

l'incidence avait triplé en vingt ans, et que l'alcool était bon pour la santé (« Pasteur, le vin et la santé », *Le Point*, 21 décembre 2011) quand nous faisions des campagnes de réduction de la consommation. J'avais fait appeler la direction du *Point* par la communication de l'INCa pour m'en offusquer à l'époque, laquelle avait répondu que les éditorialistes étaient libres. À quoi servirait donc pour un journal de recourir à un éditorialiste qui dirait du bien d'une campagne de Santé publique…

149. « Êtes-vous favorable à la vaccination obligatoire ? », « Si la ministre de la Santé, Agnès Buzyn, peut compter sur de nombreux grands médecins qui ont signé une pétition de soutien à cette mesure jugée "courageuse", l'opinion publique est très partagée sur cette question. 50 % sont favorables à l'obligation, 50 % opposés, selon un sondage Odoxa pour *Le Figaro*. Et il faudra aussi compter avec la galaxie des "vaccino-sceptiques", qui, comme nous le révélons ce lundi 24 juillet, va attaquer en justice quatre laboratoires », *Le Parisien*, 24 juillet 2017.

en charge des ressortissants français. Dans le milieu médical, il n'est pas connu pour son sens de la coopération ni pour son humilité. Il va vouloir communiquer à tout va et être le propriétaire des prélèvements et des résultats, alors que nous avons besoin d'un esprit d'équipe et d'un partage d'informations.

Il faut donc parvenir à convaincre l'équipe du PM de trouver un autre lieu de résidence, évidemment près de grands hôpitaux, si les rapatriés venaient à déclarer la maladie. Je décide de déminer le sujet avant la réunion de cet après-midi pour que les préfets aient le temps de se retourner afin de nous dénicher un autre lieu adapté.

Moi par SMS 13 h 49 : « Édouard, puis-je te dire un mot très vite sur le rapatriement ? »

Appel du PM 13 h 59 : Je le mets en garde sur les difficultés à gérer la communication et les malades à Marseille et lui explique mon inquiétude concernant Didier Raoult, détracteur professionnel et incontrôlable. Je lui explique que je ne le connais pas personnellement mais que j'ai déjà eu affaire à lui sur des mesures de santé publique, par publications interposées, et qu'il a essayé chaque fois de ridiculiser l'action de l'État. Le PM ne connaît pas le Pr Raoult, ce qui est normal, et me répond sur un ton un peu détaché, imaginant peut-être qu'il s'agit d'une simple querelle de spécialistes. Il clôt la conversation assez sèchement, m'expliquant qu'on décidera dans l'après-midi lors de la réunion en fonction de la remontée des lieux par les préfets de région, mais que Polytechnique est exclue [150]. Mon alerte est tombée à plat.

JS 14 heures : « Hancock [151] mettra aussi ses rapatriés en quarantaine. »

De 14 h 15 à 16 h 15 : C'est un moment important pour l'avenir de l'hôpital public, celui de la grande réunion programmée avec les syndicats de la Fonction publique hospitalière pour parler du projet

150. Trouver le lieu adapté est difficile : il faut trouver un lieu suffisamment grand pour accueillir trois cents ou quatre cents personnes, et pouvant être rapidement aménagé pour garantir des conditions d'isolement confortables pour les rapatriés, ainsi qu'une totale sécurité. Il faut également que le lieu soit proche d'hôpitaux pouvant assurer une prise en charge rapide, si la maladie venait à se déclarer.

151. Matthew Hancock est le ministre de la Santé anglais.

de loi sur les retraites et des mesures compensatoires pour les agents dont on souhaiterait rendre la carrière plus attractive, notamment les aides-soignantes [152] et les infirmières [153]. La réunion se passe plutôt bien. Les syndicats ont des revendications légitimes. Ils se doutent que je les comprends et il n'y a pas d'hostilité. Pendant les deux heures de réunion, la discussion est constructive et respectueuse, à la différence de celle que j'ai eue avec le collectif de médecins.

Pendant ce temps-là, Christelle Dubos me remplace au Sénat pour les QAG. Une sénatrice des Français de l'étranger pose une question sur le rapatriement des personnes bloquées en Chine. C'est la deuxième question de parlementaire au sujet du coronavirus. La secrétaire d'État lit la réponse préparée par le cabinet et expliquant l'organisation en cours.

En parallèle de la réunion syndicale que j'anime au sous-sol du ministère, et à la suite de ma demande de samedi dernier, tous les représentants des professionnels de santé ont été convoqués cet après-midi en présence de scientifiques spécialistes des épidémies pour un premier point complet sur le coronavirus. Les présidents des Ordres, Syndicats et Fédérations hospitalières sont accueillis par JS et Grégory dans une salle de réunion très formelle, toute en longueur, autour d'une table bardée de micros située au dernier étage à côté des cabinets ministériels. Je n'ai pas pu les recevoir moi-même, ne pouvant me dédoubler.

Durant près de deux heures, la Direction générale de la santé et les experts invités partagent, documents à l'appui, un maximum d'informations. Seul le président du Conseil national de l'Ordre des médecins, le Dr Bouet [154], est absent (et il le sera également lors des réunions suivantes). Il s'est fait représenter par un membre de l'Ordre totalement inconnu, responsable de la communication.

---

152. Il s'agit pour les aides-soignantes de proposer des deuxièmes parties de carrière, un passage en catégorie B, et de leur créer un compte pénibilité.

153. Pour les infirmières, il s'agit de l'intégration des primes pour le calcul des pensions, de prendre en compte la pénibilité et d'augmenter progressivement les salaires et/ou les primes.

154. Le Dr Patrick Bouet est un médecin généraliste qui a été d'abord représentant de la Fédération des Médecins de France (syndicat considéré comme très libéral) avant d'être élu au conseil puis président de l'Ordre des médecins.

Il est possible que le président de l'Ordre s'attende à un coup de téléphone personnel de ma part pour l'inviter [155]. La réunion se déroule, les documents présentés et remis pendant la séance expliquent l'état des connaissances et, notamment, comment se protéger du coronavirus lorsqu'on est un professionnel de santé [156]. Les diaporamas sont annexés à la convocation adressée quelques jours auparavant, dans l'idée que ces mêmes documents d'information soient ensuite transmis à l'ensemble de la profession [157].

J'ai appris très récemment, au début de l'année 2023, par des syndicalistes qui étaient présents ce jour-là, qu'ils n'ont pas du tout pris la mesure de l'importance de cette réunion. Ils ont considéré que l'on appliquait simplement le principe de précaution. Ainsi, et malgré d'autres convocations du même type que le ministère a organisées les semaines suivantes, aucun document distribué pendant ces réunions n'a semblé être transmis à qui que ce soit. Cela explique en partie l'étonnement et le désarroi de nombreux médecins au moment où l'épidémie s'est déclarée.

---

155. Ses absences répétées aux invitations du ministère pour des réunions de préparation à la crise ne l'ont pas empêché d'adopter une posture incroyablement à charge devant la commission d'enquête parlementaire le 16 juillet 2020. On ne peut pas parler stricto sensu de mensonge et l'attaquer pour faux témoignage puisqu'effectivement il ne nous a pas rencontré… faute d'être venu… : « Depuis le début de l'épidémie, combien de fois ai-je rencontré le directeur général de la santé ? Zéro. Combien de fois ai-je rencontré la directrice générale de l'offre de soins ? Zéro. Combien de fois ai-je rencontré la direction de la sécurité sociale ? Zéro. Combien de fois ai-je rencontré Mme Buzyn ? Zéro. Fort heureusement, M. Véran est beaucoup plus disponible grâce aux nouveaux moyens technologiques. Si nous ne sommes pas capables de travailler ensemble pour nous préparer à ce qui arrive, nous risquons de nous retrouver dans la même situation, ce qui n'est pas envisageable. »

156. Il faut toutefois noter que dans les procédures d'hygiène universelles et dans les bonnes pratiques de soins, gants, surblouses, masques et lunettes font partie des outils indispensables des professionnels de santé depuis des années (les dentistes notamment, mais aussi nombre de médecins généralistes, ont ces habitudes anciennes, comme dans de nombreux services hospitaliers, pour éviter les maladies nosocomiales). En tant que professionnel de santé, se protéger et protéger ses patients les plus fragiles devrait faire partie des réflexes et des enjeux déontologiques et de santé publique.

157. Seuls les Ordres professionnels disposent du listing à jour de personnels de santé en exercice. Le vecteur « DGS-URGENT », qui est à la main de Jérôme Salomon, est une liste de professionnels qui se sont inscrits volontairement, elle n'est donc pas exhaustive.

16 h 45 : J'arrive à Matignon pour la réunion sur le rapatriement en présence de Jean-Yves Le Drian et du ministre des Transports, Jean-Baptiste Djebarri. Lors du tour de table, je fais part de mon inquiétude concernant Marseille, expliquant que la communication risque d'être compliquée, que nous avons besoin de calme, de rigueur et de loyauté, et que je redoute l'absence de coopération de Didier Raoult qui pourrait s'approprier le suivi médical des rapatriés. Le Premier ministre est évidemment très dubitatif.

Un de ses conseillers convainc Édouard Philippe de visionner quelques vidéos d'interviews de Didier Raoult sur YouTube dans le bureau mitoyen à la salle de réunion. Après dix minutes d'attente, il revient. Je connais le Premier ministre : même impassible, son visage est signifiant. Il semble avoir compris le problème. Malheureusement, faute de trouver un autre lieu adapté dans un temps que nous n'avons pas, nous actons que le rapatriement se fera à Carry-le-Rouet. Le site est absolument magnifique, il a le bon capacitaire et dispose d'un grand parc au bord du rivage méditerranéen. Les familles y seront bien et proches d'hôpitaux performants.

J'acquiesce de guerre lasse et parce que je n'ai en effet rien d'autre à proposer. Je confie alors à Jérôme Salomon la lourde tâche de préparer le terrain pour éviter que ce rapatriement ne dérape médicalement ou médiatiquement [158]. Il est donc chargé du déminage des problèmes auxquels nous devons nous attendre avec l'équipe de l'IHU de Marseille et de coordonner les infectiologues de ce pays pour que nous parvenions à un consensus de prise en charge, base de la rédaction d'un protocole national commun.

En parallèle, Jean-Yves Le Drian prend la main sur la tenue d'un Conseil des ministres européens (EPSCO) car la Présidence croate ne l'a toujours pas initié. Au ministère de la Santé, nous trépignons depuis ce week-end. En réalité, il y a bien une absence d'appétence des États membres, confirmant l'impression que m'avait partagée

158. Je n'imaginais pas à quel point l'avenir allait me donner raison. Je pensais juste que Didier Raoult allait communiquer sans nous concerter sur les cas qu'il aurait à Marseille et qu'il risquait de vouloir imposer sa vision. Je n'avais évidemment aucune idée de l'existence de la chloroquine comme éventuel traitement, puisque les experts ne parlaient que des antiviraux, et lui-même ne l'avait jamais évoquée à cette date, considérant que le coronavirus n'était rien d'autre qu'une grippette sans intérêt.

la commissaire européenne. « Ils n'en voient pas l'intérêt… » J'aurai en effet la confirmation par le Quai d'Orsay que seuls trois pays sur vingt-sept sont favorables à la tenue d'un tel Conseil et, notamment, que l'Allemagne s'y oppose.

JS 18 heures : « Tedros fait un point presse et convoque comité d'urgence demain. »

JS 20 heures : « Cas africain négatif. »

JS 21 h 40 : « Premier cas en Finlande. »

L'OMS publie sa première recommandation sur le port du masque pour les endroits de flambée du coronavirus [159].

Dans cette recommandation, il y est clairement stipulé que les masques sont réservés aux soignants, aux personnes présentant des symptômes et à leurs familles.

« Pour les espaces collectifs, il est préconisé de se tenir à une distance d'au moins un mètre, de toute personne présentant des symptômes (toux, éternuements), de se laver souvent les mains, de se couvrir le nez et la bouche avec le coude, d'éviter de se toucher le nez et la bouche quand on tousse ou quand on éternue.

« […]

« Quand il n'est pas indiqué, le port de masques médicaux engendre des coûts inutiles, oblige à assurer un approvisionnement et crée un faux sentiment de sécurité qui peut faire négliger d'autres mesures essentielles comme l'hygiène des mains. En outre, s'il est mal utilisé, un masque ne parviendra pas à réduire efficacement le risque de transmission. »

L'OMS précise enfin que « les masques en tissu (gaze ou coton) ne sont recommandés en aucune circonstance ».

Bulletin du CORRUSS : 19 cas groupés de pneumopathie à pneumocoque sur des bateaux à quai dans le port de Marseille

159. Le mot « flambée » de coronavirus qui figure sur les recommandations en français de l'OMS est traduit du mot anglais « outbreak », voulant dire émergence épidémique. À cette date, l'épidémie est cantonnée à la Chine, la centaine de cas dans les différents pays étant des cas exportés, isolés.

(enquête en cours), épidémie de grippe en EHPAD, et décès infectieux suspects de trois jeunes dans la Sarthe (enquête en cours).

Cette dernière information m'inquiète, encore un sujet à suivre de près, en espérant que ce ne soit pas un nouveau virus qui toucherait les jeunes.

Jeudi 30 janvier

- Monde : 8 200 cas selon le site Internet du Johns Hopkins ; 170 décès.

Point de situation du CORRUSS à 10 heures :

- Chine : 7 678 cas confirmés (dont 4 586 à Hubei) et 170 décès.
- Hors Chine : 105 cas exportés dans 18 pays (Japon 11, Thaïlande 14, Malaisie 7, Taiwan 8, Hong Kong 10, Macau 7, USA 5, Singapour 10, Viêtnam 2, Corée du Sud 4, Népal 1, Australie 7, Canada 3, Cambodge 1, France 5, Finlande 1, Sri Lanka 1, Allemagne 4).
- France : 5 cas importés confirmés (par rapport à la veille, la fille du touriste chinois âgé qui avait été testée comme cas contact). 25 cas exclus, quelques personnes contact en isolement chez elles, suivies par téléphone par les ARS.

- Air France suspend ses vols vers la Chine dans la journée. Recommandation de report des voyages non indispensables par le ministère des Affaires étrangères.

- La veille, s'est tenue une réunion DGS/SGDSN portant sur les mesures d'anticipation, y compris les stocks de protection individuelle.

8 heures : Un petit-déjeuner à Matignon rassemble une soixantaine de parlementaires. Nous nous retrouvons autour d'un café. L'objectif est d'entendre leurs interrogations relatives au projet de loi sur les retraites et de leur fournir les explications qui seront nécessaires aux débats à venir. Je suis à table à côté du PM avec Laurent Pietraszewski. Nous intervenons successivement. Mon

portable vibre pendant sa présentation. C'est Alexis Kohler, le secrétaire général de l'Élysée.

AK à 8 h 45 : « Air France essaie de ne pas faire d'annonces aujourd'hui et de pouvoir garder un maximum de vols jusqu'à dimanche en utilisant les avions et navigants qui sont coincés en Chine mais les syndicats grognent. »

Moi : « OK merci. »

AK : « Air France opérerait en tout cas un dernier vol dimanche pour ramener les derniers Français. On a bien un vol gouvernemental de prévu par ailleurs ? »

Moi : « Oui mais juste sur Wuhan. Il faut que les Français de Shanghai et Pékin puissent prendre leur décision d'ici dimanche. »

Nous sommes en effet persuadés que nous ne pouvons pas arrêter les vols dans la journée sans avoir prévenu les expatriés suffisamment à l'avance. Trop de Français risqueraient de rester coincés sur place.

Mon téléphone n'arrête pas de vibrer. Je demande discrètement au PM l'autorisation de sortir de la salle pour rappeler Alexis Kohler. Nous échangeons sur la nécessité de permettre aux Français de revenir s'ils le souhaitent et je l'alerte sur l'implacable loi de l'offre et de la demande qui est en train de renchérir le prix des vols venant de Chine : le prix des billets devenant un obstacle pour beaucoup. J'ai relevé sur Twitter des expatriés, notamment de jeunes étudiants, qui se plaignent de ne pas avoir les moyens de payer les billets retour en France. Les prix atteignent pour certains plusieurs milliers d'euros ! Voilà pourquoi je tiens à maintenir encore des vols Air France.

De retour dans la salle, je remarque le teint anormalement gris de la conseillère en charge du dossier des retraites à Matignon, qui tient sa place malgré sa fin de grossesse.

9 h 15, médecin, on ne se refait pas, je lui envoie un petit message : « Je vous trouve très pâle. Avez-vous assez de fer ? Désolée de ma remarque d'hématologue… »

Elle me répond : « Vous avez raison, je fatigue un peu, je vais prendre du fer ! Merci de votre attention. »

Moi : « Demandez à votre médecin, c'est ce que je pense en vous voyant. Bises. »

10 heures : De retour au ministère ce matin-là, je veux absolument tenir la réunion prévue de longue date avec mon secrétaire d'État à

la protection de l'enfance, Adrien Taquet. Il se désespère à juste titre de ne pas avancer assez vite sur le dossier de l'Aide sociale à l'enfance (ASE) depuis un an qu'il a été nommé au gouvernement. C'est un sujet qu'il faut absolument réformer. Tout le monde en convient. Mais, depuis longtemps, les politiques sociales ont été décentralisées et confiées aux départements. La plupart des centres accueillant des enfants placés sont tenus par des associations qui reçoivent des aides départementales, ce qui crée de grandes inégalités. En effet, les départements investissent plus au moins dans cette politique publique et les aides peuvent varier considérablement. Certains conseils départementaux sont très mobilisés et attentifs à ce sujet ; d'autres élus, au contraire, ne font pas de la protection des enfants une priorité de leur mandat. Les mineurs placés n'ayant pas le droit de vote et leurs familles étant par définition déficientes, ils savent sans doute que ce n'est pas sur cette politique qu'ils seront « sanctionnés » aux prochaines élections. Depuis quelques semaines, je n'ai donc qu'une idée en tête : convaincre mon cabinet et le couple exécutif de recentraliser une partie de cette politique, notamment la dépense afférente à la mise à l'abri d'un enfant et qu'elle puisse faire l'objet d'un débat parlementaire. Mon idée est que dans la branche « Famille », un budget y soit alloué [160]. Ainsi, le sort d'un enfant ne dépendrait plus du département où il est pris en charge, la France investirait exactement la même somme pour tous, où qu'on soit placé sur le territoire. En tant que mère, en tant que médecin, en tant que ministre de la Santé, et en tant que fille d'un homme qui a été placé alors qu'il était orphelin, c'est un sujet qui me touche particulièrement [161]. J'ai prévu qu'une note parte dès aujourd'hui au Premier ministre et au président de la République.

Avant le déjeuner, la présidente de la commission des Affaires sociales à l'Assemblée, Brigitte Bourguignon, vient discuter des sujets en cours et caler les points de vue. Elle ne pense pas à m'alerter sur les propositions de projets de loi (PPL) [162] à venir. Je

160. Actuellement, le budget de l'ASE est débattu dans chaque département, mais il échappe totalement au contrôle du Parlement.

161. Mon père, orphelin après la guerre, a été placé au sortir des camps dans un centre géré par l'OSE (Œuvre de secours aux enfants). Il a ensuite toute sa vie accompagné cette association.

162. On appelle PPL des projets émanant des groupes parlementaires. Chaque groupe dispose d'une journée de débats par session, appelée « niche

comprendrai la semaine suivante que parmi les propositions programmées, un sujet mérite pourtant une attention particulière. Mais la loi sur les retraites et les grèves hospitalières occupent à ce moment-là tout l'espace gouvernemental.

GE 12 h 10 : « Pour info, je suis d'aprèm obsèques donc Marie a pris mon relais. Mais info importante : Air France va annoncer la suppression des vols vers la Chine. »

Moi : « OK, bon courage, concentre-toi sur ta famille. »

GE : « Bon courage à toi et prends des fruits ! »

Attentionné, il s'inquiète que je me nourrisse quasi exclusivement de bonbons et de réglisses de la corbeille de mon bureau, mon addiction au sucre traduisant un certain niveau de fatigue.

12 heures : Départ pour l'hôpital Bichat. Il s'agit de faire un point avec les équipes des différents services impliqués dans la prise en charge des quatre premiers malades parisiens du coronavirus, en présence du président de la Commission médicale d'établissement (PCME) et du directeur de l'hôpital [163]. La présentation des cas par les personnels soignants dure une bonne heure et ils insistent sur certains éléments de la pathologie qui leur semble sévère. Par exemple, le patient chinois âgé a été transféré en réanimation, et ils estiment qu'il sera nécessaire de mettre en place une circulation extracorporelle pour l'oxygéner (ECMO), technique lourde pour le service et difficilement envisageable pour un grand nombre de patients.

La visite de terrain se poursuit au laboratoire de virologie situé au bout d'un couloir au sous-sol. Je découvre pour la première fois le cadre dans lequel on doit réaliser les tests. C'est un choc visuel. Nous arrivons dans un espace exigu, équipé de deux hottes pour manipuler le sang et de deux machines à PCR [164]. En discutant avec le responsable, j'apprends que tous les tests pour les coronavirus sont effectués

parlementaire », leur permettant de prendre l'initiative, par opposition aux PJL qui viennent du gouvernement.

163. Sont présents autour de la table : les équipes d'infectiologie, de réanimation, des laboratoires et d'hôpitaux de jour.

164. Les machines à PCR sont des sortes de photocopieuses qui servent à amplifier le code génétique d'un pathogène (ADN ou ARN), permettant d'identifier la présence d'un virus, par exemple dans un échantillon de sang ou dans n'importe quel prélèvement biologique, comme un écouvillon nasal, même

en laboratoires de type P3 [165], répartis sur seulement trois sites à Paris (Pasteur, Bichat, La Pitié). Il faut compter trois ou quatre heures environ pour le résultat d'un test PCR [166] et, du fait des précautions de protection à prendre pour manipuler les prélèvements, il est possible de réaliser, par jour et par laboratoire, entre 50 et 100 tests PCR pour détecter le SARS-CoV-2 à Paris. Je comprends immédiatement l'ampleur du problème auquel nous risquons de devoir faire face si le nombre de malades venait à augmenter : des tests à plus grande échelle seraient impossibles. Je leur propose alors d'interroger les équipes spécialisées du ministère, notamment l'Agence nationale de sécurité du médicament (ANSM) et le Haut Conseil de Santé publique (HCSP) pour voir si l'on peut dégrader le niveau d'exigence des tests et les réaliser en laboratoires de type P2+, plus nombreux et plus spacieux. Cela permettrait d'augmenter rapidement la cadence et d'équiper les laboratoires de plus de machines. Les médecins de Bichat n'ont pas l'air inquiet, mon équipe non plus, mais cela leur semble une bonne idée, ils vont se renseigner.

Appel de Jean-Yves Le Drian à 12 h 58. Nous discutons des annonces du MEAI (ministère de l'Europe et des Affaires internationales) sur les vols et les Français vivant en Chine. Nous devons nous accorder sur les éléments de langage pour expliquer qu'il est fortement conseillé de ne pas se rendre en Chine, tout en ne donnant pas l'impression d'une interdiction formelle qui créerait un incident diplomatique et inquiéterait tout le monde.

---

lorsqu'il est présent en très faible quantité. Une machine standard, telle qu'on en trouve dans les laboratoires de routine, peut traiter 48 à 96 échantillons selon les tailles des machines (jusqu'à 380 pour les plus grosses). Pour réaliser un test PCR, il faut connaître le génome de ce que l'on recherche afin de produire des amorces spécifiques, raison pour laquelle on ne peut pas stocker des tests pour un pathogène inconnu.

165. Laboratoire réservé aux virus dangereux de catégorie 3 dont font partie les coronavirus. Ils sont peu nombreux et de taille réduite. Il convient de noter par ailleurs que les nombreuses enquêtes sur les origines du virus ont révélé que les coronavirus étaient cultivés dans des laboratoires de type P3 du centre de virologie de Wuhan et non pas dans le laboratoire P4 qui était ma crainte initialement.

166. Contrairement aux tests antigéniques qui seront mis en place par la suite et qui fonctionnent par coloration immédiate.

Moi au PM 13 heures : « Un médecin généraliste du 92 est positif. Il avait vu le 23 une patiente secondairement positive à son retour de Taiwan. Comme elle l'a prévenu le 28, il est resté chez lui depuis en se surveillant et a appelé le 15 hier car fébrile. Il est en isolement à La Pitié. »

14 heures : Départ de Bichat, direction pour le Conseil économique social et environnemental (CESE), situé dans un bâtiment en rotonde des années 1930, surplombant l'avenue du Président-Wilson d'un côté et les jardins du Trocadéro de l'autre. Le Premier ministre lance la conférence sur le financement du futur système des retraites avec l'ensemble des partenaires sociaux et j'arrive presque en retard ! Tous les présidents et secrétaires généraux des syndicats sont présents pour cette grand-messe tant attendue. Une vingtaine de personnes ont pris place autour de l'immense table ovale et, derrière elles, une autre vingtaine de conseillers forment un second cercle. Ils doivent rendre leur avis fin avril et trouver une voie de passage pour que le système ne soit pas déficitaire à terme, sans quoi le gouvernement reprendra la main et écrira, dans la loi, la nécessité de travailler jusqu'à l'âge pivot de 64 ans, l'âge d'équilibre financier du système. C'est le point de la loi qui irrite le plus les syndicats, y compris la CFDT, le syndicat le plus réformiste, arguant à juste titre que le Président n'avait pas évoqué cette mesure lors de sa campagne présidentielle. Les syndicats ont donc deux mois pour trouver une autre solution de financement crédible, ce qui détendrait tout le monde.

En fin de réunion, avant que le Premier ministre ne livre ses premières impressions à la presse, nous patientons dans un magnifique salon situé à l'étage du palais d'Iéna. Je découvre cette salle pour la première fois, recouverte de fresques Art déco et de murs en béton armé apparent emblématique du bâtiment. Tous les syndicats s'expriment un par un pour faire part de leurs ressentis devant les caméras présentes dans la pièce d'à côté. En attendant, nous sommes une quinzaine à discuter debout par petits groupes autour d'un café. Il est déjà 17 heures, j'en profite pour faire honneur à quelques sachets de sablés bretons, n'ayant rien pu avaler depuis 6 heures ce matin. L'attente s'éternise.

Entouré des membres de nos cabinets et du secrétaire d'État Laurent Pietraszewski, Édouard Philippe évoque les municipales et

Le Havre. Il semble heureux, enthousiaste même. C'est sa ville, il souhaite faire campagne, et je sais qu'il aime profondément les combats politiques. L'ambiance est globalement détendue.

Rabat-joie, pessimiste, ou les deux, je leur fais part de mon pressentiment : « Vu l'évolution du nombre de cas en Chine, il est possible que l'épidémie progresse dans le monde, et si ce que vivent les Chinois est identique en Europe, il me semble que nous ne pourrons pas tenir les agendas. » Et d'ajouter que « dans ce cas, le financement des retraites ou les élections municipales ne seront plus nos problèmes de l'année… ».

Je leur montre sur mon téléphone les courbes de cas publiées sur le site de l'Institut Johns Hopkins. Je commence mes explications en échelle décimale, car elle n'est pas bien inquiétante : hors Chine, nous sommes dans le monde sur de tout petits chiffres, ceux du début de l'exponentielle. Puis je passe en échelle logarithmique pour illustrer les projections des cas dans les semaines ou mois qui viennent. La pente de la droite est pour le coup très inquiétante. En aparté, j'ajoute : « Édouard, il faut maintenant se mettre en mode combat. »

Le groupe autour du PM me regarde bizarrement. À leur décharge, les médias français sont braqués sur l'âge pivot de la retraite à 64 ans… et le PM va prendre la parole dans cinq minutes sur la plus grande réforme du quinquennat. L'heure n'est pas pour eux à l'étude de courbes ni de graphiques. L'OMS n'a toujours pas déclenché l'Urgence de santé publique de portée internationale, sans compter qu'aucun infectiologue ou scientifique n'a attiré l'attention sur ce qui est en train de se jouer.

18 heures : Retour en trombe au ministère après être restée impassible, debout, pendant la prise de parole du PM, face à l'ensemble des journalistes et TV présentes. À mon retour, j'ai rendez-vous dans mon bureau avec Geneviève Chêne, la Directrice de Santé publique France et le Pr Yazdan Yazdanpanah, infectiologue en charge de coordonner les équipes françaises de recherche en cas d'épidémie. Je les ai convoqués pour anticiper. Jérôme Salomon et Raymond Le Moign, mon directeur de cabinet, sont assis auprès de moi.

La directrice de Santé publique France est venue avec un diaporama imprimé, évaluant différentes projections réalisées par ses équipes d'épidémiologistes, mais le niveau de précision est très faible. Je suis un peu déçue mais pas étonnée, ce n'est pas leur faute. Ils sont dans l'incapacité de modéliser. Il y a trop d'inconnues, notamment parce que les chiffres chinois correspondent aux malades testés à l'hôpital mais ne tiennent pas compte du nombre de malades réels dont personne n'a la moindre idée. Je souhaite qu'ils retravaillent sur des scénarios de modélisation de l'épidémie avec les dernières données, y compris en se mettant en contact avec des équipes étrangères comme la London School of Hygiene and Tropical Medicine, excellente école d'épidémiologie anglaise, ou des équipes américaines. Je comprends que sans un ou deux scénarios possibles, je ne parle même pas de leur robustesse, il sera difficile de mobiliser les acteurs pour activer des plans d'urgence. Qu'il s'agisse d'un gouvernement ou de l'Europe, on ne communique pas vers 1,5 million de soignants sur un pressentiment. C'est aux épidémiologistes d'étayer cela.

La deuxième partie de la réunion porte sur des traitements que nous pourrions tester dans des essais cliniques si nous avions plus de cas. Yazdan Yazdanpanah me dit qu'il y a trois médicaments potentiellement actifs sur cette famille de virus. Après avoir rendu son protocole au sujet des rapatriés, je le mandate donc pour écrire un essai clinique qui permette d'évaluer l'intérêt des traitements qui pourraient être utiles. Je tiens absolument à ce que tout soit prêt au cas où l'épidémie se déclarerait chez nous, pour essayer ces médicaments sur les tout premiers patients. Je lui donne deux semaines pour rédiger cet essai clinique et le soumettre à un comité d'éthique (CPP). Il est hors de question de perdre du temps si on a des médicaments potentiellement efficaces. Mais il faut évaluer leur intérêt dans les règles de l'art, c'est-à-dire un essai clinique randomisé.

Enfin, il nous faut organiser le suivi des personnes qui vont être rapatriées demain. Mes demandes sont les suivantes : le confinement des rapatriés doit-il durer quatorze jours pour être certains que nous nous situons au-delà de la période maximale de contagion ? Les suivons-nous cliniquement et par PCR ? Faut-il prévoir des tests à l'arrivée pour tout le monde, même s'ils n'ont aucun symptôme ? À quels intervalles ? Et si les tests sont négatifs, doit-on les refaire au milieu du séjour ? Faut-il aussi vérifier que tous les tests des rapatriés sont négatifs pour autoriser leur sortie de quarantaine ?

Je souhaite disposer d'une conduite à tenir claire pour les médecins des centres qui les prendront en charge, c'est-à-dire d'un protocole de recherche observationnelle discutée entre experts, car j'ai peur que les stratégies de suivi partent dans tous les sens. Il nous faudra aussi informer les personnes que l'on va prélever de ce qu'il est prévu de faire après le test, en fonction du résultat [167]. Comme tout protocole, sachant que l'urgence sert souvent d'argument pour des entorses aux bonnes pratiques, je préviens qu'il nous faudra une validation par un CPP. À eux de l'organiser d'ici le retour des premiers rapatriés vendredi. Ce n'est pas parce que nous travaillons dans l'urgence qu'il ne faut pas tenir les rênes serrées. Ils ont vingt-quatre heures ! Ils acquiescent.

20 h 06 : J'appelle Édouard Philippe pour lui faire part de mon inquiétude grandissante. Il est en voiture pour Le Havre, sur le point de déclarer sa candidature à la mairie le lendemain au cours d'un meeting de lancement. Je lui énonce à nouveau les chiffres, et mon sentiment que l'écart se creuse entre ce que j'appréhende et l'attitude de l'OMS qui ne semble pas encore prendre la mesure de ce qui est en train d'arriver. Le tableau que je lui dresse est assez sombre.

GE à 21 h 02 : « OMS déclare l'Urgence [168]. Motif principal : pas par défiance envers la Chine mais pour protéger les pays à faible système de santé. »

L'OMS décrète enfin l'Urgence de santé publique de portée internationale (USPPI), mais, à mon grand étonnement, le message d'accompagnement ne propose aucune mesure précise pour les pays membres, si ce n'est qu'il faudra venir en aide aux pays pauvres comme le prévoit le Règlement sanitaire international (RSI)... Laissant entendre par là même que les pays riches seraient moins durement touchés. Y a-t-il une forme d'*a priori* idéologique ou est-ce par analogie avec les dernières grandes épidémies qui ont fait des ravages en Afrique comme Ebola ou le VIH ?

167. C'est ce qu'on appelle la notice d'information qui permet le consentement éclairé.

168. Grégory Emery parle ici de l'Urgence de santé publique de portée internationale déclenchée jusqu'alors cinq fois par l'OMS. C'est donc la sixième fois à cette date du 30 janvier 2020.

L'OMS publie une déclaration sur son site à la fin du comité d'urgence. Les recommandations exhaustives à l'intention de la communauté internationale sont, en substance :

> « – On peut s'attendre dans n'importe quel pays à des cas nouveaux exportés de Chine. Par conséquent tous les pays doivent être prêts à des mesures pour endiguer l'épidémie (surveillance active, détection précoce de cas, isolement et prise en charge des cas, recherche de contacts).
> « – Il est demandé aux pays de participer à la riposte internationale (communication, échanges d'informations et recherche).
> « – Le comité ne recommande pas de restreindre les voyages ou les échanges commerciaux. »

La conclusion est signifiante :

> « Étant donné qu'il s'agit d'un nouveau coronavirus et qu'il s'est avéré par le passé que des coronavirus semblables nécessitaient des efforts importants de partage systématique des informations et de recherche, la communauté internationale doit continuer à faire preuve de solidarité et de coopération, conformément à l'article 44 du RSI 2005, ses membres s'épaulant mutuellement pour identifier la source de ce nouveau virus et son potentiel de transmission interhumaine, pour se préparer à l'éventuelle importation de cas, et mener les travaux de recherche visant à mettre au point le traitement nécessaire.
> « Il faut apporter un soutien aux pays à revenu faible ou intermédiaire pour leur permettre de riposter à cet évènement, ainsi que pour faciliter l'accès aux produits de diagnostic, aux vaccins potentiels et aux produits thérapeutiques. »
> « En vertu de l'article 43 du RSI, les parties qui appliquent des mesures sanitaires supplémentaires entravant de manière significative le trafic international (refus d'entrée ou de sortie de voyageurs internationaux, de bagages, de cargaison, de conteneurs, de moyens de transport, de marchandises et autres, ou mesures entraînant leur retard, pendant plus de vingt-quatre heures) sont tenues d'envoyer à l'OMS la justification et la raison de santé publique dans les quarante-huit heures suivant leur application. L'OMS examinera la justification et pourra demander aux pays de reconsidérer leurs mesures. L'OMS est tenue de partager avec les autres États-parties les informations sur les mesures et les justifications reçues. Le comité d'urgence se réunira de nouveau dans un délai de trois mois ou plus tôt à la demande du DG [169].
> « Le DG remercie le comité pour son travail. »

Pourquoi déclarer l'USPPI si aucune mesure concrète n'est annoncée ? Je fais part de mon incompréhension à mes équipes. JS est également très étonné.

169. Ce délai de trois mois annoncé semble indiquer que le Comité d'urgence de l'OMS n'est pas inquiet.

En suivant Twitter et les alertes infos, j'apprends une nouvelle majeure :

Moi à JS, 23 heures : « L'Italie a suspendu tous les vols de et vers la Chine. Aucune coordination européenne ! C'est invraisemblable. »

Moi à Benoît Ribadeau Dumas (BRD) [170] : « Benoît, l'autre point que j'ai oublié de te dire concerne l'international. Il n'y a aucune coordination européenne. Rappelle-moi. »

Moi à RLM à 23 h 25 : « L'Italie a suspendu tous les vols de et vers la Chine. Aucune coordination européenne ! C'est invraisemblable. »

RLM : « Et triste… »

Moi : « Peux-tu contacter le Quai d'Orsay pour clarifier les positions des pays. La commissaire européenne est inexistante, et l'OMS pathétique. »

Moi au PM 23 h 54 : « Bonsoir Édouard, il semble que l'Italie ait arrêté tous ces vols de et vers la Chine. Il n'y a visiblement aucune coordination européenne… J'ai prévenu Jean-Yves car je pense que la question va m'être posée demain. »

Réponse PM 23 h 55 : « Certains jours je me demande à quoi sert ce truc qui s'appelle l'Europe. Vu la décision de l'OMS aussi… Il faut que Montchalin [171] monte au créneau. Vais lui dire. »

Moi au PM 23 h 59 : « Oui, c'est pathétique. Les services techniques correspondent sur la gestion des cas et se parlent mais les niveaux politiques ne sont pas coordonnés. Bon Havre demain. »

L'absence de conseiller santé m'oblige toujours et encore à tenir le PR informé en direct. En temps normal, la personne à ce poste serait en lien direct avec mon cabinet tous les jours et ferait régulièrement remonter des notes de situation. En l'absence de relais, la seule courroie de transmission avec le PR sont mes textos et peut-être des notes que lui remet Matignon.

Moi au PR 23 h 40 : « Monsieur le PR, je crois qu'il faudrait que je puisse vous faire un point de situation demain soir ou ce WE sur l'épidémie et son impact potentiel. Bien à vous. »

---

170. Benoît Ribadeau Dumas est le directeur de cabinet du Premier ministre. Il est extrêmement rapide et performant sur tous les dossiers dont il s'empare.

171. Amélie de Montchalin est à cette date ministre des Affaires européennes.

Réponse PR 00 h 21 : « Oui bien entendu, les chiffres changent et vous êtes plus inquiète ? On fait cela demain sans problème. Amitié. »

Je suis effectivement inquiète et voudrais commencer à faire passer cela au point presse quotidien que nous animons avec Jérôme Salomon pour préparer l'opinion publique.

Je veux aussi donner au PR en privé ma vision de ce qui risque d'advenir si l'épidémie se propage avec ce virus qui me paraît beaucoup plus grave que la grippe. L'OMS et l'Europe ne nous aident pas non plus, ils sont flous et inaudibles.

Tout me paraît trop mou. Les seuls médecins qui semblent en phase avec moi sont Jérôme Salomon, qui a été conseiller de Bernard Kouchner au moment de la grippe aviaire et de Marisol Touraine pour Ebola entre 2013 et 2015, ainsi que Grégory Emery, qui a travaillé au sein de plusieurs cellules de crise (épidémie de grippe A, aide aux victimes des attentats de Paris en 2015 et de Nice en 2016, ouragan Irma) ; tous deux sont aguerris aux crises.

Ce soir, dans l'hypothèse où l'épidémie s'étendrait, je donne l'ordre à Jérôme Salomon de réquisitionner tous les internes de santé publique pour prêter main-forte aux ARS en charge du suivi des cas contact. Il faut qu'ils se préparent à être opérationnels au sein des équipes pour les aider dans les jours plus chargés qui risquent possiblement d'arriver.

Je veux aussi savoir ce que les hôpitaux ont prévu en termes de capacité d'hospitalisation, *via* le décalage de soins programmés (chirurgie notamment) et d'ouverture potentielle de lits supplémentaires, lits de réanimation et nombre de respirateurs. L'ordre peut paraître démesuré compte tenu de la réalité de la situation, nous n'en sommes alors qu'à 5 cas exportés.

Jérôme Salomon me rappelle le plan pandémie grippale, utile par exemple pour dégager des lits ou organiser la vaccination, mais mal adapté à la situation. En effet, la grippe est une pathologie connue depuis soixante-dix ans : on connaît sa transmission, on dispose d'un médicament efficace à condition qu'il soit donné dans les trois premiers jours et, surtout, d'un vaccin. On peut anticiper la gravité de la grippe d'une année sur l'autre en fonction du taux de mortalité dans l'hémisphère Sud où elle démarre tous les ans. Alors que pour le SARS-CoV-2, il s'agit d'un germe pour lequel persistent bon nombre d'interrogations : la contagiosité, le mode de transmission, le taux de mortalité réel, etc. Et pour lequel il n'y a ni médicament ni vaccin à distribuer. Le tout récent plan ORSAN-REB [172] dédié au risque d'épidémie avec des germes émergents vient d'être voté dans la loi santé que j'ai fait passer en juillet 2019 [173]. Il va falloir probablement l'activer. Je n'imaginais pas qu'il serait si vite à propos…

Ce jour-là, part de la DGS vers Santé publique France, en charge des stocks stratégiques de l'État, la première commande de masques FFP2 et de surblouses pour équiper les personnels en première ligne, en attendant les remontées des hôpitaux sur l'état de leurs stocks. Cette commande officielle fait suite à ma demande orale du vendredi 24 janvier. En effet, par anticipation en cas d'utilisation massive et/ou prolongée, nous avons décidé après discussion au sein de mon cabinet de constituer spécifiquement un stock d'État de masques FFP2 pour les soignants. Ces masques FFP2, hautement protecteurs, ne sont plus du ressort de l'État (et ont disparu des stocks depuis 2015), après des changements de doctrine actés en 2011, puis en 2013, qui donnent la responsabilité des commandes aux employeurs (publics, privés, y compris les professionnels libéraux et les hôpitaux) pour être au plus près des besoins. Nous sommes inquiets que les professionnels libéraux n'aient pas non plus constitué de réserves [174], peu d'entre eux utilisant des moyens

172. Plan ORSAN : Organisation de la réponse du système de santé en situation sanitaire exceptionnelle est un plan qui se décline en cinq piliers dont un pour le Risque épidémique et biologique (ORSAN-REB). Il est moins précis que le plan grippe, et pour cause, il est dédié à des germes inconnus et doit être décliné spécifiquement pour chaque crise.

173. Le plan ORSAN existait avant mon arrivée au ministère mais n'avait que quatre piliers. Pour les épidémies nous avons séparé la préparation aux épidémies saisonnières avec pathogènes connus (grippe, bronchiolites, gastro-entérites, par exemple) de celles avec des germes nouveaux et inconnus et nous avons adapté au risque de bioterrorisme ce plan qui est devenu ORSAN-REB.

174. Je comprendrai bien plus tard que les documents que nous avons distribués lors des trois réunions au ministère (la première le 29 janvier et les deux autres début février), expliquant notamment les moyens de protection contre le coronavirus, n'ont vraisemblablement pas été transmis aux médecins, ni par le conseil de l'Ordre, ni par les syndicats. Seule la voie « DGS-URGENT » a communiqué des informations sur le coronavirus, mais les professionnels de santé libéraux doivent s'y abonner volontairement. Cette absence de transmission

de protection simple dans leur pratique, même lors des épidémies de grippe.

De son côté, la DGS continue d'informer les acteurs par des messages d'alerte aux professionnels libéraux, aux ARS et aux établissements relatant les changements dans la définition des cas et demandant de renforcer les centres 15 et les Samu. Il est également décidé de leur fournir des éléments de communication en chinois, au cas où les Samu seraient dans l'incapacité d'interagir avec des malades venant de Chine et ne parlant pas français.

Vendredi 31 janvier

- Monde : 9 900 cas ; 213 décès en Chine ; 106 cas exportés hors de Chine.
- France : 5 cas tracés. Un sixième cas a été identifié hier. Quelques personnes contact en isolement chez elles suivies par téléphone par les ARS.
- Mise en service d'un numéro vert national (08 00 13 00 00) et mobilisation des internes de santé publique.
- Demande par le ministère de l'Europe et des Affaires internationales (MEAI) d'une position cohérente de l'UE.
- Jour d'entrée en vigueur du Brexit.
- Jour d'arrivée des rapatriés français depuis la Chine.

Lever à 5 h 30 pour sauter dans le premier vol vers Marseille. Je dois m'assurer que tout est en place à Carry-le-Rouet, rencontrer les équipes d'encadrement du centre et accueillir les rapatriés sur la base d'Istres. JS et GE me rejoignent à l'aéroport. Ils ont répondu simultanément par SMS à ma question de la veille sur le plan pandémie grippale [175]. Je souhaiterais pouvoir le lire dans l'avion ce matin pour voir ce qui serait applicable à notre situation.

---

des informations venant de la DGS par les corps intermédiaires représentant des professionnels peut expliquer l'effet de surprise des médecins au moment du démarrage de l'épidémie, alors que ces trois réunions visaient justement à préparer l'ensemble des communautés professionnelles dans le cas où l'épidémie se déclarerait.

175. L'OMS exige que tous les pays se dotent d'un plan pandémie grippale. Ce dernier est révisé en fonction de l'existence de nouvelles données scientifiques. La dernière version date de 2011 et n'a pas été révisée car aucune nouvelle

GE à 6 h 52 : « Envoi par SMS du plan de pandémie grippale. Il a une déclinaison régionale et opérationnelle. »

JS 6 h 57 : « Nous avons des Retex [176] H1N1 et un plan national pandémie [il parle là du nouveau plan ORSAN-REB]. »

L'inertie internationale m'énerve au plus haut point. Pour marquer le coup aujourd'hui, j'envoie un message explicite et comminatoire à mon directeur de cabinet juste avant le décollage :

Moi à RLM à 7 heures : « Raymond, la commissaire européenne m'avait dit que la présidence de l'Union devait organiser une réunion des ministres de la Santé cette semaine. Je vois que rien n'a été déclenché. Il faut que nous préparions ce matin :

« – un courrier à la présidence croate pour s'étonner qu'il n'y ait pas eu de réunion au moins par tél et pour réclamer cette réunion ;

« – un courrier à l'OMS pour s'étonner des “non-mesures [177]” de USPPI ;

« – un courrier à la commissaire européenne à la santé sur l'absence de communication centralisée. Je pense que c'est indispensable.

« Vois avec le Quai qui rédige. J'aimerais pouvoir signer tout à l'heure.

« Merci. »

La réponse de Raymond me revient immédiatement : « Le Dircab du MAEI que j'avais comme prévu interrogé sur l'épisode italien pense aussi qu'il faut demander une réunion des ministres de la Santé. (On te prépare le courrier.) On verra alors comment faire pour rendre publique cette demande et l'interpellation subséquente de la commissaire (ne pas le faire frontalement pour ne pas attaquer la commission). Pour l'OMS, je me demande s'il ne

recommandation ou nouveau traitement n'a été publié depuis. Ce plan est très précis car la grippe est une maladie connue depuis des décennies. À l'inverse, le plan ORSAN-REB doit se décliner en fonction de l'agent pathogène qui est en cause et par définition inconnu lorsqu'il apparaît. Il y a donc un travail d'adaptation de ce dernier plan pour chaque nouvelle crise sanitaire.

176. Retex : exercice qui consiste pour les acteurs à faire un retour d'expérience après une crise réelle ou une simulation.

177. J'entends par « non mesure » le fait que leur communiqué ne propose pas de recommandation en dehors de l'aide à apporter aux pays les plus fragiles.

revient pas à Jérôme de faire la première lame. Je te laisse lui en parler. À tout à l'heure. »

Il n'a pas tort. Passablement énervée par le manque de réaction internationale, je sais d'expérience que je peux devenir assez cinglante avec mes interlocuteurs.

Moi : « Sur l'OMS, ils sont en dessous de tout et il faut se couvrir. Il faut en parler à Rivasseau aussi[178].

Et je double par un message au Premier ministre m'offusquant une nouvelle fois de la passivité européenne.

Moi au PM 7 h 24 : « Édouard, il faudra une réunion de ministres dimanche ou la semaine prochaine car le ministère de la Culture a proposé aux gardiens de musée de porter des masques à cause des touristes chinois. Par ailleurs, j'ai demandé qu'on me prépare un courrier pour demander une réunion de ministres à la présidence croate. L'Europe est en PLS. Bonne journée. »

Dès l'atterrissage, je réponds au message du PR de la veille qui m'était parvenu pendant mon sommeil.

Moi 8 h 30 : « Un peu inquiète. Je reviens vers 17 h 30 de Marseille et fais le point presse vers 19 heures. Je peux passer ce soir ou demain, ou si vous préférez un point téléphonique. Bien à vous. »

Les Conseils des ministres sont des moments formels, les prises de parole sont orchestrées et les documents présentés doivent être validés en amont. Je ne peux pas dans un tel cadre faire état de doutes ou de projections non étayées. Nous n'avons objectivement aucun chiffre, ni aucune projection fiable. Il me faudrait un tête-à-tête avec lui me permettant de faire du *off* et de lui faire part de mon pressentiment.

À mon arrivée sur le tarmac, le préfet de région est là pour m'accueillir comme le veut le protocole. Dans la voiture, il me tend la presse des derniers jours, histoire de prendre la température locale avant de rencontrer les élus. Je ne suis pas déçue ! Dans *La Provence* et

178. François Rivasseau est l'ambassadeur de France à Genève. C'est à lui de porter les messages du gouvernement français aux institutions onusiennes dont fait partie l'OMS.

Corse Matin, Didier Raoult tient des pleines pages d'interview sur les coronavirus : « Les politiques perdent leurs nerfs »... « Il y a des infections bien plus dangereuses à Marseille [179] », au sujet de l'isolement de Wuhan « tout cela est disproportionné », « il y a probablement plus de gens qui sont tués en trottinette en Chine que par le virus », ou encore, il qualifie le coronavirus de « grippette ».

Alors que mes conseillers et Jérôme Salomon me suivent dans une autre voiture, je profite des vingt minutes de trajet avec le préfet pour finir d'envoyer quelques messages et passer des appels, en m'excusant auprès de lui de la conversation hachée.

Moi à BRD 9 h 17 : « Benoît, l'autre point que j'ai oublié de te dire concerne l'international. Il n'y a aucune coordination européenne. Rappelle-moi. »

BRD : « Oui, on a demandé à l'Europe de se bouger. Je comprends qu'il va y avoir un sommet santé et que le SGAE [180] a proposé une lettre à ta signature. »

Moi : « Oui, j'ai le ministre croate au tél dans 5 min [181]. Veux-tu faire un point après ? »

Le préfet de région m'informe également que le maire de Carry-le-Rouet est fou furieux car il n'a pas été consulté pour le choix du lieu, alors que se tient ce week-end l'Oursinade, fête locale qui consiste à partager une dégustation d'oursins. L'avion des rapatriés gâche la fête annuelle de sa commune... Devant ce faux pas, je l'appelle immédiatement pour le convier au déroulé de la journée. Mais le problème n'est pas tant l'entorse au protocole républicain, il m'avoue par téléphone que ses administrés sont inquiets et loin d'être emballés. La panique gagne et certains sont même agressifs. « Pourquoi rapporter un virus chez eux ? » « On ne les a pas concertés ! » Les plus anxieux voudraient même qu'on tue les chats errants, peut-être même les oiseaux...

Je comprends que tout cela devient concret. Cet avion marque le début de quelque chose. Naïvement, je m'attendais à ce que la

179. Il évoque là les infections à pneumocoque qui touchent les réparateurs de bateau du port de Marseille et qui figuraient dans le bulletin du CORRUSS.

180. Secrétariat général aux Affaires européennes.

181. Le point est finalement décalé par nos équipes et je m'entretiendrai avec le ministre croate à 19 heures.

population locale ait un élan de solidarité. On s'apprête à enfermer des gens pendant deux semaines, parmi eux des enfants, qui ont dû quitter rapidement Wuhan en emportant très peu de choses. Certains habitants auraient pu avoir envie d'apporter des jouets, des vêtements, des livres… Mais l'inquiétude a pris le dessus et il faut y répondre. Je propose donc au maire d'organiser une grande réunion le soir même en présence des médecins de l'ARS, afin que la situation soit bien expliquée aux riverains. Pour les mêmes raisons, un rendez-vous à la préfecture d'Istres est organisé avec les élus locaux et les députés du secteur.

Il est important de tous les rassurer.

Nous arrivons enfin dans le centre où les importantes équipes d'accompagnement ont parfaitement tout mis en place. Pourtant, à quelques mètres de moi, JS continue de me tenir informée par messages.

JS à 9 h 19 : « Yazdan et Geneviève se calent avec Raoult qui fait la gueule… mais possible CPP demain et prélèvements juste après. Deux cas en réa et le vieux stable, le jeune mieux. »

Didier Raoult ne veut pas qu'il y ait un comité d'éthique concernant les prélèvements sur les rapatriés, il qualifie cette démarche de « paperasserie inutile ». Je tiens de mon côté impérativement à ce qu'il y ait un cadre éthique tel que je l'ai demandé au Pr Yazdanpanah. Pas question d'y déroger.

Puis on me partage les informations concernant l'avion venant de Wuhan en approche.

JS 11 heures : « 1 personne symptomatique faiblement sera prise en charge par Samu 13. 2 cas en Angleterre. »

Moi : « Bien bien… »

JS : « Remercier Dr Hélène Coignard, cheffe de l'équipe médicale à bord [182]. »

Moi : « OK, met sur le papier STP, au cas où. »

Nous commençons la visite du site. Elle est rassurante. Le parc est situé au bord de la mer Méditerranée, le cadre est magnifique

182. À 15 heures, les rapatriés doivent arriver sur la base militaire d'Istres, où il est prévu que je les attende avant qu'ils ne se rendent au centre d'accueil. Il s'agit ici de remercier le médecin qui a tout organisé et qui est allé les chercher.

et paisible, ce qui contraste avec la tension perçue depuis mon arrivée. Les rapatriés y seront bien, surtout les enfants qui, malgré les contraintes d'isolement, pourront jouer dehors masqués. Je suis soulagée de me dire que ces gens, qui doivent vivre une angoisse terrible depuis huit jours à Wuhan, enfermés dans une ville sillonnée par l'armée et effrayés par l'émergence d'un virus que l'on connaît encore si peu, seront au moins accueillis dans de bonnes conditions même s'ils n'ont pas le droit de sortir [183]. Je pense qu'on n'aurait pas pu trouver un site plus beau. Les équipes de la sécurité civile, de la Croix-Rouge et de la Réserve sanitaire ont tout organisé avec brio. Le matériel de protection est en place, les circuits logistiques prévus pour la livraison des repas permettent d'éviter tout risque de diffusion [184], et les chambres individuelles assurent l'isolement des familles.

En sortant, je rends compte au PM car il s'est beaucoup impliqué. C'était le bon site, malgré mes réticences à l'égard de Didier Raoult, tout va bien se passer.

Moi au PM 11 h 17 :

« Bonjour Édouard,

« Tu dois être assailli pour Le Havre [185]. Juste un point d'info. Le site de Carry est magnifique. Tout est en place. Ai rencontré toutes les équipes. Ai associé le maire à tout. L'ARS, le préfet et un infectiologue feront un point ce soir pour calmer la population. Vais voir tous les élus à la préfecture d'Istres avant d'accueillir les passagers [186]. L'un d'eux est symptomatique et part à l'hôpital directement. Ferai un point presse ce soir au ministère. Bonne journée. »

Réponse PM : « Parfait. »

---

183. La mise en quarantaine à Carry-le-Rouet fait l'objet d'un arrêté du 30 janvier 2020 relatif à la situation des personnes ayant séjourné dans une zone atteinte par l'épidémie de virus 2019-nCov : www.legifrance.gouv.fr/eli/arrete/2020/1/30/SSAP2003065A/jo/texte

184. Les plateaux-repas sont individuels, et repartent à l'extérieur du centre pour une décontamination en circuit fermé.

185. Le PM vient d'annoncer officiellement sa candidature aux élections municipales au Havre.

186. Je mets un point d'honneur pendant cette visite à parer tout risque de critique de nature politicienne, et j'ai décidé de rendre compte à l'ensemble des élus locaux et régionaux de tous bords politiques, avant l'atterrissage de l'avion, de l'organisation en place.

Il fait un soleil radieux et une température printanière. À Istres, où l'avion doit atterrir sur la base militaire, l'armée a organisé l'accueil d'une façon remarquable. Sur le tarmac, des tentes de type NRBC[187] accueillent au calme chaque rapatrié à sa descente d'avion. Il y sera interrogé et examiné par une équipe médicale. Deux rapatriés présenteront des symptômes et partiront directement en Samu à Marseille pour être hospitalisés et testés. Les autres vont pouvoir se reposer car leur périple a été épuisant. Le défilé qui s'offre à nous est bouleversant. Près de deux cents personnes, portant des vêtements d'hiver qui contrastent avec ce climat provençal, tiennent par la main leurs enfants, souvent en bas âge. Ils descendent de l'avion masqués et hagards, après onze heures de vol avec l'angoisse de tomber malade. Pour partir ils ont dû traverser Wuhan à pied avec leurs valises, sous une pluie glaciale, pour rejoindre les bus mis à disposition par le consulat. Dans l'aéroport désert, ils ont attendu de longues heures pour être « triés », tous ceux présentant des symptômes au départ n'étant pas autorisés à embarquer. Il a fallu batailler dur pour que les personnes ayant la double nationalité puissent rejoindre la France, ajoutant une angoisse de séparation aux couples et aux enfants binationaux. Ils ont tout laissé derrière eux, ne sachant pas quand ils vont retrouver leur maison ou leur travail. Certains n'ont même plus de famille en France et débarquent dans un pays qui leur est presque inconnu. Tout cela se lit sur leur visage. Nous devons en plus leur signifier qu'ils auront interdiction de quitter le centre ou d'avoir le moindre contact extérieur pendant quatorze jours, et leur faire signer une autorisation individuelle qui sera transmise au procureur[188].

Je suis émue quand je les vois un par un sortir des tentes médicalisées pour monter dans les cars. Ils vont enfin pouvoir se reposer.

Tout se déroule parfaitement, dans le calme et avec bienveillance, grâce au professionnalisme des militaires.

C'était bien sûr sans compter sur les velléités des équipes de l'IHU Méditerranée et de leur directeur Didier Raoult, qui sont déjà en place à l'entrée du centre, avec leurs écouvillons. Évidemment, les gendarmes leur barrent la route, ne sachant pas qui sont

187. Nucléaire, radiologique, biologique et chimique.

188. Article L3131 du Code de la santé publique permettant d'isoler des patients contagieux.

ces gens qui veulent pénétrer de force dans un centre fermé pour cause de quarantaine…

Moi au PM 13 h 06 : « Bien arrivés. Armée au top pour l'accueil sur la base d'Istres. Beaucoup d'enfants. Très émouvant. Et le dingue de Marseille est bloqué comme attendu par les gendarmes à l'entrée du centre, prêt à sauter sur nos compatriotes avec ses seringues… et ce n'est pas une blague !!! »

PM : « Il est vraiment fondu ton pote. »

Moi : « J'avais prévenu… il est en train de se répandre dans la presse… »

Le protocole de recherche est en cours de finalisation par les experts. Le Comité de protection des personnes (le CPP) se réunit demain matin en urgence pour l'examiner. Comme le veut la loi sur la recherche biomédicale, j'attends que les médecins de l'IHU délivrent une information éclairée pour expliquer aux rapatriés ce qui est prévu selon que leur test se révèle positif ou négatif et s'il faut en refaire un dans les sept jours et/ou avant leur sortie. Les prélèvements dans le nez attendront donc demain matin pour qu'ils puissent enfin dormir sans stress. Le protocole ne s'adresse qu'aux familles du centre qui ne présentent aucun symptôme et n'ont *a priori* pas d'indication à être testées selon les recommandations en vigueur [189]. De toutes les façons, tous les rapatriés sont enfermés dans leur chambre, en isolement strict, et il n'y a aucun risque de contagion entre eux. Et les équipes de l'IHU peuvent bien se répandre dans la presse locale… je m'en fiche royalement.

JS 14 h 16 : « Nous avons obtenu élargissement à toute la Chine par European CDC [190]. »

---

189. À cette date, les recommandations de l'ECDC, l'US CDC, l'OMS, ou nationales, préconisent de tester uniquement les personnes présentant des symptômes ou les cas contact de malades confirmés. À ce stade, il n'était pas question encore de tester massivement, et je tenais absolument à attendre la mise en place d'un protocole. Finalement, aucun des rapatriés présents n'aura été testé positif, ni à l'origine d'un cas.

190. Notre bataille cette semaine-là a été d'élargir la zone géographique pour la suspicion de cas et d'intégrer de nouveaux symptômes, la définition des cas permettant de repérer les malades qui appellent le centre 15 étant à notre avis

Moi : « OK merci, cas en Inde. »
JS : « Et en Russie et Italie. »
Moi : « Voilà voilà... »

De retour à Paris par le vol de 15 heures, je me rends au ministère.

À 17 h 30 commence la conférence téléphonique que j'ai souhaitée avec l'équipe qui prend en charge le premier malade français au CHU de Bordeaux. L'état du patient s'est aggravé au bout d'une semaine avec des signes cliniques pouvant évoquer un choc septique. Nous partageons pendant un long moment nos interrogations sur les symptômes observés et évoquons quelques hypothèses scientifiques. Le virus dévoile doucement ses différents visages. Je remercie chaleureusement les équipes de Bordeaux du temps qu'ils m'ont accordé et pour leur excellente prise en charge.

Avant de raccrocher, ils me font part de leur agacement de ne pas encore disposer des tests PCR dans leur hôpital et de devoir envoyer les échantillons des cas suspects à Lyon ou à Paris. Je les comprends, cela m'énerve aussi. Je remets la pression sur la Direction générale de la Santé, et exige qu'il y ait des tests dans tous les CHU en début de semaine prochaine. Les services me rassurent, le calendrier de déploiement est finalisé, tout cela est en cours et sera opérationnel dans les huit jours.

Un sixième message part du ministère vers les ARS, qui traite de l'éviction à domicile (mise en quarantaine), des indemnités journalières pour offrir aux personnes en isolement une compensation financière. Il demande d'identifier dans chaque ARS un médecin qui sera chargé du traitement des cas infectés ou contact. Enfin, le message informe de la réquisition des internes de santé publique dans toute la France comme je l'ai exigé.

18 h 30 : Conférence de presse journalière.

19 heures : Entretien téléphonique avec le ministre croate de la Santé pour faire le point sur ce fameux Conseil des ministres

trop restrictive. Après la décision unilatérale de la France quelques jours plus tôt, les agences internationales changent elles aussi leur définition.

européens que j'implore depuis huit jours. Je suis envahie par un sentiment d'étrangeté… À sa façon de parler anglais et à sa voix, je m'aperçois que ce n'est pas le même homme que celui de dimanche dernier. C'est incompréhensible.

À 23 h 11, il me paraît utile d'informer le président de la République à qui je n'ai pas encore pu parler de vive voix :

« Monsieur le Président,

« Un petit CR de la journée :

« 1. Au plan international près de 9 900 cas et 213 décès. De plus en plus de pays touchés (aujourd'hui Royaume-Uni, Italie, Russie, Inde, Finlande).

« 2. L'OMS a classé la crise en USPPI (Urgence de santé publique de portée internationale) mais sans mesure restrictive de transport ou de commerce. Il incite les pays riches à aider les plus pauvres et à se coordonner ; le risque est la discordance entre les diverses attitudes des 27, qui crée de l'incompréhension et de la défiance. J'ai pour ma part demandé une réunion des ministres de la Santé européens auprès de la Présidence croate. Elle devrait se tenir la semaine prochaine.

« 3. Situation en France : toujours 6 cas avérés dont deux en réanimation, pas de nouveaux cas ce jour. Ils sont globalement stables. Je suis passée à Bichat hier rencontrer tout le personnel mobilisé pour les remercier. J'ai appelé également les équipes bordelaises.

« 4. Sur le rapatriement : 180 ressortissants français et binationaux sont arrivés sur la base d'Istres vers midi. C'était très émouvant car ils semblaient très éprouvés. Tous ont voyagé avec un masque y compris les nombreux enfants. J'ai fait un mot d'accueil sur le tarmac pour leur dire comme nous étions soulagés de les savoir de retour et leur donner des informations sur ce qui allait se passer et sur l'arrêté de mise en quarantaine. Je me suis préalablement assurée de l'organisation et de la sécurité du centre de Carry-le-Rouet. J'ai longuement rencontré les volontaires de la sécurité civile, la Croix-Rouge et la réserve sanitaire qui vont rester sur place. Tout était parfaitement prêt à les recevoir. Le site est magnifique et apaisant, même si l'organisation impose que tout le monde porte un masque. Les militaires de la base d'Istres ont remarquablement organisé l'arrivée de l'avion et la décontamination. Deux personnes qui présentaient des symptômes à leur arrivée sont passées par l'hôpital. Elles sont heureusement négatives et ont rejoint le centre secondairement. J'ai été, comme toujours dans les crises, impressionnée par le professionnalisme de nos équipes de secours et de nos forces armées. Nous vivons dans un pays exceptionnel !

« 5. Le maire de Carry-le-Rouet (CLR), n'ayant pas été prévenu à temps, s'épanchait violemment dans les médias. Je l'ai appelé en arrivant ce matin, lui ai proposé de me rejoindre au centre et ai fait toute la visite avec lui. La population avait peur. J'ai donc fait organiser une réunion préfet, ARS et un infectiologue de l'APHM ce soir à la mairie pour informer et calmer ses administrés qui étaient assez remontés. Je pense que tout s'est bien déroulé. Le maire est apaisé et n'arrête pas de dire du bien (je crois que lui aussi a été impressionné par le professionnalisme des équipes de secours dans le centre).

« 6. Le deuxième avion A380 devrait arriver dimanche avec 100 Français et 200 étrangers. Certains pays comme la Suisse ne veulent pas reprendre leurs ressortissants… On doit pouvoir accueillir encore des personnes dans le centre et dans une école de Sapeurs-pompiers pas loin. L'organisation est en cours. Je verrai si je retourne les accueillir et si j'en profite pour aller dans le centre voir les premiers arrivés et les équipes sur place.

« Pour la suite nous nous armons. Je reste à votre disposition si vous souhaitez en parler de vive voix.

« Bon WE. »

Et, sentant que je ne suis pas assez explicite, je double mon message d'un nouveau SMS à 23 h 17 : « Je voulais dire que je suis à votre disposition pour vous montrer les projections et vous expliquer comment nous nous organisons dans les hôpitaux pour les semaines qui viennent. Bien à vous. »

Pas de réponse.

Aujourd'hui, le CDC européen s'est rangé à la position de la France : il a accepté d'élargir la définition des cas à considérer comme « suspects » aux personnes qui arrivent de toute la Chine, et à inclure d'autres symptômes.

Il publie également le 31 janvier son analyse de risque pour l'Europe qui ne va certainement pas aider à mobiliser les pays européens :

– La probabilité d'infection des citoyens de l'UE résidents ou visitant Hubei est élevée. Elle est modérée ailleurs en Chine mais va augmenter.
– Probabilité modérée à élevée d'importation de nouveaux cas dans l'UE.
– Probabilité de transmission interhumaine limitée au sein de l'UE, et estimée comme très faible à faible si détection précoce et pratiques appropriées (quarantaine et *tracing* des cas contact).
– La probabilité d'une transmission interhumaine durable au sein de l'UE est de très faible à faible, si détection précoce.
– À l'inverse, si détection tardive, forte probabilité de transmission interhumaine.

Samedi 1er février

• Monde : 12 000 cas selon le site du Johns Hopkins ; 259 décès ; 153 cas exportés.
Point de situation CORRUSS à 8 heures :
• Chine : 11 800 cas confirmés (dont 7 153 à Hubei) ; 249 décès. Le plus jeune décédé aurait 36 ans. Médiane d'âge des malades 48 ans, très peu d'enfants atteints.
• Hors Chine : + de 153 cas dans 26 pays. Pays avec + de 10 cas (Japon, Thaïlande, Hong Kong, Corée, Taiwan, Australie), avec quelques cas (Malaisie, Macau, États-Unis, Viêtnam, Népal, Canada, Cambodge, Sri Lanka, Émirats arabes unis, Russie).
• Europe : 20 cas.
• France : 6 cas confirmés, des dizaines de cas exclus, plusieurs cas possibles/jour (appels du 15 si retour de Chine dans les quatorze jours).

• Le comité d'urgence de l'OMS du 30/01 a déclaré l'USPPI sans mesure particulière.

• Confirmation de l'acquisition de la technique de PCR prévue dans l'ensemble des établissements de référence pour la première semaine de février : les tests sont pour tous les cas suspects arrivant dans les hôpitaux (test de diagnostic) et les cas contact (dépistage) [191].

191. En conformité avec les recommandations nationales et internationales. Personne ne préconise d'élargir les tests, ni ne l'évoque à cette période.

Au niveau international ce même jour :

- Les autorités chinoises demandent de l'aide internationale.
- Les États-Unis suspendent leurs vols vers la Chine.
- Les États-Unis et l'Australie ferment leurs frontières aux Asiatiques non ressortissants de leur pays.
- Échanges téléphoniques avec le ministre allemand Jens Spahn pour harmoniser les décisions au niveau de l'espace Schengen sur les mesures aux frontières. On acte d'un RDV à Paris rapidement. Le ministre de la Santé des USA[192] propose la tenue d'une conférence téléphonique des ministres du G7 sur le même sujet.

J'apprends ce matin que le ministre de la Santé croate a été limogé en milieu de semaine, ce qui explique l'absence de réaction aux demandes de la France et mon interrogation hier au téléphone. L'attente pour l'organisation du Conseil des ministres européens (EPSCO) risque d'être encore prolongée puisque le nouveau ministre vient tout juste d'être nommé. Il ne manquait plus que cela !

Selon certains médias, la communauté asiatique serait prise à partie dans plusieurs villes de France. Des agressions violentes se multiplieraient à son encontre. Ces comportements archaïques de stigmatisation d'une population, sous prétexte qu'une épidémie se déclare en Chine, sont dignes du Moyen Âge…

Moi à RLM à 8 h 47 – je lui fais suivre un message, reçu du député du 13e arrondissement de Paris et lui demande son avis :

« Madame la ministre, chère Agnès, une partie de la communauté d'origine chinoise de France n'accède pas aux messages officiels et s'informe au travers des réseaux sociaux chinois. Le Nouvel An chinois est un moment très important et certains sont victimes de réactions mal vécues. Ce serait l'occasion de leur adresser beaucoup de messages. Je vous propose de vous organiser une ITW avec tous les principaux médias en langue chinoise qui touchent ce public. Qu'en pensez-vous ? Buon. »

192. Les États-Unis président le G7 cette année.

Réponse de RML : « Plutôt favorable. Je trouve que c'est un média apaisé et qui se prête à un bon message. »

Moi à RLM : « OK, j'en parle à Carine ? Pour qu'elle contacte Buon ? Par ailleurs, c'est quoi ce vote sur le congé après le décès d'un enfant ? »

RLM : « Oui, Carine peut se rapprocher du député. Sur le congé après le décès de l'enfant, je t'envoie un mail. M. Pénicaud a été mauvaise. Matignon tente de rattraper et tout le monde s'en mêle. »

Moi : « OK. »

Devant ce nouveau sujet qui émerge, j'interroge le secrétaire d'État à la protection de l'enfance, Adrien Taquet, qui doit en savoir un peu plus.

Moi à 9 heures :

« Bonjour Adrien,

« J'espère que tu vas bien. Peux-tu m'expliquer ce qui s'est passé sur le décès d'un enfant avec Muriel Pénicaud ? Je ne comprends rien et vois cette polémique monter sur Twitter. »

Sa réponse me revient immédiatement.

Adrien à moi : « PPL UDI sur l'allongement du congé pour décès d'enfant de cinq à douze jours, pris en charge par l'entreprise. Matignon et Pénicaud qui font leur truc dans leur coin sans nous prévenir pendant que dealer une extension au secteur public et rendre possibles des dons de RTT suffiraient à compenser le refus d'allonger à douze jours. Avec des arguments genre : ce n'est pas aux entreprises d'assumer cela, génial face à de l'émotionnel pur… face à ça on sort un CP mou que je n'ai pas validé pour dire qu'on va faire une concertation… bref on a été nuls politiquement. »

Moi : « Mon pauvre ! Cela arrive souvent que des PPL nous échappent car gérées par d'autres. Je crains les arguments qui ont pu être dits au banc par MP. Comment se fait-il que personne ne nous ait alertés dans le groupe. J'ai vu le CP. Effectivement, bon courage, fais au mieux. »

Un texte passé sous le radar, une réponse non anticipée ou mal préparée ; il va falloir que je visionne la scène. Quelles que soient les bonnes ou les mauvaises raisons qui ont été invoquées, ce combat est impossible à mener. Il s'agit d'un sujet d'une extrême sensibilité qui ne mérite pas d'être traité sans un débat et sans réflexion en amont. Je ne suis pas étonnée de la part du groupe

UDI qui n'en est pas à sa première instrumentalisation de sujets difficiles sur les enfants[193].

La presse et l'opinion publique se déchaînent, c'est du pain béni pour les oppositions.

Je déplore que le ministère n'ait même pas été consulté sur un sujet qui le concerne.

Moi à Benoît Ribadeau Dumas 11 heures : « Bonjour Benoît, le ministre allemand me demande ce que nous devons faire après la décision des USA et de l'Australie d'interdire à leurs "non-ressortissants" de venir de Chine. C'est violent et peu efficient sur le plan scientifique, les virus se fichent des passeports, mais politiquement malin vis-à-vis de leur population. »

Mail de JS à 11 h 07 : « Chère Agnès, comme chaque jour, le point de situation actualisé. L'épidémie en cours dépasse en nombre de malades le cumul du SRAS et du MERS, mais a fait beaucoup moins de décès que ces deux précédentes épidémies à coronavirus. Avec la saisine en extrême urgence des experts du CPP, nous devrions pouvoir tester nos rapatriés dès cet après-midi et les suivants du vol 2 demain ou lundi matin. Pas de nouveau cas confirmé à ce stade.

« Bonne journée avec un peu de repos j'espère. »

Réponse de BRD à 14 heures : « Il faut qu'on prenne cette décision en Européens. Quand vois-tu tes homologues ? »

Moi à BRD : « J'attends l'invitation. Le ministre croate a été nommé hier (l'autre a été viré il y a trois jours). Je l'ai eu au tél hier soir. Il m'a dit s'en occuper. Mais c'est une décision très risquée. Je n'y suis pas favorable sur le fond. Le problème est la pression de l'opinion publique. »

Si j'émets des réserves sur cette décision, c'est que le critère du passeport me paraît un rationnel faible scientifiquement parlant : elle peut rassurer sur le moment, mais elle expose à un risque évident, celui du mirage de ne pas être atteint par la pandémie. En effet, outre qu'elle contrevient au Règlement sanitaire international[194],

193. J'avais eu un profond désaccord avec Jean-Christophe Lagarde, président du groupe UDI, alors que je dirigeais l'Institut national du cancer, sur une PPL qu'il portait sur les cancers pédiatriques.

194. Le RSI stipule que tout pays qui prendrait une telle mesure de fermeture en cas d'épidémie doit en faire la déclaration dans les vingt-quatre heures à l'OMS qui doit juger en opportunité.

cette mesure ne peut bloquer l'entrée d'un virus que si les frontières sont infranchissables [195], or l'Europe n'est pas en mesure de s'isoler du reste du monde, sauf à fermer hermétiquement tout l'espace Schengen de façon simultanée. Enfin, quand on ferme les frontières, la question qui suit immédiatement est : sur quels critères doit-on décider de les rouvrir ? Car tel que je le perçois, le virus est parti pour circuler des mois ou des années. On ne peut tout de même pas arrêter toute la circulation mondiale pendant une telle durée…

Appel Jean-Yves Le Drian à 11 h 31.

Appel RLM à 11 h 44 pour leur faire part à chacun de mon raisonnement.

Appel Jens Spahn 11 h 48 : Nous actons que les décisions doivent être européennes sinon elles n'ont pas de sens. N'importe qui peut atterrir à Bruxelles ou à Genève et passer la frontière à pied, à vélo, en voiture ou en train…

12 heures : Étant donné l'enjeu international, et parce qu'il n'y a toujours pas de conseiller santé nommé à l'Élysée, je préviens le PR en direct par le message suivant : « Monsieur le Président, les USA et l'Australie ont pris la décision de fermer leurs frontières aux Asiatiques ou aux Chinois. Ils n'acceptent plus que leurs propres ressortissants, ce qui est très violent. Les Allemands se réunissent ce matin et me demandent ce que nous faisons. J'ai répondu que :

« 1. c'est l'espace Schengen donc il faut une décision commune ;

« 2. c'est inefficace pour bloquer une épidémie car les virus se fichent des passeports ;

« 3. c'est un enjeu de politique intérieure pour nos populations qui vont nous demander de faire pareil ;

« 4. J'ai prévenu Matignon et JYLD pour qu'on puisse organiser très vite un point européen [196].

« Bien à vous. »

12 h 04 : Je fais suivre le même message à Alexis Kohler, afin qu'il soit également sensibilisé au sujet.

13 h 51, AK à moi : « Merci Agnès. Je comprends qu'un "sommet" européen est bien monté sur le sujet lundi ou mardi. C'est bien le cas ? Bises. »

---

195. Depuis ces débats, il est apparu que de nombreux animaux pouvaient aussi être porteurs du virus, et donc franchir les frontières avec.

196. Le problème est que l'Europe des 27 ne représente pas les pays de l'espace Schengen.

Moi, 14 h 15 : « Non. Le sommet européen est celui des ministres de la Santé. Or c'est une décision qui relève du MAE. Par ailleurs, il faut que je vous [197] parle de vive voix. »

Lui, 14 h 16 : « J'ai essayé de t'appeler. Je te rappelle. »

Moi : « OK. »

En parallèle, le président de la République a décidé d'intervenir dans le débat sur le deuil d'un enfant en demandant au gouvernement « de faire preuve d'humanité ». Je sens que ce revirement va faire plaisir à tous les députés de la majorité qui ont voulu être loyaux avec Muriel Pénicaud et ont accepté de suivre le gouvernement en votant contre l'amendement proposé par le groupe UDI. Je ne sais pas qui a pris la décision de dire non à cette mesure, à quel niveau de l'administration ou des cabinets tout cela a été arbitré, à Matignon ou au ministère du Travail. Quel fiasco !

Moi à JS à 12 h 11 : Je lui forwarde un tweet qui montre une photo d'un transport de cas suspect par le Samu 13 (le Samu des Bouches-du-Rhône) sans mesure de protection adéquate. Le tweet dit en substance : « Pas de protection oculaire, pas de surblouse, pas de charlotte… l'hygiéniste doit être en PLS quelque part… »

Et j'ajoute en commentaire : « Pas faux ! c'est quoi cette tenue du Samu ? Ça promet. »

JS : « Lunettes pour les soins de proximité, l'essentiel, c'est le masque… on va tout voir. J'ai des images de ce qu'il faut faire comme tenue, nous les diffusons partout. »

Moi : « OK, merci. »

JS : « Je finalise une note rien que pour toi. Ma réflexion de la nuit… tu me diras ce que tu en penses. L'idée est de t'en servir de base pour ton topo de demain [198]. »

Par ailleurs, le numéro vert activé pour la population fonctionne : déjà plus de 400 appels reçus depuis le matin.

RLM à 13 h 06 : « 1. Tu as compris que le PM souhaitait que tu fasses absolument un JT ce soir ? ou cela peut-il être programmé demain ?

197. « Vous » désignant ici Alexis Kohler et le président de la République.

198. JS évoque la réunion des ministres prévue le lendemain, dimanche 2 février, à Matignon.

« 2. Le 6e cas est bien celui du médecin. Selon Jérôme pas trop de difficulté dans le traitement, sauf à préciser qu'il faut rappeler ses cas contact et donc les patients qu'il a reçus dans son cabinet et que lui-même a été infecté non par ses patients mais par la traductrice à laquelle il avait recouru. La fameuse traductrice dont on a su qu'elle était atteinte après son retour de Taiwan [199]. »

Moi : « Il faut que Carine rappelle Isabelle pour tracer l'info car je ne sais pas de quoi ils parlent. Je serai là à 16 heures. Je ne vois pas pourquoi faire un 20 heures ce soir. Plutôt mon point presse habituel. »

RLM : « Tu vas sortir à 20 heures de la réunion de ministres. Un point presse à 20 h 30 ne semble pas trop indiqué. »

Moi : « OK, on verra. »

GE à 20 h 13 : « Bonjour, j'espère que tu as pu décrocher quelques heures. L'ambassadeur du Royaume-Uni en France cherche à te joindre. Tu peux lui téléphoner quand tu veux. »

Il me transmet son numéro de portable.

Car oui, hier, 31 janvier 2020, par une ironie du calendrier géopolitique, restera le triste jour où le Royaume-Uni a largué les amarres de l'Union européenne. Et bien que les virus se fichent éperdument du Brexit, le Conseil des ministres européens se tiendra désormais sans les Anglais… C'est ce qu'on appelle le sens du timing…

JS à 22 h 02 : « Agnès, je vais recevoir tous les résultats des prélèvements de Carry-le-Rouet cette nuit. Bon courage pour demain matin, mais l'avion pourrait être en retard. »

Moi : « OK, on verra bien. Dis-moi ce soir. »

JS : « Pas avant minuit… te ferai SMS pour ne pas te déranger ! »

Nous passons la moitié de la nuit à essayer de savoir si le vol de Chine décolle à l'heure pour décider lequel d'entre nous doit aller dans le Sud accueillir les rapatriés. La France est le pays qui a le plus de ressortissants à Wuhan en raison du nombre d'entreprises françaises installées là-bas. Assez logiquement, parce qu'il n'était

199. L'information sur cette interprète tombée malade à son retour à Taiwan nous a été notifiée par l'OMS et le réseau des agences, et nous a permis de faire le lien avec le médecin malade.

pas pensable d'affréter un vol par passager, le consulat, en coordination avec le MAE français, a donc centralisé les demandes de différents pays qui ne comptaient qu'une poignée de ressortissants sur place. Beaucoup de gens de diverses nationalités vont donc arriver à bord de cet avion [200], imposant des rotations de vols de différents pays d'Europe pour venir chercher leurs compatriotes sur une base militaire française (l'armée n'est pas ravie du survol de tous ces avions civils), et il faut espérer que personne n'ait de symptôme et ne soit obligé d'être hospitalisé. Cette deuxième arrivée se révèle nettement moins sereine que celle de Carry-le-Rouet. D'autant plus que plusieurs pays ont finalement décidé de nous laisser leurs ressortissants sur les bras ! Je le comprends pour les passagers d'Amérique centrale ou du Sud qui sont loin de l'Europe et qui n'ont pas les moyens de gréer un vol pour seulement une ou deux personnes, mais de la part d'autres pays en Europe, je trouve qu'ils exagèrent. C'est au Quai d'Orsay de négocier.

Finalement, au milieu de la nuit, JS me rassure sur les rapatriés.

JS 2 h 51 du matin : « Avion attendu à 15 heures. Tous les prélèvements du village en quatorzaine sont négatifs ! Bonne nuit. »

Et il me fait passer une « Note à la ministre » de quatre pages qui stipule, entre autres : « Réponse sanitaire adaptée, stock de masques vérifié… Il n'y a à date aucune transmission secondaire sur le territoire, ni chaîne de transmission, ni foyer épidémique hors de Chine. Nous devons anticiper la propagation du virus sur le territoire si la situation devait s'aggraver, mais nous ne sommes pas en situation épidémique ou encore moins en phase prépandémique (150 cas dans le monde en dehors de la Chine). »

Dimanche 2 février

- Monde : 16 800 cas ; premier décès hors de Chine.
- Aucun cas de chaîne de transmission ni de foyer épidémique rapporté hors de Chine.

Point CORRUSS à 8 heures :

- Chine : 14 391 cas confirmés (dont 9 074 cas à Hubei ; 294 décès).

---

200. La France a accepté d'aider un certain nombre de pays à rapatrier leurs ressortissants. Il est convenu que les autorités compétentes de chaque pays viennent les récupérer.

• Hors Chine : 177 cas dans 26 pays : > 10 cas (Japon, Thaïlande, Hong Kong, Singapour, Corée du Sud, Taiwan, Australie) ; < 10 cas (Malaise, Macau, USA, Viêtnam, Népal, Canada, Cambodge, Sri Lanka, Émirats arabes unis, Russie, Inde, Philippines).
• Europe : France 6, Allemagne 8 (dont un cas tertiaire), UK 2, Italie 2, Finlande 1, Espagne 1.
• Transmission interhumaine observée : Japon, Allemagne, Viêtnam, USA, et France.
• France : 6 cas confirmés (Bordeaux 1, Bichat 4, La Pitié 1).
• 3e réunion de ministres autour du PM à Matignon.
• Décision prise par le cabinet de constituer un stock d'État de masques FFP2 pour les soignants.

Ce dimanche matin, puisque le vol arrivera à 15 heures, c'est finalement Adrien Taquet qui au sortir d'une matinale court me remplacer à Marseille. Il va accueillir ce deuxième rapatriement à Istres afin que je puisse être présente à la réunion prévue à Matignon dans l'après-midi.

Cela n'autorise pas pour autant une grasse matinée du dimanche.

Moi à JS à 6 h 17, en réponse à son message de la nuit : « OK, à tout à l'heure. »

Mail de JS à 7 h 34 : « Bonjour,

« Bonnes nouvelles :

« 1. Aucun test positif hier et cette nuit sur toute la cohorte de Carry-le-Rouet.

« 2. L'avion 2 est en vol, arrivée prévue entre 14 et 15 heures, une trentaine d'isolés ayant eu ou ayant des symptômes mineurs, une partie des Français pour Carry-le-Rouet qui sera cette fois plein, les autres pour l'ENSOSP (École nationale supérieure des officiers de sapeurs-pompiers d'Aix).

« 3. Nous préparons l'édition des plans grippe et ORSAN-REB et les affiches d'information du public.

« Pour la modélisation mathématique de l'épidémie, il manque des paramètres clés, l'histoire naturelle du virus chez l'homme. Sur 1 000 personnes exposées au virus :

« – Combien sont insensibles (immunité) ?

« – Combien sont infectées sans symptômes et quelle part est contagieuse ?

« – Combien sont infectées de façon chronique et quelle part est contagieuse ?

« – Combien sont infectées avec symptômes mineurs (et quelle part de contagiosité attribuable) ? Impact ambulatoire.

« – Combien sont infectées avec un tableau clinique nécessitant des soins hospitaliers ? Impact hospitalier.

« – Combien sont infectées avec un tableau clinique nécessitant des soins de réanimation ? Impact réa.

« – Parmi celles-ci combien décèdent ? Impact mortalité.

« La synthèse du matin en PJ.

« À tout à l'heure. »

J'échange quelques SMS avec Grégory Emery avant qu'il ne monte dans l'avion pour accompagner le secrétaire d'État à Istres. Je lui fais les recommandations d'usage sur le respect que nous devons aux réservistes qui vont passer quatorze jours en quarantaine avec les rapatriés et sur la nécessité de les informer de tout ce que nous savons (ou pas) sur le virus.

Moi à GE 10 h 17 : « Je vois que les Allemands ont 3 cas de plus. Sais-tu qui ils sont ? »

GE : « Je demande oui. »

Moi à GE : « J'essaie de joindre Alex Azar[201], je croyais avoir son numéro. Peux-tu essayer de le trouver ? »

17 h 30 : En ce premier dimanche de février, le PM a programmé la troisième réunion dédiée au coronavirus. L'objectif est de faire un point sur l'épidémie, les rapatriements et les mesures à prendre. C'est évidemment à moi que revient l'honneur d'informer mes collègues, pour ceux qui sont présents. Les autres, peut-être moins conscients de l'importance du sujet malgré une

201. Alex Azar est le ministre américain de la Santé sous l'administration Trump. Il a été PDG dans l'industrie pharmaceutique. Nous nous étions rencontrés une première fois en 2014, alors que j'étais présidente de l'Institut national du cancer, et que j'essayais d'obtenir des médicaments innovants en développement pour les patients atteints de cancer en France. Une autre fois, lors de l'assemblée générale de l'ONU en 2018, pour parler de la nouvelle épidémie d'Ebola en République démocratique du Congo. Nous étions tous deux inquiets de la gestion de la crise par l'OMS. Trop tardive, elle avait été vivement critiquée à l'époque. Si un cas arrivait à Kinshasa, il y avait un fort risque que l'épidémie diffuse en raison des nombreux vols directs de la capitale vers l'Europe. Elle était finalement restée cantonnée à la région du Nord-Kivu.

deuxième convocation un dimanche qui devrait les alerter, ont simplement envoyé leur directeur de cabinet. Je vérifie auprès du cabinet du PM qu'on ait bien des bleus[202] à chaque réunion pour la traçabilité. BRD me rassure car il a déjà mis la procédure en place.

Mon propos repose sur la note suivante qui m'a été préparée pour ce comité :

> « La situation :
>
> « – Un mois après l'alerte chinoise déclenchée en raison d'une épidémie de pneumopathies inexpliquées à Wuhan (1er cas en décembre, Hubei, Chine) et trois semaines après l'identification d'un nouveau coronavirus chez l'homme (séquençage partiel puis complet en Chine), nous sommes confrontés à une émergence virale avec transmission interhumaine et impact sanitaire avérés (centaines de formes graves décrites et plus de 300 décès rapportés).
>
> « – La situation est rapidement évolutive, les données sont récentes et souvent parcellaires.
>
> « – De nombreuses publications sont en cours mais nous pouvons déjà constater que cette nouvelle épidémie liée au nouveau coronavirus ne ressemble pas à celle du SRAS (origine civette, durée huit mois, 8 000 cas, 790 décès, 30 pays) ou celle toujours en cours à bas bruit du MERS-CoV (dromadaire et chauve-souris, 2 560 cas, 862 décès dans 27 pays depuis 2012). L'évolution est plus rapide, le nombre de cas est supérieur au cumul des deux épisodes récents mais la mortalité reste nettement inférieure.
>
> « – Il ne faut pas non plus comparer le coronavirus avec les épidémies saisonnières grippales ou la menace pandémique grippale (liée à une cassure antigénique) en raison de grandes différences entre ces virus, la réponse immunitaire humaine, les connaissances scientifiques, et les expériences diagnostiques, prophylactiques et thérapeutiques accumulées sur la grippe depuis un siècle.
>
> « – L'alerte chinoise semble précoce, le virus a été identifié en huit jours et l'alerte de l'OMS immédiate. Nous avons collecté des informations précieuses mais beaucoup de données cruciales manquent encore. L'épicentre épidémique est à Wuhan, la province de Hubei pèse lourd dans le poids épidémique, la Chine rassemble près de 99 % des cas mondiaux. Si la transmission interhumaine est avérée, nous ne connaissons pas bien les modes de transmission.
>
> « – Nous n'en connaissons pas la source animale et nous ignorons si cette source est toujours active ou pas.
>
> « – Nous connaissons le délai d'incubation, le nombre de cas secondaires par cas primaire (R0), quelques éléments cliniques, mais de nombreuses formes cliniques pourraient être atypiques. De même, il semble possible d'être contagieux avant les symptômes, mais nous ne savons pas dans quelles proportions ou s'il existe des porteurs chroniques ou des "superspreaders".

---

202. De la couleur du papier qui arrête les décisions lors des réunions à Matignon. Cela correspond à un compte rendu opérationnel officiel.

« – Nous ne connaissons pas encore la virulence ou la gravité de cette infection, ou la létalité, car nous ne disposons pas du nombre réel de personnes infectées, qui peut être proche des cas avérés, deux, cinq, ou dix fois plus élevé. Les enfants semblent très peu touchés et les cas graves concernent davantage les adultes, plutôt âgés et atteints de pathologies chroniques.

« – 175 cas ont été détectés dans 25 pays (un décès), tous liés à la Chine ou à un contact avéré avec un cas confirmé, donc aucune chaîne de transmission autochtone n'a été détectée et encore moins aucune transmission interhumaine active donc sans explication épidémiologique.

« Mesures de gestion et décisions des autorités sanitaires :

« – Les autorités chinoises ont pris des mesures de confinement inédites : interruption des transports, suspension des activités scolaires, interdiction des rassemblements, isolement immédiat des cas et port du masque, construction en urgence d'un hôpital de mille lits et d'un autre de mille trois cents lits. Le premier livré demain.

– L'OMS a déclenché une USPPI pour mobiliser la communauté mondiale et faciliter les coopérations en dénonçant des mesures de repli, de stigmatisation, de fermeture des frontières et en appelant les pays les plus avancés à aider les moins préparés dont l'Afrique.

« – En France, la situation est suivie au quotidien d'abord par le CORRUSS puis par le centre de crise sanitaire avec de nombreux points de situation tant au MSS qu'au MAE.

« – De nombreuses mesures de gestion du risque ont été prises chaque jour et toutes enregistrées. L'alerte a été précoce, les ARS, établissements et professionnels de santé ont été alertés dès mi-janvier et ensuite à plusieurs reprises et massivement. Nous avons mobilisé les soignants, les sociétés savantes, les Ordres, les fédérations, nos agences nationales (Santé publique France, l'ANSM), les meilleurs spécialistes (épidémiologistes, infectiologues, réanimateurs, virologues) et nos structures dédiées au risque (équipe nationale de coordination du risque épidémique et biologique, Haut Conseil de Santé publique et établissements de santé de référence).

« – Notre stratégie de dépistage est plus sensible que spécifique. Tout cas possible est isolé, et nous avons été pionniers dans l'évolution de la définition des cas. Le test diagnostique a été mis au point dans un délai très court (CNR des virus respiratoires de l'Institut Pasteur) et est disponible dans de nombreux sites (Bichat, La Pitié Institut Pasteur, Lyon, Marseille) avec un résultat en quelques heures. Il sera diffusé dans les prochains jours aux principaux CHU (Bordeaux, Rennes, Nancy, Lille…).

« – Depuis une semaine tout est fait pour freiner l'introduction du virus sur le territoire national par dépistage des cas possibles, isolement des malades, contact *tracing* systématique, quatorzaine des plus exposés.

« – Les personnes exposées sont informées et nous communiquons par des messages multiples en faveur d'un appel au 15, plutôt qu'un recours au médecin traitant ou aux urgences. Les rapatriés français de Wuhan sont en quatorzaine. Nous disposons de 150 chambres adaptées à un isolement de patients contagieux et d'un personnel hospitalier compétent. Les six personnes malades sont prises en charge et bénéficient de soins optimaux. Les acteurs de la recherche sont fortement mobilisés à travers l'alliance AVIESAN et REAC-Ting (protocole de tests, protocole thérapeutique, séquençage du virus et culture virale en cours).

« – La stratégie de communication, régulière, complète, rigoureuse et factuelle est comprise par les Français et les Françaises, et semble plutôt appréciée. En plus des points presse quasi quotidiens, des nombreux messages aux institutions et soignants, de la page officielle du Gouvernement, et de forts relais sur les réseaux sociaux, nous mettons en place un numéro vert (08 00 13 00 00) pour les questions du grand public et gardons le 15 pour la gestion stricte des questions et problèmes de santé.

« – L'alerte de l'OMS et la déclaration d'une Urgence de santé publique de portée internationale n'ont fait que valider les décisions déjà mises en place en France.

« – Nous dépistons précocement et rapidement, et notifions tous les cas à l'UE et à l'OMS. Nous isolons et soignons les cas, nous prévenons la transmission (isolement, quatorzaine). Nous partageons toutes les données scientifiques à l'international. Nous avons un plan pandémie grippale mais surtout des mesures dédiées au Risque épidémique et biologique avec un dispositif de première ligne spécialisé, les ESR nationaux sur tout le territoire dans le cadre du dispositif d'organisation du système de santé en situation sanitaire exceptionnelle « ORSAN » (décliné en afflux massif de victimes, AMAVI ; radiologique nucléaire et chimique, NRC ; biologique, BIO ; épidémiques et évènements climatiques, EPI CLIM). Ce plan fait l'objet d'un ouvrage national, de déclinaisons régionales et locales remplaçant les plans blancs d'établissements.

« – Nous avons alerté tous les acteurs de la santé et de la recherche, apporté un appui au plan technique notamment à la Côte d'Ivoire, concernant les capacités de laboratoire avec l'Institut Pasteur et son réseau international.

« Anticipation.

« Il n'y a à ce jour aucune transmission secondaire sur le territoire, ni chaîne de transmission, ni de foyer épidémique hors de Chine.

« – Nous devons anticiper la propagation du virus sur notre territoire si la situation devait s'aggraver mais nous ne sommes pas en situation épidémique ou encore moins en phase prépandémique (175 cas hors de Chine).

« – Plusieurs questions sont traitées en anticipation :

« • L'épidémie peut-elle encore être contenue et s'éteindre ?

« • Une épidémie mondiale peut-elle toucher certains pays plus que d'autres ?

« • Comment organiser une réponse cohérente et coordonnée en Europe ?

« • Une épidémie massive aurait-elle des conséquences surtout en ambulatoire ou sur l'offre hospitalière en médecine ou en réanimation ?

« – Nous avons mobilisé la réserve sanitaire, les experts de la modélisation mathématique, vérifié les stocks de masques en ville et d'équipements de protection en milieu hospitalier, demandé la mobilisation des établissements de santé de première ligne, mobilisé les internes de santé publique, demandé à l'ANSM d'anticiper l'impact de cette crise sur la production des produits de santé.

« – La réaction française a été rapide, adaptée jour après jour à l'évolution rapide de la situation et des connaissances scientifiques. Elle semble comprise et validée par nos concitoyens.

« – Nous devons désormais assurer une parfaite cohérence interministérielle, éviter les décisions sectorielles isolées, lutter contre toute stigmatisation communautaire ou dérive politicienne en période électorale.

« – Nous devons mieux coordonner la réponse européenne, à travers les mécanismes de sécurité sanitaire (HSC), l'entraide européenne de réponse aux catastrophes (protection civile) et aux menaces transfrontalières (dotations d'urgence, réponse vaccinale), et assurer des contacts réguliers au niveau ministériel. Les réponses, notamment en termes de contrôles aux points d'entrée, de quatorzaine, de suivi des cas contact ne peuvent être que cohérentes et coordonnées. Pour la France, les flux intra-européens sont massifs (Bruxelles, Amsterdam, Barcelone, Francfort), de même que les relations intenses avec la Suisse et la Grande-Bretagne (Genève et Londres).

« – Nous devons entretenir des relations étroites avec l'OMS, aussi bien au niveau Euro que Siège (Genève : comités d'urgence et d'experts, conseil exécutif, assemblée mondiale, académie OMS en France, centres collaborateurs mondiaux) pour peser davantage sur les décisions de l'OMS. Il nous reste, en lien avec le MEAE et REACTing, à élaborer une doctrine d'appui de la France aux pays à faibles ou moyens revenus. Nous devons accélérer le développement de vaccins, de thérapies et de diagnostics. Il nous faut coordonner la lutte contre les rumeurs et les *fake news* (SIG), identifier nos lacunes et évaluer les ressources nécessaires pour les combler (plateforme de virologie, recherche thérapeutique...). La recherche sur l'animal doit être encouragée.

« – Un mois après une émergence virale d'origine inconnue et non anticipée, avec une évolution mondiale potentiellement épidémique ou pandémique, nous devons être vigilants et mobilisés, et garder des démarches progressives et cohérentes adaptées à la situation.

« – Le plan pandémie grippale, adapté au virus de la grippe, basé sur le retour d'expérience de crises multiples, validé par des exercices réguliers et étayé par des connaissances solides accumulées depuis un siècle sur les caractéristiques virales, n'est pas totalement adapté à la situation actuelle.

« – Nous ne disposons que de faibles connaissances sur 2019-nCoV et sur la réponse immunitaire de l'hôte ; aucun vaccin ne sera disponible avant 18 mois et peu de molécules antivirales semblent disponibles hors ATU ou hors AMM. Les expériences thérapeutiques avec le SRAS et le MERS sont modestes. Il nous faut donc être proactifs et créatifs en évaluant de façon constante la pertinence de notre action.

« – Nous devons poursuivre notre stratégie cohérente, transparente, rigoureuse, rationnelle donc pour une démarche graduée, solidement basée sur des faits scientifiques et épidémiologiques avec une forte coordination interministérielle et internationale.

« Fiche rapatriement :

« Vol 1 : accueilli vendredi 180 Français et ayant droit, 2 personnes symptomatiques prises en charge (testées négatives et retour), tests généralisés (protocole national des contacts risque élevé : Inserm, SpF, IHU) au village de vacances

> confiné de Carry-le-Rouet hier (tous négatifs). Bonnes conditions, RAS, suivi Croix-Rouge, Sécurité civile, réserve sanitaire.
> « Vol 2 : accueilli ce jour 64 Français, 131 citoyens UE, et 55 non UE. Signalement de 36 personnes symptomatiques en vol. Isolement à bord, traçabilité des sièges. Accueil médicalisé et tests en urgence. Accueil de familles à Carry-le-Rouet, sinon base École nationale supérieure des officiers de sapeurs-pompiers pour Français et non-UE, quatorze jours. Départ des citoyens UE vers Bruxelles. Protocole de test proposé dès aujourd'hui. »

Malgré un projet fixé de longue date, RLM renonce à rejoindre ses amis au Stade de France pour le Tournoi des six nations où la France affronte l'Angleterre. Pendant que le comité interministériel se déroule à Matignon et que je déroule mon topo, la France l'emporte 24 à 17, il a tout raté ! En sortant, je me moque de lui en riant : « Ne regrette rien Raymond, il te reste la troisième mi-temps… »

Appel de Jens Spahn à 21 h 10 : Il veut passer voir Matthew Hancock à Londres et moi à Paris lundi ou mardi pour échanger et prendre une décision commune sur ce fameux Conseil des ministres européens que j'appelle de mes vœux. Je ne comprends pas bien le désir d'une rencontre physique alors que nous nous parlons facilement au téléphone. J'ai l'impression qu'il cherche à être plus visible pour des raisons nationales. On m'a rapporté qu'il espère succéder à Angela Merkel. Il le pourrait d'ailleurs, car il a une forte personnalité charismatique et ne manque pas d'ambition. Issu du milieu bancaire, il aime particulièrement les questions économiques. Il m'avait d'ailleurs laissé entendre lors d'une de nos premières rencontres en Bulgarie que le ministère de la Santé était un ministère de « transition » dans sa carrière politique. Je crains qu'il ne doive s'investir un peu plus que prévu sur les questions de santé dans les semaines qui viennent. N'en déplaise à sa carrière.

Appel à 22 heures d'Adrien Taquet qui me rend compte de sa journée à Istres et Aix, de la visite des équipes de la Réserve sanitaire, des Pompiers et de la Croix-Rouge, et également du contact avec les élus. Comme je m'en doutais, la situation est nettement moins confortable qu'à Carry-le-Rouet, ne serait-ce parce que la majorité des rapatriés est constituée de personnes seules et ne parlant pas un mot de français.

GE 22 h 24 : « Les 20 personnes testées sont toutes négatives. Elles rejoignent leur centre actuellement. »

Moi : « Génial, merci, dors bien. »

Le *JDD* du jour relate de nouveau une longue interview de Didier Raoult qui minimise encore et toujours avec beaucoup d'aplomb le risque lié au coronavirus[203]. Étonnant, pour un scientifique, de n'émettre absolument aucun doute. Je comprends aussi qu'il a beaucoup de relais dans les milieux journalistiques pour être si présent dans les quotidiens nationaux.

J'étais encore loin d'imaginer ses relais politiques !

Semaine 5

Lundi 3 février

Point CORRUSS à 8 heures qui reprend les chiffres de la veille :

- Monde : 17 383 cas confirmés.
- Chine : 17 205 cas ; 362 décès (létalité 2,1 %) ; dont 11 177 cas et 350 décès à Hubei, soit 96 % au total des décès.
- Hors Chine : 183 cas dans 27 pays et 1 décès (premier décès hors de Chine aux Philippines).
- Europe : 27 cas (France, Allemagne, Finlande, Royaume-Uni, Italie, Espagne, Suède).
- France : 6 cas (tous les cas contact en quarantaine à leur domicile depuis le premier jour).
- La Chine fait des efforts massifs d'isolement des malades, de confinement des villes et d'endiguement épidémique (100 millions de personnes).

---

203. Interview de Didier Raoult par Anne-Laure Barret dans le *JDD* du 1er février 2020 : « Ce virus n'est pas si méchant, ce n'est pas un meurtrier aveugle. Le taux de mortalité, estimé aujourd'hui aux environs de 2 %, c'est-à-dire équivalent à celui de toutes les pneumonies virales présentes à l'hôpital, va probablement diminuer une fois que les cas qui n'ont pas donné de symptômes seront pris en compte. Sans être devin, je doute que le virus chinois fasse augmenter de manière très significative, chez nous tout au moins, les décès par pneumonie. Mais on ne peut pas ne pas tenir compte de l'état de notre société, très émotive. À l'heure de l'hyperréactivité des réseaux sociaux, les responsables politiques ont peur de ne pas en faire assez, alors ils en font parfois trop. »

- L'OMS prend une position explicite sur la non-fermeture des frontières et le maintien des échanges, et diffuse un plan stratégique visant à aider les États aux systèmes de santé fragiles à déployer leur réponse.
- Le MAEI donne des conseils clairs aux voyageurs : report des déplacements non indispensables en Chine.

Jérôme Salomon et le SGDSN organisent ce jour une réunion interservices pour la préparation d'une phase épidémique avec impact multisectoriel. En d'autres termes, le ministère se prépare à gérer une phase épidémique.

À l'occasion de cette réunion, tous les centres de crise ministériels sont représentés [204]. Le SGDSN réexplique la doctrine sur les masques (protection des travailleurs face aux maladies hautement pathogènes de 2013 et responsabilité des employeurs) et détaille les différents types de protection et l'avis du Haut Conseil de Santé publique de 2011. Il rappelle qu'en l'absence de circulation active du virus sur le territoire, il n'y a pas lieu de faire une instruction générale au grand public, ni de recommander le port du masque.

Ce matin-là, JS saisit le Haut Conseil de Santé publique afin qu'il crée en son sein un groupe d'experts sur le Covid. Son rôle sera d'émettre des recommandations et de nous aider à gérer la crise.

À ma demande, les internes de santé publique ont été réquisitionnés pour renforcer les capacités de Santé publique France, du ministère et des ARS, notamment pour tracer les cas contact. Le hasard fait que mon fils aîné, lui-même interne, se retrouve envoyé au centre de crise situé un étage au-dessous de mon bureau [205]. À son grand soulagement, je n'ai pas le temps de passer le voir, il va pouvoir rester discret…

Dès le matin, les entretiens avec différents candidats s'enchaînent pour remplacer le délégué interministériel à la pauvreté.

---

204. Le Centre de crise et de soutien du MEAE (CDCS), le Centre de crise sanitaire (CCS), l'état-major opérationnel santé (EMO-santé), et le Centre opérationnel de gestion interministérielle des crises (COGIC).

205. Mon fils était en 2020 en dernière année d'internat de Santé publique à Paris. Comme tous les internes, il a été réquisitionné pour aider les ARS et le ministère à gérer les cas contact, c'est-à-dire appeler les gens chez eux pour savoir comment ils se portaient.

10 heures : À la veille de la journée mondiale de lutte contre le cancer, je reçois Axel Kahn, président de la Ligue contre le cancer. Nous faisons le point sur les avancées, les besoins et les annonces qui seront faites le lendemain. C'est probablement la thématique que je maîtrise le mieux, elle m'est particulièrement chère, puisque j'ai exercé vingt-cinq ans de ma vie professionnelle en tant que spécialiste des leucémies à l'hôpital Necker-Enfants malades. Et je connais très bien Axel Kahn, pour avoir dirigé une équipe de recherche en immunologie dans son Institut à Cochin pendant de nombreuses années. Parmi les points essentiels, nous évoquons l'arrivée à échéance du troisième plan cancer. Ce plan, je l'avais rédigé avec mes équipes de l'Institut national du cancer pour le président Hollande en 2014. Mais, au lieu d'un nouveau plan cancer, il a été décidé de mettre en place une stratégie décennale [206].

En effet, le 29 novembre 2018, soit environ un an plus tôt, la députée MODEM Nathalie Elimas [207] a fait passer une proposition de loi pour lutter contre les cancers pédiatriques. Sa proposition m'a exaspérée car elle reprenait des points déjà présents dans le plan cancer précédent et donc déjà entrés en vigueur, ou bien elle suggérait des solutions inadaptées. Mes conseillers ont consacré un temps considérable à essayer de la convaincre de modifier son texte pour rendre la proposition de loi plus utile, mais c'était peine perdue. Les équipes de la DGS étaient elles aussi à bout de nerfs. Finalement, nous avons réussi à faire atterrir son projet en stratégie décennale de lutte contre les cancers, laquelle se substituera dorénavant au plan cancer, tel qu'on le connaissait depuis les années 2000. Axel Kahn et moi actons avec une certaine amertume que la petite proposition de loi de Mme Elimas, votée par les députés, a tué les plans cancers français.

206. Contrairement à un plan qui s'appuie sur des indicateurs précis, des délais fixés en amont et à tenir, des responsables et un financement concrets, une stratégie décennale consiste à rédiger des pistes, des orientations engagées sur une durée plus grande et sans indicateurs fixes.

207. Elle sera finalement nommée secrétaire d'État chargée de l'éducation prioritaire dans le gouvernement Castex, de juillet 2020 à mars 2022, avant d'être contrainte de donner sa démission, à la suite d'accusations de harcèlement qui donneront lieu à l'ouverture d'une enquête préliminaire du parquet de Paris pour harcèlement moral, restée sans suite à ma connaissance.

J'ai malheureusement appris à force d'expérience que le sujet des cancers, et particulièrement celui des cancers pédiatriques, est une thématique qui génère plein de bons sentiments, et elle est trop souvent utilisée par des personnalités. C'est d'ailleurs ainsi que j'ai eu ma plus belle passe d'arme en 2015 avec Jean-Christophe Lagarde, alors député et président de l'UDI à l'occasion d'un projet de loi de taxation de l'industrie pharmaceutique. J'étais présidente de l'Institut national du cancer. La recherche sur les cancers des enfants ne manquait pas vraiment d'argent, elle manquait d'abord et surtout d'approches innovantes, pour ne pas dire d'idées. Les cancers des enfants sont liés à des anomalies du développement embryonnaire, à la différence des cancers des adultes. Il était donc nécessaire de développer des approches scientifiques radicalement différentes de celles des cancers en général, et surtout de mettre en place des coopérations internationales. Plusieurs programmes en ce sens avaient ainsi été initiés à l'époque, obligeant à des travaux collaboratifs de chercheurs de disciplines diverses. Pour la première fois, j'avais obtenu de l'industrie pharmaceutique qu'elle accepte de donner accès à l'Institut, et donc pour les patients français, aux médicaments développés pour les cancers d'adultes, afin d'évaluer leur efficacité dans le cadre d'essais cliniques chez des enfants atteints de cancers [208]. Cette négociation avait été très difficile car les cancers pédiatriques sont forts heureusement beaucoup plus rares que chez les adultes et n'intéressent pas trop les industriels, faute de marché suffisant [209]. L'autre difficulté majeure pour les

208. Il existe bien un règlement pédiatrique européen qui a pour but d'inciter les industriels du médicament à investir dans des médicaments en pédiatrie, mais ce règlement est habilement contourné par les industriels. Ainsi, seulement seize nouveaux médicaments anticancéreux ont été autorisés depuis 2007 en Europe pour le traitement des enfants et des adolescents contre plus de 150 chez l'adulte. Ce règlement est en cours de révision en 2023.

209. Très peu de nouveaux traitements sont développés pour traiter les cancers des enfants qui sont souvent les derniers à bénéficier des innovations thérapeutiques. Les raisons sont de trois ordres : d'abord ce sont des maladies très rares et le marché n'est pas assez important pour que les industriels investissent dans des études longues et coûteuses ; ensuite, si un médicament est développé pour traiter un cancer de l'adulte qui n'existe pas en pédiatrie (comme le cancer du poumon ou celui de la prostate, par exemple), les industriels n'ont aucune obligation légale de l'essayer sur des cancers pédiatriques autres (cf. note précédente) ; enfin, si un médicament semble pouvoir être utile dans un cancer de l'enfant, les industriels ont peur d'effets secondaires chez les enfants qui

industriels, à laquelle il nous fallait répondre, était celle de l'engagement de leur responsabilité : la survenue d'un effet secondaire chez l'enfant au cours de l'essai clinique risquait d'obérer leur capacité de développer et de commercialiser la molécule pour les adultes. J'étais malgré tout parvenue à convaincre les industriels en assurant que l'Institut du cancer financerait les essais et assumerait les éventuels risques en étant le promoteur des études cliniques. Alors que nous venions d'obtenir des dirigeants des plus grands laboratoires pharmaceutiques mondiaux qu'ils investissent dans de nouvelles molécules médicamenteuses pour les enfants et qu'ils acceptent enfin de prendre des risques, la solution « miracle » de Jean-Christophe Lagarde, à mon avis par méconnaissance du sujet, allait nous faire perdre dix ans sur le développement de nouveaux traitements et sur tous les essais mis en place au niveau français et européen par nos pédiatres. J'étais furieuse. Marisol Touraine, alors ministre de la Santé, avait compris mes arguments et s'était opposée à la proposition de loi de Jean-Christophe Lagarde. Mais comme il était contre-intuitif et assez risqué de refuser une taxation des industriels pharmaceutiques (ce qui, dans un autre contexte, était compréhensible), elle avait courageusement envoyé sa secrétaire d'État pour défendre le point de vue du gouvernement. L'exercice était bien périlleux, nous avions néanmoins obtenu gain de cause.

Dans mon bureau, après avoir salué Axel Kahn, nous reprenons nos concertations sur les retraites avec Laurent Pietraszewski. Nous devons trouver des points de sortie sur la pénibilité, les fins de carrière, et tout ce qui doit être spécifique à la Fonction publique hospitalière avant de nous rendre à Matignon pour présenter cela lors d'un court déjeuner avec des députés.

À 15 heures, retour au ministère. Les USA, qui président le sommet du G7 en cette année 2020, ont organisé la première conférence téléphonique des ministres de la Santé du G7 pour parler du coronavirus.

Les visioconférences ne sont pas encore entrées dans notre quotidien. Nous sommes à l'ère préhistorique, celle d'avant le Covid, autour d'un malheureux micro appelé « pieuvre », un objet en plastique gris, sorte de tripode posé au milieu de ma table de travail,

---

risqueraient de nuire au développement chez l'adulte, et donc les enfants sont toujours les derniers à pouvoir participer à des essais cliniques.

auquel on tente de se connecter grâce à des codes numériques ponctués de # griffonnés à la hâte par les secrétaires sur des post-it. Nous perdons un peu de temps à réussir la connexion téléphonique des sept membres. Je sens dans les voix de mes homologues que tout le monde commence à être inquiet mais sans vraiment avoir de scénarios probants venant de nos institutions. Nous discutons dans un anglais plus ou moins bien maîtrisé des mesures que nous avons prises aux frontières et des quarantaines. Les USA confirment que, contraitrement à nous, ils n'isolent pas les cas contacts, lesquels sont libres de circuler et d'aller travailler.

L'après-midi se poursuit par un entretien avec l'équipe dirigeante de l'Institut national du cancer pour préparer la journée du 4 février. Il y a six ans pile, j'avais invité le président François Hollande à lancer le troisième plan cancer à la Maison de la Mutualité. Je me souviens de ce moment d'émotion de ma vie professionnelle car certaines annonces avaient été arbitrées au tout dernier moment, dans la nuit. J'échange avec mon ami Norbert Ifrah, hématologue comme moi, qui m'a succédé comme président de l'Institut, et nous faisons le bilan. Il est lui aussi déçu de ne plus avoir de « plan cancer » à lancer. Mais, ne regrettons rien, il y a eu des progrès, médicamenteux d'une part, sociétaux surtout, notamment sur le « droit à l'oubli [210] » qui avait tant irrité le monde des assurances. La stratégie décennale sera donc mise en œuvre comme en ont décidé les députés.

Puis la journée se termine par un tête-à-tête avec le député de la majorité Olivier Véran, qui est l'un des rapporteurs du projet de loi sur les retraites. Olivier a toujours des idées bien arrêtées et accorde peu de temps à la discussion. Nous passons toutefois en revue les risques lors des débats, et envisageons les modifications du texte qui seraient acceptables. Du côté du ministère, cela revient à faire le tri entre les amendements utiles et ceux qui ne servent qu'à ralentir les débats, modifiant une virgule par-ci ou par-là. Des dizaines de milliers d'amendements sont attendus et le travail pour y répondre va être titanesque. Les agents du ministère vont y passer des jours et des nuits. Ils s'y préparent.

---

210. Le droit à l'oubli vise à ne pas appliquer de surprime d'assurance aux personnes qui ont guéri d'un cancer et qui contractent un emprunt. La France est le premier pays à avoir mis cela en place (et peut-être le seul) grâce à la ténacité d'associations militantes.

Mais aujourd'hui, il nous apparaît clairement que le risque principal, annoncé par des députés d'opposition, est celui d'une obstruction parlementaire, rendant l'examen du projet de loi interminable dans l'hémicycle et paralysant ainsi la capacité de réformer du gouvernement pour plusieurs semaines.

20 h 30 : J'ai décidé de rejoindre le siège de LREM pour une réunion dédiée aux municipales. Depuis quelque temps, je suis happée par les sujets techniques du quotidien et très peu visible sur les sujets politiques. J'ai certes fermé la porte depuis le 27 janvier à l'éventualité d'être tête de liste dans un arrondissement, manquant de temps pour faire campagne. Mais j'hésite encore à apparaître sur la liste de Benjamin Griveaux dans la capitale. Je viens donc dans l'objectif de me renseigner, de comprendre la situation, de m'y intéresser… J'arrive bien entendu très en retard. Il reste quelques parts de pizzas froides éparses sur les tables qui feront mon dîner. Stanislas Guerini [211] expose la stratégie du mouvement, partant du fait que nous n'avons que peu d'ancrage territorial. Il espère que les maires sortants qui se sont ralliés, de gauche comme de droite, permettront d'avoir des conseillers communaux, ce qui serait un bon début pour un jeune mouvement. Faute de pouvoir renverser la table lors de ces élections municipales, il prône la politique des petits pas pour s'inscrire dans le temps long. Nous sommes une vingtaine à l'écouter, il y a quelques ministres, des députés qui s'engagent sur cette élection, des sénateurs, et quelques militants de la première heure qui font partie du bureau.

23 heures : En parcourant les réseaux sociaux dans la voiture qui me ramène ce soir, je tombe sur une vidéo mise en ligne sur YouTube du Pr Éric Caumes [212] : « On peut résumer cette maladie en disant que c'est une grosse grippe, elle se transmet à peu près comme la grippe, c'est-à-dire qu'une personne va en contaminer en moyenne deux, et l'évolution est en règle générale bénigne. Alors, évidemment, elle n'est pas bénigne pour 100 % des personnes, mais elle est bénigne pour la plupart d'entre elles, et seule une petite minorité fera une forme grave de cette maladie. »

211. Secrétaire général du mouvement LREM.

212. « Coronavirus nCov 2019 », postée le 31 janvier 2020 sur YouTube.

Mardi 4 février

Point CORRUSS à 8 heures :

- Monde : 20 634 cas, dont 13 522 cas et 414 décès à Hubei, soit 96 % du total.
- Hors Chine : 190 cas dans 28 pays et 2 décès.
- Europe : 27 cas (France Allemagne, Finlande, UK, Italie, Espagne et Suède).
- France : toujours les 6 cas confirmés.
- La DGS envoie le quatrième message aux établissements de santé (MARS).

8 h 30 : Je suis conviée à Matignon au petit-déjeuner de la majorité[213], pour parler de ce qui concerne mon ministère, le projet de loi sur les retraites et la proposition de loi sur le deuil d'un enfant qui fait la une des journaux. Il nous faut trouver un moyen de rattraper ce débat désastreux qui s'est engagé de la pire des manières et qui fait l'objet d'une surenchère de toutes les oppositions. L'écart entre une discussion parlementaire qui vise à comptabiliser des jours de deuil et la réponse à apporter à un drame ultime m'apparaît immense et trop loin du sujet ; surtout, il n'aborde absolument pas les questions essentielles et profondes : comment est-il possible de faire le deuil de son enfant ? Comment soulager au mieux la douleur des parents ? Pour avoir accompagné un certain nombre de familles lors de la perte d'un enfant atteint de leucémie, il me semble que la possibilité du deuil n'est pas corrélée à un nombre strict de jours de congé. Il faut un accompagnement personnalisé. Certains ont parfois besoin de s'immerger dans leur quotidien ou leur travail au plus vite, d'autres de partir s'isoler. Ce travail de deuil diffère si le décès survient après une maladie chronique, par exemple génétique, connue depuis la prime enfance, ou en cas de perte brutale accidentelle. Les demandes ne sont pas non plus les mêmes selon qu'on est croyant ou pas, ou selon la composition du foyer, ou encore selon la situation financière. Le deuil relève de l'intime, tout cela nécessite une attention particulière, de la délicatesse et de l'adaptabilité des services publics,

213. C'est une réunion informelle qui rassemble les patrons des différents groupes de la majorité (MODEM, AGIR, LREM) et se tient tous les mardis matin avec le PM à Matignon, autour d'un café.

ce qui n'est objectivement pas le point fort des règlements administratifs. Nous oublions aussi dans ce débat pénible que la perte d'un conjoint ne donne droit aujourd'hui qu'à trois jours de congé, comme s'il n'était pas terrible de perdre sa moitié, le pilier d'une vie. Je l'ai aussi vécu souvent à Necker avec mes patients, parfois jeunes parents, qui décédaient alors qu'ils avaient encore des enfants en bas âge. Ce congé très court rend la vie impossible à celui qui reste, qui doit réorganiser tout son quotidien et gérer tout seul des enfants en deuil sans compter les difficultés financières. Ce débat mériterait mieux. Une réflexion éthique sur la fin de vie devrait s'accompagner d'une réflexion sur la possibilité de faire son deuil dans cette société de la performance. Il me faut garder cela en mémoire pour les travaux que je veux relancer sur les soins palliatifs. En attendant, tout le monde s'étripe sur cinq jours *versus* huit *versus* douze.

10 heures : Je suis attendue pour une visite de l'Institut Gustave-Roussy pour la journée mondiale contre le cancer. Ce sont mes collègues et amis de la cancérologie française qui me reçoivent. Ils sont vraiment excellents, je suis tellement fière d'eux, le fleuron de la cancérologie internationale ! Je profite à fond de ce moment où l'on parle de sciences et de leur vision de la cancérologie de demain.

Moi à JS 10 h 13 : « Je visite l'IGR, il faut que je te parle avant mon RDV avec Jens Spahn ce midi. »

JS : « Quand tu veux, suis à mon bureau ! »

Je reçois peu de temps après un message de GE, à 10 h 56, alors que je visite au rez-de-chaussée le service « diagnostic en un jour » dédié à la cancérologie du sein : « Les Belges communiquent qu'un rapatrié belge du vol 2 a été testé positif au nCov. On va prendre des mesures d'identification des cas contact. Point presse en cours en Belgique. »

À midi, au centre de crise, Jérôme Salomon nous a organisé une conférence téléphonique avec l'ensemble des directeurs généraux des ARS du territoire. Depuis ma demande partie le 27 janvier, nous sommes en attente de leurs retours concernant notamment les stocks de masques ou le nombre de lits de réa. Près de dix jours après, nous avons encore trop peu de remontées. Bien conscients que les informations qui circulent en Europe sur le coronavirus ne sont pas très inquiétantes, nous cherchons donc, avec Jérôme Salomon, à leur faire prendre conscience qu'il faut commencer une préparation active dans l'hypothèse d'une pandémie sévère. Depuis que je suis ministre, c'est la première fois que je les convie à une réunion de ce type. Il est exceptionnel que je m'adresse en pleine semaine aux ARS, en dehors de notre réunion mensuelle. L'objectif est de leur faire un point sur ce que l'on sait de l'épidémie, des scénarios possibles, de rappeler l'importance du traçage des cas contact. Mais surtout de les mettre en alerte. La convocation autour du ministre doit théoriquement avoir cet effet, montrer l'importance que nous accordons au sujet.

13 heures : Déjeuner rapide dans mon bureau avec JS et GE pour travailler sur le coronavirus et préparer la visite du ministre allemand qui doit arriver d'une minute à l'autre.

13 h 30 : Cela fait quinze jours que la France souhaite un sommet européen. Les autorités allemandes ont enfin cédé. Jens Spahn a décidé de l'annoncer, photo à l'appui, en allant voir le ministre anglais de la Santé, Matt Hancock, ce matin à Londres et de passer ensuite à Paris pour une visite éclair. Ma journée est extrêmement chargée, ça ne m'arrange pas qu'il arrive en retard d'une heure ! Nous faisons un point presse bilingue de dix minutes, pour officialiser l'annonce de notre demande commune à la présidence croate d'un Conseil des ministres européens. C'est donc au rez-de-chaussée du ministère que Jens Spahn et moi twittons de concert, dans notre langue respective, sur l'importance de cette rencontre et « d'une coordination européenne que nous appelons de nos vœux ».

14 h 20 : Je suis attendue pour le vote solennel de la loi de bioéthique au Sénat et pars en courant. Impossible d'arriver avec la moindre minute de retard. Le texte est bien évidemment assez différent du texte voté à l'Assemblée nationale à l'automne dernier, sauf l'accès à la PMA pour toutes les femmes que les sénateurs n'ont tout de même pas osé retirer. Je rate les QAG à l'Assemblée. Adrien Taquet répond à une députée qui pose la troisième question sur le coronavirus, concernant les conditions d'accueil des rapatriés de Wuhan à Carry-le-Rouet. L'autre porte sur le grand âge, elle revient à Christelle Dubos.

Mon après-midi dédié aux parlementaires est interrompu par une longue réunion chez le PM pour préparer avec chacun des ministres les concertations du projet de loi sur les retraites.

Retour dans l'hémicycle, cette fois-ci à l'Assemblée, pour une séance du printemps de l'évaluation qui devrait durer deux heures [214]. Lors de ces séances initiées par un groupe parlementaire, il s'agit de répondre du tac au tac sur un sujet donné. Les députés ont chacun deux minutes pour poser leur question et le ministre concerné a deux minutes pour y répondre. Me concernant, il peut donc s'agir des EHPAD, des déserts médicaux, des retraites, etc. Ces séances visent à nous évaluer sur les politiques publiques dont nous avons la responsabilité. Je comprends parfaitement l'exercice démocratique qui fait que les ministres doivent rendre des comptes aux parlementaires sur leur action mais, telles qu'elles me sont imposées, à un rythme soutenu, je trouve ces séances épuisantes et je me dis parfois qu'on perd le sens des priorités. Je suis furieuse intérieurement de tout ce temps passé en réunions et à l'Assemblée nationale. Chercherait-on un moyen d'éprouver mon endurance ?

Pendant tout mon mandat de ministre, malgré des horaires déments et une course effrénée contre la montre, j'ai eu le sentiment de ne pas travailler, en tout cas, pas comme j'en ai eu l'habitude dans ma vie professionnelle. Passer plusieurs heures à lire un dossier, à comprendre les problématiques, à réfléchir, écrire des scénarios, échanger des idées lors de séminaires de travail avec mes collaborateurs. Tout ce travail de fond se fait sans moi, dans les bureaux de l'administration, ou dans mon cabinet. L'enjeu est d'être certaine d'être informée de tout, ce qui est plus qu'improbable vu le nombre de sujets, et peut-être même pas souhaitable selon mon directeur de cabinet, mais au moins d'être sûre que je

214. La commission des Affaires sociales a inauguré en 2019 un nouveau rendez-vous dédié à la mise en œuvre des lois de financement de la Sécurité sociale (LFSS) : le printemps de l'évaluation. Le principe est simple : organiser une discussion approfondie chaque année sur les dispositions le plus emblématiques votées par le Parlement l'année précédente. Si la commission peut auditionner des directeurs de l'administration ou des directeurs de caisses de la Sécurité sociale, elle auditionne aussi les ministres. La particularité cette année-là était que j'avais été auditionnée plusieurs fois sur les mêmes sujets et qu'il s'agissait d'un choix délibéré de me faire passer un maximum de temps devant les députés.

suis dans la sphère des décisions que je vais avoir à endosser. Je ne comprends pas comment certains ministres trouvent le temps d'écrire des livres…

17 h 30 : Malgré le rythme de cette journée, j'ai décidé de maintenir le rendez-vous avec Jacques Marette, chargé par le gouvernement d'organiser la conférence sur le financement de la réforme des retraites. C'est de son groupe de travail, qui doit rendre son avis fin avril, que dépendra le maintien ou non de l'âge pivot de 64 ans. Je crains si fort au fond de moi que tout cela soit très bousculé par le virus que j'ai presque failli l'annuler, mais on ne sait jamais de quoi l'avenir est fait et je ne veux pas qu'il pense que je me désintéresse de sa mission que la France entière considère comme centrale.

19 heures : Oups ! Ma cheffe de cabinet me rappelle que je suis attendue au Grand Oral de Sciences po. Je râle contre cet agenda trop chargé ! Elle me rétorque que c'est moi qui l'ai accepté pour faire plaisir à des étudiants. Probable en effet. Professeur d'université, on ne se refait pas, j'aime enseigner et parler aux jeunes. Et il est vrai que lorsque les demandes viennent d'étudiants, mon principe est toujours d'accepter. Impossible de se soustraire, l'amphi est plein. Science po avait finalement opté pour que je participe ensuite à un débat avec un économiste de la santé, mais ce format rendait mon intervention trop longue. Ma cheffe de cabinet a donc réussi à l'annuler au dernier moment. L'économiste en question, assez énervé, prétend que je refuse le débat parce que je le crains… Je n'ose expliquer que c'est surtout le cadet de mes soucis en ce moment et promets aux organisateurs de m'y plier une prochaine fois, mais que pour aujourd'hui ce sera soit la conférence, soit le débat, certainement pas les deux.

La conférence et les échanges avec le public sont retransmis en direct sur Facebook mais nous sommes interrompus au bout de dix minutes par une intrusion d'étudiants d'extrême gauche accusant le gouvernement de vouloir mettre à bas les services publics. J'aurais donc passé trente-cinq ans dans le service public, toute ma famille travaille à l'hôpital public, et je serais venue au gouvernement spécifiquement pour le détruire… ces postures radicales m'exaspèrent.

21 heures : De retour à l'Assemblée pour la séance suivante sur les retraites. J'avale au lance-pierre une salade de crudités sur le

chemin entre Sciences po et l'Assemblée et me fais une énorme tache. À ma demande d'un dîner léger, la cuisine du ministère a voulu me faire plaisir mais la salade dans un Tupperware n'est décidément pas pratique à manger dans une voiture en mouvement tout en répondant aux textos. Car les messages s'entrechoquent.

Les Allemands sont fous furieux car le ministère des Affaires étrangères français aurait conseillé à tous nos ressortissants de quitter la Chine. Or on avait acté à midi avec le ministre Jens Spahn qu'on se coordonnait entre Européens. C'est une alerte du *Figaro*. Cela risque de chauffer entre nos deux pays, je préviens par SMS le Premier ministre avant de pénétrer dans l'hémicycle.

Moi au PM à 20 h 55 : « Bonsoir Édouard, sais-tu que le MAEl recommande aux familles françaises de quitter la Chine et que cela fait la une des journaux ? Je l'apprends donc par *Le Figaro* ce soir. Le ministre allemand, qui était dans mon bureau cet après-midi, est fou furieux car l'objectif était de se coordonner entre pays, notamment en Franco-Allemand. Il faut qu'on s'organise derrière côté MSS pour adapter notre dispositif. Je pars à l'Assemblée nationale pour un débat retraites… Amitiés. »

En soirée, une nouvelle séance du printemps de l'évaluation reprend pour moi à l'Assemblée, toujours sur le projet de loi sur les retraites. Les choses à régler s'accumulent avec le problème diplomatique qui vient d'être créé, et mes collaborateurs s'inquiètent de me voir passer beaucoup trop de temps sur mon téléphone pendant que les questions des députés continuent de fuser.

À 21 heures, s'affiche un SMS d'une députée LREM, Audrey Dufeu-Schubert, que j'aperçois souriante en haut de l'hémicycle. Changer de sujet me sort de mes préoccupations du moment. Elle souhaiterait que je l'aide à porter une proposition de loi sur les Premix, boissons mixant jus de fruits et alcool qui servent à attirer les ados, imposant la transparence au lobby de l'alcool. Elle semble avoir bataillé avec le groupe « alcool » de l'Assemblée, groupe très puissant s'il en est puisqu'il défend l'industrie viticole française, et elle a visiblement subi un recadrage en règle par le groupe LREM. Elle me demande mon appui et ce que j'en pense. Je lui souris de loin. Impossible aujourd'hui de me battre sur tous les fronts. Et le président de la République a déjà tranché sur l'alcool, en tout cas implicitement[215]. J'ai encore en mémoire sa phrase cinglante devant la presse, la veille du premier Salon de l'agriculture en 2018, en réponse à une de mes prises de parole de la semaine précédente[216]. J'avais osé expliquer, lors d'une émission de télévision qui portait sur les ravages de l'alcoolisme, que le vin était un alcool comme un autre… Que n'avais-je pas dit là ! J'avais eu un déferlement d'attaques du monde viticole qui expliquait que je ne connaissais rien à la culture française, sous-entendant que j'étais d'origine étrangère, ou de bobos parisiens qui pensaient que le vin ne rend pas alcoolique car eux boivent modérément des châteaux millésimés. Je parlais évidemment en tant que médecin, pour qui une molécule d'alcool reste rigoureusement identique pour le foie, qu'il s'agisse de vin, de bière ou de vodka. Et de cela je ne démordrai pas. Mais aujourd'hui, assez occupée par d'autres combats, je choisis le silence et ne réponds pas à ce message.

Je me suis inquiétée pour rien de l'alerte du *Figaro*.

GE me rassure à 21 h 47 : « Réponse technique : C'est la formulation qui reprend ce que le MEAE a dit aux personnels de l'État en poste en Chine à qui a été recommandé de différer leur retour en Chine à la fin des congés du Nouvel An chinois. EDL faute de mieux et j'en suis désolé. Il s'agit juste d'un conseil, pour ceux qui le peuvent et qui ont des options en ce sens à leur disposition, et qui n'ont pas de raison particulière de rester en Chine pour une durée limitée et momentanée ; certainement pas une recommandation générale de quitter le pays à tous nos ressortissants. Le titre du *Figaro* est peut-être un peu trop sensationnaliste. »

Moi 21 h 48 : « Je ne vois pas comment on va s'en sortir maintenant. Quand c'est flou c'est qu'il y a un loup. »

GE : « Je partage ton analyse mais mon poids n'est pas très élevé dans la hiérarchie des grands chefs à plume :) »

---

215. En 2018, la conseillère agriculture du PR est Audrey Bourolleau. Elle a été pendant six ans la déléguée générale de « Vin et société », qui regroupe l'ensemble de la filière de la vigne et du vin, désignée comme le très puissant lobby viticole français. Elle obtiendra une révision de la loi Evin dans la loi Macron. En effet, Emmanuel Macron a assoupli la loi Evin en 2015, alors qu'il était ministre de l'Économie.

216. Éric Favereau : « Pour Macron, deux verres de vin, ça va toujours », *Libération*, 26 février 2018.

Je reçois plusieurs appels de Jean-Yves Le Drian auxquels je ne peux pas répondre, toujours coincée au banc à répondre sur les retraites. Mes textos au ministre des Affaires étrangères sont lapidaires, car pour répondre aux députés, encore faudrait-il que je puisse écouter leurs questions. Je m'expose à dire absolument n'importe quoi…

Moi à JYLD 21 h 50 : « Je suis en débat sur le financement des retraites à l'Assemblée nationale… Problème de clarté des messages. Voir le titre du *Figaro*. Comment allons-nous gérer ? »

Mon inquiétude provient du nombre de Français habitant en Chine et susceptibles de revenir d'un coup, autour de 50 000 personnes selon le Quai d'Orsay ; et de notre capacité de les faire revenir avec des vols qui se raréfient, de les tester et de les mettre en isolement dès leur arrivée.

À 23 h 57, sortant enfin de l'Assemblée nationale, j'appelle mon directeur de cabinet qui ne dort évidemment pas, il commence juste sa deuxième partie de soirée. Je lui fais part de mes craintes : « Faut-il faire revenir les Français de Chine[217] ? Comment contrôle-t-on 50 000 personnes pour qu'elles ne se promènent pas dans les rues ? »

Nous n'avons pas d'arsenal législatif pour isoler des milliers de personnes. Cela fait d'ailleurs l'objet d'une proposition de loi de renforcement de la Sécurité sanitaire que la Direction générale de la Santé a préparée depuis plusieurs mois et qui doit être examinée comme par miracle cette première semaine de février en première lecture au Sénat[218]. Le miracle en réalité s'explique : le problème

---

217. C'est une préoccupation à laquelle j'ai déjà dû faire face dans un tout autre contexte. En mars 2011, alors que je suis présidente de l'Institut de radioprotection de santé nucléaire, en réunion dans le bureau de François Fillon, Premier ministre de l'époque, je lui fais part de l'aggravation de la situation dans la centrale de Fukushima. Se pose alors la question du rapatriement des Français. Nous avions décidé en anticipation de proposer à tous les Français de Tokyo, plusieurs milliers, d'évacuer en raison du risque de retombées radioactives. À la demande du gouvernement, Air France avait organisé de nombreuses rotations Tokyo/Séoul. Depuis, je sais qu'il est difficile d'évacuer un nombre important de personnes avec des vols longs. Il est préférable de privilégier des vols courts pour gagner en efficacité.

218. L'article L3131 du Code de la santé publique permet l'isolement obligatoire de personnes à l'échelon individuel à condition d'en informer le procureur de la République. Pour pouvoir isoler des grands nombres en cas d'épidémie, la DGS avait fait figurer un article 6 dans la PPL du sénateur Amiel de renforce-

a été identifié en 2018, dans le rapport d'inspection qui avait pour objectif de savoir si nous étions en conformité avec le RSI[219]. Le but de ce rapport étant de faire remonter les failles d'organisation en cas de crise. Il avait notamment mis en évidence l'absence d'arsenal législatif pour isoler des milliers de personnes. La DGS préparait donc depuis plusieurs mois déjà une proposition de loi de renforcement de la Sécurité sanitaire aux frontières.

L'OMS publie ce soir un communiqué : « Nous réitérons notre appel à l'ensemble des pays de ne pas imposer de restrictions qui interfèrent de façon non nécessaire aux voyages et au commerce internationaux. De telles restrictions peuvent avoir pour effet d'augmenter la peur et la stigmatisation avec peu de bénéfices en termes de santé publique. »

Mercredi 5 février

Point du CORRUSS à 8 heures :

- Chine : 24 541 cas confirmés, dont 16 678 cas et 479 décès à Hubei, soit 97 % des décès au total.
- Hors Chine : 213 cas dans 28 pays et 2 décès.
- Europe : 28 cas (Belgique en plus).
- France : toujours 6 cas confirmés.
- La DGS continue d'informer et envoie le septième message MINSANTE aux ARS, ainsi que le cinquième message

ment de la sécurité sanitaire prévue en discussion le 4 février en première lecture au Sénat. Cette PPL avait été préparée en 2019 avec la DGS . Faute d'avoir pu la voter à temps, l'article L3131 du code de la Santé publique a dû être modifié pendant la pandémie par la loi d'urgence sanitaire votée fin mars 2020 afin de rendre légal le confinement. De nombreux pays ont eu la même difficulté.

219. En arrivant en 2017, j'ai souhaité que la France se soumette à un audit de l'OMS pour évaluer notre préparation aux crises sanitaires selon les recommandations du RSI. Pour préparer cet audit, j'avais demandé une évaluation interne. Le rapport de 400 pages, réalisé par quatre corps d'inspection, IGAS, IGA, CGAAER, CGEDD, s'appelle : « État des lieux des capacités en matière de préparation aux urgences sanitaires (Application du Règlement sanitaire international). » Il n'a à ma connaissance jamais été rendu public. La lettre de saisine mentionnait spécifiquement qu'ils ne devaient s'intéresser qu'aux failles de notre préparation afin que nous puissions mettre en œuvre toutes les mesures correctives nécessaires avant la visite de l'OMS. Il n'évoque aucune difficulté sur la gestion des stocks et encore moins des masques, et aucune recommandation des inspecteurs ne porte sur ce sujet.

DGS-URGENT aux professionnels libéraux pour relayer la modification de la définition des cas.

7 h 50, réponse de Jean-Yves Le Drian : « Désolé d'avoir raté ton message hier. Tu parles du coronavirus ou de la situation générale ? »

Moi : « Coronavirus. On se voit au Conseil, je vais chez Bourdin. »

Matinale chez RMC/BFM avec Jean-Jacques Bourdin. J'aime bien cet exercice malgré son ton incisif. J'ai rencontré Jean-Jacques Bourdin alors que je travaillais à l'Institut national du cancer. Je ne crois pas exagérer en disant qu'il me respectait et je le trouve plutôt sympathique. Maintenant, en tant que ministre, son ton est différent mais il fait son job et ne m'intimide pas. L'interview dure vingt bonnes minutes. Ses questions portent sur l'état de santé des rapatriés, les 6 cas français atteints par le coronavirus, le congé après le deuil d'un enfant, la réforme des retraites, notamment la fin des régimes autonomes des médecins ou avocats qui s'inquiètent pour leurs réserves, la démission des 200 médecins hospitaliers. Enfin, il me demande si je serai bien présente sur une liste aux municipales. Je lui réponds que j'aime ma ville, mais que les discussions se sont ralenties avec Benjamin Griveaux parce que je suis occupée sur le front du coronavirus, que je n'ai donc pas pris ma décision et que nous avons jusqu'au 27 février pour déposer les listes…

Mail de JS à 8 h 28 avec l'envoi du document du CORRUSS qui reprend la déclaration de l'OMS de la veille.

C'est le matin du Conseil des ministres. Le Président démarre en trombe comme à son habitude, avant même que le bruit des chaises ne s'estompe. Il expose avec brio la revue des sujets de la semaine et en profite pour donner son sentiment sur l'ambiance du pays. Il entame son propos par le projet de loi sur les retraites et nous exhorte à faire de la pédagogie sur le caractère très redistributif de la réforme qui compense les injustices actuelles. Le projet de loi est examiné pour l'instant en commission spéciale, préalable à son passage dans l'hémicycle, mais toutes les négociations n'étant pas terminées avec les partenaires sociaux, il nous exhorte à travailler d'arrache-pied avec l'ensemble des professions.

Sur la polémique qui concerne le deuil d'un enfant, il semble très énervé que le sujet n'ait pas été travaillé en amont. On le serait à moins. Il rappelle que « tout est politique et que tout est à notre charge, et qu'on ne peut pas avoir raison tout seul ». « Qu'il n'y a aucune bienveillance à l'égard du gouvernement et qu'on ne peut pas mettre trop d'objets en circulation. » Il demande aussi de l'amitié entre nous, de ne pas tirer sur ceux qui font des erreurs, et s'énerve contre les déclarations anonymes dans *Le Parisien*. N'ayant pas lu le journal, je comprends que certains ministres ont lâché Muriel Pénicaud sur cette affaire. D'autant plus, ajoute-t-il « que tout cela survient à un moment où nous avons des résultats sur l'emploi, l'apprentissage, la croissance, l'écologie avec la loi anti-gaspillage ou la biodiversité ».

Il nous reproche ensuite de trop subir les débats, comme le débat sur les violences faites aux femmes qui ressort alors que, si le sujet est sur le devant de la scène, c'est « uniquement lié à la volonté politique du gouvernement de lutter contre ». Il attend instamment de nous « de l'unité, de la détermination et du professionnalisme ».

Puis un mot sur les municipales, pour assurer les uns et les autres que notre légitimité politique ne vient pas de là, et qu'il n'y aura pas d'automaticité à la lecture des résultats.

Enfin, il termine ce propos liminaire par le coronavirus pour constater que la coordination du gouvernement est bonne et que la solidarité européenne pour les rapatriements a fonctionné. Ses mots sont précis, sans jamais la moindre hésitation. Comme à son habitude, il regarde le plus souvent le PM assis en face de lui, ainsi que le veut le protocole.

Aujourd'hui, Édouard Philippe est anormalement renfrogné, les yeux fixés sur son énorme dossier posé devant lui. Il prend la parole à son tour pour dire que la semaine a été mauvaise médiatiquement malgré de très bonnes nouvelles et qu'il nous faut garder le calme des vieilles troupes. Et pour ceux qui feindraient de l'oublier, il ajoute qu'« il n'y a pas d'option individuelle dans un gouvernement ». Le ton n'appelle pas à la plaisanterie. Visiblement, le lynchage de Muriel Pénicaud par certains ministres dans la presse est très mal passé.

Ensuite, l'après-midi est consacrée à la séance hebdomadaire des questions d'actualité au gouvernement. C'est long, ces deux heures, quand on a tant de sujets sur le feu[220]… Aucune question sur le coronavirus. Puis, comme la veille, c'est reparti pour une séance de questions/réponses dans l'hémicycle sur la réforme des retraites. Je ne peux toujours pas me faire remplacer par mon secrétaire d'État bloqué en commission spéciale pour répondre aux amendements. De son côté, la secrétaire d'État Christelle Dubos est au Sénat pour les débats autour de ce petit texte de loi défendu par le sénateur Amiel, si important pour le ministère, qui vise à renforcer la Sécurité sanitaire[221].

Bulletin du CORRUSS : 80 cas de rougeole depuis le début de l'année dans le Bas-Rhin[222]. L'enquête sur les trois décès suspects de jeunes dans la Sarthe révèle que l'un avait une grippe H3N2, un autre une grippe H1N1, et qu'un enfant présentait un coronavirus HKU1, un entérovirus, un VRS et un staphylocoque doré… Quatre agents infectieux en même temps, pas simple de faire un diagnostic. Ce n'est donc pas une nouvelle pathologie infectieuse émergente à gérer en Pays de la Loire.

Comme tous les jours depuis le 21 janvier, le ministère tient son point presse quotidien d'information. Le même jour, Tedros, le DG de l'OMS, informe la communauté internationale qu'il fera dorénavant un point presse quotidien sur le coronavirus. En France, nous en sommes déjà au seizième.

Jeudi 6 février

Point du CORRUSS à 8 heures :

- Chine : 28 023 cas, dont 19 665 à Hubei ; 549 décès, soit 97 % du total.

220. Pour éviter deux séances de questions au gouvernement par semaine, une réforme du règlement de l'Assemblée a eu lieu en 2019, rassemblant la session du mardi et du jeudi de 15 heures à 16 heures en une seule séance de deux heures, le mardi, de 15 heures à 17 heures.

221. Il est intéressant de relire *a posteriori* les débats des sénateurs à ce sujet, car tous, dont notamment le sénateur Jomier qui sera à la tête de la commission d'enquête sénatoriale de 2020 après la première vague, mentionnent à peine Wuhan.

222. La vaccination obligatoire des nourrissons a commencé en janvier 2018 mais n'a pas encore permis de rattraper la couverture vaccinale déclinante et nous continuons à avoir des clusters.

- Monde : 28 280 cas ; 565 décès, dont 1 aux Philippines et 1 à Hong Kong.
- Hors Chine : 257 cas dans 28 pays et 2 décès.
- Europe : 28 cas.
- France : 90 tests réalisés sur des cas suspects.

Toujours les mêmes 6 cas importés.

Les pays de l'UE s'accordent sur un achat conjoint de masques. À l'échelle nationale, la DGS et le SGDSN ont décidé de la constitution d'un stock de 29 millions de masques FFP2, à destination des secteurs hospitalier, médico-social (EHPAD notamment) et des professionnels libéraux, même si ce n'est *a priori* pas la responsabilité de l'État. À cette heure, personne ne se plaint d'un manque de masques puisqu'il n'y a pas d'épidémie en dehors de la Chine, mais nous anticipons des besoins potentiellement plus massifs pour les soignants et le fait que les professionnels libéraux s'équipent peu spontanément.

Mail de JS à 8 h 22 : « Bonjour.

« Le point de situation actualisé est en pièce jointe.

« La Chine est désormais une "cocotte-minute" et les experts prient pour que le couvercle tienne, nous sommes dans une période cruciale selon Tedros, "dernière fenêtre de tir avant une pandémie" !

« L'épidémie continue sa croissance rapide en Chine ; un paquebot est en quarantaine au Japon avec 20 cas + et des premiers cas de transmission verticale sont décrits.

« En France : deux réunions avec SGDSN et professionnels de santé ce jour, DG ARS mobilisés mais inquiets sur leur capacité de suivre les cas possibles et le contact *tracing* (classement assuré par chaque ARS et non SpF), forte mobilisation de la réserve sanitaire (CDG, sites de quatorzaine, dengue aux Antilles), forte activité en SAU et réa sur épidémie grippe (pic non atteint). Besoin de mobiliser d'autres ministères (dont Armée et Éduc…), deux lieux de quatorzaine désormais pleins et enjeux de mobilisation de nouveaux sites, doctrine à arbitrer sur le confinement à domicile ou non de toutes les personnes qui rentrent de Chine. Sortie proche de deux patients, pronostic vital engagé pour le patient le plus âgé.

« Bonne journée. »

Moi 8 h 40 : « Jérôme, les gens ne peuvent plus rentrer car les vols sont trop chers [223]. Il faut qu'on prenne des décisions sur les Européens demain. »

JS 9 h 01 : « Il y a la question des Européens, des Français, des vols spéciaux, de la prise en charge financière, des équipes d'appui, des sites de quatorzaine (capacité, suivi) et de la bascule en confinement à domicile. »

Il me rappelle par ce message qu'il réunit aujourd'hui pour la deuxième fois tous les représentants des professionnels de santé au ministère avec le secrétaire général de Défense et de Sécurité nationale pour monter le niveau d'alerte. De nouveau, et contrairement à tous les autres ordres professionnels, le président de l'Ordre national des médecins n'a toujours pas daigné se déplacer. Regarde-t-il seulement les diaporamas qui lui ont été adressés pour informer les professionnels [224] ? Aucun élément ne permet d'en douter. Il faut dire qu'il prépare sa grande Assemblée générale annuelle de l'Ordre prévue le 10 février, il a vraisemblablement d'autres chats à fouetter que d'entendre parler d'un virus lointain.

Le ministère lance une nouvelle commande de 28 millions de masques FFP2.

Jérôme Salomon me rappelle que le pic de l'épidémie de grippe en cours n'est pas atteint, engendrant une forte activité des Samu et services de réanimation.

À la suite de la réunion entre Jérôme Salomon et le SGDSN, Grégory Emery comprend et me rapporte que toutes les matières premières qui servent à fabriquer les équipements de protection personnelle (masques, blouses, etc.) viennent de Chine, et plus précisément de la région de Hubei. Or, suite aux mesures prises par les autorités chinoises, la région de Hubei est fermée pour contenir l'épidémie et plus rien n'est exporté actuellement. Le SGDSN

223. Toutes les compagnies aériennes occidentales ont arrêté leurs vols de et vers la Chine. Il ne reste plus désormais que des compagnies asiatiques.

224. Seul l'Ordre national des médecins a connaissance de l'ensemble des médecins en exercice et a accès à leurs contacts. L'Ordre peut donc contacter tous les médecins quand il le souhaite. Le ministère n'a pas accès à cette liste, raison pour laquelle il est fortement conseillé aux professionnels de santé de s'abonner au DGS-URGENT, canal par lequel sont adressés les alertes et les documents d'information.

demande aux usines françaises d'ouvrir de nouvelles lignes de production de masques[225].

9 heures : Reprise du parcours du « printemps de l'évaluation » à l'Assemblée nationale. Aujourd'hui, la séance porte sur la réponse du gouvernement au personnel hospitalier en grève, cette fois-ci à la demande du groupe LFI. Pendant deux heures, les députés se succèdent pour poser leur question puis repartent après ma réponse. L'exercice est atrocement répétitif. J'explique les mesures prises, notamment la reprise de la dette : 10 milliards, c'est une première qui va rapporter 1 milliard par an de trésorerie aux établissements, et je rappelle également le rehaussement de l'enveloppe allouée à la Santé (l'ONDAM). Ce qui m'énerve le plus, ce sont certains socialistes donneurs de leçons, sachant les coupes sombres que le gouvernement précédent a faites au budget des hôpitaux pendant cinq ans consécutifs. Je leur rappelle donc qu'à mon arrivée au ministère en 2017, la Sécurité sociale était presque à l'équilibre certes, mais que j'ai trouvé une dette des hôpitaux abyssale de 30 milliards d'euros. En effet, pour réduire le fameux « trou de la Sécu », les gouvernements précédents ont mis pendant dix ans la pression sur les budgets hospitaliers. La source de financement des hôpitaux provient de la Sécurité sociale, c'est ce qu'on appelle les tarifs hospitaliers. Leur gestion est en apparence autonome, mais leur ressource est décidée par l'État puisque ce sont les ministres qui fixent les tarifs. On a payé de moins en moins les hôpitaux, ils ont été contraints d'emprunter et se sont donc endettés. Ainsi, la dette de la Sécu a simplement été transférée dans celle des hôpitaux. Les 30 milliards de dette de la Sécurité sociale en 2010 sont devenus les 30 milliards de dette des hôpitaux en 2017. C'est ce qui explique l'état des hôpitaux aujourd'hui. C'était

---

225. Le contrat d'objectifs signé par Santé publique France en janvier 2018 (avec le ministère) leur demandait de diversifier les lieux d'achat pour les différents produits des stocks d'État, afin de ne pas dépendre d'un unique producteur. Cela ne semble pas avoir été mis en place, en tout cas pour les masques, peut-être à cause de difficultés à identifier des usines de production. En écrivant ces lignes je n'en connais pas la raison, mais cela a pu ralentir ou obérer nos capacités de commandes. Les questions de souveraineté industrielle sont du ressort du SGDSN, raison pour laquelle il se charge de l'ouverture des lignes de production.

donc une manœuvre comptable. Nous en payons le prix fort. J'ai du mal à garder mon calme.

Un point sur le coronavirus avec mon cabinet après le déjeuner nous interpelle : l'absence de cas rapportés à ce jour en Afrique, au Maghreb ou dans les pays de l'Est, qui est incompréhensible vu le nombre d'échanges de ces pays avec la Chine. Nous en déduisons qu'ils n'ont probablement pas les tests pour faire le diagnostic, ce que déplore également l'OMS.

J'enchaîne l'après-midi par une réunion d'importance majeure avec les cinq fédérations hospitalières. Nous signons pour la première fois un protocole d'accord sur la pluriannualité des tarifs, ce qui signifie en pratique que les hôpitaux vont voir leurs ressources (c'est-à-dire leur budget) garanties et en hausse sur trois ans. C'est un engagement sans précédent de l'État envers le secteur hospitalier depuis vingt ans. Peut-être insuffisant vu l'importance de leur dette, mais c'est un début. L'objectif est de permettre aux hôpitaux d'investir en ayant une vision prospective [226] de ce dont ils disposent pour les trois prochaines années. Je ne me berce pas d'illusions, cette décision négociée de haute lutte avec Bercy fera au mieux un petit entrefilet dans la presse. Ce n'est franchement pas très « sexy » à expliquer à des journalistes, pas de quoi en faire un gros titre… Voilà malheureusement une décision importante pour les hôpitaux, comme la reprise de 10 milliards de leur dette, qui passera totalement inaperçue pour les professionnels.

Vers 17 heures, mon ami Jean-Hugues Dalle, chef de service d'hématologie pédiatrique à l'hôpital Robert-Debré, m'envoie un texto. Il est dans une réunion au ministère. Je lui propose de passer me voir pour prendre un café et, vu notre proximité, je lui fais part de mon inquiétude sur ce qui se passe en Chine : « Je crois qu'un tsunami arrive sur nous… »

Moi à RLM 18 h 29 : « Il a 34 ans… »

Je lui envoie un article du *Figaro* qui parle de la mort du médecin ophtalmologue de Wuhan : « Qui est le Dr Li, le médecin chinois qui a été l'un des premiers à alerter sur le coronavirus ? »

226. L'un des problèmes majeurs du budget de la Sécurité sociale (PLFSS) est qu'il est voté chaque année, ce qui ne permet ni à un gouvernement de s'engager pour l'année suivante ni au secteur d'avoir une vision pluriannuelle.

Quel choc. Je le suivais sur Twitter depuis le début. Il était connu pour être l'un des premiers à avoir repéré les cas de Covid en décembre et, tombé malade lui-même, il avait récemment posté un selfie de son lit d'hôpital avec de l'oxygène dans le nez. Cette triste nouvelle m'inquiète, d'une part en raison de son âge, qui signale qu'il peut y avoir des cas mortels également chez des jeunes en bonne santé (les Chinois disent depuis le début que les cas graves touchent essentiellement les personnes âgées ou avec comorbidités), et, d'autre part, je me demande si les autorités chinoises n'ont pas fait disparaître ce lanceur d'alerte. J'ai du mal à imaginer des médecins choisissant de ne pas réanimer un jeune collègue. Cette histoire me rend complètement parano.

Vendredi 7 février

Point du CORRUSS à 8 heures :
- Chine : 31 173 cas ; dont 22 112 cas à Hubei ; 618 décès (97 % du total).
- Monde : 31 485 cas ; 638 décès (létalité 2 %) (1 aux Philippines et 1 à Hong Kong).
- Hors Chine : 312 cas (<1 %) dans 28 pays, 2 décès.
- Europe : 30 cas.
- France : > 110 tests réalisés. Toujours 6 cas confirmés.

Mail de JS à 7 h 58 : « Bonjour, Tous les tests pratiqués hier à CLR sont négatifs. Les hébergés de l'ENSOSP [227] seront testés ce jour. Pour le malade de réanimation, tentative d'ECMO. Sortie possible pour deux à trois patients dans les prochaines quarante-huit heures (à annoncer après leur sortie pour éviter que des journalistes les attendent à leur sortie). La réunion avec les professionnels de santé s'est bien passée et nous avons clairement abordé le passage en phases 2 puis 3 et ce que cela impliquerait en termes de mobilisation et d'anticipation des besoins [228]. Nous gagnons du temps sur l'épidémie à venir et le risque accru de foyers secondaires. Jérôme. »

227. L'École nationale supérieure des officiers de sapeurs-pompiers.

228. Ces réunions avec les Ordres professionnels, syndicats et fédérations hospitalières ont pour objet de les informer en temps réel de l'état des connaissances et de les préparer au risque de pandémie. Les besoins portent sur les lits, les stocks, les ressources humaines, par exemple.

Journée dédiée à visiter des hôpitaux dans le Nord (Lens, Cambrai et Douai) et à annoncer le financement enfin acté du CH de Lens qui attendait depuis longtemps. Le comité qui décide des financements des hôpitaux (COPERMO) trouvait le coût du projet démesuré en raison d'un projet d'innovation numérique hors norme et leur avait demandé de revoir plusieurs fois la copie. Tout cela durait depuis des années. Je visite un certain nombre de services dans lesquels je m'étais déjà rendue il y a un an. Les professionnels y sont engagés et dynamiques. L'accueil des équipes des urgences, de la neurologie interventionnelle et du directoire est chaleureux.

Ce comité appelé COPERMO est un problème pour moi. Il s'agit d'une instance indépendante évaluant les projets architecturaux pour décider de la part du financement de l'État dans la construction des hôpitaux. Il est constitué de fonctionnaires de Bercy, du secrétariat général au grand emprunt, de directeurs d'hôpitaux et de la direction de l'offre de soin du ministère, mais il n'y figure aucun soignant. Cela fait plus d'un an que je demande à mon cabinet de faire évoluer sa composition. Je pense que le comité a une vision des hôpitaux trop budgétaire et pas assez médicale. La doctrine a été pendant longtemps de diminuer le capacitaire pour faire plus d'ambulatoire, ce qui n'est pas inutile, mais cela ne peut pas être l'alpha et l'oméga des projets. Je demande qu'on mette des médecins dans le comité et que l'on réfléchisse à deux évolutions indispensables :

1. que les nouveaux hôpitaux soient adaptés au changement climatique (ils ont tous des verrières sans volets qui deviennent des cocottes-minute l'été) ;

2. qu'on prévoie des hôpitaux extensibles (j'appelle cela « agiles ») capables d'augmenter leurs capacités à tout moment. Cette évolution est rendue nécessaire, d'une part dans les zones touristiques qui augmentent considérablement leur file active de malades pendant les vacances, et d'autre part, pour absorber si besoin une augmentation d'activité après un accident de grande ampleur, de type Seveso ou ferroviaire, qui nécessiterait l'hospitalisation rapide de nombreux malades.

De plus, nous savons qu'il y aura forcément une grande pandémie d'ici la fin du siècle, tous les infectiologues la projettent, et il faut anticiper sur la nécessité d'augmenter brutalement les capacités des hôpitaux. J'ai donc demandé à mon cabinet de monter un groupe de travail pour changer la doctrine du COPERMO qui me semble très datée et qui ne correspond plus à ma vision des hôpitaux de l'avenir.

Mais, dans les ministères, la chaîne de décision est plus ou moins réactive en fonction des circonstances et des personnes en place, et on me dit que certains directeurs d'hôpitaux ne voient pas d'un bon œil que je veuille caser des médecins partout.

Point coronavirus quotidien avec la presse à mon retour de visite.

Dans la journée, la DGS fait passer une note à GE [229] : sans attendre la totalité des remontées d'informations des établissements et des ARS, il s'agit de constituer un stock d'État de gel hydroalcoolique (100 000 litres) et de matériels de protection (3 millions de paires de gants, 200 000 charlottes, 50 000 lunettes, 200 000 surchaussures et 28 millions de masques FFP2). Les services du ministère proposent :

1. de constituer un stock d'État tampon de 13 millions de masques FFP2 ;

2. de distribuer en parallèle 13 millions de masques FFP2 aux hôpitaux et aux EHPAD ;

3. que j'arbitre sur trois scénarios pour le secteur libéral, dans l'hypothèse où ce secteur n'aurait pas acheté ses propres fournitures. Le premier scénario serait que les professionnels libéraux s'approvisionnent directement auprès de leurs fournisseurs ; le deuxième serait que l'on sécurise leur approvisionnement *via* la mise en place d'une procédure d'achat et de distribution (faisabilité pas simple) ; le troisième scénario reprend ce qui avait été fait pour H1N1, c'est-à-dire la distribution de kits aux pharmaciens, infirmiers et médecins libéraux : 20 masques FFP2 par professionnel (pour commencer) représenterait 3,6 millions de masques FFP2.

J'opte immédiatement pour ce troisième scénario, qui me semble le plus sûr et le plus rapide à mettre en œuvre.

21 h 30 : En rentrant chez moi, je dis au chauffeur et à mon officier de sécurité que j'espère un week-end plus calme que les

229. L'avis du HCSP de 2011 ainsi que la doctrine de protection des travailleurs du SG-DSN de 2013 sont en pièces jointes.

précédents, tout en ajoutant que j'en doute fort. En effet, juste avant de partir, JS vient de me prévenir qu'il y a une suspicion de nouveaux cas dans une station de ski.

Moi à JS à 21 h 44 : « Tu me diras le résultat pour les Contamines ? »

JS : « La cata… te fais un mail. »

Appel JS à 22 h 56 : C'est effectivement la « cata ». Un touriste britannique vient d'être dépisté positif à Londres après avoir passé huit jours dans un chalet en Haute-Savoie. Il était en contact avec deux familles anglaises qui l'hébergeaient. Elles-mêmes venaient de s'installer en France, les parents étaient en train de chercher une école pour leurs enfants. Ces derniers ont donc fréquenté trois écoles différentes en moins d'une semaine ! Expliquant ainsi les deux cents cas contact pédiatriques aux Contamines-Montjoie…

Les cas positifs du chalet vont être hospitalisés dans la nuit au sein de trois CHU (Grenoble, Lyon et Saint-Étienne), histoire de répartir la charge de travail sur plusieurs sites. De très nombreux cas contact vont devoir être tracés, isolés et testés…

J'appelle RLM à 23 heures pour vérifier que tout est bien maîtrisé et organiser un point presse le lendemain matin.

JS à 23 h 44 : « Décisions prises, je te propose que nous fassions un point à 9 heures puis un point presse. »

Moi : « Parfait. Je n'ai pas réussi à joindre Carine. On fera le point presse dans la matinée vers 10 heures car elle doit convoquer tout le monde. »

JS : « Oui, mais on se parle avant car le topo va être délicat ; il faudra aussi prévenir les élus, dont OV[230]. Bonne nuit. Attention, voyage PR était prévu à Saint-Gervais. »

Moi : « OK, je serai là vers 8 h 45. Voyage PR demain ? »

Sa réponse me parvient à 4 h 32 du matin.

JS : « Non la semaine prochaine. »

Je comprends qu'il a dû passer la nuit à tout organiser avec l'ARS.

À l'évidence Grégory aussi :

GE à 00 h 03 : « Je te dérange mais souhaites-tu être au CORRUSS demain matin pour un point de situation sur le cluster[231] ? »

---

230. Il s'agit d'Olivier Véran qui est député de Grenoble.

231. Un cluster est un terme plutôt habituel dans le milieu médical, notamment pour les infectiologues : il désigne une grappe de cas, tous liés les uns aux autres.

Moi 01 h 31 : « Oui, je viendrai tôt. »

Ce premier cluster nécessite évidemment d'informer mes supérieurs hiérarchiques, malgré l'heure bien tardive, d'autant que le poste de conseiller santé n'est toujours pas pourvu à l'Élysée.

Moi au PR à 1 h 26 du matin : « Monsieur le PR, juste pour vous informer qu'une nouvelle chaîne de transmission a émergé hier soir dans une station de ski de Savoie. Il s'agit d'un touriste anglais ayant travaillé à Singapour mi-janvier qui est venu en vacances du 24 au 28 janvier rejoindre des amis à Saint-Gervais puis aux Contamines. Il est retourné à Londres où il s'est révélé positif. Sur onze contacts toujours au ski, six sont positifs dont des enfants. Les enfants ont participé à des sorties scolaires, ont été à l'école de ski, et il y a donc plus de 200 enfants en contacts secondaires. Les onze personnes sont en isolement dans différents hôpitaux. Nous nous occuperons des écoles dans la matinée. Je ferai un point presse demain matin mais cela risque de créer un peu de panique localement. Les hôpitaux de Chambéry et d'Annecy sont en alerte et prêts à recevoir des cas suspects. Désolée de cette mauvaise nouvelle. Agnès. »

Quatre minutes plus tard, je double ce SMS au Premier ministre qui, à ma connaissance, est en campagne au Havre.

Comme pressenti, peu de sommeil et pas de week-end.

Samedi 8 février

Point du CORRUSS à 8 heures :

- Chine : 34 569 cas, dont 24 953 cas à Hubei ; 699 décès (97 % au total).
- Monde : 34 888 cas ; 724 décès (létalité 2 %) (1 aux Philippines et 1 à Hong Kong).
- Hors Chine : 312 cas (<1 %) 28 pays et 2 décès.
- Europe : 40 cas (Roumanie en plus).
- France : 11 cas : 6 cas préexistants + le cluster du 74 (5 cas + dans les contacts du touriste du Royaume-Uni).
- Quatrième réunion des ministres à Matignon autour du PM pour faire un point sur le premier cluster français des Contamines-Montjoie.

Moi à RLM 7 h 30 : « Bonjour Raymond, j'ai prévenu hier soir le PM et le PR. Pas de réponse.

« Bien sûr, cela ne veut pas dire qu'ils ne l'ont pas lu mais ils sont possiblement occupés à autre chose et, à cette heure tardive, ils ont même le droit de dormir. »

Suite de mon message à RLM : « AMADS (Anne-Marie Armanteras de Saxcé) m'a envoyé un texto pour me dire qu'elle avait un rdv avec le PR le lundi [232]. »

Moi à JS à 8 heures : « On pourrait remettre les Anglais dans le vol qui arrive à Aix s'ils ne sont pas trop malades. Ils seraient près de leur famille. »

JS : « Trop compliqué. »

Appel du PM à 8 h 42. Il a raté mon texto tardif de la veille car, effectivement, honte à lui, il dormait. Je l'informe. Il me rappelle à 9 h 06, il pense que je dois aller en Haute-Savoie dès ce matin. Tout le monde me pousse, mais j'ai horreur de débarquer comme un cheveu sur la soupe. Les gens qui gèrent une crise ont autre chose à faire que de recevoir un ministre entouré d'élus et de caméras. Avec mon directeur de cabinet, nous sommes d'accord que les déplacements sont plus utiles dans un second temps. Les professionnels qui gèrent le problème ont besoin de calme.

RLM 9 h 14 : « Il faut que tu précises par SMS en grandes lignes ce que tu vas dire à 10 heures aux médias, *a priori* organisation de la traçabilité des cas contact des familles britanniques et mesures de protection à mettre en œuvre tout en parant le risque de panique. Je crois que le PM s'interroge sur ce qu'il doit faire. »

Moi : « Oui, je suis en contact avec lui. »

RLM : « PM va être tenté de te suggérer de te rendre en Haute-Savoie ; selon moi ce n'est pas une bonne idée, c'est le bazar là-bas et ils ont autre chose à faire que de recevoir la ministre et il n'y a rien à voir. Y aller la semaine prochaine en décalé pour remercier a plus de sens. »

Appel RLM 9 h 26

Appel PM 9 h 38 : On décide que je les laisse organiser les tests de la population aujourd'hui et que je m'y rendrai demain.

La réponse du PR me parvient à 10 h 37 : « Bien reçu ma chère Agnès. »

Le Premier ministre a donc convoqué une quatrième réunion de ministres à Matignon à midi, l'obligeant à revenir du Havre plus

232. Elle sera la prochaine conseillère santé du Président et arrivera à l'Élysée officiellement le 28 février.

tôt que prévu. Bien que concerné par la fermeture des écoles des Contamines-Montjoie et de Saint-Gervais, le ministre de l'Éducation nationale Jean-Michel Blanquer n'est pas présent mais il a envoyé son directeur de cabinet. Nous actons la fermeture de trois écoles pour deux semaines, celles que les enfants du chalet ont fréquentées. Il n'est pas simple d'isoler les enfants de tant de familles travaillant dans une station de ski en pleine saison touristique et, dès que cela touche des enfants, tout le monde panique. Les autorités chinoises ont publié que les plus jeunes étaient peu atteints, nous espérons tous que ce soit vrai.

JS à 13 h 21 : « Si tu veux passer ton fils est au CORRUSS. »

Je n'ai vraiment pas le temps, cela attendra. Et pas certaine qu'il rêve de voir sa maman ministre débarquer…

Moi au PM à 15 h 35 : « Gros sujet avec le maire de Saint-Gervais [233] qui nous traite de tous les noms car on ne l'a pas appelé pour la fermeture de son école mais personne ne nous a dit qu'elle était sur sa commune et pas sur celle des Contamines. Il dit que tout cela est de l'amateurisme et de la culture du secret ! J'essaie de le calmer mais j'ai dû hausser le ton. Je ne vois pas comment va se passer la visite du PR mardi à Saint-Gervais avec des familles en quarantaine… »

PM : « OK l'Éducation nationale aurait pu nous le dire… le préfet aussi… vais appeler le PR. »

Moi : « J'ai fait un SMS pour lui dire mon inquiétude. »

PM : « Il va m'appeler ce soir mais ne pas y aller va envoyer un drôle de message aussi… »

AB : « Oui, mais cela veut dire qu'il est obligé de faire un point sur coronavirus sur place donc il sort avant toi sur le sujet et cela peut donner un caractère de gravité. À réfléchir. »

Moi au PR à 15 h 51 : « Monsieur le PR, nous avons pris la décision de fermer une école primaire à Saint-Gervais pour tester les enfants "cas contact", ce qui correspond potentiellement à une centaine de familles implantées qui vont rester quatorze jours à domicile. Je suis inquiète de votre déplacement sur place mardi car

233. Je consacre une bonne partie de mon après-midi du samedi à faire de la diplomatie auprès du maire de Saint-Gervais. Je comprends son énervement, compte tenu de la situation, mais de mon point de vue, il dépasse les bornes à l'encontre du gouvernement.

le sujet va être au cœur des têtes. Si vous sortez sur ce sujet cela peut lui donner une dimension nationale et un critère de gravité. J'ai eu le maire au téléphone qui nous traite d'amateurs dans la gestion de la crise car je ne l'ai pas appelé ce matin mais seulement à 14 heures, mais je ne savais pas qu'une école était sur sa commune. J'avais appelé tous les élus sauf lui car je ne savais pas qu'il était concerné. En revanche le préfet l'avait prévenu et l'avait invité à la conférence de presse. J'ai été obligée de hausser le ton car je ne peux pas lui laisser dire que nous gérons mal la crise. Il a l'air de se calmer un peu. Je vous laisse voir mais préférais vous prévenir. »

Moi à RLM à 16 h 24 : Je lui envoie la tribune des médecins démissionnaires du collectif Inter-Hôpitaux publiée ce même jour sous le titre « Une ligne rouge a été franchie ». J'échange avec mon directeur de cabinet car il me faut impérativement les recevoir la semaine prochaine pour arrêter ce mouvement, qui tombe mal. Dans cette tribune, je retrouve des anciens collègues de travail, hématologues de l'AP-HP. C'est pour moi assez douloureux de voir leurs noms signataires ici et j'essaye de comprendre ce que ça signifie, car ils me connaissent depuis trente ans et savent mon engagement pour l'hôpital public. Ils doivent se douter que je fais le maximum. J'aimerais aussi leur faire entendre que ce n'est vraiment pas le moment de démissionner…

La réponse du PR à mon mail tombe à 17 h 48 : « Merci Agnès. Je vous en parle, on va voir ensemble. »

Moi au PR 17 h 57 : « OK, je suis à votre disposition. Vu la situation sanitaire dans le monde, j'ai prévenu Benjamin Griveaux que je ne pouvais plus m'engager sur une liste aux municipales (si tant est que les municipales puissent se tenir). Tout cela ne fait que commencer. Bien à vous. »

GE 18 h 04 : « Conférence téléphonique de 18 heures :

« 1. Situation : Les 11 personnes hospitalisées vont bien. Les deux enfants (patient 10 et 11) de la famille de l'appartement n° 2 négatifs ont été prélevés. Le patient en dessous des limites de détection (patient 3) ne présente aucun signe. Pour se résumer : pas d'évolution clinique inquiétante et test en cours.

« 2. Investigations sanitaires : Transport du cas index de Genève à Saint-Gervais : en attente d'informations sur les moyens de transport. Les autorités britanniques parlaient d'un bus entre Contamines et Genève (vol retour). Le cas index a séjourné pendant une nuit à Saint-Gervais avec deux autres personnes, une suisse et une australienne. Le cas index a développé ses symptômes dans la nuit du 24 au 25. SPF va décliner le contact *tracing* sur l'ensemble du voyage du cas index.

« Investigation locale : Groupe contact enfant de 10 ans : le 31 janvier, l'enfant était déjà symptomatique. Il y aura en plus un contact *tracing* sur l'école Montessori de Thonon-les-Bains. Tous les enfants de la même classe sont considérés comme à risque modéré/élèves ainsi qu'enseignants (les autres enfants sont considérés comme risque faible). Les risques élevés seront prélevés en premier (26 aux Contamines et 5 à Saint-Gervais ainsi que les deux enseignants) et les prélèvements seront élargis dans un second temps aux risques faibles (230). Les communications seront faites aux familles.

« 3. Mesures de gestion : Pour le groupe contact de l'enfant de 10 ans, rappel ce soir des personnes à risque élevé. Si symptomatiques (tout signe d'infection respiratoire haute ou basse), alors classés comme cas possibles et pris en charge. Si asymptomatiques, seront revus en priorité demain. Tous les contacts à faible risque seront prélevés. Tous les prélèvements doivent être prêts pour 11 heures sur zone.

« 4. Information et communication : Un message important pour les familles : quand on n'est pas contacté dans les vingt-quatre heures, alors il faut être rassuré.

« Bon courage pour demain mais je reste connecté bien sûr ! »

Mail de JS à 18 h 13 : il complète le SMS de GE sur la situation de Haute-Savoie et me prévient que de nouvelles informations me parviendront dans la soirée.

Je manque l'appel du PR à 18 h 25.

Moi : « Désolée, j'avais mon tél éloigné. Je reste à votre disposition. »

JS 19 h 23 : « On fait bien un point presse demain soir au CORRUSS ? »

Moi : « Oui. »

Appel du PR de nouveau manqué à 19 h 36.

Cette absence de relais auprès de lui rend les relations tellement compliquées ! Il a d'autres choses à faire que de me rappeler chaque fois que je lui envoie un texto…

Ce samedi soir, première soirée de libre depuis un mois, mon mari et moi allons voir *La Voie de la justice* au cinéma.

21 h 47 : Appel du PR. Hors de question de le rater à nouveau. Je m'extirpe de mon siège rapidement, dérangeant sans vergogne toute la rangée. C'est la première fois que j'ai la chance de lui parler du coronavirus seule à seul, mon objectif étant de lui faire un point sur les différents scénarios. Je ne peux pas sortir lui parler sur le boulevard, trop bruyant un samedi soir. La situation est singulière, car le seul lieu isolé du cinéma est un petit escalier qui monte aux toilettes, sur les marches duquel je me recroqueville. Tout est sombre autour de moi ; en bas, j'aperçois seulement la porte d'entrée qui donne accès à la salle où le film se poursuit. Le son diffus me parvient. Je suis concentrée. Je sais ce que je m'apprête à lui dire. De cette impasse exiguë, je peux enfin lui faire état de mon pressentiment.

« Monsieur le Président, voilà le tableau tel que je l'imagine dans les semaines ou mois qui viennent. » Je lui développe l'image du tsunami que personne ne voit venir, expliquant que cela commence doucement mais que les choses vont s'accroître brutalement car le temps de doublement des cas s'accélère dans le monde. Je lui évoque la perte de la croissance mondiale qui devrait selon moi se situer autour de 8 à 10 points de PIB, que les pays vont se fermer, les vols internationaux s'arrêter. J'essaye d'illustrer ce que veulent dire les chiffres de contagiosité ou de mortalité (apparemment vingt fois plus létal que la grippe et deux à trois fois plus contagieux, si l'on en croit les chiffres provenant de Chine). Je lui fais part de la stratégie employée par tous les États : ralentir la vague pour que les hôpitaux tiennent le choc, ce qui veut dire confiner et mettre le pays à l'arrêt comme en Chine, sans quoi les services d'hospitalisation ne pourront pas absorber un afflux de cas graves dans un temps si réduit… Je le sens silencieux au bout du fil, il est sans doute interloqué. Il me pose des questions sur l'OMS et la Chine. J'explique que l'OMS pense encore que la Chine peut endiguer la contagion au niveau mondial et que ce que nous faisons pour l'instant porte ses fruits, puisqu'il n'y a pas de cas autres qu'importés ou tracés. Le jour où des cas dont on ne connaît pas l'origine apparaîtront, cela voudra dire que le virus est en circulation dans la population générale et que la bataille est perdue. Enfin, si la pandémie arrive, cela durera plusieurs mois, au minimum un an, car tant qu'il n'y aura pas d'immunité populationnelle comme dans toute épidémie, le virus reviendra d'une façon ou d'une autre sur notre territoire et engendrera des cas graves. Je lui dis qu'il me semble illusoire d'imaginer arrêter la progression de l'épidémie car il est impossible de fermer les frontières internationales, de mettre tous les pays du monde sous cloche en même temps et d'arrêter tout le fret ou les transports du monde entier pendant un an ou plus. J'ajoute enfin que le virus va probablement faire le tour du monde et devenir endémique, et que si l'on veut que cela soit gérable en termes d'hospitalisation, il faut que plus de 60 % de la population mondiale soit amenée à l'attraper (à cette période, en l'absence de vaccin, je croyais encore à la possibilité d'une immunité populationnelle).

La conversation dure bien quarante minutes. Il me semble très attentif et préoccupé.

Je retourne m'asseoir pour voir la fin du film avec le sentiment du devoir accompli.

Dimanche 9 février

- Monde : 40 100 cas, selon le site du Johns Hopkins.
- France : 11 cas bien tracés. Pas de chaîne de diffusion.
- Troisième opération de rapatriement de Français de Hubei, sur un vol britannique.

Départ en Falcon à 7 heures pour une journée dédiée au cluster des Contamines-Montjoie, en passant par Saint-Gervais puis au CHU de Grenoble. Je ne parvenais pas à trouver un trajet en train ou en avion qui me permette de faire dans la journée le circuit prévu avec des horaires serrés. Le PM m'a donc autorisée exceptionnellement à prendre un avion du gouvernement. En écrivant ces lignes, je comprends que c'est le premier « cluster » : c'est la première fois que les Français découvrent ce terme qui va devenir malheureusement familier dans les mois qui vont suivre.

Je commence par une rencontre avec les élus locaux à la mairie, puis départ vers le centre de prélèvement dédié, monté en une journée par l'ARS, les hôpitaux d'Annecy et la Croix-Rouge locale. Tout le monde porte un masque FFP2, considérant qu'il y a peut-être des malades parmi les contacts. Les personnes concernées font la queue dehors en attendant d'être appelées, examinées et testées. Je m'adresse aux familles en tentant de les rassurer mais l'ambiance est morose… Outre l'angoisse que les tests soient positifs, nous avons prévu de mettre tous les enfants quatorze jours en isolement alors que ce sont les vacances d'hiver et que la saison de ski bat son plein. Les parents sont désemparés, ne sachant comment ils vont les faire garder dans ce contexte. Je remercie évidemment les équipes mobilisées qui doivent gérer l'évaluation de plus de deux cents personnes en une journée. Cela fait beaucoup de monde stressé. Je termine par un bref point presse en sortant. L'Agence régionale de santé a fait du bon travail. Tout semble sous contrôle.

Après notre altercation de la veille, le maire de Saint-Gervais m'a finalement invitée très gentiment à déjeuner dans un hôtel, qui jouit d'une magnifique vue sur le Mont-Blanc. Nous passons un bon moment.

Moi au PR à 13 h 59 : « Monsieur le PR, je viens de finir la visite à Saint-Gervais et aux Contamines où j'ai rencontré les familles testées, les maires et les élus du département. Tout s'est très bien passé. Le dispositif est très lourd sur le plan organisationnel et aussi pour les familles qui doivent garder les enfants quatorze jours alors qu'elles travaillent et sont en pleine saison touristique… J'ai cependant moins d'inquiétude pour votre déplacement, sauf si les enfants de l'école s'avèrent positifs. J'aurai les résultats des premiers tests ce soir. L'ambiance pourrait alors changer si on met encore plus de monde en confinement… nous verrons bien. Je pars au CHU de Grenoble pour voir les Anglais hospitalisés. Bien à vous. »

Au CHU de Grenoble, le patient d'origine anglaise hospitalisé avec ses deux enfants va très bien. Il n'a pratiquement aucun symptôme. Et lors d'un long échange avec les équipes de soignants du service, nous évoquons les difficultés de l'hôpital public en présence d'Olivier Véran, député de la circonscription. Pour le coronavirus, la situation semble là encore parfaitement maîtrisée. Les équipes d'infectiologie connaissent leur métier et font preuve d'un professionnalisme serein.

Moi au PM à 16 h 59 : « Je termine le périple alpin. Tout est sous contrôle y compris avec les élus qui sont venus nombreux. On aura les résultats des tests dans les écoles ce soir tard. RAS côté hôpital de Grenoble. Très bon accueil. J'espère que ta campagne se passe bien. »

Le retour de Grenoble dans le Falcon est cauchemardesque en raison d'une tempête qui s'est déclenchée sur Paris dans l'après-midi, les vents dépassent les 130 kilomètres/heure. Même si j'ai confiance dans les pilotes militaires, le petit engin qui nous transporte rebondit comme une balle de ping-pong sur des rafales aussi violentes qu'erratiques. Tout le monde se tait. Cela faisait longtemps que je n'avais eu aussi peur en avion.

Quand j'atterris, le message du PM me parvient, envoyé à 17 h 28 : « Suis dispo si tu as 5 min au tél. »

Moi à 18 h 45 : « Pire atterrissage de ma vie… »

19 h 06 : Arrivée à Orly épuisée, ayant vidé mes surrénales, je dois joindre le secrétaire d'État à la protection de l'enfance, Adrien Taquet, au sujet de la proposition de loi évoquant le deuil d'un enfant. Nous devons définir ensemble la stratégie à adopter avant le passage du texte au Sénat. Discussion peu habituelle sur le tarmac d'un aéroport dans un vent glacial, mais j'ai peur que cela coupe si je rentre dans le bâtiment.

Puis, dans la voiture qui me ramène à la maison ce dimanche soir, j'en profite pour envoyer mes derniers messages.

Moi au PM 19 h 53 : « Les premiers enfants testés qui étaient à haut risque et symptomatiques sont tous négatifs. Nous attendons le deuxième groupe non symptomatique dans la nuit. Comme quoi le pire n'est jamais certain. »

PM : « Très bonne nouvelle ! »

JS 20 h 35, me fait un rapport du point presse qu'il vient de tenir :

« Peu de questions. Ai annoncé que les tests enfants seraient tous connus demain soir car moitié disponible et négative. »

Moi : « Ils ont dit que tous les enfants étaient négatifs… on verra bien. J'espère que tu vas pouvoir te coucher tôt ! Merci Jérôme, c'était une bonne séquence [234]. »

JS : « Non France Info a bien repris 21 tests négatifs sur 46 réalisés. Bonne soirée. »

234. Je parle ici du professionnalisme des équipes des hôpitaux d'Annecy et de Chambéry, comme de la Croix-Rouge et de l'ARS qui ont géré toute cette organisation complexe avec l'angoisse des parents.

Moi : « C'est France 2 qui a dit 46 négatifs. »

JS : « Ils n'ont pas compris… »

Il me semble que le point presse que nous tenons depuis le 21 janvier montre combien nous prenons le sujet très au sérieux. Pourtant, la gestion des cas étant bien maîtrisée par le gouvernement, je constate qu'il y a de moins en moins de journalistes présents et de moins en moins de questions.

GE 21 h 05 : « Bonsoir j'espère que ta journée s'est bien passée quand même. Pour ton info, sur les 22 personnes à risques élevés : 11 résultats négatifs. Les autres prélèvements seront disponibles à 15 heures demain, notamment les 5q de l'école Montessori. Ce qui est intéressant sur les symptomatiques est qu'on retrouve soit de la grippe soit d'autres coronavirus. Bon repos si tu peux. Cabinet PM avisé du dernier point de situation à mon niveau. G. »

Moi : « Parfait, merci beaucoup. Oui je vais me coucher et viendrai vers 10 heures demain… C'était très bien par ailleurs. »

GE 21 h 10 : « Bon repos. Moi j'ai pu recharger, il faut dormir !!! »

Moi 21 h 17 : « Je vois bien de quoi tu parles. »

Trop de nuits blanches et de réveils aux aurores pour ne pas profiter de cette soirée. À peine 21 h 30, je décide cependant de me coucher immédiatement car la semaine va démarrer sur les chapeaux de roues.

Dans le *JDD* du dimanche 9 février, pas un mot des Contamines-Montjoie, un petit article en fin de journal évoque les problèmes économiques rencontrés par les entreprises françaises basées en Chine en raison d'une épidémie qui sévit là-bas.

Semaine 6

Lundi 10 février

Point CORRUSS à 8 heures :

- Chine : 40 164 cas, dont 29 631 à Hubei ; 871 décès, soit 97 % du total.
- Monde : 40 540 cas ; 910 décès (dont 1 Japonais, 1 USA, 1 Philippine et 1 Hong Kong.
- Hors Chine : 376 cas (<1 %) 28 pays et 4 décès, 1 Japon ; 1 USA, 1 Philippines et 1 HK).

- `Europe : 40 cas exportés.`
- `France : 11 cas et fermeture de trois écoles. Plus d'une centaine d'enfants en quarantaine, tous testés négatifs.`

Mail de JS à 8 h 18 : « Bonjour, point actualisé ce matin. La mortalité dépasse le MERS désormais mais avec une létalité beaucoup plus faible[235]. L'OMS envoie une équipe pour comprendre la situation dans le Hubei.

« 21 premiers tests des contacts du cluster 74 (Haute-Savoie) négatifs.

« 32 tests personnes contact en attente.

« Nouveaux tests ce matin (école Montessori fermée).

« Tests des rapatriés à Aix arrivés hier négatifs. »

Au ministère, les personnes qui demandaient un rendez-vous avec moi depuis des mois ont enfin réussi à avoir leur créneau. Le premier concerne le revenu universel d'activité (RUA), annoncé par le PR en 2018 et qui doit, à terme, remplacer le revenu de solidarité active (RSA), vaste chantier techniquement parlant et, politiquement, je n'en parle même pas… Nous travaillons avec ma secrétaire d'État Christelle Dubos et son équipe. Puis, pour changer, un moment de préparation du projet de loi sur les retraites, qui sera suivi, encore et toujours, ce soir, d'un dîner avec les parlementaires pour discuter des mesures en présence du secrétaire d'État Laurent Pietraszewski.

Entre deux rendez-vous, je veux régler la question des municipales avec le couple exécutif. J'ai rencontré deux fois Benjamin Griveaux au cours de ces dernières semaines pour en parler, mais je ne me sens pas de faire campagne. Même apparaître sur une liste, je n'y tiens pas. Le candidat à Paris est en train de finaliser les listes et me propose de représenter LREM soit dans le 6ᵉ soit dans le 15ᵉ, l'arrondissement où j'habite étant déjà attribué à une maire sortante. Il faut négocier des alliances, discuter de la stratégie, je n'ai pas le cœur à cela. Ces élections tombent vraiment trop mal pour moi, vu la période. Je préviens le Premier ministre dans la

235. La mortalité, c'est le nombre de décès lié au coronavirus qui a dépassé le nombre de décès liés au MERS. La létalité, correspond au nombre de décès sur le nombre de cas, c'est donc un taux.

matinée car les questions de toutes parts deviennent de plus en plus pressantes.

Moi au PM 11 h 50 : « J'ai décidé de ne pas aller aux municipales. Je ne l'ai pas rendu public pour l'instant. »

Pour une fois, je réussis à être présente aux QAG à l'Assemblée. Marine Le Pen pose la quatrième question des parlementaires sur le coronavirus. C'est le sujet qui émerge dans les médias : beaucoup de nos médicaments sont fabriqués en Chine (en réalité, ce sont plus précisément les principes actifs chimiques [236], les médicaments sont ensuite fabriqués en Europe), et la fermeture de la Chine risque de poser problème. Elle s'inquiète donc des possibles pénuries à venir. Le ton est correct et la question pertinente. Le ton de la réponse le sera donc tout autant : nous sommes vigilants et les industriels disposent de stocks de trois mois, depuis le plan de lutte contre les pénuries que le gouvernement a mis en place en 2018.

17 h 30 : Retour au ministère. Avec Frédérique Vidal, nous avons organisé une réunion sur le coronavirus avec des chercheurs du réseau REACTing. Le déroulé prévoit qu'ils nous fassent une présentation de l'état des connaissances sur le virus et l'épidémie. Sont présents le Pr Yazdan Yazdanpanah (chef de service d'infectiologie à Bichat et responsable du réseau REACTing), le Dr Arnaud Fontanet (épidémiologiste de l'Institut Pasteur), Sylvie Van Der Werf (directrice du Centre national de référence des coronavirus de Pasteur), le Pr Geneviève Chêne (directrice générale de Santé publique France) et un ou deux autres spécialistes.

Notre objectif est d'obtenir des personnes les plus expertes un point complet sur les caractéristiques du virus connues à cette date, comme la contagiosité, la virulence, la létalité, les facteurs de risques, l'immunité post-infection, sa durabilité, le risque de mutation, le mode de transmission, les traitements susceptibles de pouvoir être utilisés. Je suis très inquiète de la persistance du virus sur les surfaces.

236. La Chine est un grand producteur de principes actifs qui entrent dans la fabrication des médicaments, et donc dans les chaînes de production des usines européennes. La mondialisation, due au faible coût de la main-d'œuvre, en est une des raisons, mais la principale raison, peu connue, est liée au fait que les normes environnementales européennes très strictes ont favorisé la délocalisation des usines chimiques très polluantes dans des pays moins regardants comme la Chine et l'Inde. On a délocalisé notre pollution…

J'ai lu quelques articles évoquant que ce virus serait viable plusieurs jours sur du métal par exemple, comme le virus de la grippe, ce qui implique qu'on s'infecterait par les poignées de porte... Personne malheureusement ne semble en mesure de nous dire quoi que ce soit de très précis. Certains experts insistent sur le lavage des mains comme mesure barrière efficace, mais la présence d'ARN viral détectable par PCR ne veut pas forcément dire que le virus soit viable et capable d'infecter quelqu'un. Ce peut être un simple fragment. J'espère dans mon for intérieur que l'OMS a coordonné des équipes de recherche pour travailler sur les modes de contamination, mais cela n'a pas l'air de beaucoup intéresser alors que c'est pourtant le fondement des mesures de santé publique que nous allons devoir prendre. Difficile de savoir qui fait quoi et qui coordonne les efforts nationaux et internationaux. Je les mitraille de questions, mais je n'apprends rien de particulier. Ils travaillent avec les informations que livre l'OMS et avec les quelques publications scientifiques qui viennent de Chine. C'est donc une littérature que je lis aussi, ce qui explique qu'on dispose des mêmes éléments. Tout cela se conclut par un point presse collectif au cours duquel la ministre de la Recherche et moi-même, entourées des experts, rendons compte de ce que nous avons entendu.

J'ai un regret après cette réunion. En écoutant ces chercheurs, j'ai eu l'impression d'un flottement. Il ne semble pas y avoir de coordinateur. Cela fait pourtant plus d'un an que Frédérique Vidal et moi avons demandé de transformer l'Agence nationale de recherche sur le sida et les hépatites, afin qu'elle élargisse ses missions aux maladies infectieuses émergentes. En effet, cette agence a été spécifiquement créée pour structurer et accélérer la recherche à l'arrivée du sida dans les années 1980. Mais, trente-cinq ans plus tard, les médicaments contre le VIH sont essentiellement développés par l'industrie pharmaceutique et l'agence végète. Nous avons maintenant besoin de transposer la même dynamique de recherche, celle qui existait à l'époque, aux nouveaux risques infectieux. Malgré la lettre de mission que Frédérique Vidal et moi-même avons envoyée au nouveau directeur de l'Inserm (tutelle de l'ANRS) [237], cette tergiversation est liée à la crainte des réactions

237. Nous lui en avions fait part à sa nomination en janvier 2019, et devant l'inertie, nous lui avions renvoyé une lettre de mission datée du 7 octobre 2019 qui dit notamment : « Les enjeux des maladies émergentes sont également au premier rang des préoccupations de notre pays et vous contribuerez aux réflexions qui devront

du monde du sida, notamment d'associations qui auraient pu s'indigner que le sida ne soit plus une absolue priorité, ou de Françoise Barré-Sinoussi, découvreuse du virus du sida et prix Nobel de médecine, et de Jean-François Delfraissy, précédent directeur de l'ANRS, car l'agence était en quelque sorte « leur bébé ». Un changement de mission et de directeur aurait risqué soi-disant de faire trop de bruit, avec une presse négative en raison de leurs très forts relais médiatiques.

Malheureusement, à l'issue de cette réunion qui ne m'apprend rien que je ne savais déjà, je me dis qu'une agence dédiée aux maladies émergentes va potentiellement grandement nous manquer. Je regrette que nous n'ayons pas réussi à faire évoluer l'ANRS avant la crise en raison de la frilosité et de l'inertie des acteurs, alors que c'était un de mes objectifs en arrivant au ministère[238].

GE 19 h 08 : « Tous les enfants à risque sont négatifs y compris Montessori. »

Bulletin du CORRUSS : Cas de rougeole groupés dans un squat de Strasbourg.

Encore et toujours ces maladies infectieuses qu'on croyait oubliées.

Mardi 11 février

Point CORRUSS à 8 heures :

- Chine : 42 645 cas, dont 31 728 cas à Hubei ; 974 décès (97 % du total).
- Monde : 43 109 cas.
- Hors Chine : 464 cas (<1 %) 28 pays et 4 décès (1 Japon, 1 États-Unis, 1 Philippines, 1 à Hong Kong).
- Europe : 45 cas.
- France : toujours les 11 cas confirmés.
- L'OMS organise une première réunion d'experts à Genève sur les stratégies de traitement et les potentiels vaccins.

---

permettre de mieux mobiliser l'ANRS, sur un front plus large que ses missions actuelles et d'intégrer son expertise dans la stratégie globale. »

238. Les missions de l'ANRS ont finalement évolué en 2020, après la pandémie de Covid, et l'agence est maintenant dédiée, entre autres, aux maladies émergentes. Le Pr Yazdan Yazdanpanah en a pris la direction.

- Envoi du huitième message MINSANTE aux ARS faisant la synthèse de la doctrine de test et de traçage, leur demandant de se mettre en configuration de niveau 2 avec une plateforme de veille et de traitement des urgences renforcée.

Mail de JS à 8 h 12 : « Bonjour, le point actualisé ce matin !

« Tedros dit désormais être inquiet de la diffusion hors de Chine, de l'existence de clusters et surtout de la possibilité d'une diffusion non repérée…

« Les experts sont réunis à Genève ce jour, la plupart sont inquiets et pensent que plusieurs épidémies sont en cours ou vont se déclarer à l'étranger, qu'il ne sera plus possible de focaliser nos démarches diagnostiques sur les seuls retours récents de Chine et qu'il est important de prendre en compte jour après jour toutes les zones où circule activement le virus (quand on le sait…).

« De fait, nous avons un risque accru de passer à côté d'importations et de découvrir tardivement des clusters, ce qui aurait pu se passer aux Contamines si les Anglais n'avaient pas pensé à tester leurs ressortissants revenus de Singapour !

« Mais il me paraît très important de continuer à investiguer en profondeur tous les foyers en cours pour freiner, lisser, ralentir, en finir avec l'épidémie de grippe dont le pic est attendu dans deux semaines et se préparer avant le démarrage d'une épidémie à nCov.

« J'espère me tromper… »

Pour la première fois, le directeur général de l'OMS dit en langage diplomatique être « inquiet » que l'épidémie se diffuse hors de Chine et se propage au-delà de ce que nous observons, c'est-à-dire à bas bruit. Les consignes de l'OMS aux pays pour limiter la propagation du virus restent assez peu précises et, selon moi, l'opinion publique mériterait d'être alertée plus ostensiblement. Ainsi, nous risquons de passer dans les semaines qui viennent à la phase 2 de l'épidémie, puis 3, phase où le virus va apparaître chez des personnes n'ayant pas voyagé et pour lesquelles nous ne pourrons pas en tracer l'origine[239]. Pour l'instant, il n'y a encore

239. La phase 2 correspond à l'apparition de plusieurs clusters, mais avec chaque fois un point de départ identifié, c'est la phase pré-épidémique. La phase 3 correspond à la phase épidémique à proprement parler, celle où tout le monde peut tomber malade sans qu'on puisse déterminer le point de départ de la contamination.

aucun cas de ce type en Occident à ma connaissance car le virus a été diagnostiqué uniquement chez des personnes revenant de Wuhan, ou chez des contacts directs comme en Allemagne, ou le cluster des Contamines. Ainsi, nous sommes toujours en phase 1. Notre objectif est de freiner, autant que possible, l'entrée du virus sur le territoire et de circonscrire les clusters pour gagner un peu de temps. Cette phase 3, quand elle arrivera, impliquera une mise en tension de tout le système de soin de ville comme hospitalier.

Une troisième réunion avec l'ensemble des acteurs de soin est donc prévue par JS pour leur donner toutes les informations dont nous disposons et les aider à se préparer. Cette fois encore, des documents explicatifs et préparatoires sont envoyés à tous les participants. Cette fois encore, le président du Conseil national de l'Ordre des médecins est absent.

Lors du petit-déjeuner hebdomadaire des chefs de file de la majorité qui se tient tous les mardis à Matignon, les discussions s'éternisent autour du projet de loi sur le deuil d'un enfant et autour de celui des retraites. Bien qu'il s'agisse de mes sujets, je m'éclipse avant la fin pour rejoindre la conférence nationale du handicap qui se tient à l'Élysée. C'est un moment important, le président de la République a décidé de fêter les 15 ans de la loi sur le handicap de 2005 avec tous les principaux acteurs du champ. Les prochaines étapes visent à faire progresser l'accès au droit, à l'emploi et à la santé. On m'a simplement prévenue la veille au soir que je devais animer une table ronde devant le public présent, plus de 200 personnes spécialistes de ces questions. En l'apprenant, j'ai râlé contre mon cabinet, qui de son côté a rejeté la faute sur les organisateurs et sur l'Élysée. Impossible de savoir le fin mot de l'histoire. La secrétaire d'État aux personnes handicapées Sophie Cluzel doit parler du problème des MDPH (Maison départementale des personnes handicapées), des structures départementales qui fonctionnent mal et sur lesquelles l'État n'a pas la main, je dois quant à moi intervenir sur l'accès à la santé pour les personnes en situation de handicap. Pendant le court trajet vers l'Élysée, je griffonne quelques idées clés sur un petit bout de papier tiré de mon sac. Au moment de monter sur l'estrade pour prendre la parole, je comprends que j'aimerais m'enfuir. Être exposée ainsi aux yeux de tous, même si je connais un peu le sujet, mais sans avoir pu travailler auparavant, m'est insupportable.

Avec mon directeur de cabinet, nous enchaînons sur notre déjeuner mensuel avec Anne de Bayser, la secrétaire adjointe de l'Élysée qui dirige le pôle social et santé, et qui attend probablement comme moi l'arrivée d'un conseiller en charge de la santé auprès du PR. Je sais qu'ils ont des candidats potentiels que je connais bien, mais on ne semble pas vouloir de mon avis. La discussion poursuit celle du mois précédent sur l'hôpital, les avancées de la concertation sur le revenu universel d'activité et de la loi grand âge et autonomie. Nous finissons le repas sur la nomination du futur délégué interministériel à la pauvreté.

Puis départ en courant aux QAG.

Les quatre questions au gouvernement qui me sont attribuées ce jour-là portent sur les pénuries de médicaments (dont l'une est liée à la fermeture des frontières de la Chine), la vente en ligne des médicaments, et la lutte contre la pauvreté. L'inquiétude d'une éventuelle épidémie ne semble pas encore être dans les esprits.

Pourtant j'ai commencé à alerter de mon pressentiment un certain nombre de parlementaires, notamment les médecins, comme mon ami le député Thomas Mesnier, dans les couloirs du palais Bourbon, les non-médecins paraissant encore plus loin du sujet. Tous semblent anticiper une épidémie comparable à celle de la grippe.

Nous sommes à cinq jours seulement de l'ouverture des débats à l'Assemblée sur la loi instaurant un système universel de retraite. La fin d'après-midi enchaîne sur son lot habituel de réunions à Matignon sur le sujet, cette fois-ci pour faire avancer les thèmes de la pénibilité et de l'emploi des seniors, en présence de Muriel Pénicaud, Gérald Darmanin et Olivier Dussopt. L'ambiance est tendue, la loi est déjà en discussion en commission et ces sujets majeurs et terriblement complexes ne sont toujours pas réglés : comment identifier la pénibilité ? comment la mesurer ? comment favoriser l'emploi des seniors ?

JS : « *Good News*, il devrait y avoir deux sorties de personnes guéries demain ! Bon courage à toi. »

Moi : « Super, merci. »

En rentrant, il me faut préparer plusieurs présentations pour le Conseil des ministres du lendemain, dont un micro-article du projet de loi de simplification qui vise à faire évoluer l'encadrement de la publicité en médecine.

Il s'agit de la transposition d'une directive européenne à laquelle je suis opposée mais pour laquelle, contre toute attente, le Conseil d'État a donné un avis favorable. Je m'inquiète à l'idée que tous les médecins puissent faire de la publicité. J'échange avec mon directeur de cabinet et lui demande de me clarifier l'article. Il me répond.

RLM à 21 h 43 : « Pour le Conseil des ministres, l'assouplissement des règles de publicité pour les actes médicaux ne vise que les actes de chirurgie esthétique (par opposition avec les actes de chirurgie reconstructrice). »

Moi : « Cela ne s'applique pas à tous les médecins ? juste l'esthétique ? »

RLM : « Le projet de loi ne vise que les actes de chirurgie esthétique… »

Je rentre chez moi quelque peu rassurée, même si la publicité n'est pas ma conception de la médecine, cela paraît très circonscrit.

L'OMS a convoqué aujourd'hui sa première réunion de scientifiques pour coordonner la recherche internationale sur le coronavirus. Mon mari, médecin et également chercheur sur le vaccin contre le VIH, est donc parti hier soir pour Genève et passe quelques heures au côté d'un expert chinois arrivant de Shanghai qui tousse à côté de lui et ne porte pas de masque. Certes, ce n'est pas recommandé, sauf pour les personnes symptomatiques. Mais là, force est de constater que le monsieur tousse beaucoup… Aucun gel hydroalcoolique à disposition, pas de masque non plus. Ils n'ont pas l'air trop inquiet à l'OMS…

J'apprends par mon cabinet qu'au cours de cette réunion certains scientifiques ont évoqué des délais plus longs pour la période d'incubation. Cela me stresse un peu, car tout l'isolement que nous mettons en place est basé sur ces quatorze jours d'incubation maximale ! Si les malades sont contagieux pendant trois semaines, cela remet en cause toute la stratégie depuis le début…

J'apprends aussi avec un certain amusement que Jean-François Delfraissy, présent à cette réunion [240], a pris la parole lors de la

240. Il a semble-t-il été invité en tant que président du Conseil consultatif national d'éthique (CCNE) pour les questions éthiques qui pourraient se poser.

visioconférence avec le directeur du CDC chinois (Center for Deseases Control), le Dr George Gao. Voulant peut-être se démarquer de ses collègues, il est intervenu ainsi : « Il ne faut pas négliger le risque de transmission par voie sexuelle. »

Silence gêné dans la pièce. Le patron du CDC chinois, le moment de surprise passé, a agité négativement les mains et a répondu avec une pointe d'agressivité non dissimulée : « *No, no... respiratory... respiratory !* »

Mercredi 12 février

- Monde : 45 200 cas.
- Le coronavirus vient d'être renommé Covid-19.
- Deuxième réunion des ministres de la Santé du G7 qui porte sur la capacité des pays de mitiger le virus une fois qu'il a pénétré sur le territoire, sur les mesures à prendre (quarantaine obligatoire à domicile ou dans des structures *ad hoc*, durée de la quarantaine).
- Confirmation du refus d'envoyer des équipements de protection individuels (EPI) en Chine suite à une demande du MAE.
- Jérôme Salomon confirme au SGDSN qu'il faut constituer un stock stratégique de FFP2 à 29 millions.
- Envoi du neuvième MINSANTE aux ARS sur les points d'entrée sur le territoire.

Nous commençons par échanger avec mon directeur de cabinet sur la grève des médecins hospitaliers et leur manifestation prévue dans deux jours.

Moi à RLM 8 h 58 : « Raymond, je t'ai envoyé un mail. Regarde-le pour la trilatérale. »

RLM : « Vu. Je suis à Matignon sur la réunion multilatérale retraites. Pour les chefs de service, part-on du principe que l'on nous a fait une demande d'audience en bonne et due forme ? »

Moi : « Oui. »

En effet, comme il ne s'agit pas d'un syndicat organisé mais d'un collectif plus spontané, les voies de communication et les cadres de concertation sont assez inhabituels. Nous devons donc nous adapter à des méthodes de contact un peu iconoclastes, comme des textos ou des lettres ouvertes qui nous interpellent directement par voie de presse… en espérant qu'elles nous parviennent.

Petit-déjeuner avec Christelle Dubos puis départ au Conseil des ministres où nous devons exposer en partie les résultats des mesures sociales prises depuis notre arrivée au ministère.

Alexis Kohler me demande en arrivant : « Mais qu'est-ce que tu as dit au PR l'autre soir ? Tu as réussi à lui faire peur ! »

Je comprends que j'ai marqué un point en faisant part au PR de mon pressentiment samedi soir au cinéma.

Je réponds à AK sur un ton peu amène : « Heureusement, que je lui ai fait peur ! »

Puis je regagne ma place protocolaire.

Il y a déjà quelque temps que je tenais à parler seule au PR pour partager avec lui ma vision de ce qui pouvait arriver. Il m'était impossible de l'évoquer de façon aussi brutale en Conseil des ministres sans risquer que cela fuite dans la presse. Je mesure que mon discours dystopique a pu paraître alarmiste, imaginant mettre à l'arrêt l'économie mondiale et placer les populations en isolement. La seule fois où, quelques jours plus tôt, j'ai très clairement expliqué en Conseil des ministres que si 10 millions de personnes étaient touchées en France, à l'instar d'une grippe sévère, cela aboutirait mathématiquement à 200 000 morts en tenant compte du taux de létalité de 2 % annoncé par le gouvernement chinois, sauf à empêcher les interactions humaines pour éviter d'avoir autant de malades, je n'ai pas le souvenir d'avoir eu un retour de mes collègues en dehors de Bruno Le Maire qui, inquiet, est venu m'en reparler à la sortie. Ces projections sont évidemment difficiles à intégrer quand tout va bien. Trop abstrait, trop lointain, trop hypothétique. Il faut dire que tout cela se passe en Chine, qu'il n'y a pas de mobilisation internationale visible, et qu'enfin les experts qui prennent la parole n'aident pas à sensibiliser l'opinion en continuant d'expliquer, comme pour s'en autoconvaincre, que ce ne sera pas pire qu'une grippe.

Et, à leur décharge, aucune alerte extérieure n'est encore parvenue au ministère depuis le début de cette histoire. Aucun message reçu d'équipes d'instituts de recherche comme l'Inserm, le CNRS ou l'Institut Pasteur, de Santé publique France, ou du Haut Conseil de Santé publique, de l'Académie de médecine, de sociétés savantes d'infectiologie ou de santé publique, ni même un courrier individuel d'un médecin ou d'un chercheur français. Il est donc probable, et somme toute assez naturel, que le ministère de la Santé soit la seule source à évoquer de tels scénarios avec le couple exécutif ou les ministres.

Au Conseil des ministres de ce mercredi 12 février, le président de la République prend la parole sur les chapeaux de roues, comme toujours avant même que tout le gouvernement soit assis, nous signifiant ainsi chaque semaine que nous n'avons pas de temps à perdre.

Son objectif est de mobiliser ses ministres pour les municipales pendant les dix jours qui restent avant que la période de réserve n'impose le silence au gouvernement. Son retour sur les échanges qu'il a eus avec les parlementaires de la majorité permet de juger de l'ambiance. D'abord, il fait remarquer que tout se retrouve toujours immédiatement dans la presse. Pour l'avoir vécu également lorsque je préparais le texte sur l'aide médicale de l'État (AME) [241], je sais que cela n'incite pas au travail en commun avec les parlementaires car n'importe quelle hypothèse évoquée, même en l'air, revient en boomerang dans un titre assassin. Ensuite, il fait part de leur mécontentement de ne pas être assez reçus par les ministres ou leur cabinet. Il est clair qu'avec des cabinets limités à dix conseillers, on est moins prompt à recevoir les trois cents parlementaires de la majorité que les cabinets d'antan qui comptaient cinquante personnes.

Il évoque ensuite le projet de loi sur les retraites et les points d'attention, notamment autour des amendements qui auront un coût. Une journée de multilatérale avec les partenaires sociaux aura lieu demain à Matignon pour parler minimum contributif (MICO), fins de carrière et pénibilité.

---

241. L'aide médicale de l'État sert à couvrir les soins indispensables pour les personnes en situation irrégulière et non-demandeurs d'asile (qui eux bénéficient de l'assurance maladie). Elle vise à éviter un non-recours aux soins qui entraînerait de nombreuses conséquences néfastes en termes de dépenses (les complications en cas de retard de prise en charge coûtent finalement plus cher, et il y a un risque épidémique en cas de maladies infectieuses). Ce système est malheureusement dévoyé non pas par les personnes migrantes en situation irrégulière mais par des personnes qui viennent faire du tourisme médical tout à fait programmé en se faisant passer pour des sans-papiers. Un texte de loi a durci les conditions d'accès à trois mois sur le territoire pour parer cette dérive mais n'a pas modifié le périmètre des soins car j'y étais radicalement opposée.

Puis, il nous remercie, le Premier ministre et moi-même, de la très bonne gestion de la crise du coronavirus, raison pour laquelle, selon lui, on n'en entend pas parler dans les médias [242].

La secrétaire d'État Christelle Dubos et moi enchaînons sur les résultats des actions menées en faveur d'une plus grande justice sociale. Il est question du 100 % santé pour le remboursement des lunettes, prothèses auditives et dentaires, de la Complémentaire santé solidaire qui remplace et étend la CMU-C (Couverture maladie universelle complémentaire) à 10 millions de Français précaires (contre 6 millions), du plan de lutte contre la pauvreté (mixité sociale en crèche, petits-déjeuners gratuits à l'école en zone REP et REP+, cantines à 1 euro, etc.) et de la prime d'activité qui a été rehaussée de 100 euros au SMIC, après la crise des Gilets jaunes. Nous évoquons également les mesures en réflexion autour des mille premiers jours de l'enfant (l'idée étant de mettre en place un accompagnement des parents de la naissance aux 3 ans) [243], et les mesures déjà en construction, comme le revenu universel d'activité ou le service de recouvrement par les caisses d'allocations familiales des impayés de pensions alimentaires, réforme prévue pour être effective en 2021. À mon grand dam, ces mesures sociales font rarement la une des journaux car le gouvernement serait notoirement de droite.

Puis nous poursuivons avec un conseil de défense écologique où il est question d'étendre les aires protégées, pour atteindre 30 %, empiétant largement sur l'heure du déjeuner.

Je découvre en récupérant mon portable à la sortie du Conseil des ministres le message de JS, envoyé à 11 h 45 : la photo souriante de l'équipe de Bichat avec le jeune couple de touristes chinois qui sort guéri du service. Tout le monde a l'air radieux.

Nous soufflons un peu.

16 heures : Se tient la deuxième conférence téléphonique du G7 avec les ministres de la Santé de l'Allemagne, du Canada, de l'Italie,

242. À cette période, mi-février, après l'inquiétude initiale des rapatriés, puis du cluster des Contamines-Montjoie, on a en effet le sentiment que la situation s'apaise.

243. Ce projet des 1 000 premiers jours de l'enfant sera présenté par Adrien Taquet dans le courant de l'année 2020.

du Japon, du Royaume-Uni, et des États-Unis. Toujours compliqué, ces conférences téléphoniques à sept ministres, en anglais, autour de la pauvre pieuvre grise qui crépite un peu.

La ministre canadienne parle avec un débit totalement incongru pour une réunion avec des non-anglophones, et le ministre japonais parle avec un tel accent que, pour deux interlocuteurs sur sept, j'identifie un risque non négligeable de mauvaise interprétation. Mais Alex Azar, le ministre américain[244], reprend la parole, synthétise et conclut ainsi : nous sommes tous inquiets de la diffusion hors de Chine et du passage à la phase 2 puis 3 dans nos pays, et surtout du fait que nous n'avons aucune information sur la réalité de ce qui se passe dans les hôpitaux chinois pour juger de la gravité et des mesures à prendre. Comment anticiper si on ne sait rien de la contagiosité réelle ? du nombre de cas asymptomatiques ? Qui testent-ils en fait pour donner ces chiffres épidémiologiques ? Quel est le vrai dénominateur pour juger de la gravité et de la mortalité ?

On promet de se rappeler dans une semaine dès que nos instituts de Santé publique auront travaillé sur de nouvelles modélisations.

À 17 h 29, je découvre un tweet venant en théorie d'un hôpital de Wuhan et illustré d'une photo. Celle-ci montre un attroupement de quelques personnes autour de sacs mortuaires noirs à même le sol, contenant, vu leur taille, des cadavres d'enfants. Impossible de dater la scène et même de savoir où elle a été prise, si ce n'est qu'il s'agit de l'Asie.

Je l'envoie à Jérôme Salomon avec un commentaire : « Les autorités chinoises mentent-elles ? » Sentiment de vertige : et si cela touchait plus les enfants que ce qu'ils ont bien voulu nous dire ?

Moi au PM 19 h 22 : « Bonsoir Édouard,

« Un petit point coronavirus post-réunion du G7 : Le ton de la conf call a changé par rapport au précédent échange d'il y a dix jours. La question des vols, des frontières et des consignes aux voyageurs a disparu au dernier rang des préoccupations. La stratégie de mitigation de la pénétration du virus nécessite d'être harmonisée dans nos pays. Tout le monde comprend que la mise en quarantaine dans des lieux fermés est impossible dès qu'on touche à des

244. Le sommet annuel du G7 a une présidence tournante. En 2020, c'était au tour des Américains d'organiser le G7, et donc de leur responsabilité diplomatique d'animer les débats.

grands nombres. Nous savions que ce que nous avons fait pour les rapatriés avait pour but de rassurer et de ralentir l'entrée sur le territoire mais que cela ne peut l'empêcher à terme. Il va falloir que les gens restent chez eux volontairement s'il y a plus de cas. L'impact sociétal et sur le système de santé va dépendre des modélisations, mais aucun pays n'y arrive car les informations des autorités chinoises ne sont pas claires. Des experts de l'OMS sont sur place aujourd'hui et cela pourra peut-être nous aider. Les Américains vont proposer des modèles pour notre prochaine réunion dans une semaine. Le *black-out* en Chine se poursuit. Les deux blogueurs qui couvraient l'épidémie ont disparu. Il n'y a plus d'image. Nous sommes tributaires de leurs annonces. Notre CAS [245] sur place dit que l'ambiance est très lourde et très sécuritaire (tu dois avoir des infos *via* l'ambassade). Seule bonne nouvelle, le couple de Chinois est sorti de Bichat aujourd'hui et le patient de Bordeaux sort demain. Je prépare tout notre système de santé mais il faudra faire un Conseil des ministres ou un Conseil de défense sur le sujet de la continuité des activités essentielles [246]. Les nouveaux cas pourraient être l'occasion d'alerter plus de monde.

« Amitiés. »

En fin d'après-midi, j'essaye de joindre le Pr Xavier Mariette, chef de file du collectif Inter-Hôpitaux, mais on se rate plusieurs fois. Nous devons caler rapidement une réunion de sortie de crise pour stopper la grève administrative du collectif de médecins. Des mesures financières ont été votées dans la loi en décembre et sont débloquées depuis début janvier, mais je veux aller plus loin avec eux et discuter de la question des salaires des soignants dans l'année à venir.

En attendant, tous les hôpitaux ont reçu leur dotation pour l'achat de matériel urgent. Tous organisent des réunions avec les chefs de service pour décider des achats prioritaires. J'apprends cependant par mes amis chefs de pôle et collègues parisiens que l'AP-HP n'a toujours pas communiqué en interne sur les 8 millions

245. Conseiller aux Affaires sociales ; les CAS sont présents dans quelques ambassades clés.

246. Mon sentiment à cette date est qu'il faut commencer à passer à une organisation intersectorielle pour préparer le pays à la phase d'arrêt probable.

d'euros qui sont arrivés au siège pour eux il y a un mois. Je comprends pourquoi ils ont toujours l'impression que rien ne se passe et continuent leur grève, et je m'énerve comme d'habitude contre la direction de l'AP-HP et son organisation bureaucratique en demandant à mon directeur de cabinet d'appeler dans la journée Martin Hirsch à ce sujet, sans me faire beaucoup d'illusions sur l'aide qu'il nous apportera.

Puis, comme à chaque fois, je double le message sur le G7 au président de la République :

Moi au PR à 19 h 16 : « Monsieur le PR, j'espère que votre visite se passe bien (Chamonix). Un petit point coronavirus post-réunion du G7… »

PR 19 h 25 : « Très bien donc on laisse sortir les gens demain. »

Moi au PR : « Oui, vendredi, J14 reste la norme pour tous les scientifiques et tous les pays (doutes méthodologiques sur l'étude en question) [247]. »

En quittant mon bureau ce soir-là, inquiète du peu de remontées des ARS et de l'inertie générale, je passe voir mon directeur de cabinet et décide qu'il est temps de sonner le branle-bas de combat. Il est absent, visiblement retenu en réunion à Matignon. Je dépose un post-it jaune bien en vue sur son bureau avec un ordre TTU [248] pour la DGS. J'y inscris la liste des remontées d'informations qui me paraissent manquer pour organiser la crise à venir : l'état des stocks nationaux (privés, publics, grossistes, officines…) en gel hydroalcoolique, en équipements de protection individuels, en respirateurs, en machines de circulation extracorporelle, en stocks d'oxygène, en saturomètres de pouls pour le suivi des malades en ambulatoire, et en capacités de télémédecine pour organiser le suivi à domicile des cas les moins sévères ; une doctrine claire sur les masques chirurgicaux et FFP2 à laquelle doit s'atteler le Haut Conseil de Santé publique ; un courrier à ma signature de mobilisation maximale des agences régionales de santé.

---

247. Un bruit avait couru lors de la réunion des chercheurs à l'OMS évoquant une étude avec une durée d'incubation et de contagiosité qui dépassaient les quatorze jours, remettant en question toutes nos procédures de traçage, de quarantaine et d'isolement des cas contact.

248. Très très urgent est le signe mis sur les notes ultra-prioritaires au sein des cabinets ministériels.

Jeudi 13 février

Point CORRUSS à 8 heures :
• Chine : 59 807 cas, dont 48 206 cas à Hubei ; 1 310 décès (96 % du total).
• Monde : 60 331 cas ; 1 369 décès (dont 1 Japon, 1 USA, 1 Philippines et 1 Hong Kong).
• Hors Chine : 519 cas (<1 %) 28 pays et 4 décès (Japon avec 218 cas sur un bateau).
• Europe : 43 cas importés ou contact.
• France : 11 cas confirmés, 9 hospitalisés dont 1 en réa, 2 guéris.

Mon équipe est sur le qui-vive et nous commençons tous cette journée sur les chapeaux de roues.

Dans un mail à destination de Jérôme Salomon, Raymond Le Moign a retranscrit toutes mes demandes laissées sur le post-it la veille :

« Demande de la ministre à la DGS de DISPOSER rapidement de :

« – L'état des stocks nationaux (privés, publics, officines…) en gel hydroalcoolique (SHA), en équipements de protection individuels (EPI), en respirateurs, en machines d'ECMO (circulation extracorporelle), en stocks d'oxygène, en saturomètres (oxymètres) pour le suivi des malades en ambulatoire, et en capacités de télémédecine pour organiser le suivi à domicile des cas les moins sévères.

« – D'une doctrine claire sur les masques chirurgicaux et FFP2.

« – D'un courrier Ministre de mobilisation maximale des ARS. »

JS 7 h 30 : « Tu as vu la courbe ? Ils n'arrivent plus à tester et comptent les cas et les morts. La vraie question : quelle est la cinétique réelle ? Je te fais un point complet ce matin et mets la pression sur SpF. J'ai bien pris en compte toutes tes demandes. Bonne journée à toi. Jérôme. »

Moi : « Oui, j'ai vu ce matin en me levant ! C'est la Bérézina. Je ne les crois plus. Ils ont attendu la fin de réunion d'experts de l'OMS pour changer leurs critères. La conférence de presse de ce soir va être compliquée. »

En effet, je crains que les gens ne comprennent pas le changement d'échelle lié au changement dans la définition des cas par les autorités chinoises : elles ont décidé de compter comme cas positif toutes les personnes présentant des symptômes typiques, et ne s'appuient plus sur les tests diagnostiques.

JS : « Il faudra que nous parlions organisation interministérielle, renforts MSS ! Il faut anticiper TTU une crise majeure et longue et que tu aies les bons ! »

Moi : « Oui, je sais cela depuis le 25 décembre… mon anxiété naturelle et ma certitude que cela allait arriver un jour. »

JS : « Je te fais des propositions. Il faut un pilote et une équipe dédiée. Tu es totalement légitime pour réclamer des officiers de liaison (MINT, MEAE, SGDSN et MSS). »

Et avant que la journée ne commence, je crois bon d'informer le PM de l'évolution en Chine, sans trop de fioritures…

Moi au PM 7 h 52 : « Bonjour Édouard,

« Les Chinois ont changé leur mode de décompte. La baisse des nouveaux cas hier était factice, liée au fait qu'ils n'ont plus de quoi tester. C'est vrai qu'avec 4 000 cas par jour je me demandais comment ils faisaient. Dorénavant ils comptent les cas cliniquement compatibles (Rx) et ont donc ajouté 15 000 cas cette nuit… et 250 morts. Sur 100 cas à Hong Kong et Singapour, 16 sont en réa, ce qui est énorme. Nous partons sur une crise d'ampleur et très longue (plusieurs mois). Il va me falloir des renforts au ministère (centre de crise et cabinet) car cela ne sera pas tenable longtemps.

« Désolée de ces mauvaises nouvelles (je crains le même sort que les messagers de la Grèce antique). Amitiés. »

Mail de JS à 8 h 17 : « Chère Agnès,

« En pièce jointe, le bilan actualisé avec **une augmentation très forte des cas en Chine** (dénombrement sur tableaux cliniques et non sur tests+), une forte augmentation des décès, une épidémie majeure à bord du paquebot en quarantaine au Japon[249].

« Il me paraît utile d'envisager désormais un fonctionnement en *task force* interministérielle (soutien COGIC MINT, CDCS MAE,

249. Il s'agit du *Diamond Princess*, un bateau de croisière qui compte 3 700 passagers et qui fera l'objet de nombreux articles en France. Personne n'avait eu le droit de descendre, excepté les gens malades pour être conduits à l'hôpital ; les autres passagers devaient rester en quatorzaine dans leurs cabines respectives.

SGDSN…) avec pilotage MSS, je te fais des propositions dans la journée. J'instruis aussi toutes les commandes d'hier.

« Bon déplacement à Bruxelles ! »

Tôt ce matin, départ pour Bruxelles. Nous avons enfin réussi à obtenir le Conseil des ministres européens que j'appelais de mes vœux depuis le 24 janvier, c'était il y a trois semaines, une éternité.

À 8 h 30, je m'isole entre deux wagons du TGV pour Bruxelles et j'échange enfin avec le Pr Xavier Mariette, chef de file de la contestation hospitalière. Il a été mon chef de clinique à Cochin lorsque j'étais jeune interne en hématologie, nous pouvons nous parler franchement. L'idée est de caler une nouvelle rencontre. Ils sentent que leur mouvement s'essouffle sur le terrain, même s'il est très bien relayé dans les médias. Les journées d'action sont peu mobilisatrices au sein de la fonction publique hospitalière, en général moins de 5 % de grévistes en province. Seule l'AP-HP a un taux de médecins grévistes très élevé, mais il est évident que c'est grandement lié à son organisation spécifique qui n'existe nulle part ailleurs.

À un moment de la discussion, je m'énerve : « Xavier, il faut que vous arrêtiez cette grève administrative. Vous ne voyez pas qu'on a un tsunami qui va arriver, une épidémie mondiale, il faut qu'on prépare les hôpitaux. Vous devez répondre aux mails et venir aux réunions conviées par l'administration. Tout le monde doit être à son poste pour s'organiser. » Grand silence au bout du fil. Je sens qu'il ne voit pas de quoi je parle. Peut-être imagine-t-il que je tente une diversion pour interrompre la grève. En tout cas, il ne me répond pas sur le sujet. Pas un mot. La discussion repart de plus belle sur l'augmentation des dépenses de santé, et sur l'augmentation de l'ONDAM. Je tente de lui expliquer que la reprise d'une partie de la dette, qui va rendre au secteur hospitalier autour d'un milliard d'euros par an de trésorerie, correspond à une augmentation de 0,5 % de l'ONDAM (l'augmentation annuelle atteindra donc 3 % au lieu de 2,5 %). Cela me semble déjà une belle avancée. J'essaye de trouver une voie de sortie. On se met d'accord autour d'une proposition d'un plan d'action en plusieurs étapes sur les investissements et les incitations financières pour les personnels. On évaluera ce qui marche dans le premier train de mesures, puis on reprendra la dette des hôpitaux cet été, et une nouvelle tranche de financement sera débloquée en mars pour l'achat de matériel (de nouveau 150 millions) ; entre-temps, nous travaillerons sur une évolution salariale en forme de primes en raison des grilles de la fonction publique, à mettre en œuvre au deuxième semestre. On se quitte avec une date de réunion calée au mercredi suivant.

La réunion des ministres de la Santé se tient à Bruxelles de 10 heures à 14 heures. Je suis assez stupéfaite par le peu d'anticipation des scénarios par les ministres présents même si, pour une fois, les 27 ministres ou presque ont fait le déplacement. Le sujet du jour concerne les pénuries de médicaments liées à la situation en Chine et l'achat groupé de matériel.

Pendant que tout le monde se salue et s'installe, je suis prise dans une discussion fastidieuse avec mon équipe pour savoir qui doit communiquer et quand, au sujet de la sortie de l'hôpital de Bordeaux du premier malade diagnostiqué en France. L'idée est de maîtriser l'annonce et ne pas avoir les caméras à la sortie pour préserver son identité. Je perds mes nerfs d'avoir à régler ce genre de détail pratique pour arbitrer entre les différents protagonistes.

JS à 10 h 33 : « Agnès, il a été décidé de communiquer en national pour les décès et les sorties. Yann Bubien [250] demande s'il communique avant toi. Je trouve que ce n'est pas une bonne idée. C'est totalement contraire aux instructions officielles envoyées aux DG ARS hier. Mais on peut aussi laisser tous les hôpitaux communiquer sur leur dizaine de cas suspects quotidiens, les cas possibles, les traitements, les décès, les sorties… »

Moi : « OK, donc tu vois avec Carine. Ma position initiale était la tienne mais RLM m'a convaincue. »

JS : « Moi, je te protège et reste persuadé que tu dois garder la main. Et en plus pourquoi serais-tu celle qui annonce les mauvaises nouvelles en laissant les autres annoncer les bonnes ? Bonne journée à toi. »

Moi : « C'est mon karma… tu sais ce qu'on faisait aux messagers de mauvaises nouvelles dans la Grèce antique ? »

JS : « Ben justement ! Pas question. »

Moi : « C'était ma position initiale mais je trouve cela dur de l'empêcher une heure avant… alors qu'il a eu le feu vert du cabinet. Lui dire de faire en mode *mezzo*. »

250. Yann Bubien est le directeur du CHU de Bordeaux et il était pendant deux ans mon directeur adjoint de cabinet.

Je demande à Carine, ma conseillère en communication, de régler le problème. Cette conversation m'exaspère au plus haut point, surtout que le Conseil des ministres européen commence. Nous lisons chacun la position de notre pays à tour de rôle pendant trois minutes. Personne ne semble vouloir évoquer la dangerosité et la violence de l'épidémie qui peut arriver. Sommes-nous bien armés pour traverser une crise mondiale ?

En fin de Conseil, je m'approche de la commissaire européenne à la Santé pour essayer de lui dire mon inquiétude sur ce qui pourrait arriver et lui tiens à peu près le même discours qu'au président de la République cinq jours plus tôt. Elle ouvre de grands yeux tout ronds et appelle les membres de son cabinet auprès d'elle, me demandant de tout répéter. En fait, je comprends que lorsqu'on n'est pas médecin, on ne peut pas élaborer des scénarios futuristes. Pour un virus qui semble être responsable de 1 % de mortalité, je n'ose leur dire que, sans vaccin ni médicament, cela signifie en réalité des dizaines de millions de morts dans le monde. Ils vont me prendre pour une folle. Mes collègues ministres vivent cette crise au jour le jour, telle qu'elle survient dans leur quotidien et quand ils ont « à en connaître ». Ils ne se projettent pas, ils dépendent de leurs experts.

À sa décharge, la commissaire est une militante associative. Elle a été députée conservatrice d'un petit pays d'un million d'habitants. La Santé étant une compétence qui est restée du ressort des États membres, le poste de commissaire à la Santé n'a aucun pouvoir et, de ce fait, échoit aux plus petits pays. Les grands pays de l'Union ne revendiquent jamais ce portefeuille.

À mon retour à Paris dans l'après-midi, le courrier que RLM m'a rédigé va me permettre de mobiliser de façon plus percutante les agences régionales de santé. Visiblement, tous n'ont pas encore pris la mesure de la situation, et les informations demandées il y a plusieurs semaines sur les capacités des hôpitaux et des cliniques, le nombre de lits de réanimation ou de respirateurs peinent à remonter au ministère. On peut être surpris de ne pas avoir cette information en appuyant sur un bouton, mais c'est ainsi que le paysage de l'offre de soin français est organisé. Il est morcelé et territorialisé, ce qu'on appelle déconcentré, depuis la loi HPST (hôpitaux patients santé territoire) de 2008 qui a donné l'autonomie aux hôpitaux et qui a créé les ARS.

La lettre, destinée aux directeurs des agences régionales de santé, leur demande en substance de déclencher dans tous les établissements de santé le plan ORSAN-REB, ce nouveau plan voté dans la loi santé de 2019 et dédié aux épidémies avec des pathogènes inconnus. Dans mon esprit c'est une sorte de branle-bas de combat. J'y ajoute un petit mot manuscrit à côté de ma signature, en espérant qu'ils comprennent le message : *Je compte sur vous.*

Elle partira demain, il est déjà tard [251].

Vendredi 14 février

Point CORRUSS à 8 heures :

- Chine : 64 000 cas, dont 51 986 cas à Hubei ; 1 426 décès (soit 96 % du total).
- Monde : 65 191 cas.
- Hors Chine : 519 cas (<1 %) 28 pays et 4 décès (1 Japon 1 États-Unis, 1 Philippines et 1 Hong Kong) ; Japon (29 + 219 bateaux), Hong Kong 53, Singapour 58, Thaïlande, Corée du Sud, Taïwan, Australie, Macau, Malaisie, Viêtnam, Europe.
- Europe : 44 cas importés ou contact (toujours les mêmes pays).
- France : 11 cas confirmés (8 hospitalisés dont 1 en réa, 3 guéris).
- Envoi du courrier aux DG d'ARS de mobilisation maximale et de remontées d'informations, ainsi que d'activation du plan ORSAN-REB dans l'ensemble des régions. Ce plan vise à organiser la mobilisation du système de santé pour se préparer à une éventuelle circulation active du virus sur le territoire français.
- Levée des mesures de quarantaine de quatorze jours pour les passagers du premier vol de Wuhan.

251. Dans leurs auditions devant la commission d'instruction de la Cour de justice de la République, certains DG d'ARS (essentiellement les femmes) se souvenaient de ce courrier, d'autres pas. Certains ne se souvenaient pas non plus des demandes du ministère de remontées de terrain concernant les équipements et les lits fin janvier.

Juste avant la matinale de France Inter où je me rends pour le grand entretien de 8 h 20, je reçois un texto de la porte-parole du gouvernement Sibeth N'Diaye. Elle me demande d'éluder les questions qui concerneraient Benjamin Griveaux. Je ne sais pas de quoi elle parle et lui envoie un smiley doublé de trois gros points d'interrogation. En guise de réponse, surgit sur mon portable une vidéo que je n'ai pas le temps de visionner car j'entre en studio.

D'abord quelques questions sur le coronavirus auxquelles je réponds : « La vigilance est importante et nous sommes dans l'anticipation » sur les scénarios possibles de l'évolution de l'épidémie. « Nous travaillons à renforcer la coopération européenne », expliquant que cette coopération va concerner l'échange d'informations, la prise en charge des cas, la préparation et les achats d'équipements, avec un marché passé au niveau européen pour l'achat de masques. Et j'ajoute que, pour l'instant, il n'y a pas de rupture de stock de matières premières servant à fabriquer les médicaments.

Puis Ali Badou me demande si je compte me présenter aux municipales dans le 15e sur la liste de Benjamin Griveaux. J'annonce donc ce matin-là avec panache que je renonce à ce mandat. Motif, sincère, trop de travail. Ma décision était prise depuis quelques jours mais j'attendais le bon moment, à la fois pour Benjamin Griveaux et pour moi.

J'ai été bien inspirée.

Quand je sors de la matinale, Benjamin Griveaux est en train de donner une conférence de presse sur tous les écrans de télé. Je reste interdite. Il annonce se retirer de la campagne parisienne pour une histoire de vidéo « inappropriée » qui circulerait [252]… Je sens venir le point de bascule… En entendant vibrer et sonner mon téléphone, je comprends que les regards vont converger vers moi. On cherche un désigné volontaire pour reprendre le flambeau.

252. J'apprendrai bien plus tard que l'information circulait depuis déjà deux ou trois jours, à l'Élysée, à Matignon, et dans quelques cercles politiques fermés. Voilà pourquoi Sibeth N'Diaye imaginait sans doute que j'étais au courant de la vidéo. Trop accaparée par les sujets de mon ministère et n'étant pas engagée dans la course aux municipales, je n'ai appris que le jour même son retrait. Selon des journalistes, il y aurait d'ailleurs eu un accord sur mon nom pour remplacer Benjamin Griveaux lors d'une réunion de crise à l'Élysée, dès le mercredi ou jeudi.

Surtout ne répondre à personne. Je ferme les écoutilles et pars vite pour Orly. Direction Carry-le-Rouet où je dois assister à la sortie des rapatriés et remercier les équipes qui se sont isolées deux semaines avec eux.

Mon téléphone est en ébullition quand je capte à nouveau les messages en sortant de l'aéroport d'Aix-Marseille. Des dizaines de bips signalant l'arrivée de SMS ponctuent toute ma visite du centre, je décide de les ignorer.

Aujourd'hui, il fait un temps radieux, la lumière intense du midi inonde les bords de la Méditerranée. Personne, ni rapatrié ni membre des équipes médicales, n'a été malade. Les gens sont heureux de sortir de quarantaine, leur soulagement me touche et ils sont sincèrement reconnaissants envers l'État pour la façon dont ils ont été traités. De mon côté, je remercie la Sécurité civile, les pompiers, la Croix-Rouge et la réserve sanitaire pour leur travail remarquable pendant ces deux semaines. Les équipes prennent des photos joyeuses sous les rayons du soleil au zénith, filtré par les pins parasols. Les cars emmènent les rapatriés vers les gares et les aéroports. Tout s'est vraiment bien passé. De nombreux journalistes attendent à l'ombre à la sortie du centre pour le point presse qui, à juste titre, est plutôt rassurant. Dans ma poche, mon téléphone continue de vibrer.

JS à 10 h 30 : « Le vieux monsieur de Bichat va mourir… »

Mail de JS à 11 heures : « Chère Agnès,

« Le point de situation actualisé du jour. La situation devient complexe en Chine où les têtes tombent et de nouvelles personnes sont à tous les postes (reprise en main aussi à HK).

« On vient d'apprendre que 1 716 soignants avaient été contaminés et 6 décédés. Le cas français à bord du *Diamond Princess* est confirmé, c'est un passager de 80 ans. Je te tiens informée pour le cas de Bichat avant ton point de 14 heures. Bon courage. »

De retour à l'aéroport d'Aix-Marseille, le préfet de PACA, Pierre Dartout, celui qui me fournit toujours gentiment la presse du jour à ma descente d'avion lorsque je me rends dans sa belle région, attend avec moi dans l'ombre du salon VIP proche du tarmac où je découvre, fébrile, les trop nombreux messages reçus ces dernières heures. Tous les ténors de la majorité et les conseillers du Président ont essayé de me joindre les uns après les autres. Debout, à l'extérieur du salon pour plus de discrétion, j'essaie de leur répondre. Je suis extrêmement tendue. J'explique que ce n'est pas le moment ; que Paris est, certes, la plus belle ville du monde, ma ville, mais que je suis pleinement engagée à ma tâche au ministère. Que la crise qui se profile est trop importante. On me répond que c'est une grosse grippe, pensant probablement que j'exagère par peur du combat des municipales.

À 14 heures, je me décide enfin à rappeler François Bayrou qui a tenté de me joindre plusieurs fois. Je sais que l'échange sera particulièrement intense. J'ai toujours pensé qu'une légitimité politique venait du suffrage universel, il le sait. En 2018, il avait déjà essayé, en vain, de me convaincre d'aller aux Européennes, mais j'avais des réformes à poursuivre, c'était trop tôt pour moi. Il est persuadé que l'élection municipale à Paris est celle qu'il me faut. Il avait même évoqué ce plan B dès septembre 2019, lorsque la campagne de Benjamin Griveaux peinait à décoller. Il décroche et argumente. Il me convainc d'abord que les maires ont un rôle à jouer tout aussi important que l'État pour gérer une crise sanitaire auprès des citoyens. Notamment le maire de Paris, qui a de nombreuses compétences (ville et département). Mais il me fait réellement vaciller quand il me fait valoir que, comme Édouard Philippe, qui est tout de même Premier ministre et qui gère la crise autant que moi, rien ne m'empêche de faire campagne tout en restant au ministère. Cet argument m'interpelle. Raison pour laquelle je ne ferme pas la porte d'emblée.

J'aurais évidemment dû rester fidèle à mon instinct.

Le préfet me regarde de loin m'agiter au téléphone et faire les cent pas devant le tarmac. Il semble compatissant.

Dans le même temps, les services du ministère m'annoncent qu'ils ont reçu 40 000 amendements au texte de loi sur les retraites dont l'examen en première lecture doit commencer lundi ! Des dizaines de fonctionnaires des directions du ministère vont devoir trier cela pendant tout le week-end et, en théorie, préparer des réponses à chaque amendement. C'est pratiquement infaisable, c'est ce qu'on appelle à juste titre de l'obstruction parlementaire. Mais il s'agit en fait, avant tout, d'une obstruction administrative car le ministère croule sous le travail !

Je monte dans l'avion de 15 h 30. Juste avant le décollage, Jérôme Salomon m'annonce à 15 h 22 : « Il me semble que le premier décès hors d'Asie et premier décès en Europe mérite au moins un CP MSS. Singapour : cluster communauté de 13 cas dans une église… »

Moi : « Il est mort à Bichat ? »

JS : « Imminent, je pense qu'on doit faire un CP et non un point presse, très délicat et inconvenant… »

Les textos s'enchaînent sur les deux sujets du jour…

Une alerte de presse m'apprend que la majorité a annoncé fièrement disposer d'un nouveau candidat pour la mairie de Paris d'ici dimanche ! Rien que ça ! On fait donc monter la pression auprès des médias. Il va me falloir tenir bon…

À 16 h 29, RLM me conseille de ne pas céder à la pression.

Il a raison. Je vais être sous pression, je le suis déjà. Personne ne veut y aller, ou presque.

JS 17 h 11 : « Le médecin va sortir de La Pitié. »

Moi : « Aujourd'hui ? »

JS : « J'attends retour d'Éric Caumes… Les rapatriés de dimanche sont à nouveau négatifs. Le médecin de La Pitié sort ce soir. »

Moi : « Super. »

JS : « Premier cas en Égypte. »

JS à 20 h 11 : « Patient décédé à Bichat. »

Moi : « Vu, je vois comment on gère. »

JS : « J'avais préparé un CP envoyé à Carine et à Grégory mais Carine veut un point presse… je crains que ce ne soit délicat à réaliser car les questions vont être absurdes… »

Moi : « Carine est contre le CP, je lui fais confiance. On fera un point presse demain matin. Cela permettra d'évoquer le nouveau rapatriement. »

GE 20 h 32 : « Tu as reçu l'info sur le patient de 80 ans ? »

Moi : « Oui, j'appelle Carine. »

GE : « Les équipes soignantes et ARS étaient préparées mais c'est dur. »

Moi : « On fera un point presse demain matin même si JS veut un CP. »

Le vieux monsieur chinois vient donc de mourir à Bichat, et tout le monde semble paniqué par ce que signifie cette annonce. On peut se demander avec un peu de distance pourquoi il est si surprenant d'appendre le décès d'un touriste de 80 ans, atteint du Covid, quand il y a tant de personnes de 80 ans qui meurent partout dans le monde. En fait, il s'agirait du premier décès survenant en Europe. Or, dans l'inconscient collectif, si beaucoup ont minimisé cette crise, c'est parce que cela se passait dans une province chinoise lointaine, une ville dont personne ne connaissait le nom et dans laquelle personne ne parvenait à se projeter ; c'était aussi l'idée, selon beaucoup de commentaires, que leur système de santé était moins performant qu'en France. Enfin, c'est peut-être aussi l'idée que, pour nous, Européens, la mort au cours d'une épidémie ne pourrait pas nous frapper, que ce n'est plus de notre siècle, que nous, Occidentaux, nous serions immortels…

Dix appels de Stanislas Guerini ce soir. Pas de doute sur le motif de l'appel.

Mon téléphone n'arrête pas de sonner.

Le PR à 00 h 44 : « Chère Agnès,

« Êtes-vous joignable ? Je suis à Munich. Si vous êtes prête à relever le défi de Paris j'y suis plus que favorable et je soutiendrai à fond. Avec des garanties sur la suite. On peut en parler maintenant ou demain matin.

« Je vous embrasse.

« Emmanuel. »

L'analyse de risque de l'ECDC datée du 14 février est la suivante :

– 44 cas UE et UK au 13 février tous en liens avec Wuhan ou d'importation.
– Le risque pour la capacité des systèmes de santé dans l'UE qui résulterait d'une transmission généralisée au plus fort de la pandémie grippale est considéré comme faible à modéré.
– Le risque associé à l'infection par le Covid pour la population de l'UE/R-U est actuellement faible.

Bulletin du CORRUSS : cas de rage animale à l'île de Ré confirmé chez un chiot trouvé sur une autoroute d'Espagne. Cette maladie d'un autre temps me fait penser à Pasteur.

Samedi 15 février

Point CORRUSS à 8 heures :

- Chine : 66 493 cas, dont 54 406 cas à Hubei ; 1 457 décès (96 % du total).

- Monde : 67 100 cas ; 1 526 décès (dont 1 Japon, 1 USA, 1 Philippines et 1 Hong Kong.
- Hors Chine : 605 cas (<1 %) 28 pays et 4 décès.
- Europe : 44 cas importés ou contact.
- France : 11 cas confirmés depuis le début (1 décès, 4 guéris et 6 hospitalisés) ; il reste une femme hospitalisée à Bichat.

Moi au PR 7 h 17 : « Monsieur le PR, merci de votre message. Je suis à votre disposition quand vous le pouvez. Bien à vous. »

PR : « J'ai commencé mes réunions à Munich, je vous appelle dès que j'ai terminé, amitié. »

Moi : « Bien sûr ! je suis désolée. Monsieur le PR je ne serai pas joignable jusqu'à 11 heures car le malade chinois de Bichat est mort et je fais une conférence de presse. »

JS à 8 h 32 : « Point de situation envoyé, appelle-moi si tu as des questions et bon courage pour la conférence de presse. »

Moi : « OK merci Jérôme. »

À 9 heures ce matin de février, me voici comme tous les jours depuis trois ans sur le chemin du ministère.

JS à 9 h 46 : « Je t'envoie EDL. »

JS à 11 h 44 : « Excellente conférence. »

Moi : « J'ai lu [Smiley…]. »

En effet, j'ai la tête pleine des décisions que je dois prendre et je n'ai pas la force d'improviser devant les caméras.

Vers midi, exceptionnellement, je passe chez mes parents apporter du Clamoxyl à mon père de 90 ans qui tousse comme un damné depuis dix jours. Je m'isole pour prendre l'appel d'un conseiller de l'Élysée. En revenant dans le cercle familial, je m'adresse à eux : « J'ai une pression d'enfer. » Mon mari me dit : « N'y va pas ! » Ma mère acquiesce. Depuis la veille, Yves me dit de ne pas quitter le ministère. Nous n'arrivons pas à avoir un temps d'échange, nous nous croisons à peine. Je décide d'aller me promener avec lui pour avoir une discussion sur la demande qui m'est faite avec tant d'insistance.

À 16 heures, l'appel de Richard Ferrand me surprend alors que je marche pour me détendre et parler avec mon mari dans les rues de Paris. Il insiste. Debout, dans un petit coin ensoleillé de la place

Saint-Sulpice, se poursuit ma conversation avec lui pendant près d'une heure. Tous me trouvent trop inquiète. Personne ne voit cette crise poindre. J'en arrive à douter de moi-même.

JS à 16 h 10 : « 1 Britannique contact du cluster 74 (Les Contamines) positif à Lyon. »

PM à 16 h 54 : « Vu, on s'appelle ce soir pour faire le point ? et peut-être pour parler un peu de Paris… »

Mon cerveau est en ébullition.

À Munich, le PR fait visiblement une pause à 17 h 48 et me propose de le contacter.

Moi : « Je vous appelle du crypté. »

Appel PR 17 h 58 : Il me dit que je suis la bonne personne et me demande si je suis prête à relever le défi. Il pense que c'est jouable en fonction de notre capacité d'alliances et me donne des arguments qui parviennent à me toucher. Je souhaite rester au ministère, comme les autres. Lui pense que je dois démissionner [253] car le défi est trop important et, contrairement à Darmanin et à Édouard Philippe, je ne suis pas élue de Paris, je pars de zéro. Ça va être très dur.

Je raccroche en ayant l'impression que je n'ai pas été suffisamment claire avec le PR.

Moi au PR à 18 heures sur son portable pro après notre conversation téléphonique : « Monsieur le PR, je n'ai pas définitivement dit "oui". Je dois parler à mon mari et à mes enfants avant une réponse définitive. Je vous appelle demain matin. Désolée si je me suis mal exprimée. C'est forcément une aventure familiale. Bien à vous. »

PR 18 h 52 : « Chère Agnès, tout est suspendu à notre conversation de demain oui bien sûr. Mais je cale tout là-dessus. Amitiés. »

253. Le Président confirmera son refus dans un article du *Point* de Romain Gubert et Saïd Mahrane daté du 16 avril 2020, « Une heure de "confinement" avec Emmanuel Macron » : « Au fil de l'échange, il n'a de cesse de rendre hommage au travail de son ancienne ministre. D'où cette incompréhension, qu'on lui soumet : si sa ministre était à ce point performante, pourquoi l'avoir laissée s'engager dans la campagne des municipales à Paris, sinon même invitée à y aller, comme d'aucuns l'affirment ? Il répond qu'elle a toujours nourri un intérêt pour Paris et, qu'au cours d'un entretien, elle lui a dit vouloir conserver son poste au ministère tout en étant candidate. Il lui a rétorqué que, dans le contexte, la chose lui semblait impossible. »

J'ai la migraine. Comme jamais.

JS à 19 h 21 : « Je prépare un CP pour toi. Ton nom circule avec insistance en haut lieu pour Paris. »

Moi : « Je sais, j'ai la migraine. »

Moi : « Quitter le MSS lundi est un cauchemar. Je ne sais pas quoi faire. J'avais fermé le sujet vendredi matin… »

JS : « Ça, je comprends ! Difficile de t'aider ! un choix cornélien… »

Moi : « Voilà, voilà. J'aime ce ministère et ce que je fais, j'aime les équipes et les personnes avec qui je travaille. »

JS : « Je t'avoue que je serais très triste que tu partes mais ta décision t'appartient et tu es la seule à pouvoir reprendre Villani. »

Moi : « C'est même pas sûr[254]… »

JS : « Non, mais tu es de loin celle qui a le plus de chances de gagner et le PR raisonne comme cela. »

JS pense comme les autres, que je suis la seule capable de faire une alliance avec Villani, ce qui serait notre unique et petite chance de gagner à Paris, un trou de souris…

Je suis dans un brouillard. Je ne parviens plus à penser.

Appel RLM 19 h 08.

Appel PM 20 h 32.

Appel RLM 23 heures.

Raymond ne veut pas que je parte. Il est inquiet. Et moi donc…

Ce soir-là, le directeur général de l'OMS s'exprime lors de la Conférence annuelle sur la sécurité à Munich[255]. Il évoque les différents risques épidémiques, dit qu'il ne sait pas encore quelle direction cette épidémie va prendre, puis termine son propos en félicitant longuement les autorités chinoises sur leur gestion de crise.

Je passe une soirée déchirée. Il n'y a pas eu de nouveau cas déclaré depuis le cluster des Contamines il y a dix jours, tout le monde commence à croire que l'épidémie va se calmer, qu'elle ne sera pas finalement si grave que cela. Les conseillers officiels du Président comme les conseillers de l'ombre se sont succédé tout

254. J'aurais dû faire confiance à mon intuition.

255. Munich Security Conference, 16 février 2020 : le discours du directeur général est accessible sur le site de l'OMS. C'est à cette même conférence que se trouve le président de la République lorsque nous échangeons le samedi.

l'après-midi au téléphone. On m'a fait comprendre qu'un refus serait mal interprété, d'autant plus que j'avais déjà refusé de conduire la tête de liste aux Européennes. En d'autres termes, avec le remaniement qui se profile dans quatre semaines, il semblerait que je n'ai pas vraiment le choix de ne pas y aller. Un proche du PR me fait part d'éventuelles mesures de rétorsion… Désignée volontaire, il leur reste à obtenir mon accord[256].

En ce samedi soir, je me dis que si j'accepte, c'est à condition de pouvoir rester au ministère. Impossible pour moi de partir, Gérald Darmanin et Édouard Philippe n'ont pas démissionné.

C'est cela que je dois négocier.

Dimanche 16 février

- Monde : 71 000 cas.
- Europe : 44 cas importés ou contact.
- France : 12 cas confirmés au total (un nouveau cas lié au cluster de Haute-Savoie), soit 1 décès, 5 guéris, 6 hospitalisés qui vont bien…
- L'OMS envoie pour la première fois une mission d'expertise conjointe OMS-Chine, avec 25 experts internationaux pour évaluer la gravité de la nouvelle maladie, la dynamique de transmission, et l'impact des mesures chinoises de lutte contre le Covid.

Encore une nuit sans sommeil. Je suis épuisée.

---

256. Depuis, des journalistes politiques, qui se disent bien informés, ont évoqué plusieurs hypothèses dont je ne saurai jamais la véracité, ou plutôt le poids dans la pression dont j'ai fait l'objet : d'abord, que mon discours alarmiste sur la crise faisait peur à l'entourage du Président. Je risquais ainsi de paniquer les Français et de casser la croissance économique avec mes angoisses infondées. Il est vrai que moins de six jours se sont écoulés entre mon discours dystopique au téléphone avec le Président le samedi précédent et cette décision de m'envoyer aux municipales la semaine suivante, preuve s'il en est que personne ne m'avait vraiment prise au sérieux. En parallèle, il semblerait que Jean-Michel Blanquer, dont l'obsession était depuis le début de remplacer Édouard Philippe comme Premier ministre, aurait appuyé très fortement mon départ du gouvernement auprès de l'entourage du Président, espérant avoir ainsi la voie dégagée. Un article du *Monde* paru en 2019 évoquait nos deux noms pour devenir PM en cas de remaniement. Ainsi, l'affaire Griveaux tombée du ciel était une occasion rêvée pour m'éloigner.

Appel PR 11 h 07 : Je lui dis que je suis d'accord pour aller à la bataille des municipales à Paris mais souhaite rester au gouvernement.

Il refuse.

Il est vrai que c'est ma première campagne électorale, et que Paris n'est pas Le Havre ou Tourcoing, je le comprends comme cela.

Je raccroche, j'ai cédé. Je suis candidate à la mairie de Paris.

RLM 12 h 11 : « Je vais rentrer plus tôt ce soir à Paris. Tu pourras me dire quand tu officialiseras la réponse auprès du PR. Et si tu m'autorises à rassurer les membres du cabinet en leur indiquant que le PR avait demandé à ton successeur de garder le cabinet intact. Merci. »

Moi : « Je viens de raccrocher avec le PR. Ce sera annoncé à 19 heures ce soir. Je le verrai avant. Tu peux sécuriser tout le monde. »

Appel PM 14 h 10 pour lui dire que je démissionne du gouvernement et viendrai lui remettre la lettre en mains propres. Il est enjoué, trouvant que c'est une très belle aventure. Je comprends à demi-mot que l'affiche des trois dames rend bien.

Appel aux secrétaires d'État et à Jérôme Salomon pour les prévenir que je m'en vais.

Avec la complicité qui a été la nôtre dans toute la gestion du quotidien du ministère, GE et JS sont tristes de me voir partir, mais ils me promettent – et ils ont tenu parole – qu'ils seront derrière moi.

Alexis Kohler à 16 h 04 : « Chère Agnès, je voulais me coordonner avec toi sur la sortie du communiqué annonçant ta sortie (à ta demande) du gouvernement. Je pensais sortir en fin d'après-midi. Bises. Alexis. »

Je suis à mon bureau, que j'essaie de ranger. Je prends une feuille blanche et rédige ma démission.

17 heures : Ma démission est prête.

Je passe à Matignon déposer la lettre et nous prenons un thé avec Édouard Philippe dans son bureau. La nuit est tombée. Il me donne quelques conseils pour la campagne à venir, m'alerte sur les très nombreux coups bas auxquels je dois m'attendre dans une campagne municipale, particulièrement à Paris, et me dit de me méfier de Rachida Dati, qui est « une bête de campagne politique ».

Enfin, nous évoquons sans ambiguïté le nom de mon successeur, ce sera bien entendu Olivier Véran, il en rêve depuis 2017 et connaît bien le ministère.

Je rentre pour finir de ranger mon bureau au ministère. Mon ordinateur sera rendu demain aux archivistes. Un meuble à tiroirs contient mes pages de notes des Conseils des ministres prises depuis bientôt trois ans. Je les mets dans des cartons avec quelques cadeaux auxquels je tiens : des livres et des DVD offerts par des professionnels comme celui d'Irène Frachon, la lanceuse d'alerte du Mediator ; une tasse de souvenir qui m'a été donnée lors d'une visite par les professionnels de la CPTS de Metz nommée Entr'Actes 57 ; le prix de la ministre de l'année 2019, décerné par le trombinoscope, qui m'a été remis au Sénat à l'automne ; des dessins d'enfants séropositifs que j'avais rencontrés lors d'une visite dans un orphelinat en Inde et qui m'avaient bouleversée ; et je dispose à plat quelques cadres photos de souvenirs pour ne pas les casser. Je laisse ces trois ou quatre caisses dans le couloir, les secrétaires me les feront livrer dans la semaine et elles se chargeront de rendre le bureau présentable pour Olivier demain. Ce sont les vacances scolaires, certains de mes conseillers ont pris quelques jours, je ne pourrai même pas leur dire au revoir. Je suis toute seule. Je fonds en larmes.

Appel PR 17 h 28. Je ne me souviens plus de la conversation.

Appel de Bayrou à 18 heures : Son enthousiasme est à l'opposé de mon épuisement. Il insiste pour que je fasse un 20 heures, afin que je démarre ma candidature à Paris avec panache et que je lance une nouvelle dynamique. Je lui dis que je ne suis malheureusement pas en état, j'ai les yeux rougis et gonflés, sans compter que je n'ai pas la moindre idée de ce que je pourrais dire sur Paris ce soir en dehors de « c'est ma ville et je l'aime… ».

JS 19 h 12 : « Chère Agnès, merci beaucoup de ton appel et de ta confiance ! Tu vas énormément me manquer car tu es certes une grande professionnelle, une excellente ministre mais surtout une très belle personne ! tu peux compter sur moi quand tu veux ! »

Appel RLM 22 h 13. Il m'en veut. C'est palpable.

Je quitte le ministère avec 12 cas au total qui se sont déclarés sur le territoire depuis le 24 janvier. Le plus âgé est mort vendredi, tous les autres patients sont sortis sauf un, mais c'est imminent. Nous sommes toujours en phase 1 de l'épidémie et continuons à œuvrer pour que le virus ne s'étende pas chez nous. Il n'y a encore aucune chaîne de contamination dans le monde et pas d'épidémie déclarée en dehors de la Chine. On compte un seul cluster sur le territoire national début février et plus de nouveau cas depuis une dizaine de jours. C'est une période d'accalmie[257].

Ce soir-là, vers 20 heures, je rejoins l'équipe de LREM. Militants, têtes de liste et référents, ainsi que quelques ministres m'attendent dans un café près de l'Opéra et me font un accueil anormalement chaleureux. *A posteriori*, je dirais « surjoué », une quasi-ovation. Je comprends leur attitude comme un sentiment mêlé de soulagement d'avoir un candidat au bout de quarante-huit heures de suspens, de ferveur sincère, ma personnalité étant moins clivante que celle de Benjamin Griveaux, mais aussi teinté de scepticisme car ils savent que je ne suis pas une bête politique. Il faudra faire avec tout cela.

Je suis déjà si fatiguée pour commencer une telle aventure…

Il faudra que je sois à la hauteur, que je trouve l'énergie pour ne pas décevoir.

Au fond de la salle, une collègue ministre me prend amicalement dans ses bras, les larmes me montent aux yeux, c'est trop dur d'être partie.

Et ce virus. Que va-t-il arriver ?

Ce soir-là, pour la première fois depuis bientôt trois ans, à la suite de ma démission du jour, je ne reçois plus le bulletin du CORRUSS.

---

257. La pandémie sera déclarée par l'OMS le 11 mars 2020, soit presque un mois plus tard.

Chapitre 2

La lame de fond

« On croit difficilement aux fléaux
lorsqu'ils vous tombent sur la tête. »

La Peste, Albert Camus.

SEMAINE 7

Lundi 17 février :

- Monde : 73 000 cas.

Dans la nuit de dimanche à lundi, moi au PR 00 h 03 : « Monsieur le Président, tout va bien pour l'instant. Merci de votre confiance. CV [1] m'a donné rdv tél demain midi. »

Le Président me fait part de quelques conseils sur les listes et les ralliements potentiels.

PR : « Le 15e et le 17e sont clés. Appelez-moi avant votre passation de demain. On va gagner. Je vous embrasse. »

Moi : « Oui, on va gagner [2]. Vous pouvez compter sur moi. À demain. »

PR : « Je le sais et j'en suis sûr. »

Ce lundi matin, un petit-déjeuner d'au revoir dans les salons rassemble toutes mes équipes. D'habitude, se tient à cette heure-là

1. Cédric Villani.

2. Un peu d'autopersuasion ne nuit pas quand il faut trouver l'énergie de partir en campagne dans un tel contexte…

notre comité de direction avec les membres du cabinet, délégations « pauvreté » et « retraites », directeurs d'administrations centrales et directeurs des caisses de Sécurité sociale.

Je les remercie pour le travail exceptionnel qu'ils ont fourni pendant ces trente-trois mois car nous n'avons pas manqué de réformes à élaborer ni de textes à défendre. Surtout, contrairement aux lieux communs qu'on entend à l'envi sur les fonctionnaires, ils n'ont jamais compté leur temps, jamais ménagé leur énergie et jamais manqué d'enthousiasme. C'est beaucoup d'émotion pour moi de les quitter si rapidement.

On peut se demander pourquoi il m'est à ce point difficile de partir alors qu'un ministre sait dès le premier jour de son entrée en fonction qu'il est en CDD, voire sur un siège éjectable. En réalité, même si le départ d'un ministère est souvent brutal, il y a toujours une période qui transpire la fin. Soit parce qu'un remaniement est envisagé et que toute la presse en frémit, soit en raison d'une erreur d'appréciation personnelle ou d'une sortie de route dont on sait qu'on va payer le prix fort. Dans mon cas, ce samedi matin 14 février, j'ai quitté le ministère pensant que j'allais revenir trente-six heures plus tard pour défendre la grande réforme du quinquennat. Nous finissions tout juste de rédiger mon discours devant le Parlement pour le projet de loi sur les retraites dont l'examen commence ce même lundi après-midi, après deux ans de débats nationaux sur le sujet et des centaines d'heures de préparations techniques et d'arbitrages compliqués. Je n'ai pas commis de faute médiatiquement parlant dans ces dernières semaines, je maîtrise parfaitement les sujets du ministère, aucun remaniement ne se profile à l'horizon, en tout cas pas avant les élections municipales, je n'ai donc eu aucune préparation mentale me permettant de gérer mon émotion. Seul l'obstacle Benjamin Griveaux s'est présenté sur ma route. Avouons que c'était peu prévisible.

À 9 heures précises, Olivier Véran arrive dans mon beau bureau vitré donnant sur la tour Eiffel, désormais le sien, pour le classique échange d'informations essentielles avant la passation de pouvoir. Olivier et moi avons de bons rapports, nous nous connaissons de l'époque où il était député[3]. Son rapport de 2016 sur la tarification

3. Il était suppléant de Geneviève Fioraso et est devenu député lorsqu'elle a été nommée ministre de la Recherche et de l'Enseignement supérieur du gouvernement Hollande en 2012.

à l'activité dans les hôpitaux, la fameuse T2A, nous avait rapprochés. Je présidais la Haute Autorité de Santé (HAS) à cette époque et savais de longue date que si cette réforme de la tarification avait eu quelques conséquences favorables à son début en 2004, elle avait créé avec le temps une forte incompréhension des professionnels, la santé n'étant pas une activité commerciale où il conviendrait de faire du chiffre [4]. D'ailleurs, avant l'élection d'Emmanuel Macron en 2017, nous avions évoqué ensemble son avenir professionnel. Pas certain de pouvoir être réélu député de Grenoble en 2017, le PS n'ayant pas le vent en poupe, il espérait pouvoir être nommé à la Haute Autorité de Santé. L'étiquette de la majorité présidentielle lui avait ensuite permis d'être réélu et j'étais même allée faire campagne pour lui à Grenoble.

Après l'élection du président de la République, son nom avait circulé comme éventuel ministre de la Santé. C'était crédible. Le mardi matin, au moment de la constitution du tout nouveau gouvernement du Président fraîchement élu, alors que nous discutions avant mon allocution plénière comme présidente de la HAS dans les travées du Salon des hôpitaux porte de Versailles [5], je l'avais interrogé dans un petit moment d'intimité pour savoir s'il avait été contacté par le Premier ministre ou le Président pour la constitution du gouvernement. Cette discussion s'est tenue quelques minutes à peine avant que le secrétariat de Matignon ne m'appelle sur mon portable pour me proposer un rendez-vous avec le Premier ministre, alors que je déambulais encore avec Olivier à mes côtés. On connaît la suite. Il aurait pu interpréter mon attitude comme

4. La tarification à l'activité, T2A, visait à remplacer la dotation globale des hôpitaux qui était renouvelée automatiquement d'année en année. La T2A rémunérait les hôpitaux en fonction de leur activité pour inciter les personnels à travailler plus. Cela a eu, avec le temps, différents effets pervers, les directeurs étant amenés à privilégier les activités qu'ils estimaient rentables au détriment des autres. Il nous est rapidement apparu que la notion de rentabilité était à l'opposé des valeurs médicales que nous défendions.

5. Ce Salon des hôpitaux, qui se tient porte de Versailles annuellement, s'appelle « Paris Health Care Week ». En général le ministre de la Santé fait le discours inaugural, mais exceptionnellement la configuration de 2017 ne l'avait pas permis, Marisol Touraine étant en intérim en attendant la nomination des membres du nouveau gouvernement. Et la présidente de la Haute Autorité de Santé que j'étais, étant la plus haut gradé du monde de la Santé, avait été accueillie par les organisateurs pour la visite et un débat inaugural.

du cynisme et m'en vouloir, ce qui n'a pas été le cas. Ensuite, sa bonne connaissance des sujets de santé l'avait désigné de façon évidente pour être rapporteur général des lois de financement de la Sécurité sociale votées chaque année. Nous avons donc travaillé étroitement pendant trois ans, même s'il nous est arrivé de ne pas être d'accord. Disons que nous nous respections et nous faisions plutôt confiance, ce qui en politique n'est pas toujours acquis, même si je me doutais bien qu'il attendait mon départ du ministère avec impatience tant il rêvait de me remplacer. Peut-être même a-t-il activement œuvré pour qu'on me propose de faire campagne à Paris… Mais force est de constater qu'aujourd'hui il connaît tous les sujets du ministère et nul besoin de lui faire un long discours sur les lois en cours ou à venir, retraites, grand âge ou protection de l'enfance.

La discussion porte d'abord sur les membres de mon cabinet dont je souhaiterais qu'ils puissent rester auprès de lui car ils n'ont pas à être punis de la brutalité de mon départ. Puis je lui évoque longuement l'hypothèse d'une crise sanitaire qui de mon point de vue semble prévisible, mais nul ne sait quand ni comment. Quant à la gravité, les avis divergent. Il a l'air incrédule et très loin du sujet. J'insiste sur le fait que j'organise le pays depuis quelques semaines. Il m'écoute assez distraitement avec une part d'excitation bien compréhensible. En général, Olivier est un homme pressé. Je lui fais part de la préparation en cours (recensement du matériel disponible, des lits, des équipements, le fait que les commandes ont été lancées et le plan ORSAN-REB activé vendredi auprès des agences régionales de santé). J'ajoute que je travaille main dans la main avec Jérôme Salomon qui gère cette crise avec une grande maîtrise, que la priorité est d'obtenir des renforts au cabinet et à la DGS, car les équipes sont déjà épuisées. Il me pose peu de questions, probablement impatient que je quitte le bureau. Nous échangeons ensuite deux minutes sur nos discours respectifs de passation de pouvoir afin de ne pas être redondants. Je sais qu'il y aura une forme de continuité. Cela m'apaise un peu de laisser ce magnifique ministère à Olivier car il le connaît bien. Disons que son temps est venu.

PR 9 h 47 : « Je pense bien fort à vous avant ces instants émouvants. Soyez vous-même, comme à chaque fois. »

Ce petit message d'encouragement du Président dans l'ascenseur qui nous descend dans le hall du ministère pour la passation de pouvoir me donne du baume au cœur. Il doit se rendre compte comme tout cela est dur. Et peut-être même se dit-il que c'est courageux.

10 heures : La cérémonie de passation de pouvoir entre ministres est un exercice imposé, souvent scruté. Nos deux discours s'enchaînent, le hall est bondé, beaucoup d'agents du ministère et de journalistes se pressent. Les caméras des chaînes d'infos sont braquées sur nous. Je fais mettre toutes les personnes qui me sont proches derrière moi afin de ne surtout pas les avoir en face. Il serait gênant de pleurer pendant le discours parce que je croise le regard de certains, et ne pas pouvoir finir de lire… Concentrée, j'essaye de n'oublier personne dans les remerciements. Dans la tension de ce moment, j'oublie le plus fidèle, mon directeur de cabinet, trop tard… L'émotion me gagne tout de même vers la fin, je l'exprime : « C'est un déchirement pour moi de quitter ce ministère », et une larme que j'essuie timidement fera la joie des réseaux sociaux.

Olivier enchaîne après moi, il est heureux, voire léger, il rêvait de ce ministère et cela se sent.

Départ du ministère par la porte principale en embrassant sur mon chemin mes plus fidèles collaborateurs, puis descente des marches vers la grande avenue Duquesne, dans un soleil matinal exalté par une légère brise, comme savent en produire les belles journées de février.

Voilà. C'est un sentiment bizarre de se dire que c'est fini pour moi, ce beau ministère est derrière, que d'autres s'en chargent, et que j'ai accepté ce drôle de défi tellement loin de mes bases. Étant d'un naturel plutôt timide, il va falloir que je me fasse violence pour occuper ainsi le devant de la scène. Mais, détestant par-dessus tout la nostalgie, hors de question de me retourner. Je vais faire le travail.

Moi au PR 10 h 49 : « Merci M. le Président. C'est fait. Je marche vers le QG. Beaucoup d'émotion. Olivier va être formidable et impulser une nouvelle énergie[6]. Je vous embrasse. »

Dans ce moment fort, je reçois de multiples marques d'amitié ou de reconnaissance professionnelle du milieu médical et associatif. Parmi les nombreux messages d'encouragements ou de félicitations, un SMS atterrit sur mon portable, alors que je n'ai pas encore atteint la porte de sortie du ministère.

À 10 h 45, lapidaire et sans la moindre formule de politesse, le doyen de la faculté de médecine à laquelle je suis affiliée me

6. À cette période-là, j'avais le sentiment que plus rien de ce que je proposais ne pouvait calmer les médecins hospitaliers grévistes et que seul un changement de ministre était en mesure de créer un électrochoc et d'arrêter la contestation.

demande ce que je veux faire de mon poste hospitalo-universitaire dont je suis détachée : « Sans urgence, merci de me faire savoir ce que vous souhaitez faire concernant votre poste HU avec la fin de votre fonction au ministère. La direction RH de la faculté et moi-même sommes à votre disposition. »

C'est sûr, la faculté n'attend que moi ce matin !

Ses tribunes à charge dans les journaux m'ont appris que le doyen n'était pas tendre avec le gouvernement depuis le début du mandat. L'administration se charge ainsi de me rattraper avec une célérité qui ne lui est pas familière et sans même essayer d'y mettre les formes. J'y répondrai cet après-midi.

Ma conseillère en communication et ma cheffe de cabinet ont accepté de me suivre dans l'aventure des municipales, renonçant par là même à près d'un mois de salaire, toute campagne électorale étant bénévole. Ainsi nous partons toutes les trois à pied vers le QG du boulevard Montparnasse, sous un ciel radieux. Ces vingt minutes de marche doivent être celles de ma mue en candidate à la mairie de Paris. Nous échangeons plutôt gaiement sur cette expérience nouvelle et peut-être un peu folle. Nous n'anticipions pas à quel point elle allait le devenir.

L'arrivée au QG situé dans un *open space* loué pour la circonstance est peu encourageante. Les permanents de l'équipe de campagne nous accueillent dans la pièce de repos, ils sont une dizaine, je n'en connais aucun, mais ils me semblent tous en état de sidération. Ils n'ont visiblement pas eu le temps en un week-end de digérer le renoncement de Benjamin Griveaux dont ils ont été les compagnons de route depuis plus d'un an. Certains sont en larmes et me jaugent avec circonspection. Il me semble deviner une pointe d'hostilité par endroits.

J'essaye de trouver les mots qui soulagent et qui rassurent, mais qui embarquent aussi. Il nous reste à peine plus de trois semaines pour faire campagne avec une nouvelle tête de liste et un programme à adapter. Pas trop le temps de s'apitoyer, ni celui de faire connaissance. Benjamin Griveaux et moi sommes si différents que la greffe s'annonce compliquée.

Mon ami Jacques Mezard, ancien ministre et sénateur, qui s'y connaît en matière de campagne, me conseille de m'entourer de personnes de confiance. Il m'explique qu'il est impossible de faire campagne avec une équipe que l'on ne connaît pas et qu'on n'a pas choisie. J'entends ses arguments mais je n'en ai absolument pas le temps. Il y a tellement de choses à intégrer, de listes d'arrondissement à terminer, d'acteurs locaux à traiter, de canaux de diffusion à alimenter ! J'ai l'impression de ne rien maîtriser des processus de campagne. De plus, comme je viens tout droit d'un cabinet ministériel et d'une administration tenus au cordeau, tout m'apparaît comme un « sacré bordel ».

Ma priorité est de rallier le candidat dissident de LREM Cédric Villani, puis de faire connaissance avec les têtes de liste de chaque arrondissement (il y en a dix-sept), et enfin de retravailler le programme qui, certes, figure dans tous les documents de campagne mais qu'il va me falloir endosser. L'élection de Paris n'a vraiment pas été ma priorité de ces dernières semaines, c'est un euphémisme, et je n'ai pas la moindre idée des mesures qui sont proposées.

Cela étonne les membres de l'équipe, venant d'une ministre de la majorité, et probablement les froisse un peu car ils estiment, vu leur investissement depuis des mois, que cette campagne à Paris est le centre du monde. J'essaye de m'approprier tout cela en silence et en souriant pour ne pas les vexer.

11 h 30 : Après la visite des locaux, on me désigne un petit bureau vitré décoré d'affiches à l'effigie de Benjamin Griveaux qui va me servir de QG. Mon plus jeune fils m'apporte quelques cadres photos de la famille et une plante verte de la maison pour que je me sente un peu chez moi.

Mon premier appel est pour Cédric Villani. Je lui propose de réfléchir dès aujourd'hui à une fusion de nos listes car il reste peu de temps et tout doit être validé administrativement et déposé en fin de semaine. Il est clair que si nous nous mettons d'accord, certains de nos colistiers seront relégués à des places non éligibles et vont grincer des dents, mais partir avec 24 ou 25 % d'intention de vote dans une union de nos listes est la seule façon d'installer une dynamique qui permettrait de l'emporter.

Il m'explique ses désidératas, nombreux, dont certains me parlent très peu, notamment la question de la fusion de la ville avec les communes du Grand Paris, ou de la coalition verte. Je découvre tous ces sujets locaux qui les animent depuis des mois. Ils sont fort loin des compétences que j'ai acquises cette année, retraites, revenu universel d'activité, PMA et bioéthique, ou coronavirus.

Ce retard abyssal à rattraper en quelques jours m'effraie un peu, mais j'ai appris en médecine à absorber beaucoup d'informations et à travailler vite. Nous décidons de nous rappeler dans la soirée une fois qu'il aura consulté ses équipes.

13 heures : Le premier déjeuner organisé à proximité du QG a pour objet de rencontrer les têtes de liste des arrondissements. Là encore, en dehors de la maire du 5e arrondissement, je ne connais personne. On évoque la campagne, le programme, puis Sandrine Mazetier, tête de liste dans le 12e, assise en face de moi dans cette pizzeria sympathique du boulevard du Montparnasse, me demande sur un ton détaché ce que je pense de l'épidémie. Naïvement, et avec ma franchise habituelle, j'évoque le fait que les élections pourraient possiblement ne pas se tenir si l'épidémie se déclare en France. Grand froid et grand silence de mes colistiers…

Chacun me prend à part après le déjeuner et me somme d'arrêter de diffuser un tel message, au risque de démobiliser toute l'équipe de campagne.

Puis nous profitons de cette journée ensoleillée pour une séance de photos dans un square à proximité. Les affiches et le programme étant à l'effigie de Benjamin, tout est à recommencer.

Ce lundi à 15 heures, le projet de loi sur les retraites débute à l'Assemblée nationale. Mes pensées émues vont vers Laurent Pietraszewski, le secrétaire d'État en charge, qui va devoir assurer. Vu le nombre d'amendements, il va y passer ses jours et ses nuits, pendant des semaines. Je lui fais un petit SMS d'encouragement. Lui aussi a dû reprendre au pied levé une mission très difficile après le départ express du haut-commissaire à la réforme, Jean-Paul Delevoye, en décembre dernier. Il doit comprendre dans quelle situation je me trouve.

Pour son premier jour au ministère, Olivier Véran monte à la tribune de l'Assemblée pour lancer l'examen de la loi. Il lit avec fierté le discours que nous avions travaillé avec mon cabinet.

Ne jamais rien regretter. C'est ainsi.

En milieu d'après-midi, la découverte d'un tweet de Cédric Villani me raidit. Il expose en 280 caractères toutes ses conditions pour envisager une alliance. Je me sens piégée par une forme d'ultimatum public posté sur les réseaux sociaux.

Ce n'était pas notre accord, nous avions convenu de nous reparler le soir. Je prends ce tweet public comme un chantage visant à faire capoter une éventuelle fusion. L'hypothèse la plus vraisemblable est que son équipe ne la souhaite pas ; en effet, elle réduit le nombre de positions éligibles sur les listes puisqu'il faudrait tout partager.

L'après-midi au QG est studieuse, consacrée à découvrir le programme. Il me faut supprimer les mesures auxquelles je n'adhère pas et ajouter celles qui me tiennent à cœur, notamment une sur l'accompagnement des personnes âgées isolées [7].

L'équipe projet m'informe qu'au-delà de la profession de foi, il existe un document programmatique sur Internet qui comprend quatre cents mesures ! Pas sûre que les électeurs s'y plongent, en revanche je suis certaine que les concurrents éplucheront le document pour dénicher de quoi attaquer. L'équipe de campagne ne me sera d'aucune aide pour faire le tri puisqu'ils les ont rédigées, ils n'ont plus assez de recul. Faute de temps pour le faire moi-même, je confie à mon mari le soin de toutes les lire dans l'après-midi et lui demande de vérifier qu'il n'y a pas trop d'incongruités que je ne pourrais pas endosser. Quand j'ai écrit au PR 48 heures plus tôt pour lui expliquer que cette campagne était une affaire de famille, je ne croyais pas si bien dire…

De mon côté, les problématiques parisiennes ne devront plus avoir de secret pour moi d'ici quelques jours. Comme au temps du concours de l'Internat, j'ingurgite moult documents sur l'administration parisienne que des jeunes bénévoles venus aider ont accepté de me faire sous forme de fiches techniques. Je vais devenir incollable sur le nombre de kilomètres de trottoirs, le prix des nouvelles poubelles, le nombre de fonctionnaires et de voitures de fonction, le coût de la dette et les méthodes comptables, plus que limites, de la mairie [8], le nombre de bistrots, de piscines et de bibliothèques

7. Je prends la décision de supprimer du programme deux mesures : l'idée de déplacer la gare de l'Est en banlieue pour y créer un parc, et de verser jusqu'à 100 000 euros aux primo-achetants à Paris. Ces deux mesures venant d'être annoncées par Benjamin Griveaux, peu de temps avant sa démission, il me faut faire preuve de diplomatie auprès des équipes.

8. Matthieu Quiret, « La Cour des comptes dénonce les artifices comptables de la mairie de Paris » : « Paris a réussi à boucler son budget 2016 grâce aux avances des loyers payés par ses bailleurs sociaux. Les magistrats s'interrogent sur

publiques, le nombre d'arbres détruits et ceux que l'on doit planter, les grands projets immobiliers par arrondissement, le coût des aides aux associations, les aides au logement. Et j'en passe. Je suis accompagnée et conseillée par Paul, directeur de campagne arrivé un mois plus tôt, par Marie, ma cheffe de cabinet, ainsi que par Carine, ma responsable de communication.

Les premières journées sont aussi dédiées à passer des coups de téléphone indispensables pour convaincre, rallier, me présenter. Il me faut réussir à joindre les représentants des communautés religieuses, culturelles, les élus locaux, sénateurs et députés de Paris, appeler les donateurs potentiels et tout ce qui compte dans le monde politique, culturel, associatif, etc., la liste est immense.

Deux appels m'ont marquée, celui à Bertrand Delanoë que j'ai eu un mal fou à joindre au fin fond de la Tunisie où il s'est retiré. Il ne donnera aucun support à Anne Hidalgo qu'il n'apprécie visiblement pas, mais ne pourra pas m'accorder un soutien public car il ne veut pas trahir sa famille socialiste. Ensuite Jack Lang, qui, entre quelques anecdotes, me dit ce qu'il pense de la maire actuelle et de son aménagement de l'espace urbain : « Anne, elle a des goûts de chiotte ! » Mais lui non plus ne s'engagera pas ouvertement pour moi car il veut garder son étiquette socialiste.

Je dois également convaincre le député LREM du 15e, qui s'est récemment rallié à Villani, de nous rejoindre. Il ne s'entendait pas avec Benjamin Griveaux. Avec moi comme candidate, il serait d'accord, mais sa condition est d'être en position éligible. Évidemment les colistiers de la liste du 15e, qui lui reprochent d'avoir été déloyal avec sa famille politique, ne veulent plus entendre parler de lui et menacent en retour de démissionner.

Je découvre au jour le jour la vraie tambouille électorale.

Ce n'est pas trop le type de compétence dont je peux me prévaloir, mais Édouard Philippe m'avait prévenue. Certains ont un ancrage électoral de longue date et ont baigné dans les manœuvres politiciennes, ils y excellent. Je vais donc garder mon sang-froid et m'adapter.

---

la soutenabilité du programme d'investissement d'Anne Hidalgo », *Les Échos*, 19 mai 2016. Et également, Luc Lenoir : « Paris : polémique des petits arrangements d'Anne Hidalgo avec la comptabilité », *Le Figaro*, 20 février 2020.

Un petit mot de soutien de mon ancienne équipe s'affiche sur mon portable. Il tombe à point. Le ministère ne m'a pas tout à fait oubliée.

JS à 20 h 25 : « Je pense à toi et j'espère que tu vas bien ! Je t'embrasse. Jérôme. »

De retour chez moi après cette première journée éprouvante devant des équipes qui me scrutent, mon premier message est pour le PR, comme nous en étions convenus.

Moi au PR 22 h 36 : « Monsieur le Président, quand pourrais-je vous parler ? Tout va bien mais c'est pour faire un petit point. »

L'objectif est de lui relater mon entretien avec Cédric Villani.

J'ai du mal à me détacher du coronavirus, même si je ne suis plus en fonction.

Ce jour-là, sur sa chaîne YouTube, Didier Raoult explique à propos de l'épidémie : « On a l'impression qu'on est plus dans un jeu vidéo, comme Risk, si vous voulez, où les gens appuient sur un bouton chaque fois qu'il y a un cas dans un pays – même s'il y a 1 milliard d'habitants, ça y est, pssshhh, c'est rouge, ça y est le virus envahit la terre. Tout ça, c'est des bêtises. »

À propos de la province de Hubei, l'épicentre originel de l'épidémie, il tente même une approximation épidémiologique : « Il est probablement mort moins de personnes du nouveau corona dans cette zone chinoise que de grippe dans le même temps. Donc c'est beaucoup de bruit pour pas grand-chose. »

Le même jour, sur RMC, le Pr Éric Caumes, déclare : « Le virus va se répandre très progressivement, très lentement dans l'ensemble de la population mondiale, et, comme il n'est pas particulièrement pathogène, contrairement à ce qui est dit [9], ça va passer en douceur, et on ne va peut-être même pas s'en rendre compte. »

Ils ont peut-être raison.

Un jour, lorsque j'étais encore étudiante, un de mes patrons m'a dit : « Le pire risque pour un médecin n'est pas de ne pas savoir, c'est de ne pas avoir de doutes. »

Il n'y a aucun nouveau cas depuis le cluster des Contamines, survenu il y a dix jours. En France, la tension est clairement retombée.

9. Fait-il allusion aux messages gouvernementaux ? Je ne sais pas qui d'autre avait pris la parole à cette date pour évoquer une épidémie sévère.

Mardi 18 février

Même en étant partie du ministère, je continue chaque jour de suivre le nombre de cas sur l'application du Johns Hopkins.

- Monde : 75 100 cas.
- France : aucun nouveau cas depuis le 7 février.

La conversation téléphonique que j'ai eue avec Cédric Villani la veille se retrouve mot pour mot à la une du journal *L'Opinion*. Après le tweet, c'est un second affront. Je comprends que l'union avec Cédric Villani ne sera pas chose aisée.

Ma journée est dédiée à des visites de terrain et à des réunions d'équipes pour organiser la semaine. Le QG est composé de soixante-dix personnes environ, toutes sont bénévoles et ne sont pas là à plein temps. J'ai encore du mal à les reconnaître, ils virevoltent dans tous les sens pour conduire la campagne.

10 heures : première séance de shooting photos de plusieurs heures dans un studio surchauffé pour refaire toutes les affiches de campagne où je pose avec les différentes têtes de liste d'arrondissement. J'ai horreur des photos. Et je ne me reconnais plus, j'ai mangé n'importe quoi ces dernières semaines, les kilos de bonbons en guise de repas s'invitent maintenant sur les clichés. Je n'avais pas prévu de me retrouver en tête d'affiche… Et je n'ai vraiment pas la force mentale de faire un régime d'ici les élections.

13 heures : ma première interview de candidate avec des journalistes politiques du *Parisien* se déroule dans un café bruyant à souhait. On ne s'entend pas. Je me sens très inconfortable. J'ai l'impression de subir l'interview, de ne pas maîtriser encore les sujets. Comme je le craignais, le résultat de cet entretien est très moyen. Cette campagne au pied levé m'impose des exercices médiatiques risqués.

J'ai deux jours pour m'améliorer et affiner mon positionnement avant le passage long format chez Ruth Elkrief (sur LCI) prévu jeudi.

Après l'interview, nous partons faire campagne. C'est ma première fois. Cela consiste à déambuler en fin d'après-midi rue Mouffetard avec la maire sortante du 5e et tête de liste, Florence Berthout, à distribuer des programmes et aller saluer les commerçants. Pendant deux bonnes heures, nous échangeons de manière affable avec les commerçants et les passants du quartier qui sont globalement chaleureux. Certains sont emballés et expriment leur enthousiasme ; les journalistes qui nous suivent ce jour-là soupçonnent même qu'il s'agirait d'une mise en scène !

Quand je rentre au QG, le retour de bâton est immédiat. Entre le shooting du matin, la longue interview du *Parisien*, puis les heures sur le terrain, physiquement j'accuse le coup. Je suis littéralement vidée. Comment faire comprendre à ma nouvelle équipe que je n'y arriverai pas si on ne me laisse pas le temps de travailler le fond des dossiers et de me reposer dix minutes entre deux séquences ? Après un marathon de trois ans au ministère, me voilà en train de courir un sprint. Sans compter les soirées à rallonge des dernières semaines passées à débattre au Parlement et les nombreuses nuits blanches à traquer des infos sur la Chine *via* les réseaux sociaux. Il faut que la machine tienne.

Le soir, une vidéo circule allègrement sur les réseaux sociaux [10]. Pendant les QAG du jour, un député LR, inquiet de mon départ si soudain du ministère, interpelle le PM, disant de ma candidature à la mairie de Paris qu'elle est « improvisée, imposée par le président de la République ». Édouard lui a répondu et semble s'être bien amusé. Cela me requinque un peu.

Moi au PM 19 h 17 : « Édouard, tu as été excellentissime aux QAG. Je ne sais comment te remercier. Je t'embrasse. Agnès (N.B. : C'est mon tél perso qui me reste). »

PM 20 h 22 : « Me suis bien amusé. Hauts les cœurs ! T'embrasse, Édouard. »

Il est intéressant de noter qu'aucune question d'actualité au gouvernement de ce mardi 18 février 2020 ne porte encore sur le coronavirus. Pour le ministère, les questions concernent l'hôpital public, la place de Taiwan à l'Assemblée mondiale de la Santé [11] et la protection sociale. L'air du temps.

---

10. « "Elle sera une exceptionnelle maire de Paris" : à l'Assemblée, Philippe vante Buzyn et fâche », *Paris Match* le 18 février 2020.

11. Taiwan qui avait auparavant un statut d'observateur à l'Assemblée mondiale de la Santé (laquelle constitue l'assemblée générale de l'OMS et comprend 194 pays membres) se l'est vu retirer, probablement sous la pression de la Chine. Ce pays ne peut plus assister aux négociations et réclame de reprendre sa place avec le soutien des Occidentaux. Cela fait l'objet de longs

Moi au PR 00 h 52 : « Monsieur le Président, désolée pour le titre du *Parisien* version papier qui traduit une non-maîtrise de l'ITW. Ils ont titré Delanoé est mon modèle… je parlais de ville apaisée et Hidalgo m'avait déçue car je croyais qu'elle était dans la continuité. Bref, phrase sortie du contexte. J'étais dans une course effrénée toute la journée… Je vais essayer de redresser le tir dans les futures paroles médias. La version web en revanche est très bien comme le papier du *Monde* d'hier. On va tout de même y arriver. Bien à vous. »

Il est vrai que je n'ai pas senti cette interview. Connaissant le PR, il doit suivre cela de près, une fois sa journée finie. Paris, ce n'est pas rien pour la majorité…

Mercredi 19 février

- Monde : 75 600 cas.
- France : pas de nouveau cas depuis le cluster du chalet des Contamines.
- Le match de foot qui se tient au San Siro de Milan, opposant Valence (Espagne) à Bergame (Italie)[12], rassemblera plus de 45 000 supporters.

À 8 h 53, réponse du PR à mon SMS de la veille : « Ne vous en faites pas, chère Agnès, et ne dépensez aucune énergie en frustration ou regret. Ajustez de manière immédiate en regardant devant. Les photos sont bien et ce qui se dégage est très bien. C'est l'essentiel à ce stade. Gardez cette liberté. Maintenant il faut affiner et garder cette énergie avec des mots très simples. Truc idiot ne dites pas que vous voulez gagner Paris. Dites que vous voulez gagner la confiance des Parisiens et faire Paris avec eux… Humanisez à fond. Pour Villani continuez à tendre la main sans concession d'appareil. Je vous embrasse. »

Moi : « OK Merci Bien reçu. »

Si Cédric Villani est une personne d'un talent indéniable que j'apprécie de longue date, ceux dont il s'est entouré pour mener

---

débats lors de l'Assemblée mondiale de la Santé qui se tient chaque mois de mai à Genève.

12. Il sera évoqué *a posteriori* comme pouvant être à l'origine de la dissémination rapide dans ces deux pays.

cette campagne n'ont pas bonne réputation. Après l'élégant épisode du verbatim de notre première conversation, il paraît pertinent de se méfier.

Quelqu'un au QG de campagne a osé m'avouer que le dernier sondage non publié pour Benjamin Griveaux la semaine précédente montrait qu'il était descendu à 13 % des intentions de vote. On est loin des 17 % qui m'avaient été vendus avant que je me retrouve plongée dans cette aventure !

SMS du PM à 16 h 04 : « Ils sont fébriles en face… reste bien concentrée, naturelle parce que je sens qu'il peut se passer quelque chose… les sondages du jour ne disent pas grand-chose, ou plutôt ils disent que c'est possible ! T'embrasse !!! Haut les cœurs. »

Son soutien me fait du bien. Il a l'air de penser que c'est possible de remonter la pente. Effectivement le tout premier sondage montre une progression de 4 points en quarante-huit heures, ce qui est encourageant.

Moi au PM : « Merci Édouard, j'aurais préféré un point en plus… mais j'avance sans trop regarder ce qui se passe autour. Pas le temps… Et puis dans la rue je sens beaucoup d'ondes positives. Bon courage aussi à toi et merci de m'accompagner avec bienveillance. »

Mes journées sont denses et dédiées au terrain. Je fais un arrondissement et un thème (social, écologie, sécurité, urbanisme, propreté, etc.) par jour. Je me rends dans un arrondissement pour voir les espaces verts, je rencontre des élus et des associations, des librairies, des commerçants de quartier, et marche en moyenne 15 km par jour. Il faut tenir le rythme, c'est éreintant. *A contrario*, les rencontres de terrain me permettent d'avoir de plus en plus d'idées pour la ville.

Moi 22 h 29 : « Monsieur le PR, désolée de vous déranger… »

Je lui pose une question de stratégie entre les députés de Paris.

« Avez-vous un avis ? Bien à vous. »

Je découvre un PR extrêmement présent, très impliqué et qui ne me laisse pas tomber. Il est investi dans les municipales, connaît les élus bien mieux que moi, a une vraie vision stratégique. J'ai besoin de ses conseils.

Sa réponse me parvient à 23 h 30. Ses mots sont précis sur les personnes et les arrondissements, et particulièrement appréciables pour une novice en élection. Cette campagne semble même l'amuser.

« PR : « Chère Agnès,

« J'ai de bons retours de BFM.

« 1. Villani Bienveillance sans rien attendre. Mais ne heurter personne.

« 2. Gantzer très bien.

« 3. […][13].

« Vous pouvez m'appeler ce soir ou demain matin sans problème. On continue ainsi. Bises. »

Moi : « Merci. Villani a refusé. Puis-je vous appeler ? »

PR : « Oui ! »

Malgré ma remontée dans les sondages, je sais que sans fusion immédiate avec Cédric Villani, les chances sont nulles, nous n'aurons pas la dynamique nécessaire. Une fusion des listes au deuxième tour arrivera trop tardivement et sera nettement moins efficace, nous aurons un score trop bas tous les deux.

Ce jour-là, au Sénat, les questions d'actualité au gouvernement sont encore éloignées du coronavirus. Olivier Véran est interpellé cinq fois par des questions portant sur les retraites, les pénuries de médicaments, la vente en ligne de médicaments, la situation de la psychiatrie et le pilotage de la politique de santé.

Jeudi 20 février

- Monde : 76 200 cas.
- Premier cas en Italie (Lombardie) de pneumonie sévère.

Tôt ce matin-là, sur les conseils de Jean-Marc, un ami commun, je contacte Cédric Villani pour organiser une rencontre de conciliation.

Moi à Cédric Villani 8 h 27 : « Bonjour Cédric, veux-tu qu'on se parle ? Amitiés. »

9 h 51 CV : « Oui, Agnès, pleinement partant pour qu'on se voie, soit en tête à tête, soit à quatre avec mon directeur de campagne de mon côté. Amitiés (je suis en OPECST toute la matinée donc peu réactif)[14]. »

13. J'ai volontairement supprimé les conseils qui citent des noms de personnes sur les listes car ils ne sont pas au centre du sujet de ce livre.

14. Cédric Villani préside en tant que député, une commission spéciale commune au Sénat et à l'Assemblée, qui s'appelle l'Office parlementaire d'évaluation des choix scientifiques et techniques.

Moi : « OK, suis en conférence. On se voit à quatre à midi. »

Nous décidons d'un déjeuner à quatre chez moi avec nos directeurs de campagne respectifs.

Mon équipe me fait livrer un repas pour que je n'aie pas à préparer le déjeuner pour ces messieurs. Le résultat est comique ; quelqu'un a eu la bonne idée de commander des poireaux vinaigrette, des soles meunières huileuses à souhait et des crèmes brûlées. Le tout m'arrive dans des cartons énormes, on est bien loin du jambon-beurre ou de toute autre chose rapide et pratique que je pensais pouvoir avaler autour de la table basse de mon salon. J'empile les nombreux cartons dans ma cuisine, je dois chercher des assiettes, des plats adaptés pour les sauces. Évidemment, je suis la seule femme et, en plus, on est à mon domicile… Les trois autres restent assis, en attendant visiblement que je fasse le service. Tout ce que je voulais éviter !

Bref, une fois les soles meunières servies, l'objectif est clairement de décanter les évènements de cette semaine, de revenir ensemble sur le tweet de lundi et d'essayer de rattraper le coup. Il est encore temps, il reste vingt-quatre heures avant le dépôt des listes. J'y vais franco. Je parle à Cédric Villani de la dynamique que constituerait une telle alliance pour la majorité présidentielle, du fait que nos programmes se retrouvent sur les sujets majeurs et que nous pourrions faire un duo très sérieux à la tête de la mairie de Paris pour donner un vrai élan écologique, social et de modernité à cette ville. Je commence à avoir une vision claire de ce qu'il faut faire.

Néanmoins j'ai un peu de mal à le suivre. Il m'explique d'abord qu'il n'est pas opposé à essayer de fusionner les listes d'ici demain, mais qu'il a peur pour les positions de ses troupes sur les listes. Il lui faut regarder arrondissement par arrondissement ce qu'il est possible de faire en termes de personnes à placer, et à déplacer. Nous ne situons décidément pas la discussion au même endroit : je lui parle d'ambition, d'une vision commune pour l'avenir de la ville, il m'oppose un discours de cuisine électorale. Je me sens mal à l'aise, j'ai la vague impression que tout n'est pas dit.

Il faut attendre les crèmes brûlées pour qu'il m'avoue, tout à la fin de l'entretien, que cela lui semble surtout compliqué… financièrement.

Je comprends enfin ! Il a largement entamé ses dépenses et, si nous nous rassemblons, nous risquons de dépasser les plafonds électoraux autorisés. Il ne manquait plus que ça, un problème de budget ! Quoi qu'il en soit, il souhaite recueillir ce soir l'aval de son équipe avant de me répondre. J'ai le sentiment que Cédric Villani ne décide de rien et qu'il doit toujours en référer à des instances supérieures... Je me dis à cet instant que le loupé de lundi n'en n'est pas un. Il m'a effectivement mis le couteau sous la gorge, ou peut-être son directeur de campagne, pour qu'en réalité notre rapprochement ne soit pas faisable. Je ne sais pas si Cédric perçoit tout cela, s'il est de mèche ou juste naïf. Nous nous quittons ainsi.

Après le déjeuner, je reçois tout de même un petit message de remerciements.

14 h 23 CV : « Merci Agnès pour ton accueil ! Je te recontacte cet après-midi. À très vite ! »

Un article à charge dans *Le Parisien* me met de mauvaise humeur. Le contenu, les références, les verbatims et scènes qui y sont rapportés témoignent que le récit vient de quelqu'un ou de plusieurs personnes impliquées dans ma campagne.

Dans un parti politique, c'est bien souvent des « bons camarades » que viennent les coups bas. Certains de mon entourage évoquent aussi des membres du bureau de LREM qui jouent leur carte et veulent succéder à Stanislas Guérini, secrétaire général du mouvement présidentiel. Ceux-là espéreraient une scission entre l'aile gauche et l'aile droite du mouvement. Ce sont, me dit-on, les mêmes qui ne voulaient déjà pas d'une candidature de remplacement LREM pour Paris la semaine dernière, lorsque Benjamin Griveaux a déclaré forfait.

Être attaquée par mes colistiers à J3 d'une campagne aussi courte, où toutes nos chances reposent sur la dynamique que l'on réussit à instaurer, n'est vraiment pas fair-play. En plus, ce n'est pas comme si j'avais joué des coudes ou pris volontairement la place de quelqu'un pour être là aujourd'hui ! Je remarque qu'Anne Hidalgo ou Rachida Dati n'ont pas d'attaques venant de leur propre camp, en tout cas pas depuis qu'elles ont été investies comme candidates.

Par ailleurs, le 49.3 commence à pointer le bout de son nez pour la loi sur les retraites avec des débats interminables à l'Assemblée, chaque amendement apportant un changement de virgule. Je ne vois pas comment ils vont pouvoir se sortir de cette obstruction parlementaire. À ce rythme, j'ai calculé que le débat se terminerait à Noël.

Poursuite de la campagne de terrain. Cet après-midi je vais à la rencontre d'associations autour de la place de Clichy sur le thème de la sécurité.

Moi au PM 22 h 29 : « Bonsoir Édouard, visiblement les retraites c'est très chaud… bon courage vraiment pour cette galère. J'ai déambulé dans le square en bas de chez toi cet après-midi avec Delphine Burkli et PY Bournazel. C'était très chaleureux. »

La soirée passe sans nouvelles du candidat dissident, ce qui n'est pas bon signe ; une alliance nécessite en réalité un travail de fourmi sur la répartition des listes dès ce soir, car la date limite de dépôt des listes est demain. Je ne me fais pas d'illusion. Par acquit de conscience, je tente un dernier contact peu avant minuit.

Moi à CV 23 h 24 : « Bonsoir Cédric, fumée blanche ou fumée noire ? »

CV : « On y est encore, je te dis dès que le débat est bouclé. »

Moi : « OK. »

CV à 1 h 22 du matin : « Quatre heures de débat. Fumée noire : pas de fusion premier tour (large majorité). Désolé ! Appelons-nous quand tu veux à partir de demain matin, pour parler des prochaines semaines. Amitiés. »

Moi 2 h 28 du matin : « Vu, merci Cédric. À bientôt. »

Pas surprenant.

Je continue de lire les journaux médicaux le soir, on ne se refait pas. La *newsletter* [15] de février, envoyée aux professionnels par l'Ordre des médecins, parue ce jour, montre l'absence totale de prise en compte des alertes du ministère. Aucune des recommandations qui figuraient dans les pièces jointes n'a été fournie aux professionnels ni aucun diaporama sur les façons de se protéger, malgré les trois réunions de crise tenues depuis le 29 janvier. Sont évoqués la permanence de soins, la formation continue (DPC), la greffe de moelle osseuse, la convention Aeras et les perturbateurs endocriniens. Le petit encadré intitulé « le chiffre du jour » donne le Numéro Vert mis en place par le gouvernement si les citoyens se posent des questions sur le coronavirus.

15. Il s'agit d'une *newsletter* mensuelle destinée à tous les médecins. Elle compte en général une dizaine d'articles sur les actualités du mois. Son but est d'informer l'ensemble des médecins sur les sujets importants du mois.

Vendredi 21 février

- Italie : 16 cas et premier décès.
- France : aucun cas depuis le cluster des Contamines, le 7 février.

Petit-déjeuner dans un café avec des journalistes de presse écrite pour parler des municipales et des alliances éventuelles. Puis journée studieuse au QG.

Le feuilleton avec le candidat dissident de LREM se poursuit.

À 19 h 04, je reçois de la part de Cédric Villani un SMS furieux. Des fuites et des propos non respectueux venant des équipes de nos deux QG ou de LREM auraient été donnés à des journalistes. Il insiste sur le fait que le débat d'idées doit l'emporter sur les remarques personnelles afin de ne pas préempter l'avenir. Je lui réponds poliment.

Moi : « Moi aussi Cédric, et j'ai encore dit tout le bien que je pensais de toi à des journalistes ce matin. Après, comme tu le sais, il est difficile de savoir qui parle… On reste calme tous les deux et on les tient jusqu'au deuxième tour.

« Amitiés,

« Agnès. »

Samedi 22 février

- Monde : 78 600 cas.
- Italie : 60 cas, 2 décès.
- France : aucun cas depuis le cluster des Contamines, le 7 février.

Toute la matinée est consacrée à faire les marchés, échanger avec les Parisiens, serrer des mains, faire campagne sur le terrain.

PM 10 h 36 : « Allez Agnès ! Un WE de campagne c'est rude mais ça va le faire ! je t'embrasse et mes encouragements remontent de la Seine ! Hauts les cœurs, Édouard ! »

Moi : « Merci Édouard. Bonne chance à toi également ! »

Sur Europe 1, interviewé par la journaliste Wendy Bouchard, le coordonnateur national des équipes de recherche du réseau REACTing, le Pr Yazdan Yazdanpanah semble prudent sur le coronavirus mais, à ma grande surprise, il répond au sujet des deux premiers cas mortels en Italie : « Malgré tout, je pense qu'ils vont arriver en Italie à contrôler cette micro-épidémie. »

Dimanche 23 février

- Monde : 79 000 cas.
- Italie : 79 cas et 3 morts.
- France : aucun cas depuis le cluster des Contamines, le 7 février.

Les cas nombreux observés en Italie, non liés entre eux, signent pour moi le démarrage de l'épidémie au niveau mondial. C'est la phase 2 qui devrait rapidement passer en phase 3. Je dois alerter le Président.

Moi au PR 9 h 10 : « Monsieur le Président,

« J'espère que vous récupérez de la visite d'hier [16]. Maintenant je sais à quel point ces exercices de terrain sont exigeants… nous allons construire une stratégie ciblée pour les jours à venir afin de concentrer nos efforts sur des arrondissements clés… On va encore se déployer cette semaine dans les médias car c'est ce qui rapporte le plus.

« Je voulais vous dire deux mots sur le coronavirus car comme prévu cela va partir très vite et les Français voient cela encore de loin. AMADS [17] est une amie, excellente sur l'offre de soin mais ne connaît pas l'urgence. C'est pareil à Matignon. Vous n'avez que des directeurs d'hôpitaux. C'est bien mais c'est insuffisant. La seule personne solide est le DGS mais en dessous les troupes sont très faibles pour un problème de cette envergure. Il faut une poigne et une réactivité totale. »

---

16. Le samedi 22 février 2020, le Président a déambulé douze heures d'affilée au Salon de l'agriculture.

17. Anne-Marie Armanteras de Saxcé, 70 ans, vient d'être choisie par le Président comme future conseillère santé et sera annoncée officiellement à l'Élysée le 28 février. Elle a été directrice d'hôpital, anciennement directrice de la DGOS (Direction générale de l'offre de soin) avant d'être nommée au collège de la Haute Autorité de Santé, où elle était en charge de la certification des hôpitaux. Elle n'est ni scientifique ni médecin.

En effet, le CORRUSS n'est pas un centre conçu pour gérer une crise nationale qui va durer longtemps. Numériquement, Jérôme Salomon peut s'appuyer sur trop peu de personnes pour envisager de faire les 3 × 8. Et il m'apparaît clair que la nouvelle conseillère santé du PR, même si elle a d'autres compétences, n'est pas la plus aguerrie pour être réactive et centraliser toutes les informations médicales en situation de crise sanitaire.

Je lui explique le profil nécessaire à ses côtés : il faut connaître l'urgence, les épidémies, les traitements, les vaccins, l'épidémiologie. Je pense au fond de moi que la clé pour un chef d'État est l'anticipation, la coordination de tous les acteurs et la communication de crise qui doit être centralisée et précise, et ni Matignon ni l'Élysée ne sont armés pour cela.

Et je termine mon SMS par : « Et même si je suis à fond dans cette campagne aussi, je sais que le seul vrai problème que nous aurons à affronter cette année sera le coronavirus. Je vous embrasse. »

Pas de réponse. À sa décharge, il ne se passe plus rien en France depuis maintenant seize jours.

De nouveau, et comme la veille, je passe la majeure partie de ma journée à aller à la rencontre des Parisiens. L'exercice me plaît, mais il est intense. Tout le monde n'a pas envie de discuter ni de me serrer la main, ni même de recevoir un tract. Il faut être concentrée, attentive et à l'écoute.

En fin de journée, sans réponse du PR, j'alerte le PM.

Moi au PM 20 h 10 : « Bonsoir Édouard, j'espère que ta campagne se passe bien. La mienne se passe en accéléré mais c'est exaltant. Merci infiniment pour ton aide comme pour celle de Thierry et de Charles. Te connaissant, un dimanche soir, tu dois être en pleine réunion coronavirus. Je suis cela de très près car cela va aller très vite dans les semaines qui viennent. Comme je te l'ai toujours dit, pas sûre qu'on arrive aux élections… Si tu veux un avis, n'hésite pas car j'ai les idées très claires sur ce qu'il faut organiser à ce stade. Il te faut une *task force* dédiée à tes côtés, qui ne fera que cela, avec un préfet, une cellule communication, un expert, etc. Par ailleurs, je te souhaite du courage pour le 49.3 qui se pointe à l'horizon. Je t'embrasse. Amitiés. Agnès. »

PM : « Je vais faire quelque chose comme ça. Tiens le coup et gagne Paris !!!! »

Pourquoi faut-il une organisation spécifique ? Après avoir été en première ligne à l'Institut de radioprotection et de sûreté nucléaire (IRSN) pendant Fukushima, j'avais beaucoup appris de ces trois semaines passées quasiment nuit et jour avec les agents qui se succédaient H24 au centre de crise de l'Institut. Mon rôle de présidente se bornait à expliquer quotidiennement aux médias l'évolution de l'état des réacteurs dans la centrale et de la situation au Japon, mais j'observais les experts toute la journée au centre de crise. Celui-ci disposait de plusieurs équipes : une qui s'occupait de comprendre les dysfonctionnements de la centrale, une autre de l'impact environnemental en fonction des caractéristiques météorologiques, une troisième de l'impact sur les humains à court et long terme, et enfin, une dernière équipe qui gérait la communication de crise et les liens avec les journalistes. Tout cela était coordonné par un responsable.

Par la suite, un *think-tank* dédié à la gestion des risques m'avait approchée. Il y avait dans le groupe André-Claude Lacoste, remarquable ancien président de l'Autorité de sûreté nucléaire (ASN), également un spécialiste de géopolitique du Moyen-Orient, un spécialiste des accidents d'avion, un sociologue… Nous avions pour ambition d'élaborer une doctrine de gestion de crise pour les responsables politiques. Le projet n'avait malheureusement pas abouti, car nous avions tous été appelés à d'autres fonctions.

Mais la réflexion que nous avions engagée et mes propres expériences de gestion de crise m'ont ainsi appris que l'anticipation des scénarios possibles, l'adaptabilité, la transparence totale, et le fait de parler d'une seule voix, sont les clés de la confiance et d'une gestion efficace. En clair, pour répondre à une crise, il ne faut jamais se reposer sur ses acquis ni sur ce qui est établi [18].

Car les crises se caractérisent toujours par leur singularité. Par principe donc, si une crise survient, quelle qu'elle soit, c'est qu'elle

18. Certains journaux ont récemment corrélé les bons résultats de la France en termes de surmortalité évitable (voir l'étude parue dans *Nature Behaviour* et reprise dans l'éditorial du *Monde* daté du 2 novembre 2022 « Covid-19 et espérance de vie : mention honorable pour la France ») au fait que les Français ont été créatifs pendant la crise, malgré ce qu'ils appellent « l'échec du gouvernement ». Cela montre une incompréhension complète de ce qu'est une gestion de crise grave. La créativité est exactement la compétence individuelle et collective qui va faire qu'une crise se trouve finalement surmontée (cf. chapitre *infra* sur le « retour d'expérience »).

n'a pas pu être anticipée avec assez de précision pour être contrôlée, c'est que les structures mises en place n'ont pas suffi à l'empêcher. Sinon, cela ne serait pas devenu une crise. C'est une lapalissade. Se préparer aux crises permet de gérer ce que l'on connaît et que l'on peut imaginer, cela réduit évidemment un certain nombre de risques. Mais les gestionnaires du risque le savent : on n'est jamais préparé à l'impensable…

Ainsi, quand Fukushima est arrivé, aucun organisme de sûreté nucléaire dans le monde n'avait imaginé que l'on puisse perdre à la fois le circuit de refroidissement d'eau et d'électricité. Après cette catastrophe nucléaire, il a fallu revoir toute la sûreté de toutes les centrales du monde.

Au cours des dernières années, le ministère de la Santé organisait une fois par mois, grandeur nature, des exercices de crise avec retour d'expérience. Mais si ce type de préparation a l'avantage de permettre à chacun de rester en alerte et de connaître les circuits de communications entre les différents acteurs, il se révèle bien souvent, en situation réelle, d'une utilité limitée.

L'immobilité face aux procédures existantes est la pire réponse en période de crise. Il faut au contraire de la souplesse, de la réactivité et de l'humilité.

Pendant Fukushima, il y avait presque tous les jours des réunions interministérielles autour du Premier ministre François Fillon dans lesquelles je représentais l'IRSN en tant que présidente de l'Institut. Nous nous étions tous étonnés du temps de réaction des autorités japonaises, lorsque les réacteurs de la centrale avaient commencé à être en surchauffe. Le Premier ministre de l'époque avait raconté une allégorie qui m'a marquée, issue de la course automobile, univers qu'il connaissait bien. En un mot, si les Japonais ne gagnaient jamais les 24 heures du Mans, c'était parce qu'ils remontaient toute la chaîne hiérarchique selon les procédures en vigueur dès qu'il s'agissait de changer une roue et perdaient alors de précieuses secondes. Ainsi, chaque crise impose une gestion *ad hoc*, avec des personnes dédiées et des procédures spécifiques qui accélèrent les circuits de décision habituels. Pour bien gérer, il est nécessaire qu'il y ait un espace d'initiative personnelle, de créativité. Imaginer que tout sera inscrit dans des procédures est une vue de l'esprit.

Par ailleurs, pendant la crise, ceux qui pensent les scénarios de long terme en anticipation ne peuvent pas être ceux qui gèrent l'urgence, le quotidien, le court terme ou la logistique. Les deux sont des exercices à temps plein et ne requièrent pas les mêmes compétences. C'est ma conviction.

Enfin, pour avoir étudié les ressorts de nombreuses crises complexes, j'ai compris que les décideurs passent beaucoup de temps à tirer des leçons de ce qui vient de survenir, permettant de bien se préparer pour la crise précédente, mais jamais vraiment pour la suivante. C'est une constante, nous construisons des lignes Maginot perpétuelles. C'est ainsi qu'après H1N1 l'ensemble des rapports publiés prônait qu'il fallait cesser de constituer d'énormes stocks qui étaient une gabegie d'argent public. Les conclusions étaient formelles : il fallait être plus agiles, avec des stocks dit « tampons », le temps d'attendre les commandes [19].

Nous n'apprenons jamais rien de nos erreurs passées, les historiens le savent bien.

Ce dimanche 23 février, je fais la une du *JDD* avec un gros titre sur ma photo : « Peut-elle sauver Macron ? »

Semaine 8

« Les mesures n'étaient pas draconiennes et l'on semblait avoir beaucoup sacrifié au désir de ne pas inquiéter l'opinion publique. »

La Peste, Albert Camus.

19. À la suite de l'épidémie H1N1 en 2009, et les critiques sur la gestion de crise par le gouvernement de l'époque, les rapports venant des commissions d'enquête parlementaire, du Haut Conseil de Santé publique, ou du SGDSN (sauf celui de la Cour des comptes) ont jugé que les stocks périssables devaient être remplacé par des stocks tampons réduits, destinés à attendre des commandes. Personne n'aurait pu imaginer que lors d'une crise sanitaire en 2020, les productions seraient totalement à l'arrêt, l'épidémie se déclarant précisément dans la ville de Wuhan qui produit la quasi-totalité des masques mondiaux, ville isolée depuis le 22 janvier. Le monde entier s'est trouvé pris au dépourvu.

Lundi 24 février

- Monde : 80 000 cas ; 2 600 décès.
- Depuis le 23 février au soir, l'Italie a confiné 11 villes.

La journaliste Sonia Mabrouk m'a invitée à sa matinale sur Europe 1. Elle est rapide et incisive. Mon équipe ne l'a pas anticipé, toutes ses questions portent sur le coronavirus, absolument rien sur le programme des municipales ! Je suis à l'aise avec le sujet et n'ai donc aucune difficulté à en parler. Avec ma franchise habituelle, je réponds évidemment que le risque épidémique est réel.

Puis à l'une de ses questions sur la préparation des villes à une éventuelle épidémie, j'ose affirmer que la mairie de Paris n'a rien préparé pour organiser la résilience nécessaire et un potentiel arrêt des activités. Il se trouve que trois maires sortantes d'arrondissements font partie de ma campagne et qu'elles m'ont m'expliqué que la semaine précédente, au cours d'une réunion des différents responsables Santé des arrondissements de la ville, le sujet coronavirus n'a semble-t-il même pas été évoqué. Je crains donc que la ville soit prise de court en cas de confinement.

Au sortir de l'interview, mon équipe est folle furieuse, je ne dois plus parler du coronavirus ! Cela me fait perdre des points précieux dans les sondages et je dois donc changer de casquette. « Agnès tu dois comprendre que tu n'es plus ministre ! Tu n'es plus médecin non plus ! Tu ne dois plus t'occuper de santé… Tu es une candidate à la mairie et en campagne ! » Parole de communicants.

Mardi 25 février

- France : aucun nouveau cas depuis le cluster des Contamines, le 7 février.
- Première QAG sur le thème du coronavirus, en raison de la situation italienne.

Journée de campagne classique qui alterne visites de terrain, préparation d'interview, travail au QG…

Il n'y a toujours aucun nouveau cas en France mais Olivier Véran est interrogé pour la première fois aux QAG sur le thème du coronavirus en raison de la situation italienne, entre une question sur la lutte contre le cancer et une autre sur l'accès aux soins des personnes en difficulté sociale.

Le Pr Éric Caumes explique dans une vidéo sur JIM TV[20] : « Au jour d'aujourd'hui, on peut difficilement parler d'épidémie, alors qu'on n'a même pas de cas nouveau en France, donc il ne faut pas aller plus vite que la musique… »

Ce n'est pas faux, mais ce n'est pas ce qu'on attend d'un spécialiste. On lui demande de nous éclairer, d'être en avance de phase[21].

Surtout, l'Italie devrait nous inquiéter. Moi cela m'inquiète terriblement ; ce n'est tout de même pas un pays sous-développé !

Ce même jour, dans une vidéo inoubliable de sa chaîne YouTube appelée « Coronavirus, fin de partie[22] ! », Didier Raoult annonce une grande découverte : la chloroquine est efficace, c'est « une excellente nouvelle », ajoutant, narquois, que « le coronavirus chinois est probablement l'infection respiratoire la plus facile à traiter de toutes ».

Je plains le gouvernement de devoir préparer l'opinion avec de tels experts, cependant reconnus. Pas un seul médecin plus alarmiste ne s'exprime dans les médias. Je comprends que depuis l'affaire de l'épidémie de grippe H1N1 en 2009, qui s'est révélée beaucoup moins sévère que prévu, ils ont été échaudés. Ceux qui sont lucides existent très probablement, mais ils doivent avoir peur de se ridiculiser. En tout cas, les moins optimistes gardent le silence.

Ce soir-là, je vais dîner tardivement avec mon mari au restaurant du coin de la rue. À ma grande surprise je reçois un appel inopiné d'Olivier Véran. Il y aurait un débat à la DGS sur la distribution des masques. Certains voudraient garder les masques pour les hôpitaux et ne veulent pas donner les kits aux médecins, ainsi que je l'avais prévu. Olivier souhaite mon avis. Ma réponse est immédiate : « Bien sûr qu'il faut déstocker ! Il faut donner des masques aux médecins de terrain, ils vont être en première ligne[23]. »

20. JIM TV : *Journal international de médecine* ; l'interview s'intitule « Covid-19 : la riposte est-elle plus redoutable que le virus ? ».

21. Éric Caumes ne tirera la sonnette d'alarme que le 9 mars.

22. Probablement conscient du ridicule, il l'a renommée depuis « Coronavirus : vers une sortie de crise ? ».

23. L'ordre de déstockage a été donné par la DGS le lendemain, le 26 février.

Mercredi 26 février

- Monde : 78 000 cas ; 2 700 décès.
- Le virus est désormais installé dans plus de 30 pays.
- Italie : plus gros foyer en Europe, 374 cas ; 12 décès.
- France : 4 nouveaux cas ; dont un décès.
- Jour du match de foot entre Lyon et Turin. Près de 3 000 supporters italiens sont attendus à Lyon, malgré le nombre de cas qui augmente en Italie et les confinements de plusieurs villes en Italie du Nord.

Cette semaine, j'essaye de rester un peu plus au QG pour travailler, lire mes fiches, revoir le programme de fond en comble. Il nous faut réimprimer les documents de campagne avec des mesures que je puisse défendre et, accessoirement, avec mon nom dessus. Bien que je ne regarde pas trop les informations, faute de temps, je comprends toutefois que l'épidémie se déclare en France.

Mais, sur France Info, le Pr Yazdanpanah donne une interview sur le coronavirus. Il n'est ni alarmiste ni rassurant. Cependant, à la question faut-il continuer à se serrer la main et se faire la bise ? sa réponse m'étonne : « Pour l'instant le virus ne circule pas en France et donc oui, on peut continuer. »

Au Sénat, la séance des QAG donne une bonne idée des préoccupations du moment. Sur les sept questions qui concernent le ministère de la Santé, l'une porte sur les pénuries de médicaments fabriqués en Chine, trois sur la retraite des agriculteurs, une sur l'hôpital public, et une sur les médicaments innovants. Une seule question sur la lutte contre le coronavirus.

Il est clair que les élus ne voient toujours rien d'inquiétant dans ce qui est en train d'arriver. Ce n'est pas faute d'avoir des médecins et professionnels de santé sur les bancs des deux hémicycles.

Jeudi 27 février

- Monde : 82 700 cas.
- France : l'épidémie commence avec 38 cas confirmés. Un patient est décédé.

Moi au PR 22 h 35 : « Bonsoir Monsieur le Président, je vous ai vu à La Pitié[24] et espère que cela n'a pas été trop pénible. Je regrette qu'on vous ait proposé d'aller dans cet hôpital qui est le creuset de la contestation… La campagne municipale se déroule sans trop d'embûches grâce à l'équipe autour de moi. J'attends le prochain sondage. Nous verrons s'il est possible de maintenir les élections étant donné les circonstances. Je suis à votre disposition si vous souhaitez faire un point. Bien à vous. »

L'épidémie a finalement démarré. C'est ce que je craignais même si je ne savais pas quand cela surviendrait. Déjà un mort. Je ne sais plus comment l'alerter et quoi lui dire pour pouvoir lui parler de nouveau. Il faut anticiper beaucoup plus ! La population, les médias, les parlementaires, les professionnels, personne ne me semble suffisamment en alerte. L'arrêt de l'économie et le confinement vont nous tomber dessus trop brutalement. Sans compter que les cas que nous diagnostiquons aujourd'hui ont été contaminés il y a au moins une semaine. En réalité, il y en a forcément bien plus en circulation. Tout cela va s'accélérer ! Je suis de plus en plus angoissée, et ne pas être aux commandes me rend folle.

Pendant ce temps, les propos de Didier Raoult sont repris dans plusieurs journaux : « … Il faut raison garder et ne pas contribuer à une panique générale nourrie par une communication hasardeuse ou des discours alarmistes… Si vous regardez les nouveaux cas, le taux de nouvelle contamination est de moins de 1 % en ce moment, c'est très faible et ça laisse entendre que l'épidémie touche à sa fin. »

Un champion.

Vendredi 28 février

• Italie : 888 cas ; 21 décès.

Réponse du PR à 1 h 59 du matin : « Les premiers sondages sont bons et on ne lâche rien. On se parle demain. Je vous embrasse. »

---

24. Le Président est allé faire une visite surprise à La Pitié-Salpêtrière où le premier patient français est décédé la veille. Un collectif de soignants l'a interpellé assez violemment sur les problèmes hospitaliers. Le professeur Éric Caumes lui fait part d'un pressentiment, d'une « situation à l'Italienne […] Le virus se transmet beaucoup mieux que ce qu'on pensait ».

La directrice d'hôpital à la retraite, Anne-Marie Armanteras de Saxcé, est officiellement nommée conseillère santé à l'Élysée. Vu son poste au Collège de la HAS où elle était en charge de l'accréditation des établissements de santé, je la vois mal faire des notes au PR au pied levé sur l'épidémiologie d'une pandémie d'un type nouveau… Compte tenu de la situation, cela me rappelle un peu douloureusement mon arrivée au ministère en 2017. J'avais rencontré le PR pour la première fois de ma vie, en tête à tête, le mercredi matin, jour de nomination du gouvernement. Il m'avait parlé du champ d'action de mon ministère, de la réforme des retraites notamment, et m'avait demandé si quelque chose me posait problème. Je lui avais répondu que je n'étais inquiète que d'une seule chose : qu'il surgisse un jour une grande épidémie mondiale, que la communauté médicale savait qu'il y en aurait une, mais que nul ne pouvait prévoir le germe en cause et si cela surviendrait dans un an, dans dix ans ou dans un siècle. Je l'avais rassuré sur le fait que je savais gérer les crises car c'était mon métier. Ma nomination au gouvernement était annoncée quelques heures plus tard. Les deux semaines qui avaient suivi, comme le PR était lui aussi en train de constituer son cabinet, je poussais de toutes mes forces pour que Jérôme Salomon devienne son conseiller santé. J'expliquais qu'en cas de crise sanitaire, il serait le plus à même de conseiller le PR. Je n'ai pas obtenu gain de cause, le PR ayant choisi une jeune énarque de sa promotion, qui était à l'époque numéro 2 d'une ARS. Convaincue qu'il fallait un bon spécialiste des crises auprès du gouvernement, j'ai moi-même nommé JS à la tête de la DGS en janvier 2018.

En cette fin février, ce nouveau choix de conseillère santé, administrative et non scientifique, n'est pas le meilleur casting qui soit pour la période. Heureusement, le directeur général de la Santé, Jérôme Salomon, sait de quoi il parle.

11 h 48, sur France Bleu, le Pr Éric Caumes donne une interview : « Le nouveau coronavirus n'est pas plus contagieux que la grippe, c'est à peu près du même ordre, mais il existe des super-contaminateurs, des personnes qui sécrètent tellement de virus qu'elles sont capables de contaminer plusieurs personnes autour d'elles, et c'est ceux-là qu'il faut absolument repérer pour limiter un développement trop rapide de l'épidémie. » Puis, pour la première fois, il évoque le risque que le virus devienne endémique… Le Covid-19 pourrait faire partie de notre quotidien et revenir de façon récurrente, « c'est une

possibilité qu'il faut envisager », mais sans inquiétude, assure le professeur Éric Caumes.

Faute d'interlocuteurs politiques, j'ai décidé d'appeler Grégory Emery dans la journée. Je me mêle de ce qui ne me regarde plus, mais ce que je vois dans la rue me hérisse ! Contrairement à ce que prétend le Pr Yazdanpanah sur les ondes, nous ne pouvons plus continuer à nous serrer les mains et à nous faire la bise comme si de rien n'était, alors qu'une épidémie est en train de démarrer en Italie et probablement déjà chez nous. De plus, la promiscuité permanente qu'exige une campagne est incompatible avec les besoins de sécurité sanitaire. Drôle de candidate qui veut se tenir éloignée des gens.

En parlant au téléphone avec des membres de mon ancien cabinet, je les tanne pour qu'ils fassent dire à Jérôme Salomon ou à Olivier Véran lors du point presse quotidien que nous devons arrêter de nous toucher, de nous embrasser, etc. C'est juste du bon sens… Peu avant minuit je reçois la réponse. GE a réussi à obtenir un arbitrage positif de Matignon :

GE 23 h 25 : « Je t'ai obéi… »

Et il m'envoie avec le message le lien de la conférence de presse d'Oliver Véran qui, sans savoir d'où vient la consigne, explique ce soir à la presse qu'il faut arrêter de se serrer les mains.

Je saute de joie, cela va enfin éviter des contacts pour des milliers de collègues au travail, de candidats en campagne, de citoyens en général, et limiter ainsi les contaminations.

L'OMS publie ses considérations pour le placement en quarantaine de personnes, dans le cadre de l'endiguement du Covid-19, décrivant notamment qui est concerné et quelles sont les conditions minimales à respecter pour éviter le risque de propagation ultérieure :

« La clé pour contenir ce virus est d'interrompre les chaînes de transmission. Le rapport de la mission conjointe OMS-Chine vient d'être publié. […] Il appelle tous les pays à bien informer leurs populations, à étendre la surveillance, à trouver, isoler et prendre en charge chaque cas, à rechercher tous les contacts […]. »

Puis le rapport liste les « 10 choses fondamentales [25] » à savoir pour limiter la contamination : se laver les mains, nettoyer régulièrement les surfaces, s'informer sur le Covid-19 et ses symptômes,

25. Le mot « masque » n'apparaît pas dans la liste de ces dix recommandations fondamentales, publiée le 28 février.

éviter de voyager si on a de la fièvre ou une toux, utiliser sa manche ou un mouchoir si on tousse ou si on éternue, éviter les zones très fréquentées si on est à risque, rester chez soi si l'on ne se sent pas bien et appeler un médecin, rester chez soi si l'on est malade, appeler son médecin en cas de signes de faiblesse respiratoire, enfin, si l'on se sent inquiet, discuter autour de soi, et voir comment renforcer la sécurité à partir des recommandations.

OK, merci l'OMS. Quand je pense aux nombreux documents qu'on a envoyés aux professionnels de santé… je crois que la DGS avait déjà bien ça en tête !

Cependant, il est vrai que le niveau de préparation des pays est extrêmement variable, et l'OMS s'adresse au monde entier.

Samedi 29 février

- Monde : 84 000 cas.
- France : 100 cas.
- Interdiction des rassemblements de plus de 5 000 personnes.

Moi à 9 h 17 : « Monsieur le Président, puis-je vous parler après les Conseils, c'est important. Bien à vous. »

Je sais que sa conseillère santé a enfin pris son poste la veille, et qu'Olivier Véran est ministre depuis quinze jours, mais la médecin que je suis reste intimement persuadée que personne à ce stade ne lui dira ce que j'ai à lui dire.

Journée de visite sur les marchés parisiens. Je refuse de serrer les mains et tape le coude pour saluer les Parisiens. Le geste peut paraître ridicule, j'en conviens, et il en décontenance plus d'un.

PR 17 h 40 : « Je vous appelle après mes appels internationaux. J'espère que tout va bien. Le sondage du *JDD* est très bon. »

Appel raté à 20 h 26. De toutes les façons, je ne peux pas parler librement, je suis dans une voiture.

Moi au PR : « Je suis dans un taxi. Je serai chez moi dans vingt minutes. »

Il me rappelle à 20 h 30 : J'ai tellement peur de le manquer que je bondis hors du véhicule pour parler confidentiellement.

Il fait nuit noire et une petite bruine glacée a vidé les rues de Paris ce samedi soir…

Je me réfugie sur les marches du perron du CROUS, boulevard Saint-Michel. Personne autour. Le taxi m'attend un peu plus loin et s'agace. Décidément, mes conversations téléphoniques avec le PR sont toujours rocambolesques. Mon ton est volontairement alarmiste. Je lui dis que ce qui arrive va être très grave, qu'il lui faut une *task force* qui pense à froid sur l'ensemble du champ (hôpitaux, écoles, transports, énergie, alimentation, activités essentielles, etc.) et qui ne soit pas uniquement dans la gestion opérationnelle. Le MSS est débordé et ne peut plus penser. J'essaye de lui faire comprendre pourquoi il faut se préparer au pire et notamment le fait que ce que nous observons est en retard de quatre à quatorze jours sur la réalité des contaminations.

Je lui dis qu'il y a un manque d'anticipation et qu'on perd du temps sur l'épidémie, qu'il faut gréer des hôpitaux dédiés car des milliers de personnes vont avoir besoin d'oxygène, peut-être le Val-de-Grâce, que la population n'est pas suffisamment prévenue et va littéralement tomber des nues. J'insiste sur le fait qu'il faut vraiment tout arrêter rapidement car le nombre de malade va suivre une courbe exponentielle, que le temps de doublement des cas va s'accélérer et que le système de santé ne va pas pouvoir absorber le nombre de malades si l'on tarde trop à tout fermer, qu'il n'y aura pas d'autre choix pour réduire drastiquement les contacts. Il m'écoute avec attention mais je ne réussis pas à savoir ce qu'il pense.

Enfin, je lui avoue que j'ai beau faire cette campagne à fond, je me sens totalement clivée. Le risque épidémique occupe une grande moitié de ma tête et m'empêche toute lucidité. Je raccroche en ayant au moins l'assurance d'avoir été franche, à défaut de l'avoir convaincu.

Le taxi me dépose pour dîner avec mon ancien directeur de cabinet, maintenant celui d'Olivier, dans mon restaurant italien préféré. Nous ne nous sommes pas vus depuis quinze jours. Raymond Le Moign semble assez effondré par ce qui arrive au ministère, tant la charge de travail est importante. Je suis inquiète pour lui, il ne quitte plus le 7e étage du bâtiment et ne dort plus. Le cabinet et la DGS sont devenus une ruche géante. Des renforts arrivent de toutes parts. Olivier Véran est essentiellement à l'extérieur sur les enjeux de communication et Matignon prend la main.

Je sens aussi qu'il m'en veut énormément d'être partie. S'il savait comme j'en souffre moi-même !

GE 21 h 49 : Envoi de l'article d'Europe1 qui dit : « Stop aux poignées de mains… une mesure que certains jugent excessive. »

Moi 22 h 55 : « Merci Grégory. J'ai vu. Les personnes ont bien retenu la leçon sur les marchés. Tu nous as sauvés. »

GE : « :))))) Force et courage hein !!! »

Moi 23 h 24 : « Vous me manquez tellement ! Je suis dissociée, je pense à vous et au MSS toute la journée… »

GE 23 h 36 : « Et nous tous, on pense tout le temps à toi !!! On est très fiers et moi le premier. On fêtera la victoire dans quinze jours tous ensemble !!! D'ici là ta mission est de sauver Paris. »

Dimanche 1er mars

- France : 128 cas seraient confirmés, dont 116 hospitalisés et 9 en réanimation selon la DGS.
- 12 régions françaises sont touchées, dont la Guadeloupe.

Comme tous les jours depuis des semaines, je me branche dès le réveil sur le site du Johns Hopkins pour regarder l'évolution dans les pays. Et en courbe logarithmique, cela ne sent vraiment pas bon. Le temps de doublement des cas va nécessairement s'accélérer dans les semaines qui viennent, c'est le principe d'une épidémie avec un R0 à 3 [26]…

Pour la première fois, le coronavirus est à la une du *JDD* avec le gros titre : « Faut-il vraiment avoir peur ? » Le sujet occupe les neuf premières pages. La France semble commencer à prendre la mesure de ce qui se passe.

26. Cette formule signifie qu'en l'absence de mesures barrières, en moyenne, un malade contamine trois personnes, ce qui explique la courbe exponentielle.

Semaine 9

« Beaucoup cependant espéraient toujours que l'épidémie allait s'arrêter et qu'ils seraient épargnés avec leur famille. En conséquence, ils ne se sentaient encore obligés à rien. »

La Peste, Albert Camus.

Lundi 2 mars

- Monde : 89 000 cas ; 3 044 décès.
- Europe : c'est en Italie, en France et en Allemagne que la situation est la plus tendue.
- France : 180 cas, dont 64 rien que dans l'Oise et l'Aisne.
- L'épidémie est rentrée en phase 2 avec 61 nouveaux cas confirmés dans la journée de dimanche et un troisième décès.

Cédric Villani à 15 h 23 : « Agnès, j'ai vu que tu as essayé de me joindre… On se rappelle quand tu veux ! Amitiés. Cédric. »

Je ne me souviens plus de l'objet de cet appel. Peut-être lui dire quelle sera ma posture à son égard dans le débat prévu cette semaine. Je ne veux pas d'affrontement trop violent entre nous qui mettrait en péril la fusion du deuxième tour. Au-delà de la simple tactique, j'ai beaucoup de respect pour Cédric, évidemment, en tant que scientifique, je ne me vois pas l'attaquer frontalement ni sur sa personne, ni sur son programme.

Mardi 3 mars

- Monde : 92 722 cas ; 3 155 décès.
- France : 212 cas ; 4 décès.

L'OMS lance aux fabricants et aux gouvernements un appel en faveur d'une augmentation de 40 % de la production d'équipements de protection individuelle pour répondre à la demande mondiale croissante face à la pénurie qui met en danger le personnel soignant dans le monde entier.

Je continue d'avancer et d'affiner les points forts qui me tiennent particulièrement à cœur pour Paris : la ville n'est absolument pas adaptée pour faire face aux « projections canicules » prévues pour 2050, dont j'ai eu connaissance bien sûr en tant que ministre de la Santé. Plusieurs rapports indiquent que nous atteindrons potentiellement des épisodes caniculaires de trente à quarante jours à 45 degrés. On continue à bétonner, la ville est très minérale, il est urgent de la rendre résiliente au changement climatique.

L'autre point essentiel de ma campagne est de permettre une plus grande et meilleure place aux personnes les plus vulnérables dans Paris. La ville, telle qu'elle se présente, est de plus en plus menaçante et inadaptée. Être une personne âgée ou handicapée, et vouloir se promener dans Paris aujourd'hui, est devenu une véritable gageure. La mairie a retiré tous les bancs Davioud et ne les a pas remplacés, les trottoirs sont défoncés, les travaux multiples et les chantiers qui s'éternisent modifient les localisations des arrêts de bus. Enfin, les trottinettes qui foncent et les voies vélos à contresens inquiètent les vieilles personnes qui souhaitent traverser et ne savent plus où regarder. Je trouve que cela traduit un manque absolu d'attention pour les personnes vulnérables.

Mercredi 4 mars

- Monde : 93 000 cas ; + de 3 200 décès.
- France : 285 cas ; 4 décès. 60 % des cas sont encore rattachés à un cas index traçable.

Premier débat de la campagne sur LCI à 20 heures. J'ai prévenu l'équipe que je dois avant tout travailler. Je reste enfermée toute la journée pour apprendre par cœur chaque fiche (les budgets alloués aux différentes thématiques, les questions de propreté à Paris, les questions relatives à l'urbanisme, etc.). Je sais que je serai plus à l'aise si je connais tous les chiffres, c'est mon côté universitaire. Je sais pourtant qu'une élection municipale, c'est d'abord un lien direct avec les citoyens. On vote pour une personnalité. Tout ne se jouera pas sur le détail de ces fiches, mais reposera davantage sur l'énergie, l'intention, l'image que j'incarnerai. Par ailleurs, ces élections, particulièrement dans les grandes villes, portent en réalité des enjeux politiques ; on parle le soir même dans les commentaires de

« raz de marée de la gauche ou de la droite ». Les gens votent bien souvent pour sanctionner le gouvernement en place, ou au contraire pour lui marquer leur soutien. Pour ces deux raisons, le détail du programme semble prendre une place secondaire pour définir le choix des votants. Mais on ne se refait pas, je veux savoir parfaitement de quoi je parle.

PR, 19 heures, avant le premier débat : « Juste pour vous dire que je pense à vous et suis avec vous. Soyez vous-même, vous êtes nettement au-dessus du lot. Les gens se font une impression sur un tout. Il n'y a pas de bonne ou mauvaise réponse mais une personnalité qui se dégage. À vous de jouer. Vous avez toute ma confiance. Je vous embrasse. »

Moi : « Merci M. le Président, courage à vous aussi pour tout ce que vous avez à affronter. Je vais faire de mon mieux pour vous et pour nous tous. »

PR : « Soyez vous et soyez forte ! »

C'est à Boulogne-Billancourt. Anne Hidalgo, qui a voulu venir en métro pour faire « fille du peuple », se trompe sur les lignes empruntées et bafouille. Il est évident qu'elle a généralement un chauffeur, ce qui n'est pas anormal. Tout cela est ridicule. J'ai pris un taxi, j'assume. Les deux principales candidates veulent démontrer que je ne connais pas Paris, c'était prévisible mais cela ne fonctionne pas, j'y suis née et y habite depuis toujours.

C'est le premier débat de la campagne, mais aussi le premier débat télévisé de ma vie. J'y vais assez stressée, la campagne a pour moi commencé très récemment, les échanges vont porter sur des thématiques qui ne sont pas mes sujets de prédilection.

À 23 h 36, je reçois un très gentil message du président de la République. Il a dû voir quelques extraits des échanges dans la soirée. Je pense surtout qu'il est rassuré, tout s'est passé correctement.

Le gouvernement a pris aujourd'hui un arrêté pour interdire les rassemblements de plus de 5 000 personnes. Des débats commencent à s'installer sur les plateaux des chaînes d'infos. Ainsi, sur le front du coronavirus, ce jour-là, le Dr Jean-Paul Hamon [27],

---

27. Jean-Paul Hamon est médecin généraliste à Clamart. Comme président de la Fédération des Médecins de France, il a été convié à toutes les réunions au ministère depuis le 29 janvier 2020, et a reçu tous les documents joints à ces convocations, au même titre que l'ensemble des syndicats représentatifs des professions de santé, et présidents d'ordres professionnels.

président de la Fédération des médecins de France (FMF), un syndicat de médecins libéraux, commente la décision : « Il y a un moment où est-ce qu'on doit immobiliser le pays. Est-ce qu'on doit paralyser tout le pays ? Est-ce qu'il ne vaut pas mieux laisser tous les gens qui doivent tomber malades, tomber malades ? C'est une vraie question… »

Ce dont il parle, c'est-à-dire ne pas prendre de mesures de confinement et laisser tout le monde s'infecter pour acquérir une immunité de groupe, a été initialement la stratégie anglaise. Elle les a conduits à une catastrophe sanitaire, les amenant à imposer un confinement strict quinze jours ou trois semaines plus tard, faute de moyens suffisants de réanimation pour les trop nombreux malades.

Son syndicat très libéral est minoritaire, mais son expression très radicale lui permet d'être souvent invité sur les plateaux[28].

Jeudi 5 mars

- Monde : 98 000 cas ; 3 200 décès.
- France : 423 cas confirmés ; 5 décès.
- Toutes les régions métropolitaines rapportent des cas confirmés.

Moi au PR 7 heures : « Merci j'ai fait de mon mieux pour un premier… Cela me touche que vous m'encouragiez dans cette drôle d'aventure. »

Ce matin, les rencontres avec des journalistes de presse écrite s'enchaînent l'une après l'autre. Il faut, paraît-il, communiquer sur le programme même si je doute fort que les électeurs le lisent. Beaucoup de questions portent sur le logement. Cela tombe bien, c'est vraiment mon point fort le logement. Comme si j'avais fait cela toute ma vie ! Et personne n'a de solution crédible à proposer, c'est un problème que rencontrent toutes les capitales attractives du monde.

28. Sur TF1, dans l'émission « 24 heures Pujadas », les titres sont : « Coronavirus – Face à l'épidémie, comment se passe la ruée vers les masques de protection et les gels hydroalcooliques ? Quelles sont les mesures prises par le gouvernement ? Coronavirus – Quel bilan en France ? Le passage au stade 3 est-il inévitable ? Coronavirus – Les entreprises françaises sont-elles déjà affectées par l'épidémie ? »

La fatigue me gagne, le manque de repos se fait sentir.

Mon tunnel d'interviews se termine à 15 heures par le *JDD*, avec la journaliste Anna Cabana. Elle me cueille avec sa première question : « Ce n'est pas trop dur de faire campagne et d'avoir quitté le ministère avec le coronavirus ? » Je fonds en larmes sans crier gare… Bien sûr que c'est dur ! Tellement dur ! Mais je ne vais certainement pas lui faire une telle confidence. Il faut dire qu'outre la question, je suis physiquement épuisée par la tension, surtout après le long débat d'hier soir.

Après un café, nous reprenons l'entretien. Elle me confie que l'équipe d'Anne Hidalgo prend très mal ma candidature qu'elle estime plus sérieuse que celle de Benjamin Griveaux, et me prévient d'une forme de haine à mon égard de la part d'Anne Hidalgo et de son adjointe Audrey Pulvar. Selon elles deux, je me croirais « à la StarAc » à cause de mes cheveux nouvellement lâchés. Je suis sidérée. L'attaque est pour le moins sexiste, et me paraît assez affligeante vu les circonstances.

Moi au PM 17 h 11 : « Bonjour Édouard, je profite d'un moment d'embouteillage parisien pour t'envoyer un petit mot de soutien. Ton actualité est démente ! Et je pense bien à toi car faire campagne en ce moment doit être difficile. J'ai compris que les sondages te sont favorables. Ouf. Ce n'est pas mon cas mais je pars de loin et il me reste dix jours [large smiley]. Vous me manquez tous. Agnès. »

Réponse PM : « Je suis en réunion publique ce soir… ne sais pas trop comment tout ça va finir… mais comme toi je vais être à fond dans les dix derniers jours. Tout reste ouvert, tu sais ? Donc ne lâche rien et haut les cœurs. Et je te confirme que je suis crevé et qu'il va falloir se poser un peu à un moment sinon… mais je t'embrasse. Édouard. »

L'épidémie m'obsède et je n'arrive pas à m'empêcher d'y penser.

Moi au PM 22 h 25 : « Édouard, repose-toi car le pire est à venir, je te l'ai toujours dit. Vous ne pourrez pas maintenir les élections. Calme cette campagne. Un conseil, ne tardez pas à ralentir l'activité (phase 3 et fermeture des lieux publics) pour lisser le pic épidémique car nos hôpitaux vont déborder vu l'âge moyen de la population. Protégez les personnes âgées avec recos de ne pas sortir dès la semaine qui vient. Si la campagne s'arrête, je retournerai travailler à l'hôpital ou au centre de crise si besoin. Je t'embrasse. »

Moi au PR 00 h 52 : « Monsieur le Président, Nicolas Sarkozy [29] doit m'appeler demain, je vous raconterai. Ce petit mot pour vous dire de ne pas tarder à passer en stade 3 et à ralentir l'activité. C'est le prix à payer pour ralentir la diffusion du virus qui est déjà partout. Cela permet de lisser l'épidémie dans le temps et évite une flambée de cas graves dans les hôpitaux qui risquent d'être débordés. Même si le premier tour des élections peut se faire (ce dont je doute fort depuis toujours), le deuxième sera impossible car il y aura trop de distorsion dans les votes.

« Mon avis est de prendre des décisions fortes et rapides. *In fine* ce sera moins pénible que le débordement et la panique. Les chiffres italiens sont très inquiétants. Par ailleurs il faut maintenant vous protéger et arrêter les contacts. Bien à vous. »

Le soir, face à Ruth Elkrief, le président de la République juge l'épidémie « inexorable ». Beaucoup trouvent le mot très fort et les critiques pleuvent.

Vendredi 6 mars

- Monde : 101 000 cas ; 3 300 décès.
- France : 613 cas ; 9 décès.

La discussion avec le président Sakozy tourne à la caricature. Je comprends rapidement qu'il veut me parler du débat télévisé. Il n'a pas supporté que j'aie pu le nommer simplement « Monsieur Sarkozy ». La phrase exacte était destinée à Rachida Dati. Je lui rappelais, à propos de la sécurité dans Paris, qu'elle faisait partie du gouvernement de Nicolas Sarkozy lorsque 6 000 postes de policiers avaient été supprimés. Il fallait l'appeler « Monsieur le président Sarkozy » ! Il éructe, il me hurle dessus, il me promet de « sulfater » ma campagne, terme visiblement très apprécié dans les rangs de la

29. Mon QG m'a prévenue que Nicolas Sarkozy cherchait à me joindre et qu'un rendez-vous téléphonique avait été fixé au lendemain. J'ignore le motif de son appel. Il est normal que je prévienne le PR, imaginant quand même un lien avec les élections municipales.

droite… Tout dans le ton et sur la forme me paraît inadapté, déconnecté. Je me demande ce que je fais là. Étant d'un naturel poli et patient, je finis tout de même par le calmer et m'entends lui dire comme un médecin le dirait à quelqu'un qui perd ses nerfs et qu'il souhaite aider à se maîtriser : « Oui, c'est très impoli Monsieur le Président. La prochaine fois, je ferai attention au protocole républicain dans un débat télévisé… » Puis je passe à autre chose.

Moi au PR 10 heures : « Monsieur le Président, j'ai eu Nicolas Sarkozy. Effectivement il était très courroucé de mon échange avec RD sur la police où je l'ai cité. Il m'a menacé de m'attaquer à la sulfateuse dans la semaine qui vient. Bref nous nous en sommes expliqués et la page est tournée. N.B. : Je pense que Cédric Villani s'alliera à la majorité sortante car il est totalement sous influence. Pas sûre que cela séduise ses électeurs LREM. Bien à vous. »

Sa réponse tombe vingt minutes plus tard.

Réponse PR 10 h 20 : « C'est très bien si les choses sont calmées avec NS. Il est très émotif et exotique mais mieux vaut l'avoir neutre ou de son côté. Parfait. Villani n'appellera jamais à voter Hidalgo c'est sûr. Ils se disloqueront mais lui viendra. La clé sera par arrondissement. On continue. Bise. »

Le Président est un éternel optimiste. Il s'obstine à penser que les hommes sont vertueux. Mon histoire familiale m'a appris le contraire, la lâcheté l'emportant d'ailleurs le plus souvent sur la méchanceté.

Ce soir, bien que le président de la République se soit rendu au théâtre avec son épouse, exhortant les Français à vivre normalement, dans les journaux, de nombreux commentaires critiquent ouvertement ses propos tenus la veille au sujet de l'épidémie qu'il a jugée « inexorable ».

Il serait inutilement alarmiste… Les 424 cas et 9 décès depuis janvier paraissent anecdotiques à ceux qui sont incapables de se projeter dans une dynamique épidémique, sans compter qu'ils ne comprennent pas que lorsque le diagnostic est fait, cela fait déjà dix jours que ces personnes ont été infectées et en ont infecté d'autres. Ces cas sont juste le sommet émergé de l'iceberg. Ils représentent la situation d'il y a deux semaines. Entre-temps, le nombre de cas réels, encore non diagnostiqués, a été multiplié par quatre si on compte un temps de doublement d'une semaine.

Ainsi, sur le plateau de LCI, les critiques fusent :

Pr Philippe Juvin, chef de service des urgences et de la réanimation de l'hôpital européen Georges-Pompidou : « Il faut commencer à relativiser les choses… pas de panique… »

Dr Christophe Prudhomme, urgentiste et porte-parole santé de la CGT : « On est un certain nombre de médecins à penser que la surréaction des politiques risque d' être plus grave que la maladie… »

« Tous les jours, c'est 8 à 10 morts sur les routes, tous les jours, une épidémie de grippe, l'épidémie de grippe saisonnière c'est 5 000 morts depuis le début… on sait maintenant, avec le recul que l'on a, notamment les retours de Chine, finalement il est peu mortel, il touche principalement les personnes âgées… »

En plateau, personne ne réagit, c'est vrai, quel est donc le problème si ce virus ne tue « que » les personnes âgées ?? !!

Ces propos indécents et non contredits me mettent hors de moi.

Enfin le Dr Patrick Pelloux s'exprime dans l'émission *L'Équipe du soir* à propos des déplacements des fans et des poignées de mains déconseillées (ce que j'avais enfin réussi à obtenir quelques jours plus tôt) : « Là il faut faire très attention, j'engage le gouvernement à faire très attention, à ne pas déstabiliser non seulement toute la société mais tout le pays… » « Elle ne sera pas forcément plus grave que la grippe saisonnière mais on essaye de contenir les choses. »

Pour la première fois, le point presse du MSS au centre de crise est fait en présence du Premier ministre, d'Olivier Véran, de Jean-Michel Blanquer et de Christophe Castaner en plus du DGS, ce qui lui donne un caractère formel. Il est annoncé des fermetures d'écoles dans l'Oise. Le PM se veut rassurant sur le fait qu'un passage en phase 3 avec plus de restrictions sera pris uniquement si et quand cela devient nécessaire. Aujourd'hui, nous passons officiellement à la phase 2 renforcée de l'épidémie, phase où il s'agit de freiner la propagation du virus sur le territoire par des mesures barrières.

Samedi 7 mars

J'apprends par hasard que la conseillère santé du Président, un peu dépassée comme je l'avais prédit par les évènements, a fait venir à l'Élysée depuis une semaine, un de ses très bons amis médecin pour l'aider. Il s'agit de Jean-François Delfraissy, qui s'est proposé spontanément de devenir le conseiller du Président pour la crise. Je crains fort que personne ne soit en capacité d'alerter convenablement le couple exécutif…

En rentrant chez moi tard le soir, je découvre l'émission du jour *C dans l'air* sur France 5, qui est une bonne illustration de mes craintes. Elle est entièrement dédiée à l'épidémie car il y a eu 11 morts la veille[30]. Les reportages portent sur l'avancée de l'épidémie : dans le Haut-Rhin le nombre de cas a été multiplié par huit en une journée. La fermeture des écoles dans les deux départements les plus touchés inquiète les parents, alors que, de leur côté, les Italiens ont décidé de fermer toutes les écoles du pays pendant huit jours.

Le Dr Jean-Paul Hamon, président de la Fédération des médecins de France, est sur le plateau, souriant, et exprime même un air un peu goguenard, semblant prendre tout cela de façon très tranquille et détendue : « On a eu un samedi étonnamment calme… Les gens sont un peu anxieux. On les rassure, c'est pas la peste, on en guérit dans 98 % des cas… Le papy, la mamie, vous attendez un peu avant d'aller les voir… On a des gens envoyés par le centre 15 qui ont de la fièvre et qui toussent.

— Et vous, vous n'avez pas peur d'attraper le virus ? De serrer la main ? demande le présentateur.

— Non, non, on se touche le coude et on rigole. »

— Et comment ça se passe ? Vous portez un masque en consultation ?

— On porte un masque pour ceux qui toussent. Il y a un protocole. Les gens qui arrivent, s'ils toussent et qu'ils ont de la fièvre, la secrétaire leur donne un masque et on les met dans une pièce à part. »

En plateau, on plaisante sur ceux qui portent un masque et qui sont regardés comme des pestiférés. « Dans le métro, vous mettez un masque, vous êtes sûr d'avoir de la place, il n'y a personne autour de vous dans un rayon de deux mètres ! » Tout le monde rit de bon cœur à la plaisanterie.

---

30. Les invités sont Philippe Juvin, chef du service des urgences de l'hôpital européen Georges-Pompidou (Paris), Agnès Ricard-Hibon, présidente de la Société française de médecine d'urgence, Élodie Lepage, journaliste au service société de *L'Obs*, et Jean-Paul Hamon, président de la Fédération des médecins de France.

Le Pr Philippe Juvin, également sur le plateau, fait de la pédagogie. Il évoque très clairement les fermetures attendues de certains lieux lorsqu'on passera au stade 3, rappelle que ces restrictions et fermetures sont bien prévues dans les plans d'organisation en cas d'épidémie et explique la notion de balance bénéfice/risque (par exemple on ne peut pas fermer totalement le RER car il faut que les soignants puissent se déplacer pour aller travailler).

En revanche, il insiste sur la trop grande inquiétude face à cette épidémie : « Les gens paniquent de façon totalement disproportionnée. »

Encore : « Je m'interroge sur l'opportunité de continuer un point quotidien par le DGS car cela commence à générer un peu d'anxiété, c'est très compliqué comme exercice car s'il ne dit rien, c'est le complotisme, s'il dit tout, c'est la panique.

« Il serait peut-être bien de mettre en perspective les chiffres qui sont donnés. Par exemple hier il y a eu 10 morts, 10 morts d'accident de voiture en France. Imaginez le ministre de l'Intérieur qui nous fasse tous les jours le décompte des morts sur la route.

« Regardez la grippe, 740 cas de grippes passés en réa depuis novembre dernier, donc il faut mettre les chiffres en regard. »

Comparer l'épidémie de coronavirus et la grippe en avançant le chiffre de 740 malades hospitalisés en quatre mois d'épidémie de grippe en France (soit 6 malades par jour en France) n'est pas très opportun[31]. Il compare en fait des moments différents de la cinétique épidémique en confondant le segment de départ de la courbe exponentielle où nous nous situons à cette date et qui n'est que le début de l'épidémie, avec la partie haute de l'exponentielle de l'épidémie de grippe, lorsque nous sommes au pic…

Et termine son propos par : « Le véritable problème du coronavirus est la coronopanique. »

Aucun des experts sur le plateau n'évoque le fait qu'il faudrait confiner plus vite, ou ralentir l'économie, que les mesures ne sont pas assez drastiques. Tout du long, le ton de l'émission est rassurant et détendu. Je sens qu'il va être difficile pour moi de faire passer le moindre message d'alerte.

31. À titre de comparaison, au pic de l'épidémie de coronavirus, en avril 2020, nous avons comptabilisé près de 1 000 décès par jour.

Dimanche 8 mars

9 heures. Avant d'aller sur les marchés, je décide de promener mon chien quelques minutes. Je croise par hasard l'ancien conseiller santé de François Hollande, avec lequel j'avais eu une altercation dès mon arrivée sur mon soi-disant désintérêt des hôpitaux, alors qu'il avait laissé leur dette exploser pendant cinq ans, mettant ainsi fin à quelques années d'amitié… Ami de promotion de Jean-François Delfraissy, il m'explique, non sans gourmandise, que ce dernier a convaincu le président de la République de faire un Conseil scientifique auprès de lui et que, pour cela, il est en train de coopter quelques personnes de sa connaissance qui devraient l'aider à réfléchir. Je suis un peu inquiète de ce qui est en train de se mettre en place : quelle est la place des présidents d'agences et d'organismes dans cette organisation ? Eux seuls sont garants de l'indépendance de l'expertise. Je crains que le PR, éloigné de ce milieu, laisse trop facilement la main à des personnes qu'il connaît très peu et dont il ne peut évaluer la compétence.

Journée en campagne. Il ne reste plus que sept jours avant l'élection.

Moi à CV 21 h 33 : « Bonsoir Cédric. Pourrions-nous nous voir cette semaine (par exemple un déjeuner jeudi) pour discuter de la suite ? J'aimerais bien te parler demain au téléphone si tu peux. Les manipulations dans la presse vont bon train, ne nous laissons pas avoir. Amitiés. »

Aujourd'hui est la 43e Journée internationale des droits de la femme.

En France, 60 000 personnes manifestent à Paris pour les droits des femmes quand, de son côté, La Manif Pour Tous manifeste contre la PMA et la GPA. Pour marquer cette journée, le gouvernement annonce que le numéro vert contre les violences conjugales sera mis en place d'ici la fin de l'année. La CGT appelle à une grève à Radio France le 12 mars. De l'autre côté des Alpes, l'Italie du Nord vit son premier jour de confinement total, touchant 15 millions de personnes.

Je termine la soirée par une réunion électorale dans un café bondé, qu'on ne m'a pas laissé annuler car personne n'en comprendrait la raison, le gouvernement n'ayant pas interdit les réunions publiques.

Le *JDD* titre sur une photo du Président : « En fait-on vraiment trop ? » – sous-entendu, face au coronavirus.

Semaine 10

Lundi 9 mars

- Monde : 113 000 cas.
- France : 1 412 cas ; 25 décès.
- Un arrêté descend la jauge à 1 000 personnes pour les grands rassemblements.

Malgré son emploi du temps chargé, le PM est venu déjeuner rapidement avec moi pour m'encourager, dans un tout petit bistro typiquement parisien situé le long de l'église des Batignoles. Cela me fait sincèrement plaisir de le voir, c'est un moment de détente. Un retour à la vie d'avant, quand j'étais au gouvernement. Avant que l'équipe ne s'assoie autour de nous, je lui glisse tout de même en aparté qu'il faut dorénavant mettre le pays sous cloche et reporter les élections. Il s'interroge, je le vois concentré. Il me répond dans un soupir qui signe la fatigue, sans avoir l'air lui-même très convaincu, que la vie du pays doit malgré tout continuer. Et d'ajouter qu'un Conseil scientifique se met en place [32], le gouvernement va donc les écouter. Puis, entre deux bouchées d'un croque-monsieur que le patron a accepté de mettre à la carte pour lui, il

32. Jean-François Delfraissy, 71 ans, spécialiste du sida et président du Conseil consultatif national d'éthique (CCNE), est donc chargé de recruter les experts du Conseil scientifique. Je comprendrai rapidement qu'il choisit des personnalités qualifiées qu'il connaît. Les agences sanitaires ou organismes de recherche ne sont pas contactés pour désigner un membre. En 2017, déjà président du CCNE, il avait accepté de devenir membre du conseil d'administration de l'IHU Méditerranée, présidé par Didier Raoult, malgré les alertes managériales qui pesaient déjà sur l'Institut. Cela m'avait étonnée, sans compter que l'IHU reçoit des financements privés de l'industrie pharmaceutique. Je me demandais comment il pouvait siéger dans un tel conseil d'administration en tant que président du Comité d'éthique national. Peut-être est-ce sa proximité avec l'IHU qui l'a amené à faire venir au Conseil scientifique Didier Raoult (qui le quittera finalement dix jours plus tard).

m'encourage chaleureusement pour le nouveau débat télévisé prévu le lendemain.

Le soir, Rachida Dati tient son meeting comme prévu salle Gaveau. Elle réunit tous les barons de la droite, entouré de 900 militants afin de ne pas dépasser la jauge fixée à 1 000 par le gouvernement pour toutes les réunions publiques. À en croire les personnes qui attendent patiemment l'ouverture des portes, le meeting devait se tenir malgré l'épidémie. « Comme si c'était la peste noire qui régnait sur la France ! C'est complètement ridicule », a ainsi expliqué l'un des militants devant la salle [33], dénonçant la psychose qui commence à régner face au virus. Tous se rejoignent sur un point : « Il faut continuer à vivre normalement. »

Mardi 10 mars

- Monde : 118 600 cas ; 4 300 décès.
- France : 2 000 cas, dont 102 en réanimation ; 44 décès.
- Premier jour de confinement total de la péninsule italienne.

PM à 15 h 33 : « C'était cool de te voir. Courage pour ce soir. »

Moi : « Merci Édouard, j'étais heureuse aussi. Bon courage à toi. Mon fils te souhaite bonne chance aussi. »

Soir du deuxième débat qui n'en est pas un, en direct sur France 3 Paris Île-de-France et sur France Info. J'ai une petite angine et une petite forme. Ce format est terriblement ennuyeux. Nous sommes sept candidats, chacun d'entre nous a quelques minutes pour répondre, il se passe donc vingt minutes entre chaque question, toutes plus terre à terre les unes que les autres. Difficile de donner le moindre souffle au projet, la moindre vision d'ensemble…

Poussée de fièvre au moment de la conclusion et je ne trouve plus mes mots. Je ne suis pas bien. J'ai du mal à parler avec conviction du nombre de caméras de surveillance dans les halls d'immeubles, tout cela me paraît dérisoire car je sens la vague

33. Myriam Roche et Pierre Tremblay : « Au meeting de Rachida Dati, le coronavirus ne fait pas peur aux militants. Des centaines de personnes se sont rendues au meeting de Rachida Dati à Paris ce 9 mars malgré l'épidémie de coronavirus », *Huffington Post*, 9 mars 2020.

arriver. Il est clair pour moi que nous sommes tous à côté du sujet qui va nous occuper un bon moment.

Autour des candidats, le plateau est bondé, la promiscuité permanente. Quel que soit le parti, les équipes ne parlent que de scores, de dynamique électorale, comme si de rien n'était. Les journalistes sont à l'unisson. Cette épidémie doit apparaître pour eux comme un énième évènement à suivre qui fera l'info du mois de mars.

J'ai l'impression de vivre un mauvais rêve de science-fiction où se côtoient des mondes parallèles, mais je suis toute seule perdue dans ma dimension.

Mercredi 11 mars

- Monde : 125 900 cas.
- France : 2 281 cas ; 48 décès.

Certainement fier de son nouveau rôle de conseiller crise, Jean-François Delfraissy commence à accepter les interviews sur le coronavirus. Il ne s'était pas exprimé jusqu'à présent. Dans un entretien sur France Inter, il se montre pour le moins optimiste : « Tout cela ne devrait pas durer trois ans, mais trois ou deux mois [...], à l'été, l'épidémie sera finie. »

Je connais bien Jean-François Delfraissy, il est mondain et surtout très médiatique, et il ne connaît que le sida. Selon moi, il aime aller dans le sens du vent et de ce que les gens souhaitent entendre. Je préfère ne pas imaginer qu'il conseille le couple exécutif quand j'entends ce type de prévision.

Deuxième déjeuner à mon domicile avec Cédric Villani et deux membres de son équipe. La scène est encore une fois surréaliste. Je me retrouve de plain pied dans la politique politicienne...

Après avoir parlé pendant une heure et demie de la plateforme programmatique (Grand Paris, transports, etc.) sur laquelle nous pourrions nous retrouver, je demande à CV ce qu'il compte faire après le premier tour, car il faut commencer à travailler sur les fusions de listes au plus vite. Après avoir évoqué différents scénarios, il me dit droit dans ses bottes qu'il ira « au plus offrant » et si c'est Anne Hidalgo qui gagne, il ira avec elle, car « mieux vaut être à l'intérieur de la majorité pour faire bouger les lignes »...

Je me rappelle lui avoir dit poliment, mais assez abruptement, qu'il n'avait « aucune colonne vertébrale » et que cela me choquait. On oublierait presque qu'il est député LREM.

Appel de ma mère ce soir car elle veut que je vienne à son exposition de dessins dont le vernissage est prévu à la mairie d'arrondissement, samedi 14 mars au matin. Je crains que ce ne soit pas le meilleur moment pour un bain de foule, surtout à son âge. J'essaye de la convaincre de rester à la maison à cause de l'épidémie, que sortir est trop risqué, que les cas que l'on compte aujourd'hui sont une photographie des contaminations qui datent de huit ou quinze jours, et que donc la situation est probablement bien pire que ce que les chiffres en laissent voir.

Trop fière de son exposition, elle ne veut rien entendre, elle ira accrocher ses dessins et tenir sa conférence, comme prévu. Je m'énerve contre son côté obtus et elle me rétorque que « s'il faut rester chez soi, alors le gouvernement n'a qu'à le dire ! ». Sa façon à elle de me faire comprendre que je ne suis plus au pouvoir.

Moi au PR 21 h 33 : « Bonsoir M. le Président, j'ai passé deux heures chez moi avec CV et son équipe pour essayer d'avancer. C'est désespérant. Il dit qu'il fait monter les enchères et ira "au plus offrant" et surtout auprès de l'équipe qui aura le plus de chances de l'emporter. Aucune conviction. Il est manipulé par ses troupes, très antipathiques au demeurant, qui ont des intérêts particuliers. Nous n'aurons aucune réponse avant dimanche minuit au mieux. Il veut un poste, c'est sûr.

« Bon courage pour le coronavirus car je sais à quel point c'est compliqué. Je vous embrasse. »

PR : 22 h 53 : « Merci Agnès, très bien de leur parler. Villani pense dealer avec Hidalgo ? Quel poste veut-il [34] ? »

Communiqué ce jour de l'OMS : « Profondément préoccupée par le niveau alarmant de propagation de la Covid-19 et d'inaction, ainsi que par la gravité de la maladie, l'OMS

34. Mon sentiment de l'époque, mais sans preuve, était qu'il voulait être ministre de la Recherche au prochain remaniement et qu'il faisait monter les enchères pour se rallier.

l'évalue comme pouvant être caractérisée comme une pandémie. »

Il était temps.

Peut-être une annonce plus précoce de leur part aurait-elle permis de lutter contre la fameuse inaction dont ils se plaignent…

Cette date est une étonnante coïncidence : il y a neuf ans, le 11 mars 2011, un terrible tsunami touchait le Japon. Après avoir passé la nuit au centre de crise de l'IRSN, j'appelais vers 6 heures du matin le conseiller de garde à Matignon pour lui annoncer que plusieurs centrales nucléaires étaient en feu, dont celle de Fukushima. Le Premier ministre François Fillon nous avait convoqués à une réunion interministérielle à Matignon à 11 heures du matin. C'était ma première gestion de crise, mes premières prises de parole publiques . Quinze jours dramatiques avaient alors vu s'enchaîner explosions et rejets radioactifs, jusqu'à la fusion du cœur des réacteurs, mettant en péril l'île principale du Japon.

De cet accident majeur, j'avais retenu que le pire est toujours possible.

Jeudi 12 mars

- Monde : 128 400 cas.
- Italie : 15 000 cas ; 106 décès.
- France : 2 876 cas ; 61 décès (dans la seule journée du 12/03 : 600 nouveaux cas, 129 en réanimation et 21 décès).

Toute l'Italie est confinée ce matin. Et le Premier ministre Giuseppe Conte décide d'injecter 25 milliards pour soutenir l'économie. Angela Merckel annonce que les deux tiers de la population allemande devraient être touchés. De son côté, dans la nuit, Donald Trump a interdit l'arrivée de tous les ressortissants européens aux États-Unis, créant un effet de sidération dans les aéroports.

Ce matin, comme tous les jours, j'écoute les émissions politiques. France Inter reçoit Rachida Dati et Anne Hidalgo pour parler des municipales. Au même moment, sur France Info, l'ancien président du Conseil [35] italien, Matteo Renzi, intervient et avertit : « Ne faites

35. C'est l'équivalent de notre Premier ministre.

pas la même erreur que nous. » Il exhorte les pays européens à prendre des mesures plus drastiques pour éviter la propagation du Covid-19, il insiste notamment sur la nécessité de fermer rapidement les écoles. De son côté, Jean-Michel Blanquer annonce qu'il n'envisage pas la fermeture de toutes les écoles de France [36].

La journée se déroule dans une cacophonie de supputations sur les annonces potentielles du Président qui va faire une allocution ce soir. Allons-nous confiner et ressembler à l'Italie, interrogent les médias ? Le PR le sait-il déjà lui-même… ?

Je me dis qu'avec un temps de doublement de quatre jours aujourd'hui, nous aurons deux fois plus de malades lundi et deux fois plus de besoins en lits de réanimation. Je ne vois pas comment tout cela va tenir dans les hôpitaux, ni ce qu'on attend… Comment peut-on même se poser encore cette question ? Mais n'étant plus aux affaires, je me dis que le Conseil scientifique a peut-être des informations et des chiffres que je n'ai pas.

Encore une dernière interview au journal de France 3 pour terminer la campagne.

À 19 heures, je croise Nathalie Saint-Cricq et Élise Lucet avant d'entrer sur le plateau. À les entendre, elles ont toutes les heures des informations contradictoires sur le maintien ou l'annulation des élections municipales. Il semble que les LR refusent de modifier le calendrier. Le président du Sénat, Gérard Larcher, met tout son poids dans la balance. La droite hurle au déni de démocratie et à l'État autoritaire. Personne ne sait ce que le président de la République va annoncer.

20 heures : le président de la République commence son allocution très formelle. Avec l'équipe, nous nous sommes donné rendez-vous au QG de campagne pour l'écouter. Le temps est suspendu. On s'approche à une vingtaine devant le grand écran. Chips, bières et bonbons au programme. Nous sommes trop nombreux dans cette petite pièce pour maintenir la distanciation sociale d'un mètre, même si elle n'a pas encore été annoncée à cette date. J'essaye d'espacer les sièges en attendant les annonces. Tout cela semble hors du temps.

---

36. Journal de 8 heures de France Inter le 12 mars 2020.

Les élections sont maintenues. Eux sont soulagés, je les comprends car cela fait plus d'un an qu'ils sont en campagne. Beaucoup sont bénévoles et ont arrêté leur métier pour travailler avec le candidat, maintenant candidate. Moi je suis consternée, même si je n'imaginais pas prolonger la campagne six mois ou un an de plus, tant je suis éreintée.

Le Conseil scientifique ne recommande donc pas d'annuler les élections [37], et on comprend en écoutant les arguments du PR qui le cite quatre ou cinq fois dans son discours, qu'aller voter ne serait pas plus dangereux que d'aller acheter du pain. Des mesures seront prises pour permettre aux Français de voter dans de bonnes conditions. Mais pour qui vote-t-on en pleine crise sanitaire ? Les distorsions des résultats vont être énormes.

Et si des gens tombent malades, et il y en aura statistiquement, ils diront que c'est à cause des élections. Ce ne seront pas le président du Sénat ou le président de l'Association des maires de France, ni le président du Conseil scientifique qui se bousculeront pour

37. Ce premier avis du Conseil scientifique est accessible sur le site sante.gouv.fr

Il dit à juste titre que les mesures doivent être combinées et il a certainement permis à l'exécutif de prendre la mesure de la gravité de la situation. Mais il comporte selon moi des lacunes majeures : d'une part, s'il expose bien la nécessité de la distanciation sociale et de la réduction des contacts, il ne propose pas le confinement de toute la population (qui existait déjà en Italie), d'où la surprise générale, seulement quatre jours plus tard, à l'annonce du premier confinement. Par ailleurs, cet avis n'indique pas à l'exécutif l'urgence de l'action, alors que le temps de doublement est déjà de quatre à cinq jours. Enfin, et le plus grave selon moi, il ne dit pas explicitement que dans une situation épidémique exponentielle, ce temps de doublement s'accélère de jour en jour dans la phase ascendante de la courbe. (Il passera d'ailleurs à seulement trois jours dans le week-end qui suivra.) Cette notion, qui n'est pas mentionnée dans cet avis, aurait permis aux autorités de comprendre l'urgence de confiner, sans attendre le lundi suivant. Si le confinement avait été acté le 12 mars ; nous aurions gagné quatre jours d'expansion de l'épidémie, c'est-à-dire la moitié des cas en moins (moitié moins de cas d'infection se traduisant aussi par moitié moins de cas en soins intensifs). Il me semble que cet avis résulte d'un mélange des genres entre les rôles politique, éthique et scientifique du Conseil, lequel mélange a entraîné ici une erreur d'appréciation du risque. Le fait que le Conseil scientifique met par exemple en avant « la continuité de la vie de la nation sur le plan économique et social » montre qu'il intègre volontairement des notions sociétales, au détriment d'un avis purement scientifique, fondé seulement sur l'analyse des données chiffrées.

porter le chapeau. Les oppositions viendront même certainement dans quelques semaines nous donner des leçons de gestion de crise.

Paradoxalement, le PR, ce soir-là, semble pour la première fois avoir pris conscience de la gravité de la situation et répète à plusieurs reprises le désormais célèbre « nous sommes en guerre ». Il annonce également la fermeture des écoles, à compter du lundi 16 mars, contrairement à ce que prônait son ministre sur les ondes le matin même.

Déchirée entre le sentiment de délivrance et une sensation de profonde tristesse, réalisant ce qui nous attend, je me dis qu'il ne reste heureusement plus qu'un jour pour clore cette campagne cauchemardesque. Tout cela sera fini vendredi soir à minuit.

GE 23 h 48 : « Une pensée pour toi !!! que je vois sur BFM :) »

Moi 00 h 00 : « Cher Grégory, tu me manques ! J'espère que tu survis ! »

Vendredi 13 mars

- Monde : 145 200 cas ; + de 5 000 décès.
- France : 3 600 cas ; 79 décès.
- Au lendemain de l'allocution du PR, le PM est chargé de détailler les mesures prises : parmi elles, et alors que l'élection est bien maintenue, le gouvernement interdit les rassemblements de plus de 100 personnes.

La tension est montée d'un cran au QG, certains bénévoles sont dans le déni, « grippés », d'autres râlent ouvertement contre la fermeture des écoles lundi et considèrent que c'est « du grand n'importe quoi ! ». Je sens beaucoup d'agressivité, y compris envers moi, quand j'essaye de les raisonner et de leur expliquer qu'on va forcément tout arrêter, comme en Chine. Ils n'y croient pas et s'agacent de mesures qu'ils jugent disproportionnées.

Vendredi 20 heures, la campagne est enfin terminée.

Julien Bargeton, sénateur de Paris, m'appelle après le dîner pour avoir mon avis sur le premier tour. Je lui dis que je ne comprends pas comment cette élection peut encore être maintenue vu la situation sanitaire. Il me demande pourquoi je n'appelle pas publiquement à annuler les élections et insiste. Mais, dans ma position de candidate, il est totalement impossible pour moi d'intervenir maintenant, à quarante-huit heures du vote, sur le fond comme sur la forme.

Sur le fond, c'est au pouvoir exécutif d'en décider et, pour cela, il lui faudrait activer l'article 16 de la Constitution, c'est-à-dire déclarer l'état d'urgence et se doter des pleins pouvoirs… inenvisageable, il est trop tard. Il aurait fallu réussir à convaincre les oppositions avant cette semaine.

Sur la forme, cela ne peut évidemment pas être moi qui demande un report. Étant donné ma troisième place dans les sondages, les autres candidats s'insurgeraient instantanément, stipulant que c'est parce que je ne veux pas perdre. Je serais inaudible, même pour mon équipe, et personne ne penserait que je vais contre l'avis général pour des raisons scientifiques ou médicales. Ils mettraient cela sur le dos d'un calcul électoraliste.

J'ajoute enfin que le Conseil scientifique, contre toute attente, ayant validé la tenue des élections et choisi de réduire les contacts de loisir sans confiner cette semaine, je ne pèse visiblement plus très lourd avec mes messages d'alerte…

Moi au PR à 23 h 50 : « Monsieur le Président, fin de campagne ce soir sur les chapeaux de roues… Comme candidate, je ne peux que vous remercier d'avoir maintenu le premier tour (je ne m'avancerai pas sur le second vu la situation). Comme femme politique, je comprends que vous n'aviez pas le choix avec l'opposition et Larcher qui soit ne veulent pas voir la réalité, soit sont prêts à tout pour polémiquer. Comme médecin, et ex-ministre, vous connaissez mon sentiment depuis des semaines et je continue de vous demander de tout arrêter comme en Italie, le plus vite possible[38]. L'opinion publique est insuffisamment préparée (la com du MSS a été trop rassurante ces dix derniers jours à mon sens), or chaque jour qui passe augmente de façon exponentielle le nombre de cas, or les malades s'aggravent entre J7 et J14, cela va être la bérézina dans les hôpitaux. J'ai prévu de reprendre du service si je ne suis pas élue car les services sont déjà pleins. Votre discours était très

38. J'essaye de lui faire passer le message que le confinement est urgent, mot absent de l'avis du Conseil scientifique du 12 mars qui ne donne aucun délai à agir.

bien, y compris sur le changement de modèle. Tout cela va durer des mois [39] donc bon courage pour ces lourdes décisions. Je passerai pour ma part le WE à tenter des alliances. Le vote de dimanche est clairement difficile à anticiper. »

Fin février, le ministère de la Santé avait saisi Jean-François Delfraissy, président du Comité d'éthique (CCNE) afin de donner un avis éthique sur la pandémie. De façon intéressante, car elle permet de mieux comprendre l'enchaînement des choses, l'avis du CCNE, publié ce vendredi 13 mars, propose parmi ses quatre recommandations : la mise en place d'une instance mixte d'experts scientifiques de différentes disciplines, incluant les sciences humaines et sociales, conjointement avec des membres de la société civile. Ce schéma correspond exactement à l'instance appelée « Conseil scientifique », qui vient d'être consacrée par le même Jean-François Delfraissy, avec sa casquette cette fois-ci de conseiller du PR, juste quelques jours avant la publication de l'avis du CCNE. Cette configuration particulière, mêlant experts et membres de la société civile, explique pourquoi le premier avis du Conseil scientifique publié la veille (avant même celui du Comité d'éthique) a pris en compte des considérations autres que sanitaires, la même personne présidant les deux instances.

C'est ce que j'appelle le mélange des genres.

Mais surtout, je considère qu'on ne doit pas confondre le rôle d'un Conseil scientifique en charge d'analyser des données brutes [40], le rôle d'un conseil d'orientation citoyen qui permet un dialogue entre la science et la société civile prenant en compte l'acceptabilité sociétale, le rôle d'un comité éthique qui doit rappeler les valeurs fondamentales auxquelles nous sommes attachés, notamment la protection des plus vulnérables, et enfin, le rôle du politique qui doit, lui, décider entre ces différents avis. Seul le politique est légitime à décider, car seul le politique rend des comptes à la nation. Ici, le mélange de tous les rôles au sein du

39. Il est évident qu'une pandémie dure des mois et des mois, voire des années, avant qu'on obtienne une forme d'immunité de groupe à l'échelle mondiale.

40. Pour faire une analogie simple, il est demandé au GIEC de faire des prévisions scientifiques, pas d'intégrer dans ses avis l'acceptabilité sociétale de la lutte contre le réchauffement climatique.

Conseil scientifique est palpable et met en danger les politiques qui ne sont plus en situation de faire des choix entre des avis complémentaires.

Pendant la crise, ce rapport direct de l'exécutif avec quelques comités d'experts nommés, non représentatifs des structures censées faire fonctionner le monde de la recherche et de la médecine, ressemble fort à l'émergence des comités citoyens que l'on a vu apparaître tout au long du quinquennat sur les sujets du climat, de la fin de vie, etc. Ce n'est pas ma vision de la démocratie et je crois aux corps intermédiaires qui sont pour moi les seuls garants contre les dérives démagogiques. Je ne suis pas favorable à cette forme de démocratie participative directe, sorte de populisme où toutes les paroles, celles des experts, celles de la société civile, celle des structures représentatives se valent et se fondent en un écho dont on ne connaît pas l'émetteur. Elles doivent avoir chacune leur espace d'expression et leur rôle défini. Une démocratie fonctionne grâce à des pouvoirs et contre-pouvoirs aux intérêts divergents qui, chacun, ont une légitimité à s'exprimer et à se confronter. Aux politiques de trancher…

Le DG de l'OMS annonce que l'Europe est devenue l'épicentre de la pandémie et compte désormais plus de cas notifiés et de décès notifiés que le reste de la planète, à l'exclusion de la Chine.

Samedi 14 mars

- Monde : 156 000 cas.

Veille du 1er tour des élections municipales.

Des Gilets jaunes ont défilé dans Paris, sous le slogan « Macron Démission », cassant des vitrines.

Le Conseil scientifique s'est de nouveau réuni aujourd'hui et, contrairement à l'avis du 12 mars, il mentionne cette fois le mot « urgence » :

« Il a considéré qu'au-delà de l'urgence, qui est absolue, les mesures de protection envisagées étaient non seulement susceptibles d'être mises en œuvre de manière immédiate, mais aussi de rester nécessaires pour une durée indéterminée, ou d'être de nouveau recommandées en fonction de l'évolution de l'épidémie. »

Mais, comme pour l'avis du 12 mars, le Conseil scientifique prend en compte des considérations qui sont plus celles d'un conseil d'orientation citoyen que d'un conseil à vocation sanitaire : « [...] Il a considéré que l'exercice de la démocratie, garanti par la sécurité sanitaire du vote, gagnait à être préservé afin que la population conserve dans la durée une confiance indispensable au respect de mesures extrêmement contraignantes qui lui seraient exigées par les autorités démocratiques du pays pour garantir sa protection sanitaire. »

Cette phrase, telle qu'elle est rédigée, n'ouvre aucune porte à un report pour l'exécutif, ne permettant pas de négocier quoi que ce soit avec les oppositions.

L'urgence absolue attendra donc encore un peu.

Et tant pis pour nos services de réanimation...

Allocution du PM ce soir. Édouard Philippe explique que le Conseil scientifique préconise de suspendre les rassemblements « festifs », et de fermer tous les lieux qui reçoivent du public « non indispensables à la vie du pays (restaurants, cinémas, cafés, discothèques). [...] Sur ce sujet des élections municipales, nous avons à nouveau sollicité le Conseil scientifique au regard des dernières évolutions de l'épidémie. Ils nous ont confirmé que le premier tour pouvait se dérouler demain, en respectant strictement les consignes de distanciation et de priorisation des personnes âgées et des personnes fragiles. »

Le confinement n'est pas encore acté, et je le regrette en ce samedi soir, mais ces mesures d'arrêt de certaines activités, même si elles sont insuffisantes, vont dans le bon sens.

Moi au PM à 19 h 58 : « Merci Édouard, il était temps ! Et merde pour demain, on s'en souviendra de ces élections. »

Moi au PR 23 h 25 : « Monsieur le PR, puis-je vous parler ? »

Dimanche 15 mars

- Monde : 167 000 cas ; 6 500 décès.
- France : 6 300 cas, dont 285 en réanimation ; 161 décès.
- On observe un doublement du nombre de nouveaux cas déclarés, entre le 13 et le 15 mars. Le temps de

dédoublement s'est donc encore accéléré, il est désormais de trois jours.

L'ambiance en ce jour d'élection est surréaliste. Les bureaux sont déserts, les assesseurs accueillent avec sollicitude les rares électeurs qui ont osé affronter l'espace public.

La soirée électorale au QG se fait discrète, autour de quelques pizzas partagées. Nous savons qu'il n'y aura rien à fêter par les temps qui courent.

L'abstention historique avoisine les 60 % et nous recueillons 18 % des voix, score qui ne nécessite pas de passer la nuit à réfléchir à des fusions de listes pour un deuxième tour hypothétique.

Je m'astreins à travailler au discours qu'on récrit trois fois, et mon équipe me demande d'être souriante devant les caméras. Je crois bien que je n'y arrive pas. Évidemment, ce n'est pas le score qui me préoccupe. J'ai sincèrement fait de mon mieux vu le défi. Mais mon esprit est entièrement tourné vers ce qui va se passer maintenant en France et dans le monde. Comment allons-nous nous sortir de cette catastrophe ? L'écart se creuse encore entre ce que je ressens et ce que l'on attend de moi. Je perçois qu'on va vers des millions de morts. Ça me tétanise.

Silence assourdissant des ténors de la majorité qui m'avaient pourtant si gentiment poussée à l'élection il y a près d'un mois.

Moi au PR 23 h 32 : « Monsieur le Président, puis-je vous appeler ? »

Moi au PR 23 h 38 : « En un mot car je sais que vous gérez la crise, tout le monde souhaite que le report soit annoncé le plus tôt possible demain afin que les fusions des listes ne soient pas déposées. Bon courage. »

PR 00 h 20 : « Ne bougez pas demain, je vais pouvoir reprendre en main la partie politique de l'équation. Amitiés. »

Chapitre 3

Chaos

« Personne n'avait encore accepté réellement la maladie. La plupart étaient surtout sensibles à ce qui dérangeait leurs habitudes ou atteignait leurs intérêts. [...] Leur première réaction, par exemple, fut d'incriminer l'administration. »

La Peste, Albert Camus.

Semaine 11

« Simplement, le prêche rendit plus sensible à certains l'idée, vague jusque-là, qu'ils étaient condamnés, pour un crime inconnu, à un emprisonnement inimaginable. »

La Peste, Albert Camus.

Lundi 16 mars

- Monde : 181 000 cas.
- France : 6 633 cas ; 148 décès.

Ce matin, lendemain du premier tour de l'élection municipale, je me rends au QG.

Hors de question pour moi de continuer cette campagne.

Mon premier appel vise à demander à l'administration de la faculté de médecine ma réintégration à l'Université et à l'AP-HP.

Je veux retourner travailler comme médecin. Ensuite, avec les quelques personnes présentes au QG, nous nous attelons à fermer le local de campagne loué pour la circonstance. Rien ne sera plus comme avant. Les programmes et affiches me semblent dérisoires et déjà obsolètes. Je leur fais tout jeter.

Moi au PR 12 h 28 : « Monsieur le PR, j'ai arrêté la campagne car cela n'a plus de sens. J'ai eu CV qui pense comme moi. Personne ne se sent plus de faire des fusions de listes aujourd'hui. Je redeviens médecin. Bien à vous. »

PR 12 h 49 : « C'était très bien. Ne faites pas d'annonce prématurée. Je parlerai tout à l'heure. Amitié. Mais que vous redeveniez médecin est très bien. »

Avant de fermer le local, nous partageons un dernier sandwich avec l'équipe de campagne. Je ne peux m'empêcher de vouloir leur donner des conseils, je suis obsédée par ce qui est en train de se passer.

Moi au PR 14 h 41 : « Monsieur le Président je sais votre emploi du temps. J'aimerais vu les circonstances que nous puissions échanger quelques mots. Encore deux conseils pour le coronavirus :

« 1. Fermer les frontières avec R-U car ils ont pris une décision folle de laisser passer la vague sans confinement pour que tout le monde soit malade et qu'il y ait une immunité de groupe. C'est darwinien et peut-être pas bête au final (même s'ils attendent des dizaines de milliers de morts) car ensuite ils repartiront alors que nous allons vivre confinés ou au ralenti des mois. Mais cela serait incompréhensible pour les Français d'accepter que les gens meurent sans les soigner ! Ils vont donc apporter des cas [1].

« 2. Dans les hôpitaux, il faut protéger des équipes pour relayer dans quinze jours. On peut mettre des médecins en télétravail de chez eux pour les malades chroniques. Je l'avais dit au DGS avant de partir et lui ai redit depuis mais rien n'a été fait. J'aimerais cependant pouvoir vous parler car tout cela n'est pas simple pour moi comme vous le savez. Et soyez instinctif [2]. N'écoutez pas les

1. Mon inquiétude ici est que nos hôpitaux sont déjà pleins et que je redoute un afflux de malades venant de l'étranger. Je n'ai jamais considéré que la fermeture des frontières serait une mesure utile pour bloquer une épidémie, et l'avis du Conseil scientifique du 12 mars 2020 est tout à fait exact sur ce point.

2. J'essaie de lui faire comprendre que l'avis du Conseil scientifique du 12 mars n'est pas assez robuste et qu'il lui faudra parfois prendre des décisions en s'en affranchissant.

gens qui vous conseillent, surtout pas les scientifiques qui se contredisent tous.

« Bien à vous. »

En début d'après-midi, j'essaye de trouver un lieu d'accueil pour m'intégrer à une équipe de soins. J'appelle mon ancien service d'hémato : ils ont ralenti les greffes et n'ont plus beaucoup d'activité. J'appelle ensuite le directeur de l'ARS Île-de-France, Aurélien Rousseau [3], que j'apprécie beaucoup, puis celui de l'AP-HP, Martin Hirsch, pour l'informer que je vais réintégrer mon poste le 1er avril et savoir si je peux aider avant cela. Il me répond qu'il n'a pas de besoin et qu'il me rappellera demain. C'est vrai, à quoi pourrait bien servir un médecin de soins intensifs en ce moment ? Mais les CLCC [4] m'ont contactée et proposé dès ce matin de venir les aider pour les patients de cancérologie. Ravi, Martin Hirsch m'encourage à aller travailler ailleurs…

Dans l'après-midi, le bruit court qu'il faut déposer des listes d'union dès demain 18 heures, ce que souhaitent les candidats majoritaires afin de figer leurs résultats. En même temps, il est évoqué que le deuxième tour sera reporté en juin. Le PM a programmé en fin d'après-midi une réunion avec les présidents des deux parlements et François Baroin, président de l'Association des maires de France, pour prendre des décisions sur le deuxième tour. Je m'active pour les convaincre d'arrêter et je parviens à joindre Gérard Larcher quand il monte sur le perron de Matignon. Je le sens dubitatif.

Moi au PM 17 h 04 : « Bonjour Édouard, je sais que vous êtes en réunion pour le deuxième tour. Tout cela est déconnant ! Ne nous fais pas faire une tambouille de deuxième tour quand la situation est si grave. Nous avons déjà été assez ridicules comme cela. Les élections n'auront pas lieu le 21 juin car l'épidémie ne sera pas finie [5]. Je sais que mon avis t'importe peu depuis des semaines, mais sincèrement toutes les têtes de liste à Paris veulent arrêter. »

---

3. Aurélien Rousseau a été directeur de l'ARS Île-de-France pendant la crise du Covid, puis directeur de cabinet de la Première ministre Élisabeth Borne.

4. CLCC : Centres de lutte contre le cancer.

5. Je comprends que J.-F. Delfraissy leur a répété depuis quelques jours que tout sera fini avant l'été, confirmant ainsi ce qu'il a dit sur France Inter le 11 mars.

Ce deuxième tour me semble totalement hors sol. Du côté de Rachida Dati, ses équipes s'activent depuis le matin pour trouver avec qui s'allier et essayent de débaucher certaines têtes de listes qui sont avec moi… Il faut que tout cela cesse enfin.

Réponse PM 19 h 13 : « Ton avis importe. Et a toujours compté pour moi. Et on va probablement s'affranchir de cette question du mardi 18 heures. Mais il faut le faire avec un minimum de consensus. C'est idiot, au regard de la situation, mais garder tout le monde sous la tente est important aussi… »

Moi : « J'ai eu Larcher tout à l'heure pour faire pression. Et arrêtez avec le mois de juin, cela va durer un an. En fait, je suis tellement triste que tu ne m'aies pas entendue lundi pour repousser ces élections que j'ai vécues comme une mascarade. Cette campagne a été une souffrance pour moi tant je n'aurais pas pris les mêmes décisions que vous et tant j'ai senti le danger toutes ces semaines. Je me souviens t'avoir dit le 30 janvier (conférence des financements au CESE) que les élections ne pourraient pas avoir lieu et qu'un tsunami arrivait sur nous. Je t'ai même dit qu'il fallait se mettre en mode combat. C'est à pleurer de voir qui vous conseille. Et moi aujourd'hui je n'ai plus de boulot et lundi je serai au front à l'hôpital et dans un mois peut être morte. Ce qui compte, c'est que nos enfants aillent bien et traversent cette merde. Je t'embrasse. »

Un de mes fils et sa femme ont décidé de partir en province pour les semaines à venir. Ils n'habitent pas loin. Je décide d'aller les voir pour leur dire au revoir. Je ne sais pas pourquoi mais les rues sont déjà silencieuses et vides. Beaucoup de Parisiens sont partis en province dès vendredi à l'annonce de la fermeture des écoles. Je me promène avec ma belle-fille et vais acheter trois bouteilles de vin en prévision des longues soirées à venir. En réalité, je suis très émue car je ne sais pas quand on va pouvoir se revoir. Personne ne sait si la vague sera haute et qui sera atteint. Personne ne sait combien de personnes vont mourir. En fait, nous sommes silencieuses pendant cette promenade. Je rentre sans avoir pu les prendre dans mes bras et les serrer fort ayant à cœur de respecter les mesures barrières.

La nuit est tombée. Je suis vidée par le trop-plein de fatigue, les inquiétudes diverses, les batailles électorales, des décisions radicales et des émotions prémonitoires, cela s'est accumulé toutes ces dernières semaines. Je m'affale dans mon fauteuil habituel et me branche sur

Twitter, par lassitude ou simple habitude. Un tweet me saute tout de suite aux yeux. Une vidéo tronquée issue de ma première conférence de presse du 21 janvier circule partout avec des commentaires acerbes, me présentant comme une idiote finie. La risée de Twitter. Tout le monde s'en donne à cœur joie, *like* et se gausse.

La vidéo est déjà virale.

Ça y est, la meute a trouvé son coupable expiatoire. Ce sera donc moi.

Je n'ai plus de conseiller en communication qui pourrait m'aider à réagir, pas de réseaux ou de bots qui m'accompagnent dans cette galère. Aucune chance que je parvienne à lancer une contre-offensive.

J'appelle mon ancien directeur de cabinet en désespoir de cause : « Raymond, fais quelque chose ! Je t'en prie ! Publiez un communiqué de presse expliquant tout ce qu'on a fait… » Au téléphone, il me semble hagard, je comprends qu'il est au centre de la tourmente et qu'il a autre chose à faire ce lundi soir que de s'occuper de moi.

Mon dernier fils sort à ce moment-là de sa chambre en panique, lui aussi surfe sur les réseaux sociaux : « Maman, tout le monde se moque de toi ! Fais quelque chose. »

À cet instant précis, une journaliste du *Monde* que je ne connais pas me contacte. Elle se présente comme une amie d'Irène Frachon, médecin et fameuse lanceuse d'alerte de l'affaire Médiator, que j'apprécie énormément. Je vois dans leur amitié une forme de bienveillance et baisse la garde. Je ne sais plus trop ce que j'ai pu lui répondre dans mon état. Que j'avais tout vu. Disons pressenti. Que j'étais inquiète, oui. J'aurais dû lui préciser que nous n'avons eu de cesse de travailler, de nous préparer au pire. Elle ne l'a pas demandé. Voulait-elle seulement le savoir ?

Nous raccrochons.

Ce même jour, le DG de l'OMS tient une conférence de presse au cours de laquelle il exhorte les pays d'agir : « Nous avons un message simple à destination de tous les pays : testez, testez, testez [6].

6. Cette phrase, qui n'est jamais citée entièrement, a été interprétée à tort comme une promotion d'une stratégie de tests de dépistage en population générale chez des personnes qui n'auraient pas de symptômes, et a même servi d'argumentaire à certaines plaintes pénales. Par ailleurs, une erreur de traduction des recommandations de l'OMS en français a entretenu l'ambiguïté en traduisant pendant toute la crise l'expression « détection précoce » par « dépistage » (dépistage se dit

Testez tous les cas suspects. Si le test est positif, isolez-les et retrouvez les personnes avec lesquelles ils ont été en contact les deux jours qui ont précédé, avant qu'ils ne développent des symptômes, et testez ces personnes également. »

Cela correspond bien à la stratégie mise en place dans notre pays, c'est-à-dire de tester les cas suspects pour avoir un diagnostic, isoler les maladies et tracer les cas contact pour les tester également[7].

20 heures : Allocution du président de la République, il ne prononce pas le mot « confinement ». C'est une catastrophe. Il faut absolument clarifier. La fatigue accumulée me fait craquer. Je suis effondrée et hors de moi.

Moi au PM à 21 h 20 : « Te voir en photo sur Instagram avec Delfraissy me rend dingue. Je comprends mieux vos décisions. » Je lui écris ce que je pense du président de son conseil scientifique en des mots choisis, notamment pour son goût pour le mélange des genres et son appétence pour les plateaux de télévision. Le message se finit ainsi : « Édouard, vous êtes en dehors de la plaque, complètement, et si tu as encore confiance en moi, prenez une décision

---

screening en anglais, et par définition concerne des populations non malades). En réalité, le DG de l'OMS se préoccupe surtout des pays qui ne testent pas du tout et qui, de ce fait, ne font pas les diagnostics. Peu de personnes ont pris la peine de regarder le discours dans sa complétude : il y est dit précisément qu'il faut tester les cas suspects et les contacts, ce qui était la procédure dans tous les pays européens, dont la France.

7. L'éditorial du *Monde* daté du 25 avril 2020 citant le début de la phrase de Tedros montre à quel point ce sujet a fait l'objet d'un contresens permanent, encore en cours aujourd'hui. Personne n'a tiré le fil de ce que signifierait un dépistage généralisé, c'est-à-dire tester 60 millions de personnes régulièrement. Contrairement à ce qui a été écrit, aucun pays n'a mis en place un dépistage généralisé pour la simple raison que c'était infaisable techniquement, surtout à l'époque des tests PCR en laboratoire. L'Allemagne testait en mélangeant 10 prélèvements (pool), ce qui lui a permis de tester plus de personnes plus rapidement que la France, mais n'a pas mis en place un dépistage généralisé. Le seul pays qui s'y est risqué a été la Slovaquie en novembre 2020, utilisant les tests antigéniques qui avaient été mis au point entre-temps, ceux-ci étant considérablement plus simples à réaliser logistiquement et donnant des résultats bien plus rapides que la PCR. Elle a testé en un week-end deux tiers de sa population, soit 3,6 millions de personnes. Mais elle n'a pas recommencé l'expérience et n'a pas échappé aux vagues successives. Quelques villes s'y sont également essayées à l'automne 2020 avec très peu d'adhésion de la population. En réalité, cette stratégie n'a pas été utilisée malgré ce qu'on peut lire partout régulièrement.

de confinement car nous avons quinze jours de retard. Et je ne perds pas mes nerfs, je suis lucide depuis des semaines et derrière vos décisions ce sont des gens qui vont mourir. Le discours du PR ce soir est incohérent. Personne n'a rien compris et les gens vont continuer à aller travailler ! J'en ai plein autour de moi. Et arrêtez de faire confiance à ces scientifiques, faites de la politique et prenez vos responsabilités. Et je t'embrasse [8]. »

À 22 heures, le ministre de l'Intérieur, Christophe Castaner, reprend la parole pour donner les détails pratiques. C'est plus clair, le mot est prononcé, nous sommes enfin « CONFINÉS »...

Ce soir, la colère m'envahit. J'en veux à tous les médecins, scientifiques et experts qui ont pris la parole partout pour banaliser depuis des semaines. J'en veux énormément au Conseil scientifique qui n'a pas recommandé le confinement alors que le temps de dédoublement était descendu à quatre jours ! Et dont j'apprendrai plus tard qu'un membre éminent disait au PR, en parallèle de mes SMS d'alerte, qu'il n'y aurait pas plus de 20 morts en France...

Confrontés à leur erreur de jugement, ces mêmes médecins et scientifiques vont-ils se faire plus discrets dorénavant ?

Moi au PR 00 h 06 : « Monsieur le Président, merci d'avoir fermé les frontières et acté le confinement. J'imagine que tout cela est en cours mais au cas où : il faut ouvrir à Paris pour la semaine prochaine des lits avec de l'O_2 prêts à accueillir des centaines de patients. Soit vous préparez des hôpitaux de campagne de l'armée en plus de celui de Mulhouse, mais ils accueillent très peu de patients et il faut les garder pour les réa avec respirateurs, soit vous commencez à gréer un site dédié comme le Val-de-Grâce si c'est faisable pour qu'il soit prêt. Prenez la décision très tôt car les lits sont déjà pleins et dans quatorze jours la situation ne sera pas tenable. Si on ne le fait pas maintenant, on va perdre trois ou quatre jours et des malades. Il faut énormément de lits simplement avec de l'O_2 ; vous me direz quand on peut avoir un échange après cette période hors du temps. Bien à vous. »

C'est mon dernier message au PR.

---

8. Jean-François Delfraissy a eu connaissance de ce message, car il lui a été lu en entier par les juges lors de son audition.

Mardi 17 mars

- Monde : 197 000 cas.
- France : 7 500 cas ; 2 279 hospitalisés, dont 699 en réanimation ; 175 décès.

Confinement J1

Je suis en une du journal *Le Monde*.

L'article d'Ariane Chemin sort en fin de matinée, ainsi titré : « Les regrets d'Agnès Buzyn : "On aurait dû tout arrêter, c'était une mascarade." »

Les commentaires fusent de partout. Les membres de la majorité sont furieux contre moi, les réseaux sociaux se déchaînent.

Non, je ne voulais attaquer personne, je parlais de mon vécu de la campagne. Je n'ai jamais dit que l'on n'avait rien fait, comment même aurais-je pu ? Nous n'avons pas arrêté depuis le mois de janvier, on redoutait la crise, on se préparait au pire avec le ministère. Il était impossible de prédire formellement l'avenir, je ne cherchais en aucun cas à mettre la faute sur qui que ce soit. La mascarade que j'évoquais concernait ce premier tour des municipales et les tractations en cours qui m'ont rendue folle le lundi.

Certains ministres y vont déjà de leurs commentaires : que ce serait en raison de mon échec aux élections, que je ferais un syndrome dépressif…

Le Premier ministre m'appelle immédiatement. Nous échangeons. Il a l'air las. Il est au premier jour du confinement et se retrouve avec un scandale en une du *Monde*. Moi, je suis en état de choc en raison du titre de l'article et de ce que la journaliste sous-entend.

« Oui, promis Édouard, je vais faire un CP pour rectifier, bien sûr. Tu sais bien que je n'ai pas voulu laisser entendre cela. »

Mais je n'ai pas la force d'aller m'expliquer dans les médias. Ce matin, je suis au fond de mon lit, j'ai beaucoup de fièvre. Les communicants me disent qu'il vaut mieux laisser couler, que cela va passer.

Bizarrement, alors que cet article est dramatique pour moi, sur le fond comme sur la forme, et que je vais le payer très cher, quelque part, sous la fièvre, j'ai l'impression de me retrouver. Je me sens à nouveau moi-même. Comme si la distorsion profonde qui existait en moi tout au long de la campagne, ce tiraillement entre mon angoisse face au virus et mes obligations politiques, avait enfin disparu. Pour la première fois ce matin, je ne suis plus ministre, ni candidate, le médecin peut librement prendre la parole. Malgré la violence et les répercussions qui s'abattent sur moi, une tension terrible vient enfin de me quitter.

Le Premier ministre fait une allocution au 20 heures de France 2 sur le confinement. La journaliste l'interroge évidemment sur l'article du *Monde* qui fait polémique :

Anne-Sophie Lapix : « Un article du *Monde* jette le trouble. Agnès Buzyn, ancienne ministre de la Santé, raconte que dès le 30 janvier, elle vous avait dit que les élections ne pourraient pas se tenir, c'était il y a un mois et demi. Vous le confirmez ? À cause du coronavirus donc. »

PM : « Je vais vous dire les choses de façon très claire. Dès le mois de janvier, la ministre de la Santé nous a dit que ce qui se passait en Chine était quelque chose qu'il fallait prendre au sérieux. C'est parce qu'elle nous a dit dès le mois de janvier qu'il fallait prendre ces évènements au sérieux que, dès le mois de janvier, j'ai organisé un certain nombre de réunions, avec la ministre de la Santé, avec le directeur général de la Santé, autour de moi, et les ministres concernés, à Matignon. »

ASL : « Mais elle avait évoqué les élections, c'est pour ça que je vous en parle. La tenue des municipales. »

PM : « La question que vous posez est sérieuse. Et je vais y répondre complètement. Si nous n'avions pas pris au sérieux cet évènement sanitaire, croyez-moi, je n'aurais pas organisé une réunion sur la grippe à Matignon, dès le mois de janvier. Dès le mois de janvier, nous avons pris des décisions, des décisions lourdes, de rapatriement d'un certain nombre de nos concitoyens et de confinement de nos concitoyens qui étaient rapatriés. Dès le début de l'apparition du virus sur le territoire national, nous avons procédé à des confinements stricts. Je vous rappelle qu'à l'époque, un certain nombre de scientifiques, de médecins même parfois, et je suis le dernier à leur jeter la pierre, mais ils disaient qu'il s'agissait d'une grippe, de quelque chose dont au fond, peut-être, on exagérait l'importance. Nous avons systématiquement pris au sérieux ces alertes. Agnès Buzyn m'a dit fin janvier que si nous étions dans le pic épidémique au moment des élections, alors il serait difficile de les organiser. Mais au moment où elle m'a dit ça, beaucoup de médecins n'étaient pas d'accord avec elle, beaucoup de médecins pensaient qu'il ne s'agissait pas d'une épidémie qui produirait son effet à ce moment, ou qui n'aurait pas cet impact. […] »

Moi au PM à 21 heures : « Bonsoir Édouard, merci infiniment pour ton intervention. La réalité que tu exprimais ce matin est vraie. On ne peut pas prendre une décision sans consensus scientifique et politique. Je te remercie. Je vais me reposer car je suis épuisée et je pense avoir le Covid comme plusieurs membres de mon équipe. Je suis au fond du lit. J'irai travailler à l'hôpital quand je serai guérie. J'ai demandé ma réintégration hier pour le 1er avril. Je reprendrai la campagne de Paris dans 3 mois ou 6 mois ou un an, quand tout cela sera derrière nous. Entre-temps, bon courage pour vous tous car je sais comme c'est difficile. Je t'embrasse. »

Dernier message au PM.

Mercredi 18 mars

- Monde : 200 000 cas, dont 55 % hors de Chine.
- Europe : 60 000 cas ; 3 000 décès.
- Italie : 31 000 cas, de loin la plus forte incidence mondiale.
- Espagne : 11 800 cas.
- Allemagne : 9 300 cas.
- France : 7 700 cas (+ 1 000 cas en 24 heures) ; temps de doublement trois jours ; 2 600 hospitalisés, dont 700 en réanimation ; 175 morts.

Confinement J2

Je prends mes nouvelles fonctions de conseillère pour la Fédération des centres de lutte contre le cancer et leur prépare une note pour les aider à organiser les prises en charge des patients.

Depuis la sortie du papier du *Monde*, des membres du gouvernement m'attaquent. Je reçois des tirs groupés… Bien entendu, ils n'ont aucune aptitude à juger scientifiquement ce qui s'est joué autour de cette crise depuis des semaines et pourquoi cette élection m'a semblé lunaire, d'autant que j'ai réservé l'ensemble de mes messages au couple exécutif. Dans le *Libé* des écrivains, un papier est titré « Agnès Buzyn, entre fiasco et états d'âme », dans lequel l'écrivaine Samira Sedira écrit : « Au sein même du gouvernement, certains réclament des explications. [...] D'anciens collègues, faisant directement référence à son récent échec électoral, affirment que la blessure d'Agnès Buzyn est une blessure d'orgueil : "Il y a du dépit, une blessure [...] et peut-être aussi de la jalousie" alors qu'Olivier Véran, son successeur, est salué "pour son efficacité et son énergie" ».

Lâchée violemment par l'ensemble de la majorité et alors que seuls le PM et le PR savent la vérité, il est clair que « sauver le soldat Buzyn » n'est pas la priorité du moment ; en ce deuxième jour de confinement, les hôpitaux explosent.

Un article dans *Marianne* me fait frémir [9]. Son titre est annonciateur du contenu : « Aveux d'Agnès Buzyn : une défaillance criminelle ? » ; il reprend et commente des extraits de l'interview parue dans *Le Monde* : « La pauvre Agnès Buzyn [...] entre ces sanglots dont elle n'est pas avare. [...] Bien sûr, c'est une pure et simple désertion qu'elle a commise et qu'elle reconnaît aujourd'hui en essayant assez lâchement de s'en défausser. Mais de cela, elle se débrouillera avec sa conscience sur laquelle pèsera une partie de ces morts qui vont tomber, emportés par le virus, et dont on sait parfaitement qu'ils vont se compter par milliers. Dormez bien, Madame Buzyn, si vous le pouvez. »

Il faut parfois se pincer pour rester calme.

Ce soir, Jean-François Delfraissy, président du tout nouveau Conseil scientifique, est interviewé pour la première fois en duplex au 20 heures de France 2. Présenté par la journaliste Anne-Sophie Lapix comme celui « qui guide les pas du président Macron depuis le début de la crise », il lance avec panache : « Qui aurait imaginé il y a une quinzaine de jours que nous serions dans cet état, même si on avait des hypothèses qui le suggéraient ? »

Je suis sidérée.

Il n'a clairement pas eu la bonne perception du risque ces dernières semaines. Ou peut-être ne maîtrise-t-il pas bien les courbes exponentielles [10].

9. Régis de Castelnau : « Aveux d'Agnès Buzyn : une défaillance criminelle ? », *Marianne*, 18 mars 2020.

10. En septembre 2021, sur France Inter, il a finalement exprimé le regret de ne pas avoir poussé à confiner plus tôt. Cette phrase, qui explique pourquoi les hôpitaux ont débordé et la mauvaise perception de la gravité initiale par le conseiller du PR, est passée totalement inaperçue.

Cela démontre une incroyable incompréhension de ce qui arrive, et c'est inquiétant pour un tel niveau de responsabilité. A-t-il validé ces propos en amont avec ses pairs ou parle-t-il ce soir en son nom propre ?

Il rassure en évoquant un confinement qui serait court et expose ensuite les mesures barrières [11] pour se protéger.

Enfin, il mentionne la stratégie « Test and Treat », expliquant qu'elle pourrait être proposée pour toute la population française. Cette stratégie est utilisée pour des porteurs chroniques de virus (VIH et hépatites), mais elle n'est en aucun cas applicable au coronavirus : d'abord, parce que personne n'est porteur chronique du coronavirus ; ensuite, parce que cela reviendrait à tester l'ensemble de la population régulièrement voire toutes les semaines ; enfin, parce que cela impliquerait aussi qu'il existe un traitement.

Soit Jean-François Delfraissy n'arrive pas à sortir de son schéma professionnel, et il reporte toute sa connaissance du VIH sur le coronavirus ; soit il croit la thèse de son collègue Didier Raoult, et il envisage de donner de la chloroquine à tout le monde.

En effet, un débat est lancé autour de la chloroquine et suscite l'emballement des médias et du public. Quelques rares scientifiques essayent de résister aux arguments de Didier Raoult. L'exploitation politique est totale, venant essentiellement des élus de la droite et notamment des élus du sud de la France qui ont trouvé leur champion contre ces Parisiens méprisants…

Je plains le gouvernement. Jérôme Salomon, universitaire rigoureux, doit devenir fou à essayer de canaliser cet engouement pour un médicament testé en dehors d'un essai clinique contrôlé. On ne peut faire plus mauvaise science. Tout le monde va en vouloir et personne ne pourra jamais dire si c'est utile. Sans compter les risques de trouble du rythme cardiaque [12] et la surveillance de tous

11. Il n'évoque pas la nécessité de mettre un masque à cette période, contrairement à ce qui est dit dans son procès-verbal d'audition devant la commission d'instruction de la Cour de justice de la République (*Le Point*, article de Marc Leplongeon et Jeremy André, paru en ligne, juillet 2022).

12. La chloroquine imprègne le corps pendant de nombreux mois. Elle est initialement utilisée pour lutter contre le paludisme, et dans certaines maladies auto-immunes. Elle a pour effet secondaire de donner des anomalies du rythme cardiaque pouvant entraîner le décès de certains patients.

ces patients par ECG (électrocardiogramme), au risque d'avoir des accidents cardiaques retardés.

En prime, Sanofi, qui fabrique la chloroquine, se propose d'offrir son aide et fait de la publicité sur Twitter pour ce traitement qui « serait utile pour traiter le Covid » !

Non seulement Sanofi en est le producteur, mais ce laboratoire est également l'un des partenaires de l'IHU de Marseille.

Toujours fiévreuse et attaquée de toute part, je ne me vois pas intervenir dans les médias pour lutter contre l'hystérie collective.

Jeudi 19 mars

- France : 10 900 cas, dont 1 122 patients en réanimation ; 372 décès.
- On monte un premier hôpital militaire à Mulhouse.
- En Angleterre, Boris Johnson affirme pouvoir inverser la tendance en 12 semaines, et refuse des mesures trop contraignantes.
- La Flamme olympique arrive au Japon pour les JO.
- Première plainte contre Édouard Philippe et moi, venant d'un collectif de trois médecins [13]. À partir du papier du *Monde*, ils nous accusent de nous être « abstenus de prendre à temps des mesures pour endiguer l'épidémie de Covid-19 ».

Confinement J3

Mon état de santé s'améliore, la fièvre est tombée.

J'ai décidé d'envoyer un courrier personnel et manuscrit au PR, car je lui dois une explication sur l'article du *Monde* ; je rédige une lettre de quatre pages portant sur l'épidémie (que je vois se dérouler sur une année au moins, voire plus en l'absence de vaccin ou de médicaments), concluant ainsi : « Je vous embrasse et sais que vous serez l'homme d'État que notre pays attend dans les mois qui viennent. »

---

13. J'apprends cette plainte par la presse. « Coronavirus : des médecins déposent une plainte contre Édouard Philippe et Agnès Buzyn. Les trois plaignants, représentants d'un collectif de soignants, accusent le Premier ministre et l'ex-ministre de la Santé de s'être "abstenus" de prendre à temps des mesures pour endiguer l'épidémie de Covid-19. Ils sont représentés par maître Di Vizio », *Le Parisien*, 19 mars 2020.

Cette semaine, on compte 197 000 cas dans le monde et l'OMS lance enfin son premier essai clinique randomisé contrôlé pour tester des médicaments, nommé Solidarity [14].

Côté français, je me demande où en est la mise en place de l'essai clinique [15] avec tous les antiviraux susceptibles d'être actifs. J'avais demandé au Pr Yazdan Yazdanpanah de rédiger un rapport au cas où l'épidémie arriverait en France. C'était il y a déjà sept semaines. M'a-t-il seulement prise au sérieux, ce jour-là ? A-t-il mobilisé le réseau REACTing pendant tout ce temps ? Je voulais que tout soit prêt pour inclure les premiers malades. Visiblement les Français n'ont pas encore d'essai clinique.

Je commence mon travail de conseillère bénévole auprès des centres de lutte contre le cancer, et, à la demande du directeur général de l'Institut, je vais visiter Gustave-Roussy, pour voir ce qu'ils ont mis en place pour accueillir les malades. J'envoie une note à tous les directeurs de centre de lutte, une vingtaine, les incitants notamment à se préparer à avoir des malades sous oxygène et respirateurs, et à former leurs personnels.

Samedi 21 mars

- Monde : 900 millions de personnes sont confinées dans l'espoir d'enrayer la pandémie qui a déjà fait 11 400 morts.
- France : 6 172 personnes ont été hospitalisées ; 562 sont décédées (+112 décès en 24 heures).

Confinement J5

Face à l'incapacité des pays du monde entier à réaliser les tests PCR pour détecter le Covid-19 faute de réactifs en quantité

14. Solidarity est le nom donné au premier essai clinique encadré par l'OMS et qui portera sur 12 000 patients, dans 500 centres, répartis sur 30 pays. Cet essai a pour but de tester : remdésivir, hydroxychloroquine, lopinavir/ritonavir et interféron. Aucun de ces médicaments ne s'est révélé efficace.

15. Contrairement à ma demande faite en janvier, l'essai clinique français, nommé Discovery, ne commencera que le 22 mars, soit presque un mois après le début de l'épidémie et onze semaines après ma demande au Pr Yazdanpanah. Cet essai sera coordonné par l'Inserm.

suffisante, l'OMS publie des recommandations sur la stratégie de tests [16]. L'agence onusienne estime qu'ils doivent être réservés aux malades et à leurs contacts.

En parallèle, je reçois un drôle de message du directeur général de l'OMS :

Tedros 14 h 10 : « *How are you sister ? Just checking.* »

Pourquoi revient-il vers moi ainsi alors que je ne l'ai pas eu au téléphone depuis fin janvier ?

Nous échangeons brièvement par SMS, car je ne suis pas certaine qu'il ait suivi l'arrivée d'Olivier Véran en France et mon départ du ministère.

Moi : « *Thanks Tedros, As you know, I left the minister 5 weeks ago to candidate for Paris mayor. This campaign was a nightmare and I told it in a newspaper. It was a mistake. But it is hard for everybody now. My mistake was to be so worried from the beginning and so lonely.*

« *I wish you good luck.* »

Tedros : « *Yes I know that you are now a candidate for Paris mayor. You were right to be worried – same here. My statement at the beginning was that I was not worried about China but the rest of the world. Anyway, if governments could do the comprehensive approach like Korea, it can still be reversed.* »

Je lui dis que je ne suis pas en charge et qu'il peut joindre le gouvernement français, mais que, en substance, comme le reste du monde, nous manquons de matériel pour faire des tests [17], et il me semble que c'est un peu tard pour mettre en place l'approche coréenne [18]. C'est un euphémisme ! L'Europe tout entière est en train de flamber.

---

16. *Laboratory testing strategy recommendations for Covid-19* (WHO-Covid-19-lab_testing-2020.1-eng.pdf).

17. Nombre de producteurs de réactifs pour réaliser les PCR étaient localisés en Corée du Sud.

18. La Corée du Sud a fait le choix très tôt de tester assez massivement la population et d'imposer des règles de quarantaine très strictes. Les autorités coréennes ont développé une application obligatoire permettant un traçage des cas contact. Par ailleurs, cette approche est rendue possible car, si le monde entier a des difficultés d'approvisionnement de réactifs pour isoler l'ARN du virus et réaliser ainsi des PCR, la Corée fait partie des rares pays fabricants (avec la Chine et les États-Unis) et a semble-t-il gardé les réactifs pour elle (comme ce qui s'est passé pour les masques en Chine).

S'il pense que cette approche peut changer la donne, pourquoi ne pas publier une recommandation publique qui s'appliquerait pour le monde entier ?

Nous terminons notre échange sur l'Afrique. J'imagine à quel point ils seront démunis si l'épidémie se déclare là-bas. Il y a peu de respirateurs dans la plupart des pays et, parfois même, pas de tubulures à oxygène en dehors des grandes villes. Je lui fais part de ma tristesse et de mon inquiétude pour son continent.

Dimanche 22 mars

Aujourd'hui devait se tenir le second tour des élections municipales. Il a été annulé.

Je commence à écrire cette histoire.

Semaine 12

> « Mais il vient toujours une heure dans l'histoire
> où celui qui ose dire que deux
> et deux font quatre est puni de mort. »
>
> *La Peste*, Albert Camus.

Lundi 23 mars

- Monde : 300 000 cas.
- France : 17 000 cas ; 674 décès.

Cette semaine est une descente aux Enfers. J'ai l'impression que le monde entier, surpris et terrorisé, est devenu fou.

Maman m'appelle car elle a 39 degrés.

Elle veut de la chloroquine et se faire tester.

Pas besoin de test, maman, c'est Armageddon, évidemment ; quant au médicament miracle du druide des calanques, je ne peux pas lui avouer ce que je pense du niveau de preuve… En plus, personne ne la recevra pour faire un ECG en ce moment, alors qu'elle n'a pas de signes respiratoires.

Ma belle-fille enceinte et son futur mari ont aussi des symptômes typiques, perte du goût et de l'odorat, mais sans signes de gravité pour l'instant. Nous nous précipitons pour trouver des données publiées sur les femmes enceintes atteintes du Covid et, tout en les rassurant, espérons que notre petite-fille à venir ira bien.

Nous nous situons dans la partie verticale de la courbe exponentielle, quand tout s'accélère.

Comme dans un film de fin du monde, les sirènes d'ambulances retentissent de temps à autre dans les rues de Paris anormalement silencieuses. Ce seul son me glace.

Le débat ayant pris de l'ampleur tout le week-end, Olivier Véran est obligé de céder sur la chloroquine, il permet par décret son usage compassionnel pour les cas graves [19]. Je dois avouer ne pas bien comprendre la raison de cette décision car, en fait, c'est déjà permis. Un médecin peut prescrire ce qu'il veut à son patient, à deux conditions : d'une part, prendre la responsabilité en cas d'effets secondaires ou d'échec ; d'autre part, informer le malade qu'il s'agit d'une pratique non conventionnelle pour avoir son accord.

Un traitement non recommandé peut donc déjà être utilisé au cas par cas.

En revanche, selon les règles de l'éthique médicale, si l'on traite un grand nombre de patients, il convient alors de rédiger un protocole clinique pour juger de l'utilité du médicament en question. Pourquoi le ministre de la Santé prend-il le risque d'endosser cela ?

Il faut dire que la pression est forte. Le Pr Philippe Juvin déclare ce même jour sur France Info : « Il faut produire très massivement » de la chloroquine. Le médicament est déjà utilisé sur des patients à Marseille et une étude de grande ampleur a été lancée pour valider son efficacité sur le coronavirus. Les médecins aux prises avec les malades ont « envie » de l'utiliser tout de suite mais ne veulent pas créer de « pénurie ».

Depuis quand prescrit-on un médicament par envie ?

19. Usage compassionnel : c'est une prescription individuelle. Le compassionnel est un cas par cas, cela revient à autoriser de donner un médicament à un patient, en dehors de son application prouvée, dès lors que l'on considère que le médicament peut apporter un bénéfice à ce malade en particulier.

En ce mois de mars, tous les ténors de la droite française et la région PACA soutiennent leur champion marseillais.

Mardi 24 mars

- Monde : 400 000 cas ; 18 000 décès dont 10 700 en Europe ; 169 pays touchés.
- Chine : 82 000 cas.
- Les autorités de Wuhan ont annoncé aujourd'hui qu'ils prévoient de lever le confinement le 8 avril.
- En France : 22 300 cas ; 10 000 patients hospitalisés, dont 2 500 en réanimation.

Appel du laboratoire d'analyses médicales ce matin à 7 h 30. Le test de maman est positif. Toujours très fébrile, elle commence à tousser. Elle a surtout bien compris le danger d'aggravation à J8 et sait que tout peut basculer. De mon côté, j'ai conscience qu'à son âge, elle ne sera pas réanimée. Mais je me garde bien de le lui dire car elle affronte courageusement la fièvre en plateau à 40 degrés et des céphalées atroces.

Toute la presse continue d'encenser Didier Raoult, alors que la population de Marseille a pris des risques hier avec des queues immenses pour tester tout le monde, et évidemment un mélange de positifs et de négatifs qui se côtoient. Quelle est sa stratégie ? Va-t-il tester toute la ville toutes les semaines, voire tous les trois ou quatre jours, pour vérifier leur contagiosité ? C'est logistiquement impossible. Ou alors est-ce pour pouvoir prescrire son traitement miracle aux positifs ?

Après le Conseil scientifique, un nouveau comité national de douze médecins et chercheurs voit le jour… Le PR installe maintenant le Comité d'analyse recherche et expertise (CARE), « afin d'éclairer les pouvoirs publics dans des délais très courts sur les suites à donner aux propositions d'approche innovantes scientifiques, technologiques et thérapeutiques formulées par la communauté scientifique et étrangère pour répondre à la crise sanitaire du Covid-19 et vérifier que les conditions de déploiement et de portage sont réunies ».

Je connais la plupart d'entre eux, ils sont des collègues hospitaliers de longue date et de bons professionnels, mais est-ce un critère suffisant ? Qui les a donc choisis ? Sur quels critères de représentativité ? Ils sont pratiquement tous parisiens. La majorité d'entre eux sont des infectiologues (venant encore du monde du sida) ou pneumologues. La présidente, Françoise Barré-Sinoussi, prix Nobel, a découvert le virus du VIH, il y a bientôt quarante ans. Quelle est leur indépendance ? Certains ont des liens forts avec l'industrie du médicament et ne s'en cachent pas. Quelle est la place des agences sanitaires et des organismes de recherche, et celle de leurs propres experts en charge des innovations ? Si les décisions ne sont pas les bonnes, qui assumera les choix à la fin ? Je suis effarée par cet éparpillement des responsabilités dans des comités *ad hoc* sans légitimité. Personne ne conseille donc le PR sur les risques qu'il prend ? Tous les garde-fous de l'expertise dans le domaine de la recherche et de la santé semblent avoir sauté en même temps [20].

Mon mari et moi sommes en télétravail. Je vois apparaître des messages sur les réseaux sociaux, très largement relayés dans la presse, une série d'articles nous accusant d'être responsables de la pandémie. Nous aurions sabordé les recherches du Pr Raoult à l'IHU et l'aurions empêché de travailler.

Le tout s'accompagne de tweets et de dessins antisémites dignes des pires années.

Me voilà figurant en train d'empoisonner un puits [21]...

Didier Raoult fait la une de nombreux journaux depuis maintenant plusieurs jours. C'est comme un tourbillon effrayant, une

20. Il existe un cadre des principes généraux de l'expertise, énoncés par la Charte nationale de l'expertise du 22 décembre 2009, qui garantit la transparence des débats, la traçabilité des décisions, la compétence des experts, la représentativité, l'indépendance, etc. Tous les organismes de recherche français ont signé cette charte (je l'ai fait en tant que présidente de l'IRSN et de l'INCA).

media.enseignementsup-recherche.gouv.fr/file/2010/10/6/Chartenationaledel_expertise_139106.pdf

Sans compter la loi du 29 décembre 2011, dite loi Bertrand, relative au renforcement de la sécurité sanitaire du médicament et des produits de santé, qui garantit l'indépendance et l'impartialité des décisions prises en matière de santé, et qui organise notamment les déports en cas de liens d'intérêt. Toutes les agences sanitaires travaillent en respectant des règles strictes validées et vérifiées par un déontologue.

21. Cette image est encore utilisée, trois ans après, comme évoqué dans cet article de Maxime Macé et Pierre Plottu : « Antisémitisme : "Europe Écologie – Les Bruns", ce site nazi français qui organise l'élection du "sale juif de l'année" », *Libération*, 14 février 2023.

grande lessiveuse médiatique, et je ne comprends plus rien à ce qui nous arrive. Sur les réseaux sociaux, de violents messages commentent des photos de mon mari prises devant le laboratoire P4 alors qu'il accompagnait, comme n'importe quel PDG de l'Inserm, les Premiers ministres français en visite d'État venus l'inaugurer. Bientôt on va nous brûler sur le bûcher comme les sorcières au Moyen Âge. Ce qui me sidère le plus, ce sont les journalistes qui relaient… Rien n'est vérifié. Sont rapportés en vrac les verbatims des uns et des autres… Les *fake news* s'accumulent. Je ne vois plus la sortie.

J'essaye de rester calme et surtout de rassurer mes enfants.

Mon dernier fils s'inquiète. À 20 ans, voir ses deux parents tenus pour responsables d'une pandémie mondiale, et devenir en une semaine les ennemis publics numéro un du pays, c'est trop lourd à porter. Il vit branché sur les réseaux sociaux malgré nos conseils appuyés et commence à haïr la terre entière, se renfermant dans sa chambre. Le voir ainsi me bouleverse.

Au grand dam de la population, Jean-François Delfraissy annonce que le confinement devrait finalement durer au moins six semaines[22]. Enfin un propos raisonnable.

Le même jour, je lis un article publié par les équipes chinoises dans *Science* qui quantifie enfin l'évidence : 86 % des infections avant le 23 janvier n'étaient pas documentées et ont été responsables de 79 % des cas documentés par la suite. Cela traduit qu'au moment où les premiers cas ont été diagnostiqués, le virus circulait déjà à bas bruit dans la population.

En fait, cette publication confirme et explique que nous sommes en retard, tout le temps et dans tous les pays, tant les formes asymptomatiques sont nombreuses. Les chiffres de malades observés à un instant donné traduisent, en décalage, le nombre de contaminations d'il y a quinze jours, comme pour la lumière des étoiles qui nous parvient quand celles-ci ont déjà changé de position ou sont déjà éteintes.

---

22. Lors de sa première prise de parole, le 18 mars, il avait annoncé deux semaines de confinement, ce qui est totalement inutile pour casser l'expansion épidémique avec un virus ayant une incubation possible de 14 jours.

Sans intégrer cela, et l'expliquer convenablement à la population, les informations chiffrées du jour vont toujours donner une vision retardée par rapport à la dynamique de l'épidémie.

Ce soir, j'apprends par les réseaux sociaux que j'aurais interdit la vente de chloroquine le 13 janvier dernier, dans l'objectif inique de faire mourir le monde entier sachant que le virus arrivait. J'essaye de remonter le fil. La DGS m'explique : Un arrêté a été signé par le ministère en janvier dernier, classant ce médicament sur la liste des médicaments à prescription médicale obligatoire, c'est-à-dire accessible uniquement sur ordonnance. La chloroquine était auparavant en vente libre. Cette décision faisait suite à un avis des agences sanitaires (l'ANSM [23] et l'ANSES [24]) de novembre 2019, estimant qu'il y avait trop d'effets secondaires cardiaques potentiellement mortels avec ce médicament pour que les gens puissent en prendre sans prescription médicale.

La folie redouble de plus belle à mon encontre [25]. Je reçois une pluie de menaces de mort et d'insultes sur les réseaux. Pour les complotistes, c'est d'une logique implacable, j'avais donc tout prémédité.

Mercredi 25 mars

Ce matin, le journal *L'Opinion*, pourtant considéré comme sérieux, fait un article expliquant que mon mari, PDG de l'Inserm entre 2014 et 2018, détestait Didier Raoult et que j'aurais retiré le label à son institut à cause de cela. Là encore, je ne sais pas de quoi il s'agit. Là encore il me faut trouver une explication. Didier Raoult a perdu son label Inserm et CNRS en janvier 2018 après l'évaluation de son unité par le Haut Conseil de l'évaluation de la recherche et de l'enseignement supérieur [26] pour « faiblesse scientifique ». En

23. Agence nationale de sécurité du médicament.

24. Agence nationale de sécurité sanitaire de l'alimentation, de l'environnement et du travail.

25. Même l'éditorialiste Laurent Joffrin publie un article justifiant la haine qui circule sur les réseaux sociaux sous le #IlsSavaient. Sous le titre « Ils savaient ? », *Libération*, 24 mars 2020 : « L'ennui, c'est que dans ce fatras poujadiste, tout n'est pas toujours faux. »

26. Le HCERES est une autorité scientifique indépendante, une instance de contrôle chargée d'évaluer les équipes de recherche française et la qualité de l'enseignement universitaire. Elle note donc les unités de recherche selon des critères précis.

d'autres termes, l'unité de Didier Raoult a reçu une mauvaise note et n'est pas considérée comme suffisamment bonne pour garder ses labels. Le Conseil scientifique de l'Inserm a donc simplement suivi les recommandations de l'instance de contrôle, et mon mari, en tant que directeur, a signé la liste des unités non renouvelées, ce qui est le processus habituel. Six mois plus tôt, avant de perdre le label de l'Inserm, l'unité de Didier Raoult avait déjà perdu, pour les mêmes raisons, le label du CNRS. Pour autant, et très bizarrement, il ne s'en est jamais pris au directeur du CNRS. Quant au financement, il a reçu exactement le même que tous les autres instituts de ce type. Je ne lui ai donc rien retiré du tout en tant que ministre, contrairement à ce qu'il prétend partout.

Entre les réunions avec les Centres de lutte contre le cancer que j'essaye d'aider, se glissent quelques conférences téléphoniques avec l'équipe de campagne. Le secrétaire général du mouvement LREM, Stanislas Guerini, détaille le calendrier de la campagne pour des élections qui, selon des sources autorisées, se tiendraient le 21 juin, même si peu d'entre nous y croient. Nous évoquons surtout l'emballement médiatique en cours contre ma famille et moi, qui les inquiète pour mener une campagne électorale déjà hors norme. Je sens que les équipes parisiennes sont totalement déboussolées de voir leur candidate « remplaçante » devenir responsable de la pandémie.

Sur les réseaux sociaux, les choses empirent. Nous voici maintenant accusés mon mari et moi d'avoir créé le coronavirus avec l'armée chinoise dans le laboratoire P4 de Wuhan…

Jeudi 26 mars

La violence est partout. Des sous-entendus complotistes invraisemblables surgissent de toute part [27].

27. Le 25 mars, une interview de Pierre-André Taguieff, historien et philosophe, directeur de recherche au CNRS, spécialiste de l'antisémitisme, est publiée sur le site de Conspiracy Watch sous le titre : « Une démonologie populaire se forme sous nos yeux sur les réseaux sociaux ». Extrait : « Depuis quelques jours, on assiste au partage massif, sur les réseaux sociaux, de posts accusant Agnès Buzyn, son époux Yves Lévy ou encore l'actuel directeur général de la Santé, Jérôme Salomon, d'avoir une responsabilité majeure dans l'épidémie de coronavirus actuelle quand on ne leur reproche pas carrément d'avoir comploté pour l'aggraver ou même de l'avoir créée de toutes pièces. Des montages violemment antisémites accompagnent cette fièvre inquisi-

Mon mari téléphone au nouveau PDG de l'Inserm, Gilles Bloch, à sa directrice générale, ainsi qu'à sa conseillère en communication pour leur demander de réagir afin de rétablir les faits. Il a été nommé à la tête de ce comité de coopération scientifique franco-chinois, poussé essentiellement par le Quai d'Orsay pour des raisons géopolitiques, en tant que PDG de l'Institut pendant son mandat, pas *ad hominem*. Cette histoire de P4 devient totalement dingue, sachant combien, en plus, il était prudent pour les intérêts de la France[28]. L'Inserm pourrait simplement expliquer à la presse son rôle de coordination scientifique qui précède et va au-delà du mandat de mon mari, et rappeler que le laboratoire P4 et les travaux de recherche qui y sont pratiqués sont gérés par les Chinois seuls… Ils refusent de faire un communiqué de presse, ils sont tétanisés. La raison invoquée est qu'« il ne faut pas faire de mousse »…

Je me dis qu'un journaliste va nécessairement rétablir la vérité. Démêler le vrai du faux. Les liens de cause à effet sont ubuesques, corrélation devient causalité. J'ai l'impression de vivre un cauchemar éveillé. Je regarde avec effroi cet emballement médiatique et me dis que le pays ne cherche pas des solutions mais des coupables, et que les hommes ont gardé les mêmes réflexes qu'au Moyen Âge. Qui va me sauver de ça ? Par quel bout dois-je prendre le problème ? Je me sens extrêmement seule. Tout le ministère est sous l'eau, pris par la violence du Covid qui s'installe. Je commence à avoir peur.

J'appelle Sibeth N'Diaye, porte-parole du gouvernement, pour qu'elle me donne la vision du Service d'information du gouvernement (SIG). Ils ont effectivement fait une recherche sur les réseaux

---

trice. » L'interview commence ainsi : « Cette flambée de judéophobie confirme l'hypothèse selon laquelle, dans les situations d'incertitude et de désarroi, lorsque se propage le sentiment d'une menace et que les explications officielles ne satisfont pas l'opinion, les Juifs sont accusés d'être liés d'une manière ou d'une autre au phénomène qui provoque des peurs, voire des paniques. Par ailleurs, en dehors même des situations de crise, la défiance des citoyens à l'égard des élites dirigeantes et des médias ne cesse de croître. Or le manque de confiance favorise la diffusion des récits complotistes prétendant dévoiler des vérités cachées sur les causes des évènements inquiétants et ainsi répondre au besoin d'explication. On observe que, dans ces récits pseudo-explicatifs et accusatoires, les Juifs (ou les "sionistes") jouent souvent un rôle majeur. Lorsque, dans une situation de crise profonde, les élites du pouvoir sont d'origine juive, elles deviennent des cibles privilégiées pour les chasseurs de responsables et de coupables… »

28. Lire à ce sujet *Au nom de la science*, *op. cit.*

sociaux me concernant. Elle m'explique que l'origine des attaques depuis le partage de la vidéo tronquée de ma conférence de presse le 16 mars vient des sphères d'extrême droite et d'officines russes, relayées par les groupes Facebook de certains Gilets jaunes. Sibeth évoque plusieurs noms, émanant de plusieurs sphères, notamment Gilets jaunes, antisémites notoires ou proches du RN : l'avocat Juan Branco, le Gilet jaune Éric Drouet, les antisémites de multiples fois condamnés Dieudonné et Soral, relayés par des députés du RN, notamment Gilbert Collard[29]. Et le phénomène d'amplification viendrait de ces groupes Facebook qui comptent 200 000 abonnés. Visiblement, Didier Raoult est très relayé par la mouvance conspirationniste sur les réseaux sociaux[30].

L'ambiance est pesante à la maison, je n'ose plus sortir. Mon fils de 20 ans ne quitte plus son portable. Il est envahi par tout ce qu'il lit, ce que lui rapportent ses amis, il se renferme de plus en plus.

Quand je vais mal, seul le travail parvient à me calmer. Deux de nos enfants médecins sont sur le front du Covid à l'hôpital Saint-Antoine, l'un est venu prêter main-forte en réanimation et l'autre travaille en soins palliatifs ; les retrouver sur mon lieu de travail adoucirait la période qui devient de plus en plus sombre. J'appelle donc de nouveau le service d'hématologie de cet hôpital dont je dépends, mais l'activité normale a baissé de 30 %, les malades sont suivis par téléphone et toutes les greffes sont annulées. Je reviendrai donc comme prévu le 1er avril.

Confinée dans mon appartement, j'observe de loin, par conférences téléphoniques interposées, la mobilisation intense des équipes de l'institut de recherche sur le vaccin que dirige mon époux, immunologiste connu depuis plusieurs années pour travailler sur le sida, et notamment sur la mise au point d'un vaccin contre le VIH dans

29. https://www.conspiracywatch.info/coronavirus-et-chloroquine-comment-gilbert-collard-joue-avec-la-theorie-du-complot.html ;

https://www.liberation.fr/france/2020/07/07/apres-dieudonne-youtube-chasse-soral-et-25-000-autres-precheurs-de-haine_1793580/ ;

https://altcensored.com/watch?v=O73sLr116Hk ;

https://www.radiofrance.fr/franceinter/caricatures-complot-liste-de-noms-le-coronavirus-engendre-des-attaques-antisemites-sur-le-web-4672165 ;

30. Cf. Complément d'enquête « Didier Raoult, le savant flou », diffusé le 17 novembre 2022 sur France 2.

le cadre de son laboratoire de l'Inserm [31]. De ce fait, il connaît bien la problématique du développement des vaccins à travers le monde et sait que la course au vaccin qui commence là va être féroce. Il décide ce jour-là d'alerter la ministre de la Recherche Frédérique Vidal, qu'il connaît de longue date, et son directeur de cabinet, sur le fait qu'obtenir un vaccin lorsqu'une épidémie se déclare est un enjeu majeur, non pas de recherche, mais de souveraineté. Dans le cas du coronavirus, personne ne connaissant le virus avant le mois de janvier, toutes les équipes du monde en sont au même point et ont réorienté des technologies existantes de vaccins pour les adapter au nouveau coronavirus. Or cela ne coûte pas très cher d'investir dans le développement d'un vaccin français, il n'y a donc pas de temps à perdre. Il suggère ainsi au ministère de la Recherche de réunir sans tarder toutes les équipes qui travaillent sur les vaccins en France et de les aider à fabriquer des lots cliniques pour mener le plus rapidement possible les essais cliniques de tolérance et d'efficacité. Son message part par mail à 19 h 48 et est directement adressé à la ministre, ainsi qu'à son directeur de cabinet :

« Chère Frédérique,

« Je me permets ce mail au sujet du vaccin Covid-19.

« Plusieurs candidats vaccins développés dans des laboratoires académiques sont prêts à passer en clinique, que ce soit à l'Institut Pasteur, au VRI et sûrement dans d'autres laboratoires.

« Nous avons réorienté ces plateformes [32] vers la mise au point de vaccins contre le Covid-19 depuis le début de l'épidémie. Selon l'état d'avancement, il va être nécessaire de produire des lots cliniques et les premiers essais de tolérance de phase 1 avant de réaliser des essais à large échelle.

31. Depuis vingt ans, mon mari dirige un centre de recherche sur le sida, sa spécialité. Il a commencé à travailler sur un vaccin contre le VIH à la fin des années 1990 avec d'autres équipes françaises de recherches académiques. Depuis 2011, il a reçu un label de laboratoire d'excellence (Labex) sur le vaccin appelé VRI, Vaccine Research Institute, constitué d'un réseau de près de 150 chercheurs qui collaborent en France sur cette thématique.

32. Un vaccin est constitué de ce qu'on appelle une plateforme technologique, mRNA, virus connu comme la rougeole ou l'adénovirus, sur laquelle on va fixer des fragments de l'agent pathogène vis-à-vis duquel on souhaite obtenir une réponse protectrice. Les plateformes peuvent donc s'adapter à tout nouvel organisme émergent.

« C'est une occasion unique de répondre à une urgence mais également de mettre en avant sous l'égide du gouvernement l'innovation venant de nos laboratoires [33].

« La production de lots cliniques, qui seraient prêts en quelques mois selon les plateformes, permettrait de démarrer des essais en France en 2021. Le coût d'un lot clinique et de toxicologie pour des essais à large échelle est de 5-7 millions d'euros [34].

« Aujourd'hui, ces financements n'existent pas et aucun AAP [35] ne peut financer cela. Les organismes internationaux (CEPI) [36] financés par les gouvernements ne financent que du privé, les biotechs anglo-saxonnes et les Big Pharmas.

« […]

« Il serait possible que le gouvernement sélectionne les plateformes les plus avancées pour la production de trois lots cliniques (deux sont très avancées, une à Pasteur et une au VRI), en associant les agences réglementaires afin d'accélérer le développement et la mise à disposition des citoyens.

« Cela signifierait que le gouvernement peut être leader [37] de développement de vaccins issus de la recherche française. Cela ferait un effet levier vers les financeurs privés et donnerait un signal très

---

33. En ce qui concerne les vaccins du VRI, laboratoire public, tous les brevets appartiennent à l'Inserm et donc à l'État.

34. Ce sont des sommes assez modestes en regard des centaines de millions d'euros que l'État a investies sur les vaccins de Pasteur et Sanofi.

35. Ce sont des appels à projet de recherche dont les montants sont vingt à cinquante fois plus faibles. Ils ne sont pas faits pour la fabrication d'ampoules de vaccins à injecter dans le cadre d'essais cliniques chez les humains mais pour mener des travaux de recherche sur ces vaccins, dans des cultures de cellules *in vitro* ou chez la souris, par exemple.

36. Coalition for Epidemic Preparedness Innovations. Il s'agit d'un fonds public/privé international créé en 2016, financé par des gouvernements, des associations philanthropiques, etc. et ayant pour objet de financer le développement rapide de vaccins en cas d'émergence d'une épidémie avec un pathogène nouveau. Ils n'ont jamais financé le développement d'un vaccin provenant d'un laboratoire français jusqu'à présent.

37. C'est ce qui a été fait par les gouvernements américain (Moderna), anglais (Oxford/AstraZeneca) et allemand (BioNTech/Pfizer) qui ont financé leurs propres laboratoires de recherche publics ou petites biotechs avant que les vaccins ne soient rachetés par des Big Pharmas pour le développement à large échelle de milliards de doses (ce que ne peuvent pas produire des laboratoires de recherche universitaires ou académiques comme ceux de l'Inserm ou de Pasteur).

fort aux Big Pharmas, qui en général rachètent ces vaccins lorsque le développement est avancé.

« Je reste à ta disposition pour en parler de vive voix et pour plus de précisions si nécessaires et pour avancer.

« Amitiés,

« Yves »

La ministre n'a jamais répondu à ce mail. Son directeur de cabinet non plus. On connaît la suite.

Vendredi 27 mars

- Monde : 586 000 cas dans 176 pays touchés, dont 97 000 USA, 86 000 Italie, 81 000 Chine, 64 000 Espagne, 50 000 Allemagne, 33 000 France, 32 000 Iran, 15 000 UK, 12 000 Suisse, 9 000 Corée, etc.
- Décès : 26 000 dont 9 000 Italie, 5 000 Espagne, 3 000 Chine (Hubei), 2 300 Iran, 2 000 France, 759 UK, 546 Hollande, 366 NY, 338 Allemagne.
- Les chiffres de décès allemands sont incompréhensibles, les chiffres chinois quant à eux sont impossibles…

Je lis un article qu'on m'a envoyé d'un quotidien national de gauche et qui reprend les thèses du député RN Gilbert Collard et de Didier Raoult ! Délirant. Mon mari et moi aurions imposé de réaliser un essai clinique sur la chloroquine pour bloquer l'utilisation du médicament à large échelle… Si seulement c'était vrai ! Imposer un essai clinique… Dans leur bouche, cela deviendrait presque un gros mot. J'aurais adoré, si j'avais été encore ministre, imposer que l'on fasse les choses correctement !

Les thèses complotistes arrivent à s'infiltrer dans l'opinion publique à un point que je ne mesurais pas. Et, sur le fond, je pense que tout médicament doit être testé selon les règles de la recherche et de l'éthique médicale ; or, sans groupe de contrôle, tout cet emballement est grotesque. On ne saura même pas s'il n'y a pas plus de malades qui meurent avec la chloroquine du fait d'effets indésirables ! Et le gouvernement sera tenu pour responsable de l'avoir autorisée.

Des hommes politiques expérimentés jouent les apprentis sorciers. Ainsi, Bruno Retailleau, président du groupe LR au Sénat, homme plutôt réfléchi, ose twitter après la publication du décret autorisant l'usage de la chloroquine à l'hôpital, une phrase qui restera pour moi dans les annales[38] : « Si on a accepté de donner ce médicament à tout le monde, cela veut donc bien dire que cela marche ! » Raisonnement par l'absurde : on est au royaume des Shadoks.

Si, dès lors qu'une maladie est mortelle, un médicament n'a plus besoin d'être évalué, l'industrie pharmaceutique a de très beaux jours devant elle… Il faut définitivement arrêter de dire que la médecine est un art ! On ne demande pas au XXIe siècle à un médecin d'être créatif, mais d'être rigoureux[39]. Pour avoir traité des maladies graves pendant toute ma carrière professionnelle, je sais comme cela peut être tentant de faire de l'empirisme, d'espérer avoir une idée brillamment originale qui sauvera un malade d'une mort certaine. Alors sauver la terre entière ! Pour les mégalos, c'est irrésistible. En ce mois de mars 2020, la peur aidant, la pression populaire et politique bafoue soixante-dix ans d'éthique médicale.

Dans la même veine et sur la base de la même étude française, l'agence américaine du médicament, la FDA[40], cède à la pression de Trump qui tweete le 19 mars qu'il n'y a pas de temps à perdre dans des essais cliniques, malgré les contestations des précédents directeurs de la FDA qui, dans la presse, osent s'exprimer et considèrent l'étude sur la chloroquine comme nulle et non avenue.

Dans cette période chaotique, le fait que le Comité consultatif national d'éthique (CCNE) ne rend pratiquement pas d'avis sur la crise et, notamment, aucun sur l'épisode de la chloroquine m'attriste profondément. C'est précisément dans ses attributions que de garder le cap et d'assurer un cadre éthique dans ce genre de situation de crise. Les questions majeures s'accumulent pourtant sur le plan éthique : les règles encadrant la recherche, le confinement,

38. Ce tweet semble avoir été supprimé depuis.

39. « Le progrès de la médecine repose sur la construction progressive d'un consensus au sein des communautés des chercheurs et des médecins […]. On devient médecin après avoir acquis une connaissance validée professionnellement et non pas parce qu'on se révèle avoir une capacité supérieure pour deviner » (Freedman 1987, 144).

40. Food and Drug Administration : agence fédérale américaine des produits alimentaires et médicamenteux. Cet organisme a notamment le mandat d'autoriser la commercialisation des médicaments sur le territoire des États-Unis.

l'isolement des personnes âgées, la situation dans les EHPAD, l'abandon de nos morts…

Je comprends alors le problème que pose le fait que Jean-François Delfraissy, président du Conseil scientifique, préside aussi le Comité national d'éthique. Dans une note, je préviens le PR et le PM qu'il y a là un conflit d'intérêts majeur. Je ne reçois pas de réponse. Il faut exiger que JF Delfraissy choisisse ce qu'il représente lorsqu'il s'exprime [41]. Il ne peut décemment pas garder cette double casquette. Certes, la vice-présidente du CCNE assure la présidence par intérim, mais d'une part lui n'a pas statutairement démissionné et prévoit donc de revenir, et, d'autre part, elle n'est pas médecin. Difficile d'imaginer qu'elle décide de se saisir des décisions prises par le Conseil scientifique, et ose par là même prendre position contre son président qu'elle ne remplace que temporairement.

Dans la journée, le président de la Fédération des centres de lutte contre le cancer m'explique par téléphone qu'il est absolument désolé, mais qu'il est préférable de mettre un terme à notre collaboration. Pendant leur comité de direction des vingt centres, plusieurs directeurs ont déclaré qu'ils ne voulaient pas travailler avec moi, compte tenu des propos et accusations qui circulent me concernant.

Je suis devenue radioactive.

Maman est stable, toujours des céphalées atroces et une fièvre à 40 degrés en plateau. Elle n'est qu'à J6 des symptômes, la semaine prochaine risque d'être plus compliquée. Je suis très inquiète pour elle et pour mon père de 90 ans qui vit avec elle.

Samedi 28 mars

J'ai fermé les écoutilles. Je ne regarde plus les informations.

La violence de la presse et la maladie de nos proches rendent les journées vraiment pénibles à la maison. Tout ce qui parvient jusqu'à moi me paraît être une agression. Même les dizaines de messages de réconfort d'amis ou de collègues sont en fait un miroir

41. Le CCNE est une autorité administrative indépendante, composée de trente-neuf membres. Le CCNE a publié moins de cinq avis en lien avec le Covid, essentiellement sur la vaccination, et cela sur saisine du ministre en charge de la Santé. C'est l'une des institutions qui auront été les plus absentes pendant cette crise, alors que les questions éthiques abondaient.

de ce qui se passe à l'extérieur. Alors que j'essaie de résister à la haine, chaque SMS de soutien me fait comprendre qu'un nouvel article ou qu'une nouvelle rumeur nous attaque et je commence à m'interroger sur la nécessité d'une protection policière quand je sors.

Échaudée par le premier article du *Monde*, j'ai décidé de ne plus répondre à aucun journaliste. Ils sont très nombreux à essayer de me joindre pour leurs enquêtes, pour leurs émissions, pour faire du *on* ou du *off*, sur les masques ou sur les dates, ou sur je ne sais quoi. Certains me harcèlent avec dix appels par jour. D'autres me menacent par texto de façon à peine masquée, comme les journalistes Davet et Lhomme qui m'informent qu'ils écrivent un livre sur le Président et me préviennent de ne pas m'étonner s'ils écrivent à charge puisque je serais, selon eux, la seule à refuser de leur répondre…

De toutes les façons, tous les documents sont au ministère et je n'y suis plus. Sans accès à mes archives qui sont en train d'être ordonnées, aucune réponse précise ne peut être apportée à qui que ce soit, quand bien même je le voudrais.

En parallèle, une conférence téléphonique hebdomadaire me permet de garder un lien avec les équipes de campagne, les têtes de listes et les réseaux. Mais, avec la bienveillance qui caractérise ce milieu, mes propos se retrouvent régulièrement dans la presse, parfois même des journalistes sont invités en douce à écouter nos conversations en ligne, et je me vois maintenant accusée de faire de la politique politicienne alors que « l'urgence est ailleurs ». Oui l'urgence est ailleurs, effectivement… Nul ne sait dans quel état nous serons tous à la sortie de cette crise et combien de drames intimes ou économiques vont se jouer. Les municipales s'éloignent de moi à grands pas. Ces coups de butoirs quotidiens commencent à m'atteindre. Comment repartir en campagne avec autant de torrents de boue ? Certains colistiers sont très troublés par les calomnies, pour ne pas dire convaincus. Je suis obligée de leur faire passer les premiers articles de presse [42] qui rétablissent enfin les faits, car la presse commence son travail de désintox. Un article de France Info dénonce

42. Les décodeurs du *Monde* du 27 mars, *Le Monde*, *L'Express* et France Info du 28 mars.

l'explosion des thèses complotistes et antisémites sur le Net qui nous mettent en cause, mon mari, Jérôme Salomon et moi. J'apprends que des plaintes ont été déposées par des associations antiracistes. L'origine de la diffamation, venant de l'extrême droite française la plus pestilentielle, commence à être révélée.

Cependant, pour moi, j'ai l'impression que le mal est fait. L'opinion publique s'est fait son idée. Je crains que toutes ces attaques aient sédimenté dans les esprits.

Avec tout cela, toujours pas de point de chute professionnel en vue pour mercredi prochain alors que des soignants manquent partout.

Je décide alors de contacter la responsable de la Réserve sanitaire pour me rendre utile, peut-être en province où l'on manque de bras.

Les plaintes se multipliant contre les membres du gouvernement, notamment venant du collectif Inter-Urgences, je crains de retourner à l'Assistance publique de Paris. Il se pourrait que fuitent dans les médias des vidéos ou des commentaires malveillants sur mes prescriptions. Ne me sentant plus en sécurité dans mon propre hôpital, mes amis me conseillent de trouver un lieu plus neutre, plus protégé, et évoquent le Service de santé des armées. Ils prennent en charge des malades du Covid comme partout ailleurs et, au moins, la grande muette saura tenir les journalistes à distance.

Ce week-end-là, les USA et l'Italie sont les deux pays les plus touchés alors que ce sont les deux premiers pays à avoir suspendu leurs vols vers la Chine en février 2020. Ce qui confirme ainsi, s'il en était encore besoin, que les frontières humaines ne peuvent arrêter les virus.

Dimanche 29 mars

J'écris mon journal et je ne réponds à rien.

SEMAINE 13

« Le meurtre, la haine et la violence ne viennent pas d'un cœur méchant, mais d'une âme ignorante. »

Albert Camus.

Lundi 30 mars

- Dans le monde, 4 habitants de la planète sur 10 sont confinés.
- Le nombre de cas augmente en France et le nombre de décès aussi (plus de 400 ce jour).
- Le gouvernement va équiper autour de douze mille lits de réanimation contre 8 000 aujourd'hui. La construction de respirateurs s'amplifie partout dans le monde.

Un vieil ami de Los Angeles prend des nouvelles de mes parents. Il m'écrit spontanément au bout de deux lignes que son fils, médecin, travaille à l'hôpital de Chicago, qu'ils n'ont pas de masques, et que les USA n'ont toujours pas de tests validés par la FDA.

Le débat sur l'intérêt du port du masque et les tensions en équipements de protection prend de l'ampleur partout.

Lors de la conférence de presse de l'OMS, ce 30 mars 2020, le Dr Mike Ryan, directeur des Urgences, réitère les recommandations internationales de l'époque, promues par l'agence internationale : « Il n'y a pas de preuve suggérant que le port du masque par l'ensemble de la population ait un effet bénéfique. En fait, il y a plutôt des preuves qui suggèrent l'inverse parce que les masques sont mal utilisés ou mal mis. »

Les explications sur ces recommandations sont détaillées dans le *JDD* qui suivra. La porte-parole du gouvernement Sibeth N'Diaye, qui suit à la lettre les recommandations de l'OMS et explique les risques de mauvaises manipulations du masque, est taxée de menteuse et ridiculisée depuis…

Le Service de santé des armées me fait savoir qu'ils sont ravis que je vienne participer à l'effort collectif. Cela m'apaise. Je commencerai à l'hôpital des Armées de Percy ce mercredi.

Mardi 31 mars

- Monde : 777 000 cas ; 37 272 décès.
- Europe : 386 282 cas ; 26 110 décès (dont 11 591 décès en Italie).
- France : 52 128 cas ; 3 523 décès.
- Ne sont comptabilisés que les cas confirmés par un test, le nombre de personnes infectées est évidemment bien supérieur. En France, près de 500 décès rien que dans la journée d'aujourd'hui et augmentation importante du nombre d'hospitalisations. Nous ne sommes toujours pas au pic.

Cette nuit, maman est tombée, probablement à cause de la toux et de sa fièvre, ce qui l'a obligé à terminer sa nuit au sol. Nous sommes à J7. Ses signes respiratoires s'aggravent dans la journée jusqu'à ce que ma sœur appelle le Samu qui la retrouve à 17 heures en hypoxie sévère. C'est le moment tant redouté. Le chef de service de la réanimation de Cochin, le Pr Jean-Paul Mira, qui est un ami, mais surtout un médecin exceptionnel, me prévient avec douceur qu'elle ne sera pas intubée même si elle n'a aucun antécédent car elle est trop âgée ; si l'oxygène ne suffit pas, ils « l'endormiront » pour qu'elle parte apaisée[43]. Je ne suis malheureusement pas surprise, je connais les règles depuis le début.

Évidemment, il me faut décaler mon arrivée à Percy car je ne vais pas pouvoir prendre un nouveau poste demain matin à l'hôpital avec ma mère qui risque de mourir cette nuit. Devant la gravité de sa situation, je pars déposer à Cochin une lettre d'amour à ma mère écrite par ses petits-enfants.

Sur le chemin de l'hôpital, ce soir, je vois quelques arbres parisiens exposant au soleil couchant des feuilles vert tendre à peine ouvertes. C'est ma première sortie de l'appartement depuis neuf jours et cette vision du printemps m'émeut particulièrement. J'ai toujours été sensible à l'éclosion des bourgeons ; chaque année, quand le ciel lumineux d'avril apparaît, je me dis que c'est un printemps de gagné. Dans mon activité professionnelle, j'ai connu tellement de personnes qui sont mortes très jeunes que je vis

43. La loi sur la fin de vie de 2016, dite loi Claeys-Leonetti, permet une sédation profonde et prolongée pour aider les patients qui souffrent et sont en fin de vie à partir soulagés.

chaque passage de l'hiver et chaque anniversaire comme un privilège. Je me dis que dans cette période atroce, la nature se moque des évènements qui nous abattent et qu'elle reprend ses droits. Cela me rappelle la traversée de Pypriac, la ville fantôme, lorsque j'avais été invitée par l'autorité de sûreté nucléaire ukrainienne à visiter le site de Tchernobyl. Je me souviens d'un même ciel bleu lumineux. Le contraste était saisissant. C'était un mois de juin magnifique. La ville, située à 3 kilomètres de la centrale pour les travailleurs du site, avait été abandonnée trois jours après l'accident nucléaire de 1986 et, lorsque je l'ai visitée en 2009, vingt-cinq ans plus tard, de grands sapins poussaient au milieu des chaussées, soulevant de plusieurs mètres le goudron des routes, d'autres surgissaient des balcons et dans les cages d'escalier des barres d'immeubles. Images de science-fiction digne de la planète des singes. Prémonitoire, peut-être, de la fragilité des hommes. Je suis bouleversée et redoute de perdre ma mère ce soir. La planète, elle, nous survivra.

La loi d'urgence sanitaire vient de consacrer le Conseil scientifique qui existe enfin officiellement. Le Pr Jean-Laurent Casanova, éminent collègue et ami, immunologiste à Necker, qui vient d'y être désigné par le président de l'Assemblée nationale, m'appelle. Même si d'excellents scientifiques et médecins siègent au sein du Conseil, il s'étonne tout de même de sa composition. Selon ses mots, le Conseil scientifique ressemble plus à un conseil d'orientation citoyen. Eh oui ! c'est également mon opinion. Mais c'est l'époque, il va falloir s'y faire, tout le monde maintenant se doit de donner un avis scientifique… il n'y a qu'à voir les plateaux de télévision.

Mercredi 1er avril

- Monde : 900 000 cas, 180 pays touchés ; 45 000 décès.
- USA : 200 000 cas ; > 4 000 décès. L'épidémie s'emballe avec + 23 000 cas quotidiens.
- Italie : > 100 000 cas ; 12 500 décès.
- Espagne : > 100 000 cas ; 9 500 décès.
- Allemagne : 75 000 cas. Les décès et les hospitalisations sont en augmentation.

• France : aujourd'hui > 50 000 cas ; 4 000 décès (dont plus de 500 ce jour), 25 000 personnes hospitalisées dont > 6 000 en réanimation, ce qui est plus que la capacité normale de la France qui est de cinq mille lits (450 patients de plus en réa).

Le mercredi 1er vril est une très, très mauvaise journée. Les chiffres sont désespérants, cela ne fait qu'augmenter.

L'état de maman s'est aggravé dans la nuit, elle ne peut plus parler. Mon ami réanimateur m'a appelée vers 7 heures pour m'informer de son état qui chez un patient plus jeune signifie une mise sous respirateur en réa. Évidemment ma mère ne sera pas transférée en réanimation ; pas de bénéfice après 80 ans. Et les membres de ma famille, branchés sur les réseaux sociaux, insistent lourdement pour qu'elle ait de la chloroquine. Je botte en touche et leur réponds qu'elle est entre de bonnes mains…

Le Parisien paru ce jour parle du petit-déjeuner de la majorité d'hier. Il paraît que le PM est fatigué et en a assez des attaques et des menaces de procès. Il ne veut pas avoir la main qui tremble en période de crise. Je le comprends, ils n'ont pas besoin de cela. Il paraît aussi qu'il a été meurtri de mes confidences dans le *Monde* qui auraient sonné l'hallali. Ce n'était pas mon propos, je me suis fait piéger. J'ai baissé la garde. J'étais épuisée, non pas de la campagne ou de ces trois ans en tant que ministre, mais de l'inquiétude de voir ce virus arriver et de me sentir si seule ces dernières semaines. J'ai le sentiment qu'on ne parle pas la même langue avec les politiques. Ils pensent toujours que tout est calculé.

Je me suis souvent demandé pourquoi j'avais craqué ce lundi soir après le premier tour alors que je suis généralement plutôt une cheffe de guerre. En général, plus cela tangue très fort, plus je suis calme. Dans tous les postes que j'ai occupés, j'ai eu à gérer des moments de crise plus ou moins dramatiques, où il fallait prendre des décisions rapidement. J'ai toujours gardé la tête froide et suis réputée pour cela. De plus, je ne m'énerve jamais et encore moins quand la vie des gens est en jeu. Mais cette fois-ci, je n'étais pas en fonction, je subissais les décisions des autres. Comme un pilote d'avion qui n'est pas aux commandes quand il y a un accident qui se profile. C'est cette impuissance à agir, alors que j'avais l'impression de maîtriser pas mal des tenants et aboutissants de cette crise, qui m'a fait perdre mes nerfs, pas la crise elle-même.

Et en ce 1er avril, jour funeste du point de vue de l'épidémie, ce petit évènement pourrait presque être un poisson : mon chef de service me rapporte que Martin Hirsch, le directeur de l'AP-HP, aurait appelé en personne le directeur de l'hôpital ce matin pour s'assurer que j'étais bien venue prendre mon poste… Je l'avais prévenu la veille par mail que je reprenais comme convenu mes fonctions le 1er avril et que j'allais intégrer Percy faute de place utile pour moi à l'APHP. Il a pris soin d'y répondre expliquant que je n'avais pas été claire sur le fait que je voulais venir travailler à l'APHP le 16 mars et que depuis il y avait eu des appels pour recruter des professionnels et que je n'y aurais pas répondu…

Sur les 90 000 salariés des hôpitaux de Paris, il vérifie que je viens travailler ! Espérons qu'il ne s'enquiert pas personnellement de la présence des 89 999 autres.

Je ne réponds pas à Martin Hirsch, il recevra une convention de bénévolat de l'Armée demain quand je serai à Percy.

Jeudi 2 avril

- Monde : 965 000 cas dans 180 pays.
- USA : 216 000 cas, 5 000 décès.
- Italie : 115 000 cas ; 14 000 décès.
- Espagne : 110 000 cas ; 10 000 décès.
- Allemagne : 81 000 cas.
- France : 26 000 hospitalisations dont 6 400 cas en réanimation ; 4 500 décès.

L'OMS fait état de la transmission possible par des cas présymptomatiques. On peut donc être contagieux bien avant l'apparition des symptômes. Ce qui n'est pas le cas, ni du SRAS, ni du MERS, ni de la grippe.

Cette spécificité explique pourquoi on ne parvient pas à enrayer cette épidémie. Quand le malade a des symptômes et qu'il est isolé, il a en réalité déjà contaminé de nombreuses autres personnes plusieurs jours avant, alors qu'il se sentait encore très bien.

Sur France Info, le Pr Éric Caumes exprime un regret : « On a tous minimisé l'importance et la gravité de cette épidémie. »

J'intègre l'hôpital des Armées de Percy ce matin. L'accueil y est bienveillant.

Surtout, j'aime retrouver le monde de l'hôpital, bizarrement son odeur aussi. Pour certain elle est source d'angoisse, pour moi elle est familière. Cela faisait longtemps que je ne m'étais sentie aussi apaisée, même si ne pas pouvoir rejoindre l'AP-HP, ma maison de toujours, m'attriste. Je suis assise dans le couloir du service, attendant que la surveillante me trouve une tenue adaptée, une blouse et la clé d'un casier, et des souvenirs qui avaient sédimenté pour de bonnes raisons dans les profondeurs de l'hippocampe resurgissent brutalement à ma conscience. En 1982, externe à La Pitié-Salpêtrière, j'effectuais l'une de mes premières gardes de nuit, seule, dans le service des maladies infectieuses. Je me souviens avoir été terriblement effrayée en allant apporter un verre d'eau à un patient d'une trentaine d'années en train de mourir d'une infection pulmonaire, une pneumocystose. Il était l'un des quatre premiers patients français atteints du sida. On ne connaissait pas bien le mode de transmission de cette nouvelle maladie qui frappait les jeunes hommes homosexuels ; c'était une époque où les pompiers redoutaient d'intervenir et de faire du bouche-à-bouche, où certaines infirmières refusaient de poser des cathéters, et des médecins d'intuber les malades. Je me souviens d'avoir eu tellement honte, honte pour la soignante que je devais être, de m'enfuir terrorisée de la chambre après avoir donné à boire à un jeune homme mourant, qui étouffait littéralement et allait décéder quelques jours plus tard. J'avais tout juste 19 ans. Je découvre à quel point l'histoire se répète aujourd'hui, une autre pandémie mondiale, un autre virus inconnu, la peur des contacts et, de nouveau, des malades en manque d'oxygène. Mais cette fois-ci, tout a été si vite !

Cette journée d'intégration à Percy m'a un peu bouleversée. D'abord de constater à quel point les traitements ont évolué dans ma spécialité, la greffe de moelle, au cours de ces dix dernières années où j'ai cessé d'exercer ; ensuite, de croiser des malades graves avec leur lot de complications et leur pronostic sombre, de tenter de trouver les mots qui apaisent ; ensuite, de recevoir un appel de Cochin pour me dire que ma mère va de moins en moins bien et de penser à elle, à mon père de 90 ans, seul à la maison, qui ne peut aller la voir et se fait un sang d'encre ; d'essayer enfin de me concentrer pour apprendre en une heure à me servir d'un logiciel de prescription qui m'est totalement inconnu, si je veux être opérationnelle demain auprès des malades.

Tout se bouscule dans ma tête.

En quittant l'hôpital, je croise sur le parking les infirmières hygiénistes, très fières d'avoir réussi à récupérer quelques surblouses de protection pour les services Covid. Elles semblent en rire car l'aspect de ces blouses s'apparente fort à celui de sacs-poubelles blancs dotés d'un trou pour la tête. Partout, on gère les tensions de peur d'une pénurie.

Maman a pu avaler sa chloroquine ce soir. Visiblement tout le monde en reçoit, même à Cochin, chez ces formidables médecins. Personne n'a donc pu résister à la pression populaire. Ma famille est incroyablement soulagée et souhaiterait que je le sois aussi. Moi, je suis plutôt exaspérée mais ne veux pas les décevoir, vu la situation. À Percy aussi, ils en prescrivent à tous les patients, même si tous les collègues admettent ne pas savoir si cela a le moindre intérêt. Juste pour donner de l'espoir. Faiblesse terriblement humaine que de croire aux miracles, voire à la magie, alors qu'il aurait été si simple de le faire dans les règles. Vu le nombre de malades hospitalisés, en deux semaines la question aurait été tranchée.

Vendredi 3 avril

- `France : 27 432 personnes hospitalisées (+1 186), 6 662 cas graves en réanimation (+624) ; 5 091 décès (+588), sans les EHPAD.`

Même si je vis isolée et loin des médias, j'ai tout de même décidé d'écrire au Premier ministre après l'avoir écouté attentivement dans son émission d'hier soir sur TF1, « Le Premier ministre face à la crise ». Les décisions de déconfinement sont visiblement compliquées à prendre. Et pour cause, personne n'a la solution. Au moins, il faut le reconnaître, Édouard Philippe dit les choses avec humilité.

En effet, les informations expliquent que le gouvernement envisage de sortir du confinement en faisant passer des tests sérologiques à tout le monde (recherche d'anticorps qui signerait que l'on a rencontré le virus).

Il y a dix jours, Jean-François Delfraissy parlait de tester tous les Français pour rechercher le virus dans le nez, ce qui n'apporte aucune information intéressante pour la contagiosité, puisqu'on peut être négatif le lundi et positif le mardi. Il faudrait donc tester tous les Français tous les jours, ou au minimum une fois par semaine. Ce serait délirant sur le plan de la faisabilité ; quel pays pourrait organiser 60 millions de prélèvements par semaine… Visiblement cette piste a été abandonnée. Maintenant cela évolue un peu, on gagne en cohérence, on va rechercher non pas si la personne excrète le virus mais si elle l'a déjà rencontré.

C'est théoriquement plus logique, mais là encore totalement illusoire. En effet, outre que les tests qui recherchent des anticorps contre ce virus ne sont pas du tout fiables aujourd'hui, personne ne sait si ces anticorps protègent du virus si on le rencontre une deuxième fois, c'est-à-dire s'ils sont neutralisants. Et, s'ils protègent, pour combien de temps ? Il y a de nombreuses maladies où les anticorps apportent une protection médiocre, les rhumes en général, la grippe saisonnière en particulier, raison pour laquelle on est obligé de se vacciner chaque année pour s'adapter aux mutations du virus. On peut aussi imaginer que nous développions des anticorps qui protègent, mais qu'en circulant dans le monde le virus acquière des mutations qui échappent aux anticorps. Il est clair qu'à ce jour les informations que nous avons sur l'intérêt de la sérologie sont trop parcellaires pour envisager de tester toute la population française régulièrement et d'en faire un critère de sortie de confinement.

Ensuite, si même cela était utile, cela voudrait dire que ceux qui n'ont pas rencontré le virus restent chez eux. Pour combien de temps ? Six mois ? À vie tant qu'on est négatif ? Et comment cohabitent-ils avec les membres de leur famille qui ont déjà rencontré le virus et qui vont aller travailler ?

La stratégie n'est à l'évidence pas mûre…

Finalement mon courrier est assez long et technique. Il porte sur les différents types d'anticorps après une infection virale, neutralisants ou pas, voire facilitants, et ce que peut ou ne peut pas apporter la sérologie. J'explique ainsi dans ma note que les tests sérologiques seront contraignants, impraticables en réalité à l'échelle de la population, et sans aucun intérêt pour assurer une reprise de l'activité sans risque. Ce n'est pas la bonne piste, j'en suis convaincue.

« Cher Édouard,

« Je t'ai écouté hier, tu assures vraiment, surtout quand on connaît ton angoisse des questions médicales, mais ta barbe blanchit un peu. Il y a de quoi.

« Je sais ce que tu penses de ce qui s'est passé après les élections et ce n'est vraiment pas l'objet de mon message. Mais, comme tu me fais peut-être encore confiance sur le plan médical, je dois te donner ces informations, auxquelles nous avons beaucoup réfléchi Yves et moi, avant que vous ne preniez la moindre décision. Pardonne-moi si c'est un peu technique ou si tu as déjà eu toutes ces informations par d'autres.

« Tu ne dois absolument pas lier le déconfinement à la sérologie. C'est une vision très simpliste de la réponse immunitaire face au coronavirus et possiblement dangereuse :

« – **On peut avoir beaucoup de virus sans développer des anticorps :** certaines études récentes montrent que 40-50 % des malades sont toujours séronégatifs sept jours après les symptômes, 80-100 % deviennent séropositifs (apparition des anticorps) seulement à quatorze jours. Cela signifierait que près de 50 % des personnes infectées seraient dans un "trou sérologique" pendant deux semaines, et seraient faussement négatives alors qu'elles sont malades. Cela signifie que deux tests sérologiques espacés de plusieurs semaines seraient nécessaires pour être certain que les personnes ont rencontré le virus. On ne pourra pas se contenter d'un seul test, ce qui poserait des problèmes logistiques insolubles (que faire entre deux tests ?). De plus, l'infection pouvant être sans aucun symptôme, ce qui n'empêche pas de porter du virus, faut-il refaire la sérologie à tous les négatifs régulièrement et à quel rythme ?

« – **On peut avoir du virus malgré les anticorps :** le virus est très élevé la première semaine mais reste parfois très élevé en PCR dans le nez, longtemps après la disparition des symptômes. Le virus peut persister jusqu'à trente-neuf jours chez certaines personnes. La disparition du virus ne semble ainsi pas corrélée à l'apparition des anticorps, ce qui veut dire que les anticorps ne sont pas synonymes de guérison. Il faudrait donc, comme le suggère une étude récente, pratiquer les deux tests (recherche du virus et sérologie) pour être certain que les personnes ne sont pas contagieuses et sont protégées, et les répéter régulièrement pour ceux qui restent négatifs. Cela ne peut pas, pour des raisons pratiques, être réalisé pour décider d'une politique de sortie de confinement.

« – **Ensuite, les anticorps ne sont pas forcément protecteurs :** en effet, outre que les tests actuels de sérologie ne sont pas fiables (35 % de positifs après l'infection à Pasteur), il n'y a aucune preuve que la présence d'anticorps dans le sang protège du virus. Il faut d'abord savoir s'il y a vraiment certains anticorps qui protègent, et si c'est le cas, il faut savoir pour combien de temps. Pour te donner un exemple, nous avons tous des rhumes, chaque hiver, liés à des coronavirus connus, et développons des anticorps ; pour autant, nous rattrapons des rhumes plusieurs fois chaque année, car les anticorps ne nous protègent pas. C'est pareil avec la grippe, nous avons tous des anticorps contre les virus grippaux mais ils nous protègent peu et nous sommes obligés de nous revacciner chaque année pour couvrir les quelques mutations qui apparaissent.

« – **Dans certains cas, les anticorps peuvent même être “facilitants”** : c'est-à-dire qu'ils favorisent l'entrée du virus dans le corps. C'est ce qui s'est passé par exemple avec un vaccin contre la dengue, qui avait été développé par Sanofi. Ce vaccin faisait développer des anticorps, mais les cas de dengue se sont avérés parfois plus graves chez les gens vaccinés, avec une surmortalité. Il a été retiré du marché dans certains pays. Cela a aussi été décrit pour le SRAS en son temps. Une étude récente sur le Covid dit que le taux d'anticorps est corrélé avec la gravité, ce qui irait dans ce sens. Enfin, des essais de vaccination contre Covid-19 chez le singe montrent que le vaccin a induit des anticorps qui ont aggravé la maladie par rapport aux contrôles non vaccinés. Les anticorps sont “aggravants”. S'il faut évidemment rechercher un vaccin, la communauté des scientifiques est préoccupée par ce risque d'aggravation.

« Pour réfléchir à la stratégie de test, il nous manque donc beaucoup d'informations : cette maladie n'est pas une maladie virale banale, les poumons ne semblent pas détruits par le virus car la maladie s'aggrave souvent même quand le virus disparaît. L'atteinte pulmonaire est donc possiblement secondaire à la réponse immunitaire contre le virus. Ainsi, le type de réponse immunitaire – dont le type des anticorps qui circulent après la maladie – va peut-être déterminer qui fera un cas sévère et qui ne le fera pas. Tout cela nécessite des investigations très poussées que nous n'aurons pas en 6 mois.

Ces hypothèses font craindre d'ailleurs que nous n'ayons pas de vaccin efficace avant très longtemps, le temps de comprendre ce qui protège ou ce qui aggrave. D'ailleurs, il n'existe pas de vaccin contre les coronavirus, qu'il s'agisse du rhume, du SRAS ou du MERS. Et ce ne sont pas les seuls virus pour lesquels nous n'avons pas de vaccin malgré des dizaines d'années de recherche (VIH, hépatite C, Ebola, etc.).

« Bref, tout cela pour te dire que vous ne devez pas vous lier à un test sérologique quel qu'il soit pour prendre des décisions de déconfinement. Vous vous mettez dans une seringue dont il sera difficile de sortir avec, en plus, aucune garantie de l'intérêt en termes de santé publique. Il n'y a pas de test magique.

« Enfin, avoir une sérologie positive et être protégé soi-même, si bien même c'était le cas, n'empêche absolument pas de transporter le virus sur ses mains. Que faites-vous alors des personnes qui sont négatives en sérologie, vous les isolez à vie chez elles, pour qu'elles n'aient plus aucun contact avec leurs proches ?

« Mon avis est qu'il va falloir faire un déconfinement progressif quand les réanimations vont se vider. Ce sera à chacun de prendre ses responsabilités face au risque, en fonction de son âge et de ses comorbidités ou en fonction de son activité professionnelle. Il va falloir également que nous vivions différemment avec une persistance de la distanciation sociale, et des mesures barrières très strictes. Cela peut durer des mois.

« On peut même imaginer que ce virus revienne chaque année comme le rhume ou la grippe. C'est un scénario catastrophe mais pas exclu à ce stade. Il pourrait revenir d'autres pays en ayant légèrement muté. Pire encore, si certains développent des anticorps facilitants au lieu d'anticorps protecteurs, alors ils risquent d'attraper le virus une deuxième fois et de faire une forme

plus grave, ce qui oblige à changer totalement de stratégie par rapport à ce qui est proposé actuellement.
« Le PR a eu raison de dire que le monde ne sera jamais plus comme avant.
« Enfin toutes ces questions sont autant éthiques que scientifiques. Il faut que JFD démissionne du CCNE s'il ne l'a pas encore fait car sinon vous ne pouvez pas le saisir indépendamment du Conseil scientifique pour vous éclairer sur les avis qu'il prend lui-même avec son autre casquette.
« Prends soin de toi car j'imagine comme c'est dur.
« AB »

Une fois le courrier envoyé, j'appelle le service de pneumologie de Cochin pour prendre des nouvelles de ma mère. Elle s'aggrave doucement et a une respiration de plus en plus rapide et saccadée malgré les fortes pressions d'oxygène fournies par la machine. Il ne reste plus de marge et le chef de service auquel je m'adresse semble très pessimiste pour cette nuit. Sur les conseils de mon beau-fils, réanimateur à Saint-Antoine, qui a vu un vieux monsieur s'améliorer, je parviens à convaincre les médecins de tenter un traitement par les corticoïdes. Ce n'est pas recommandé dans les infections virales mais qu'avons-nous à perdre ?

Ce soir, lors de notre échange téléphonique, Richard Ferrand m'a semblé très inquiet. Des amis en Chine lui ont rapporté que des personnes ayant fait initialement une forme bénigne du Covid, peuvent se réinfecter une deuxième fois quelques semaines plus tard et faire une forme mortelle de la maladie. Ils évoqueraient des centaines de morts dans cette situation… Je lui explique que c'est une hypothèse plausible si certains développent des anticorps facilitants. L'autre hypothèse serait que le virus ait muté et ne soit plus reconnu par le système immunitaire, ou devienne plus virulent. Nous comprenons tous les deux le caractère potentiellement dramatique de cette information. Ce qui nous arrive serait encore bien plus grave que tout ce que nous pouvions imaginer. Restons calmes, pas d'autre choix que d'attendre confirmation par les publications scientifiques.

Je décide d'envoyer également mon document technique sur la sérologie au Président peu avant minuit, heure à laquelle il lit généralement ses notes et prépare sa journée du lendemain. Mon objectif est que dans le couple exécutif chacun ait le même degré d'information. Comme il n'y a pas de solution de nature technique aujourd'hui pour déconfiner, la seule stratégie est d'aplanir la vague afin de ne pas avoir à traiter tous les cas graves en même temps, pour que nos réanimations ne soient pas saturées, ou bien d'avoir un traitement efficace, ou enfin d'avoir un vaccin. Comme nous n'avons pour l'instant ni vaccin ni traitement, une fois que cette première vague sera passée, nous pourrons sortir du confinement en vivant différemment, pendant peut-être un an, ou deux, le temps que le virus fasse le tour de la terre et que nous développions une forme d'immunité collective, si tant est que le virus donne une immunité prolongée et ne mute pas... Cela voudra dire continuer à se laver les mains régulièrement, avoir du gel hydroalcoolique pour tous les gestes de la vie quotidienne, porter un masque en permanence, protéger les personnes fragiles et continuer la distanciation sociale autant que possible. C'est ce que font les Chinois actuellement.

Quand je rappelle l'hôpital très tard ce soir-là, miracle : il semble que ma mère ait pu aller deux heures au fauteuil ; peut-être l'effet des corticoïdes.

Samedi 4 avril

- L'OMS indique que plus d'un million de cas de Covid-19 ont été confirmés dans le monde, alors que leur nombre était inférieur à 100 000, moins d'un mois avant.
- En France, plus de 28 000 personnes sont hospitalisées, dont près de 7 000 en soins intensifs ; 7 500 décès (+ 440 décès en 24 heures).

En réponse à ma note sur la sérologie, le Président a réagi dans la nuit : il me remercie et me demande un avis sur le protocole coréen. Je travaille la réponse une journée entière sur la base de toutes les sources internationales à ma disposition. Je sais que chaque note rédigée à une date donnée peut être mise à mal par des publications ultérieures mais, entre-temps, il faut bien avancer. Eux aussi doivent prendre des décisions dans un contexte d'incertitude scientifique et d'évolution des connaissances. J'imagine aussi que le Conseil scientifique a donné un avis. Connaissant le Président, je sais qu'il aime croiser les sources pour se faire sa propre opinion.

Je me dois de lui dire que le traçage en Corée est draconien, que les sanctions sont radicales et que leur organisation est peu compatible avec notre esprit gaulois et les notions de libertés publiques auxquelles nous sommes attachés. Il faudrait faire voter des lois franchement liberticides, organiser un traçage informatisé par une application rendue obligatoire, que la CNIL ou le Parlement évidemment refuseraient. Tout cela me semble bien illusoire. Chacun doit composer avec son acceptabilité sociétale.

En fin d'après-midi, je vais prendre possession du studio de mon fils où je vais habiter ces prochaines semaines. Passant mes journées à l'hôpital, je ne veux pas risquer de contaminer mes proches, je fais donc le choix de m'isoler. Un de mes fils et sa femme sont en effet partis précipitamment dans le Sud et n'imaginaient pas que le confinement soit amené à durer si longtemps. Le frigo doit être vidé car tout a pourri, le lavabo est bouché, les cendriers ont laissé une odeur de tabac froid, la poussière s'est accumulée.

C'est un peu déprimant mais l'heure n'est pas aux atermoiements ; je fais le plein à la supérette du coin pour le mois qui vient. Mon dernier fils m'aide et me sert de garde du corps. Un homme a voulu m'agresser hier et il s'est interposé avec beaucoup de sang-froid. Depuis, il ne veut plus que je sorte seule.

Vu la quantité de menaces de mort que je continue de recevoir, je préviens le ministère de l'Intérieur que je prendrai les transports en commun pour me rendre à Percy travailler et que je crains d'être agressée…

Dimanche 5 avril

Ma mère va mieux, ils ont pu baisser le débit de l'oxygène à 70 litres/min.

Est-ce un effet spectaculaire des corticoïdes ? Dans le doute, les médecins lui en ont redonné.

J'ai terminé de préparer le studio de mon fils, débouché le lavabo et la douche, apporté une valise de vêtements de travail pour les deux mois qui viennent. Je finis la note technique au PR sur ma vision du déconfinement, et je la lui adresse dans l'après-midi.

Mon benjamin m'apprend à me servir de la PS4 pour pouvoir regarder des films sur l'écran le soir quand je serai seule. J'avais pourtant réussi toutes ces années à résister à l'usage des manettes…

Je tombe par hasard sur une chaîne d'information. Un journaliste très réputé, que j'ai longtemps apprécié, lâche mon nom avec hargne. Je ne reconnais plus mon pays.

Semaine 14

Mercredi 8 avril

- Monde : 1 450 000 cas dans 184 pays ; 83 500 décès.
- USA : 400 000 cas.
- France : > 30 000 personnes hospitalisées aujourd'hui dont > 7 000 en réanimation (+482 nouveaux cas en réanimation).
- Le solde de patients graves continue d'augmenter.
- > 7 600 décès hospitaliers (hors EHPAD), dont +541 pour la journée d'aujourd'hui.
- Boris Johnson a été hospitalisé le 6 avril pour l'aggravation de son Covid.

J'écris moins régulièrement.

Être utile est ma façon de garder la tête haute. Ainsi, depuis huit jours, l'équipe du service de pneumologie de l'hôpital Percy qui soigne exclusivement des patients atteints de Covid m'a accueillie comme médecin. Pour éviter d'utiliser trop de matériel, masques, surchaussures et surblouses, nous ne sortons de l'unité qu'au déjeuner et seul un soignant entre par chambre, bien loin des visites professorales dont j'ai eu l'habitude dans ma vie antérieure.

Bien que je me présente à chaque fois en donnant mon nom, les patients ne me reconnaissent pas. En réalité, personne n'entend rien à travers les masques, et la tenue ne laisse apparaître que les yeux, sous des lunettes sommaires en plexiglas déjà rayées.

Les patients décèdent seuls, et même les enterrements se font en comité restreint – décisions d'une tristesse inouïe.

À l'hôpital, la décontamination lorsque nous sortons du service prend un temps fou. Ne sachant pas trop où se situent les risques, nous trempons notamment nos semelles dans un bac désinfectant en franchissant les sas de sortie, et changeons de chaussures et de vêtements avec précaution. C'est assez pesant.

En arrivant de l'hôpital le soir dans mon studio, je me change encore et, comme il est conseillé, je laisse mes vêtements du jour dans un sac plastique sur le balcon. J'entends même qu'il faudrait nettoyer les yaourts au gel hydroalcoolique avant de les ranger au frigo.

Faute de certitudes, nous avons peur de tout.

Bien que je broie du noir et manque d'envie, j'essaye de garder des liens avec les équipes de campagne par téléphone. Les colistiers des différents arrondissements font de leur mieux pour aider nos concitoyens et activent des réseaux de solidarité locaux.

Avec le temps qui passe, plus personne n'imagine que les élections puissent avoir lieu en juin, la question étant plutôt de savoir si elles seront reportées en octobre de cette année ou même dans un an. Pour octobre, je crois que nous ne nous faisons pas d'illusions sur le fait que le pays sera concentré sur autre chose que l'organisation des municipales, si l'on anticipe les faillites et le chômage à venir du fait du ralentissement économique mondial [44].

Beaucoup sur les listes se posent même la question de savoir s'ils seront de nouveau candidats, sachant que peu d'entre nous sommes des professionnels de la politique.

Dois-je maintenir ces réunions téléphoniques ? Mon directeur de campagne, Paul, me pousse à les poursuivre malgré leur caractère très artificiel. Il sent que cela fait du bien à ceux qui se sont donnés à fond et aiment à se retrouver dans cette période d'isolement. Tant pis pour les autres qui sont agacés et trouvent ces réunions déconnectées. Je ne peux pas leur en vouloir. Moi-même, revenant de l'hôpital, je me sens horriblement décalée et loin de la politique.

Anne Hidalgo annonce fièrement qu'elle va mettre en place son propre plan de déconfinement pour les Parisiens, *via* un passeport d'immunité qui permettrait de circuler. Ce dernier serait basé sur la sérologie. Positive, elle signerait qu'on a rencontré le virus et qu'on ne risque plus de s'infecter. Elle n'a visiblement rien compris au Covid pour vouloir laisser tous les négatifs chez eux, à attendre indéfiniment d'être infectés. Et pour penser de surcroît que les positifs sont protégés d'une réinfection ultérieure… Je me demande qui peut bien la conseiller ? Est-il seulement concevable que toutes les communes de France aient leur propre plan de déconfinement, en parallèle de celui du gouvernement ?

---

44. La récession a eu lieu au niveau mondial, mais le « quoi qu'il en coûte » décidé par le gouvernement a évité la faillite généralisée. Cette décision a été prise après la période décrite ici.

Jeudi 9 avril

Le président de la République a décidé d'aller à l'IHU de Marseille rencontrer les équipes et leur directeur [45].

Affligeant.

Tout le monde hospitalier est ulcéré. Mes collègues m'appellent pour menacer de ne plus voter pour lui s'il donne le moindre crédit à Didier Raoult. Pour prendre la défense du Président, j'essaye d'expliquer à mes interlocuteurs qu'il est obligé de le « traiter » pour qu'il ne s'épande pas dans la presse, de la même manière qu'on tente de calmer des paranoïaques, et qu'il « traite » ainsi dans le même temps un électorat qui veut y croire. Il doit vouloir montrer que toutes les pistes sont ouvertes et que rien ne sera négligé pour protéger la santé des Français.

Au fond de moi, j'espère vraiment que c'est la seule et unique raison, et qu'il n'a pas été séduit par le ton péremptoire et le discours pseudo-savant du personnage. Ça s'agite à juste titre dans le monde médical et scientifique, car ceux qui ont été assez courageux pour émettre des réserves s'estiment discrédités par cette visite.

Comme mon ami Jacques Mezard me l'avait prédit quelques jours plus tôt, la fracture s'accentue dans le pays : la crise exhume et encense les mégalos, et protège les silencieux passe-murailles ; tous les autres, rationnels et courageux, se font injurier.

Samedi 11 avril

Je reçois concomitamment plusieurs signaux d'alerte de journalistes qui estiment qu'on veut me faire porter le chapeau de la polémique qui enfle sur les masques : « Qu'avez-vous à répondre ? » L'équipe de Mariesol Touraine se répand pour dire que lorsqu'elle est partie, en mai 2017, il en restait 750 millions [46]. Par ailleurs,

---

45. Ce conseil semble lui avoir été donné par une amie marseillaise de sa femme, devenue députée Renaissance en 2022, Sabrina Agrista-Roubache, productrice de télévision et « fan » de Raoult. Elle a été nommée ministre de la Ville en juillet 2023.

46. J'apprendrai bien plus tard, en interrogeant la DGS, que sur les 750 millions de masques encore disponibles, la majeure partie était en réalité périmée (masques mangés par des souris, abîmés, élastiques défectueux, etc.), ce qui a d'ailleurs justifié que Santé publique France s'en débarrasse, comme le prévoient les procédures.

certains journalistes s'étonnent que les masques n'aient pas été ma préoccupation majeure au cours de ces trois dernières années. En tant que ministre de la Santé, hors situation de crise sanitaire, lorsqu'on évoquait les stocks de produits d'urgence, on me parlait des stocks stratégiques en général, c'est-à-dire, les « stocks de produits » qui couvrent plusieurs champs des possibles, pas particulièrement les masques[47].

Le problème avec les crises sanitaires, c'est qu'on ne sait jamais d'où elles vont surgir. Il y a selon l'OMS entre 150 et 200 émergences épidémiques par an dans le monde. Ils en ont comptabilisé 1 300 rien que pour les cinq dernières années, dues à des pathogènes variés. Par exemple, on s'organise pour un virus respiratoire de type grippe et on voit émerger le prion issu de la vache folle. Je me rappelle que les hôpitaux s'étaient activement préparés à recevoir des cas d'Ebola venant d'Afrique *via* l'aéroport d'Orly lors de la première épidémie de 2014, il n'y en eut aucun[48]. En revanche, deux ans plus tard, en 2016, les autorités sanitaires avaient assisté quasi impuissantes à l'arrivée aux Antilles du nouveau virus Zika, apporté par des moustiques, créant des handicaps graves de bébés microcéphales lorsque les femmes étaient infectées pendant la grossesse. Nationalement, nous avons nos cas de méningites mortelles et hautement contagieuses qui créent la panique dans les universités, ou des clusters de rougeole avec la baisse de la couverture vaccinale des dernières décennies. Je me souviens qu'en arrivant au ministère, en 2017, nous avions dû faire face à une épidémie de peste pulmonaire qui sévissait à Madagascar et redoutions qu'elle débarque à La Réunion ou à Mayotte, préparant les médecins à la diagnostiquer et à isoler les cas. Là encore, il n'y eut finalement aucun cas sur le territoire national. Puis, en 2018, nous avons vécu l'angoisse de la reprise d'Ebola en République démocratique du Congo avec la crainte qu'elle ne s'étende du Nord-Kivu vers la

47. L'ensemble des stocks comprenant par exemple les pastilles d'iode, les antidotes de gaz chimiques, les vaccins contre diverses maladies, les antibiotiques et antiviraux, les équipements de protection, etc.

48. Des directeurs d'ARS m'ont récemment expliqué que c'est une des raisons pour laquelle nos alertes de janvier-février ne les ont pas inquiétés. Ils avaient reçu de multiples instructions et messages à l'époque sans finalement qu'aucun cas d'Ebola n'arrive en France, et ont pensé que ce serait pareil, qu'on appliquait le principe de précaution maximal.

capitale Kinshasa en raison des très nombreux vols directs avec l'Europe. À chaque fois, pour les épidémies, les mesures à prendre ne sont évidemment pas les mêmes et l'adaptation est de mise. Les vecteurs (moustiques ou animaux, alimentation ou eau), les cinétiques (contagiosité, mortalité), les mesures barrières (masques, gants, alimentation, décontamination) ou le temps de préparation diffèrent de quelques heures à quelques mois.

J'avais notamment observé depuis 2015 que l'accent était mis sur la préparation aux attentats et aux risques NRBC [49], car ils étaient réels et nous avions eu des alertes. Hors de question par exemple de manquer d'antidotes de gaz chimiques. L'agence Santé publique France gère des milliers de produits divers pour faire face aux crises d'où qu'elles viennent, et la dernière visite d'évaluation de l'agence en 2018 par des experts internationaux de Santé publique l'avait plutôt très bien notée.

Au niveau international, le Règlement sanitaire international, dans sa dernière version la plus complète datant de 2005, couvre l'ensemble de ces risques possibles, édictant des règles auxquelles sont soumis les États et un panel de recommandations. Un groupe d'experts auprès de l'OMS, le GPMB [50], publie un rapport annuel sur l'état de préparation du monde. Des audits internationaux croisés ont lieu chaque année entre pays pour juger de la préparation au RSI. La France ne s'y étant jamais soumise, j'avais demandé à mon arrivée que notre dispositif bénéficie de la visite d'audit des inspecteurs de l'OMS [51]. J'avais même commandé en 2018 un rapport d'inspection pour savoir si nous étions bien préparés et pour apporter des rectificatifs éventuels. Le rapport m'avait été rendu au cours de l'année 2019 et aucune de leurs recommandations n'évoquait un problème de stock, encore moins de masques. Un réseau des alertes internationales, le GOARN [52], auquel

49. Nucléaires, radiologiques, biologiques, chimiques. Ce sont des risques à impact élevé.

50. Global Preparedness Monitoring Board est un comité indépendant placé auprès de la direction de l'OMS pour évaluer le niveau de préparation des pays à une crise sanitaire.

51. Mon courrier de demande officielle à l'OMS d'une inspection croisée date de janvier 2018, et la visite était programmée pour début 2020. Elle a été retardée par la crise.

52. Global Outbreak Alert and Response Network. C'est le réseau international d'alerte et d'action en cas d'épidémie. Il a été créé en 2000 par l'OMS.

appartient la DGS, traite tous ces signaux en permanence. Ainsi, le service du ministère auquel appartient le CORRUSS ne s'occupe que de la préparation et de la réponse aux crises, publiant chaque soir le bulletin des alertes nationales et internationales. C'est aussi ce service qui invente les scénarios fictifs pour les exercices de crise mensuels grandeur nature organisés sur le territoire et qui anime les retours d'expérience. Là encore, aucun exercice de crise en France n'a révélé des problèmes de stocks ou de logistique. Enfin, le ministère fait face évidemment aux nombreuses crises sanitaires non infectieuses, qu'elles soient liées aux médicaments (Levothyrox) ou aux dispositifs médicaux (prothèses mammaires PIP, implants Essure), les crises des EHPAD en manque de personnel, les crises des hôpitaux en manque de moyens, l'ouragan Irma qui détruit un territoire entier, l'incendie du CHU de la Guadeloupe un mois plus tard qui le rend inutilisable, privant une région entière de son offre de soin, les canicules ou les vagues de froid, avec leur lot de sans-abri qui envoient les ministres des Affaires sociales et de la Santé régulièrement au front de l'actualité.

Lors du premier Conseil des ministres en mai 2017, avant d'entrer dans le salon des ambassadeurs, alors que nous étions tous en train de prendre le café et de faire connaissance, la ministre Muriel Pénicaud, qui devait transformer le droit du travail, se vantait auprès de chacun d'entre nous d'avoir à mener la réforme la plus difficile du quinquennat. Elle se vivait à l'évidence comme la personne la plus importante du gouvernement. Avec un autre ministre expérimenté issu du monde politique, cela nous avait fait sourire, car, en réalité, les deux ministères les plus exposés, ceux dont il est dit qu'ils ne dorment jamais, sont l'Intérieur et la Santé.

En ce dimanche d'avril, j'appelle mon ancien directeur de cabinet pour comprendre l'historique des masques. Il me paraît épuisé et assez peu précis sur ce qui s'est passé avant notre arrivée. Les services de la DGS essayent depuis quelque temps de retracer toutes les décisions prises en vingt ans. Ils sortent l'ensemble des archives depuis les années 2000 pour en tirer une chronologie exacte.

J'aimerais bien avoir des documents écrits de l'administration pour me faire mon idée sur tout cela. En tout état de cause, tel que prévu par les gouvernements précédents, il n'y a plus de FFP2 dans le stock d'État depuis les années 2015 ; ça, mon cabinet me l'avait dit en janvier 2020, raison pour laquelle nous en avons reconstitué un immédiatement, début février, par précaution.

Il est intéressant d'observer comment un sujet passé totalement inaperçu pendant mon exercice de ministre devient, en quelques jours seulement, le sujet le mieux maîtrisé des citoyens, experts ou journalistes, procureurs et juges à la fois.

Dimanche 12 avril

- L'épidémie explose aux USA.
- Fin de la quatrième semaine de confinement en France : 13 800 décès (hôpitaux et EHPAD).
- Depuis trois jours, légère diminution du nombre de passages en réanimation et d'hospitalisations. Peut-être une amorce de décrue.

Les corticoïdes ont incroyablement amélioré la santé de ma mère. En une semaine, alors qu'elle était en cours d'arrêt des soins samedi dernier, elle n'a pratiquement plus besoin d'oxygène et devrait pouvoir sortir ! Je me demande combien de malades n'ont pas eu la chance d'être traités par les corticoïdes au bon moment, parce qu'on leur a donné le traitement « miracle » de notre gourou national, sans consentement, sans essai clinique, sans preuve de rien. Je me demande si les familles de malades vont un jour se rendre compte de ce qui s'est passé, et de cette faillite complète de nos institutions en charge des bonnes pratiques et de l'éthique médicale.

J'apprends incidemment par le ministère qu'un stock de plusieurs centaines de millions de masques périmés, que Santé publique France était censé avoir détruit en 2019, serait en réalité toujours disponible et que beaucoup ont été réévalués comme utilisables. Nous aurions finalement le plus grand stock au monde… Que de rebondissements !

Impossible de travailler tranquillement.

Dans le *JDD*, sur une double page, la journaliste politique Anna Cabana, plutôt spécialiste des confidences intimes, fait un portrait de moi aux allures de mise à mort. Même ce qui pourrait être positif, probablement raconté par des personnes qui me veulent du bien, est tourné uniquement à charge. Un vrai lynchage en règle.

Si j'essaye d'interpréter les objectifs des confidents, certains se verraient bien mener la suite de cette campagne, car être candidat à Paris donne une sacrée visibilité nationale…

J'y apprends également que le PM me protégeait quand j'étais ministre. Un ministre anonyme et jaloux a dû s'épancher… Je crois que le PM avait confiance en moi et que mon côté docteur le rassurait. Il est vrai que je lui ai toujours été reconnaissante de la façon dont il m'a aidée lors de ma première (mauvaise) expérience journalistique. Alors tout juste nommée ministre, il m'avait fallu un mois avant d'accorder une interview portant exclusivement sur les questions sociales (vieillissement, pauvreté et protection de l'enfance) car je n'avais rien à prouver sur les aspects de santé. Le rendez-vous avec les journalistes du *Parisien* avait duré une heure et la toute dernière question, posée de façon anodine, quasiment en sortant de mon bureau, portait sur les vaccins. Une décision du Conseil d'État m'obligeait à trancher la question de la vaccination obligatoire. Debout sur le pas de la porte, j'avais répondu innocemment que j'y réfléchissais. Le lendemain, *Le Parisien* titrait « La ministre de la Santé veut rendre onze vaccins obligatoires », avec à la suite quatre pages de dossier sur les vaccins, la partie sur le social ayant pratiquement disparu. Je m'étais fait piéger. J'étais effondrée par cette une car le sujet était explosif. J'étais même prête à donner ma démission, me disant que, définitivement, les ministres venus de la société civile ne sont pas armés pour ce monde-là. De surcroît, l'article avait été publié quarante-huit heures avant le premier tour des législatives et je craignais qu'à cause de moi le PR, récemment élu, ne puisse obtenir une majorité au Parlement. Le PM m'avait alors très gentiment appelée le samedi pour me rassurer et me renouveler sa confiance. Je ne l'ai jamais oublié.

Le portrait du *JDD* témoigne de la pauvreté du travail journalistique Où est la morale ? Cette double page est illustrée par une photo volée de mon fils et moi, prise la veille. Cet article m'a assommée, mais la colère prend le pas sur l'effondrement, je trouve abject et insupportable qu'on mêle mon fils à ça.

J'essaie désespérément de découvrir qui peut être à la manœuvre d'un article aussi assassin. Adepte de la série *Le Bureau des légendes*, j'avais mis du bleu de méthylène dans une note, ce qui me permet de rattacher certaines attaques aux conseillers de Matignon qui doivent vouloir me charger, pensant peut-être, après l'article du *Monde*, que j'ai voulu attaquer le PM.

Enfin, ma conversation de mercredi avec les têtes de liste a été retranscrite en l'état. Un colistier anonyme me fait passer pour une idiote qui parlerait naïvement des personnes âgées et des enfants en confinement.

À l'instar de cette journaliste, on peut considérer que mon score de 18 % est un crash, mais j'ai au moins essayé de sauver les meubles pour la majorité présidentielle, partie pour dégringoler probablement en dessous de 10 %.

Bien sûr, l'évocation dans l'article de Martin Hirsch faisant la fine bouche pour me réintégrer à l'AP-HP le 16 mars dernier entraîne une réaction immédiate de sa part. Il se fend donc courageusement d'un tweet, expliquant que non, il n'a pas refusé, et que c'est moi qui n'ai pas été assez claire. Pour un week-end de Pâques, en pleine crise sanitaire et alors que les hôpitaux débordent, je m'étonne qu'il n'ait pas mieux à faire.

Semaine 15

> « Plus tard, il devait se souvenir de cette histoire
> lorsqu'il comprit vraiment que les
> Hommes font semblant de respecter le droit et
> ne s'inclinent jamais que devant la force. »
>
> *Le Premier Homme*, Albert Camus.

Lundi 13 avril

- Jour de Pâques et fin de la quatrième semaine de confinement.
- Boris Johnson est sorti hier de l'hôpital.
- L'épidémie semble ralentir en France ; en effet, pour la troisième journée consécutive, le nombre de nouveaux patients en réanimation augmente moins vite que le nombre de sortants.

Après quatre semaines de confinement, l'épidémie semble enfin ralentir.

Un médecin réanimateur de l'hôpital de Metz-Thionville, le Dr Damien Barraud, a publié une tribune dont le fond est repris lors de son interview chez Jean-Jacques Bourdin ce matin. Je trouve qu'il pose les bonnes questions. Enfin quelqu'un qui ose remettre en cause les pratiques de Didier Raoult. C'est le premier. Bravo, cher confrère. Il aura fallu un mois et peut-être des pertes de chances pour des milliers de malades.

En l'écoutant, je me dis que sa lucidité voire son courage contrastent avec la faillite de nos institutions, qu'elles soient médicales ou scientifiques. Je n'aurais jamais pu imaginer un tel naufrage. « Rien n'est possible sans les hommes, rien n'est durable sans les institutions », écrivait Jean Monnet, et j'ajouterai, parce que j'en suis convaincue : « Les institutions ne sont rien, sans les hommes qui les dirigent. »

Cette crise, sans précédent dans le champ sanitaire, le démontre. Cela m'attriste car je les ai toujours défendues et j'en ai dirigé certaines, mais force est de constater qu'elles n'ont pas joué leur rôle, ou tardivement, et qu'il n'y a pas eu de garde-fou face à une personnalité « en force » comme celle de Didier Raoult. Toutes se sont tues. Aussi bien les institutions de recherche (Inserm, CNRS) que celles de la médecine (ANSM, HAS [53], Académies, HCSP), celles de l'éthique (CCNE) ou de la déontologie (Ordre des médecins, Ordre des pharmaciens). Sans parler des sociétés savantes ou des experts reconnus [54]. Probable instinct de survie pour ne pas subir la déferlante médiatique, démontrant que le courage n'est pas la vertu la mieux partagée, même pour des scientifiques aguerris.

Dans cet océan de lâcheté, hormis le courage de quelques lanceurs d'alerte qui commencent à apparaître sur Twitter, la remarquable tribune de la philosophe Juliette Ferri-Danini me réconcilie

---

53. À sa décharge la présidente de la Haute Autorité de Santé a voulu s'exprimer mais son collège s'y est opposé, notamment le président de la Commission de transparence, en charge de l'évaluation des médicaments. Cette posture est pour moi incompatible avec son rôle d'évaluation indépendante face aux industriels dont il exige des essais cliniques robustes pour démontrer l'efficacité des médicaments.

54. J'ai même vu mardi dernier dans le *FigaroVox* une tribune de mes prédécesseurs, personnalités reconnues dans le domaine médical institutionnel, les Pr Dominique Maraninchi (à qui j'ai succédé à l'INCA et qui a dirigé l'ANSM) et Jean-Luc Harousseau (à qui j'ai succédé en tant que présidente de la HAS),

un peu avec nos universitaires [55]. Elle pointe avec intelligence et contre tous les lieux communs entendus dans les médias que « tester un médicament contre un placebo, même dans une maladie potentiellement mortelle, est plus éthique que de ne jamais savoir ». Le comité national d'éthique aurait pu *a minima* rappeler cette évidence, mais il a préféré regarder ailleurs.

Quant à la coordination de la recherche, on se demande s'il y a un pilote dans l'avion. Personne ne semble orchestrer quoi que ce soit. La ministre a littéralement disparu des radars. Des appels d'offres fleurissent de toute part pour financer des équipes de recherche qui auraient des projets sur le Covid… Ainsi, CARE, le tout nouveau Conseil installé le 24 mars, demande aux chercheurs de faire remonter des idées de terrain, en sus des appels d'offres déjà existants, et choisit donc ses propres lauréats.

Par ailleurs, et c'est une différence importante, un organisme de recherche ou une agence sanitaire, garant de l'intérêt général, est en responsabilité et doit rendre des comptes à la représentation nationale, alors qu'un Conseil scientifique nommé pour une durée limitée en profite pour se faire valoir, au risque de faire valoir, parfois, des intérêts particuliers. On préfère donner toute légitimité à un groupe d'experts qui ne rend de comptes à personne et qui ne sera jamais évalué, mettant à l'index toutes nos institutions.

Cela tangue aussi au niveau européen, avec la démission tonitruante la semaine dernière du président de l'European Research Council (ERC), Mauro Ferrari, qui a considéré que sa tâche était entravée et inefficiente, faute de vision stratégique de l'Europe. Alors que la crise devrait nous obliger à l'efficience, nous assistons à une balkanisation des structures scientifiques et, au lieu de renforcer le pilotage, on essaime les responsabilités dans d'innombrables comités *ad hoc*.

D'ailleurs, tout en travaillant, j'observe dans la presse les contradictions permanentes entre les déclarations du Conseil scientifique et celles du ministre de la Santé ou du président de la République, sans compter tous les experts des plateaux… Jean-François

---

qui étaient favorables à l'utilisation large du médicament sans essai clinique randomisé.

55. Juliette Ferry-Danini, « Petite introduction à l'éthique des essais cliniques, Coronavirus – Réponse au professeur Raoult », *Médium*, 1er avril 2020.

Delfraissy parle tous les jours et partout, comme c'était prévisible. De temps en temps, c'est avant le ministre, parfois après, et les gens ne savent plus qui croire nì qui détient la parole publique. Le résultat est cacophonique. Le ministre de la Santé doit être ravi de l'avoir en écho permanent et dissonant. Cela doit être difficile pour le gouvernement de jongler avec tant de visions parallèles, voire antagonistes.

On dit souvent que la responsabilité des politiques est d'arbitrer entre de nombreuses mauvaises décisions et de choisir la moins mauvaise. Les membres du gouvernement prennent des risques. Tous les autres, qui conseillent ou s'expriment sur les plateaux, n'en prennent en réalité aucun. Le verbiage étant devenu monnaie courante, même lorsque les experts disent des énormes bêtises immédiatement contredites par les faits, personne ne s'en souvient. J'ai toujours pensé que pour savoir à qui faire confiance devant des discours discordants, il faut regarder qui est l'émetteur et savoir qui met réellement en jeu sa responsabilité.

À 20 heures : le président de la République s'exprime. Il propose une perspective pour un déconfinement à partir du 11 mai, ce qui paraît raisonnable car le nombre de cas aura considérablement décru, suffisamment pour passer à la phase de *testing* et de traçage des contacts[56]. Il dit aussi ce qu'il ne sait pas avec humilité. En période de crise, même si c'est contre-intuitif, c'est l'expression des doutes légitimes qui permet de gagner la confiance.

Mardi 14 avril

- Monde : > 2 millions de cas dans 184 pays ; 113 000 décès.
- > 1 million de cas en Europe dont 74 000 décès.
- France : > 100 000 cas confirmés ; > 10 000 décès à l'hôpital, + 5 400 en Établissements sociaux et médico-sociaux ;

56. À cette date, la France réalise entre 160 000 et 200 000 tests PCR répertoriés par semaine, certaines régions ayant des données manquantes, dont à peu près la moitié dans les laboratoires hospitaliers, un quart dans les laboratoires de ville ayant la technique en propre et un quart dans les gros laboratoires privés centralisés.

• Ce jour : 1 900 nouvelles hospitalisations et 275 nouveaux cas en réanimation.

Aujourd'hui paraît un papier dans *Le Point* intitulé « Une heure en "confinement" avec Emmanuel Macron », dans lequel le PR prend ma défense :

Le PR : « On comprend que quelque chose de grave se passe en Chine, au début du mois de janvier, mais on n'en connaît pas la nature. Quand je dis "on", je parle d'Agnès Buzyn, qui voit tout de suite le risque, car elle a une expertise sur le sujet. » L'article se poursuit : « Au fil de l'échange il n'a de cesse de rendre hommage au travail de son ancienne ministre. [...] À peine a-t-on employé le mot "polémique" pour qualifier les réactions qui ont suivi les aveux d'Agnès Buzyn au *Monde* qu'il nous interrompt : "Ce n'est pas du tout une polémique !" Il confirme qu'elle l'a prévenu très tôt, comme elle a prévenu Édouard Philippe, de l'imminence d'une catastrophe sanitaire. "La ministre de la Santé prévient que ça peut mal évoluer, en effet. Elle dit qu'il faut faire attention. Elle prend donc des décisions très rapidement. Elle commande, avec le directeur général de la Santé (DGS), Jérôme Salomon, du matériel à Santé publique France et elle active les agences régionales de santé. Le dispositif sanitaire de crise s'organise et réagit comme il se doit." »

J'écris au PR pour le remercier très sincèrement d'avoir pris la parole pour la première fois concernant mon action. Dans cette période dure, j'apprécie l'article, même si celui-ci n'a aucun écho médiatique.

Journée calme à l'hôpital.

Mes malades s'améliorent et devraient sortir dans la semaine. Et surtout aucun nouvel entrant. Un malade qui était mourant vendredi a reçu des corticoïdes ce week-end et s'améliore spectaculairement. Un autre, imprégné de chloroquine, a des anomalies cardiaques à l'ECG. Nous ne le laissons pas partir de peur qu'il ne fasse une mort subite à la sortie au cours d'un effort. Combien de personnes ont pu mourir d'effets secondaires du fait de la chloroquine ? Est-ce que tout cela sera su un jour. J'enrage.

Trump a annoncé vouloir couper les fonds à l'OMS. Pour la première fois de ma vie, je ne suis pas loin de comprendre son agacement vis-à-vis de l'institution qui a tant tardé, même si couper les fonds en période de crise et où tant d'actions concrètes sont attendues en Afrique ou ailleurs, n'est certainement pas le bon levier pour transformer l'instance onusienne.

Jeudi 16 avril

- Monde : + de 2 millions de cas dans 184 pays.
- USA : les plus touchés avec 610 00 cas ; 26 000 décès.
- Europe : > 1 million de cas (dont Espagne 177 000 et Italie 162 500) ; 84 000 décès (dont 21 000 en Italie, 18 600 en Espagne).
- France : 106 000 cas ; 17 000 décès (10 000 à l'hôpital et 7 000 en EHPAD).
- 70 000 personnes ont été hospitalisées au total depuis le début de l'épidémie et 32 000 sont toujours hospitalisées.
- 2 400 nouvelles hospitalisations, mais solde en baisse pour la première fois (-513).
- 6 467 cas en réanimation, dont 284 nouveaux cas (solde négatif pour le 7e jour consécutif).

Visiblement la prise de conscience sur les limites des tests sérologiques commence à apparaître enfin. Jean-François Delfraissy a évoqué la question des anticorps neutralisants nécessaires à l'immunité, ainsi qu'Olivier Véran lors de son point presse. Cela va permettre de faire taire les fantasmes du test magique.

On a perdu quinze jours de débats stériles, nationaux et municipaux, sur le passeport d'immunité de la mairie de Paris…

Vendredi 17 avril

- Monde : 2,2 millions de cas dans 185 pays.
- France : le solde est négatif en réanimation pour le 9e jour consécutif et en hospitalisation pour le 3e jour d'affilée. Le confinement porte ses fruits, mais le nombre de cas reste haut et l'effort de tous doit continuer.

À l'occasion d'une nouvelle prise de parole publique, Jean-François Delfraissy a proposé que les gens âgés et vulnérables restent confinés après le déconfinement.

Alors qu'il était auditionné par la mission d'information parlementaire mercredi, à la question « Combien de temps devront-ils rester confinés ? » il a répondu : « Je ne sais pas. »

J'avais écrit au PR dans ma note sur le déconfinement que cela ne pouvait être qu'une mise en garde de ces personnes sur une prise de risque individuel, mais en aucun cas une décision discriminatoire et inexplicable de l'État. On ne va pas confiner les personnes de plus de 65 ans ou les personnes diabétiques à vie pour qu'elles n'attrapent pas le virus… C'est précisément sur ce genre de sujet qu'on aimerait entendre le Conseil consultatif national d'éthique.

L'Élysée est obligé de se fendre d'un communiqué de presse aujourd'hui pour rectifier le tir et dire que ce ne sera évidemment pas obligatoire… le PR qui a fait une allocution remarquable le lundi précédent n'avait vraiment pas besoin qu'on brouille son message.

Samedi 18 avril

- Monde : + de 2,3 millions de cas dans 185 pays (dont les USA > 700 000) ; décès 156 000, dont 98 000 en Europe et 19 000 en France.
- Ce jour, 1 565 nouvelles hospitalisations, et 206 nouveaux cas en réanimation. Les soldes continuent d'être négatifs.

Jean-François Delfraissy est finalement au 20 heures de France 2 pour rétropédaler sur le confinement des personnes âgées.

Coup de téléphone ubuesque ce soir d'une amie d'un de mes fils, interne de santé publique comme lui. Un des conseillers d'Olivier Véran lui a demandé de l'aider à faire de la recherche bibliographique sur le coronavirus en général, et lui réclame en urgence une synthèse sur la place de la sérologie et le rôle des anticorps. Un conseiller en a besoin dans la soirée afin de faire une note au ministre de la Santé et au PM pour leur conférence de presse du lendemain. Je ne comprends pas comment tout cela fonctionne… Pour les notes aux ministres sur des sujets techniques, on passe commande à la DGS qui interroge les directeurs d'organismes ou les présidents de sociétés savantes. On ne sollicite pas une interne, qui de surcroît ne connaît pas la spécialité ! La pauvre, elle est paniquée, et je crains que la pertinence de ses conclusions laisse à désirer. Vu l'enjeu, nous lui suggérons de refuser… Et il est hors de question que je lui fasse un cours accéléré d'immunologie fondamentale ce samedi soir.

Dimanche 19 avril

Le Premier ministre a fait une excellente conférence de presse. Après le déconfinement, il est prévu de tester les personnes symptomatiques et leurs contacts pour mettre en isolement les positifs, c'est-à-dire la stratégie coréenne sans sa part punitive. On ne parle plus des sérologies, du moins tant qu'on n'aura pas la certitude que les anticorps sont protecteurs et pour combien de temps. Les annonces sont rassurantes.

En cette fin avril, après plusieurs semaines, ma mission à l'hôpital Percy touche à sa fin. J'organise doucement mon départ, les malades sortent et les salles dédiées au Covid-19 commencent à fermer. Les équipes médicales reprennent doucement leurs activités habituelles. C'est une très bonne nouvelle, même si certains anticipent un rebond après le déconfinement. Je pense en effet depuis toujours que nous allons vivre des mois, voire des années, avec ce virus et que les hôpitaux vont devoir garder des salles dédiées pour traiter quelques centaines de patients par semaine. Je ne sais pas si c'est réellement un rebond ou plutôt un long plateau, avec des vagues plus ou moins hautes, qui durera le temps que nous trouvions un vaccin efficace ou un traitement préventif.

Et je suis assez pessimiste car il n'y a jamais eu de vaccin contre le coronavirus du rhume, du SRAS ou du MERS. Et ce ne sont pas les seules maladies infectieuses qui nous mettent en échec. En effet, de nombreux virus échappent à une protection vaccinale : le VIH ou l'hépatite C, par exemple, malgré leurs ravages en termes de mortalité ou de morbidité dans le monde et les milliards investis en recherche. Il faut espérer que ce soit un virus pour lequel l'immunité sera facile à générer. Et quand ce sera le cas, que cette immunité perdure longtemps.

Semaine 16

« Préférons l'ignorant total sans prétention au demi-habile qui considère que sa maigre formation l'autorise à parler des choses qu'il ne comprend pas. »

Pascal.

Lundi 20 avril

Je viens de voir sur un plateau Alain Bauer, criminologue connu, expliquer doctement à la télévision le coronavirus, les mutations, la phylogénétique, les anticorps, etc. Mon dernier fils m'appelle en se moquant de moi et me demande si je ne serais pas tentée de faire une émission pédagogique sur les armes à feu vu que, par les temps qui courent, chacun estime qu'il peut parler de tout. Comme beaucoup, Bauer est atteint d'un syndrome bien connu : absolument pas compétent en médecine mais sûr de lui[57].

Cette période du Covid aura été le sacre du relativisme. Et les médias ont particulièrement aidé à amplifier le phénomène. Dorénavant, pour les citoyens, la science est devenue une opinion comme une autre et toutes les opinions se valent.

Aussi loin que mes souvenirs me portent, rien ne m'a jamais plus passionnée que les découvertes scientifiques. Enfant, lorsque je voyageais avec mes parents, j'aimais les musées d'histoire naturelle, j'y achetais souvent des livres d'astrophysique ou d'autres sujets de vulgarisation. Je ne résistais à aucun ouvrage sur les trous noirs, les pulsars, les quasars, les géantes rouges ou les naines blanches. Souvent d'ailleurs ces livres de vulgarisation n'existaient qu'en anglais et je m'aidais d'un petit dictionnaire posé à côté de

57. L'effet Dunning-Kruger, aussi appelé effet de surconfiance, est un biais cognitif par lequel les moins qualifiés dans un domaine pourraient surestimer leur compétence. Alain Bauer écrira par la suite : « Le triptyque "Négation, Minoration, Éjection" (en français courant : "ce n'est pas vrai", puis "ce n'est pas grave", et enfin "ce n'est pas de ma faute") a servi d'excuse. Inutile ici de revenir longuement sur la "mascarade" commentée par l'ancienne ministre de la Santé qui, se rêvant de devenir une autre Simone Veil a pris le risque de peupler les bêtisiers télévisés pour l'éternité. », *Crise de la connaissance et connaissance de la crise. Les points de vue du Conservatoire national des arts et métiers*, éditions EMS, 2022.

mon lit. Haroun Tazieff, avec ses volcans, m'avait fait découvrir les plaques tectoniques et je voulais devenir vulcanologue. À 12 ans, on m'avait offert un abonnement à la revue mensuelle *La Recherche*, aujourd'hui devenue trimestrielle, qui traitait autant de géologie, d'astronomie ou de sciences du vivant ; je la dévorais la nuit de la première à la dernière page. Certains de mes enfants ont eu droit le soir à la lecture exhaustive des livres d'Étienne Klein, et aux hypothèses des replis de l'espace-temps. Dans ma famille, encore aujourd'hui, tout le monde me regarde avec amusement quand je parle avec gourmandise des phénomènes météorologiques, vents, marées, courants et pression atmosphérique. Enfin, quand des millions de touristes vont à Florence admirer la peinture de la Renaissance, je passe la plupart de mon temps au musée Galilée à contempler avec émotion les fantastiques outils de mesures en bois construits pour leurs expériences par les grands savants du XVIIe siècle. La filière scientifique et les études de médecine se sont présentées à moi comme des évidences. J'ai adoré mes années d'études tant le corps humain offrait de mécanismes à comprendre. La complexité d'un être vivant est absolument bouleversante, surtout pour un non-croyant. Comment l'évolution a-t-elle pu nous emmener si loin ?

Quand il a fallu choisir ma spécialité en médecine pendant l'internat, l'hématologie m'a semblé une spécialité complète car elle allie une relation humaine très forte, les patients étant souvent hospitalisés de longs mois, avec une activité de recherche rendue nécessaire, ces maladies nécessitant d'être mieux décrites et mieux traitées. Conjuguer accompagnement humain et rigueur scientifique serait le fil conducteur de ma vie.

Plus je me suis retrouvée proche du monde politique dans les postes que j'ai occupés (à l'Institut national du cancer ou à la Haute Autorité de Santé), plus j'ai pu me rendre compte des difficultés qu'il y avait à faire cohabiter les besoins politiques avec les exigences du monde scientifique. En acceptant de devenir ministre, je me suis promis qu'on ne me ferait jamais prendre une décision contraire à mes convictions quand il s'agirait de défendre la rigueur scientifique. D'ailleurs, certains députés me qualifiaient d'un peu raide quand on touchait à mes fondamentaux. J'ai vérifié à nouveau, à l'occasion de cette crise inédite, l'impossible coexistence pacifique entre choix politiques et choix scientifiques, tension bien ressentie par nos concitoyens mais parfois mal interprétée.

La principale raison réside dans le fait que la science apporte des réponses nuancées, qui peuvent à un moment être débattues, qu'elle est souvent contre-intuitive, et que le monde du vivant est changeant. L'évolution des connaissances tout au long de cette crise a été source d'incompréhension par nos concitoyens alors qu'elle aurait dû au contraire être source de confiance, confiance dans une parole publique qui tient compte et s'adapte jour après jour aux nouvelles réalités. Les médias ont préféré mettre en avant des commentateurs du quotidien au ton péremptoire.

En outre, le manque actuel de culture scientifique aboutit à l'explosion de toutes sortes de théories magiques dont raffolent les réseaux sociaux, les personnes adeptes de ces théories étant d'ailleurs souvent sensibles aux théories complotistes. Et si ces dernières sont si difficiles à déconstruire, c'est qu'elles rassurent par leur simplicité et leur cohérence face à une réalité plus complexe. Ainsi, la science est pour moi à l'opposé de la croyance, besoin profondément humain qui aide à combler notre angoisse existentielle[58]. Bien avant le Covid, j'avais déjà le sentiment que nous entrions dans un siècle d'obscurantisme et qu'il fallait, pour lutter contre les fondamentalismes et le complotisme ambiant, agir de façon très précoce et déterminée.

Le monde dans lequel nous vivons est éminemment incertain, rapidement mouvant, obligeant à des réajustements permanents. Avancer en situation d'incertitude, voire dans l'inconnu total comme cela s'est produit lors de la crise du Covid, nécessite par essence une formation loin d'un savoir académique figé, une formation qui aide à raisonner, à manier des hypothèses, à tirer des fils de chaque situation, un peu comme dans un jeu d'échecs. L'expérience que l'on acquiert par une formation aux sciences expérimentales est un entraînement sans pareil pour avancer lorsqu'on manque de données, pour remettre en doute ses dogmes et ses connaissances acquises, pour se confronter aux limites du savoir et parfois même prendre conscience du fait qu'on ne comprend rien… Et chaque découverte ouvre de nouvelles portes au lieu d'en

58. À ce sujet, lire l'excellente préface de *La Trahison des clercs* de Julien Benda, écrite en 1974 par André Lwoff, prix Nobel de médecine.

refermer, agrandit le champ des possibles, nous soumet à de nouveaux défis. La démarche scientifique est celle du doute, érigé en méthode.

Cette quête perpétuelle rend humble mais aussi curieux, agile et, par essence, adaptable. De ces qualités, nos enfants auront infiniment besoin. Je suis dorénavant convaincue que l'avenir appartient aux scientifiques. La prospérité de notre pays repose sur la capacité que nous aurons d'apporter des connaissances au monde, et notre survie en tant que société viendra de notre capacité d'adaptation. Si l'on ne prend pas ce tournant d'une société productrice de savoir, je crains que notre pays, fort de sa culture et de ses atouts patrimoniaux, se transforme progressivement en un musée géant pour touristes internationaux.

Ce soir, appel du Général, médecin chef de Percy. Un malade sorti de l'hôpital la semaine dernière et qui m'avait reconnue, se répand sur les plateaux de télé pour dire que je lui ai prescrit de l'hydroxychloroquine. Cela fait les gorges chaudes de BFM et de *Libération* qui vont pouvoir écrire encore un truc sur moi, totalement inintéressant… L'état-major du service de santé des Armées est en émoi, et demande ce qu'il doit répondre aux journalistes… Les pauvres, comme s'ils n'avaient que cela à faire en ce moment ! Je leur dis que je n'ai pas prescrit de la chloroquine mais juste renouvelé le protocole de traitement du service qui prévoyait de l'hydroxychloroquine pour certains patients. Je n'allais pas arriver en avril à Percy dans une équipe charmante et me permettre en plus de contester leurs prescriptions, quelle que fût mon opinion !

Je sens que des vacances au vert me feraient le plus grand bien…

Mardi 21 avril

Ce soir, un reportage m'agace. Il se trouve que la semaine dernière j'ai refusé à Marc-Olivier Fogiel que BFM me suive à Percy pour faire un reportage sur ma vie de médecin sur le front du Covid. Se mettre en scène en pleine pandémie me semble tout à fait indécent. Martin Hirsch, le directeur de l'Assistance publique-Hôpitaux de Paris, sollicité à ma place, a accepté. Je dois manquer de sens politique. L'image télévisuelle des chaînes infos étant à la communication ce que les tableaux de Delacroix étaient à l'époque napoléonienne, une trace de la bravoure du chef, tout le monde se met en scène !

BFM aurait pu faire un reportage sur une équipe de soignants. Leur travail est harassant dans ces salles Covid où l'on est harnaché comme un cosmonaute, assurément plus que celui du DG : le service de communication de ce dernier prépare ses mails larmoyants et exaspérants qui inondent quotidiennement le personnel de l'AP-HP depuis des semaines. Ses « Courage à vous » exaspèrent tous les médecins.

Il faut dire que certains coups de communication de Martin Hirsch me sont restés en travers de la gorge. Comme il a visiblement beaucoup de temps libre à l'AP-HP, il écrit des livres et dirige des associations ou des *think-tanks* sur l'engagement citoyen. C'est une thématique importante et qu'il connaît très bien, mais dans la période actuelle où la situation des hôpitaux est ce qu'elle est, j'aurais préféré qu'il se consacre entièrement à l'AP-HP. Alors qu'une journée de manifestation *a priori* très suivie était prévue de longue date et qu'il fallait recevoir les syndicats et s'exprimer, il avait préféré se rendre dans le Vercors pour animer pendant quarante-huit heures des ateliers sur l'engagement citoyen en présence de ministres, anciens et actuels, de philosophes connus et d'associations… J'avais donc reçu seule une délégation de soignants de son hôpital et avais surtout dû gérer une quinzaine d'infirmières assises en cercle devant le ministère qui menaçaient de se suicider collectivement en s'injectant une dose d'insuline toutes les cinq minutes. Je n'ai jamais su si le risque était réel ou non mais, médiatiquement parlant, l'effet était là… grand succès de télévision. J'avais dû appeler le Samu de crainte qu'elles ne fassent une vraie hypoglycémie, voire tombent dans le coma, si c'était vraiment de l'insuline. Ce jour-là, pas de directeur du plus grand hôpital du monde pour venir parler à ses troupes ou aller sur les plateaux expliquer les actions mises en œuvre par le gouvernement, le Vercors était certainement plus gratifiant et moins embarrassant.

Sur le plan parisien, la conférence téléphonique avec l'équipe du 15e fait remonter comme toujours leur frustration de mon refus de prendre la parole publiquement alors que Rachida Dati arpente les plateaux et figure dans tous les journaux. Je leur explique que je ne peux pas parler de la campagne de Paris sans avoir purgé les questions autour de mon action en tant que ministre, vu les attaques que je subis depuis le confinement. Je suis inaudible. Chaque fois qu'un colistier de mon équipe tweete quelque chose, Anne Hidalgo répond sur les masques. C'est tellement facile ! Je me sens pieds et poings liés.

Durant la réunion, un membre de mon équipe m'a demandé si je pensais que mon caractère était compatible avec une campagne municipale, façon délicate d'exprimer ses doutes et de tester mon désir de continuer. Je ne sais quoi lui répondre, la situation étant tout de même hors norme.

Étrange semaine. Des journalistes de *Libération*, du *Figaro* et de *Challenges* continuent de m'appeler pour m'interroger sur les achats de masques du ministère. Ils évoquent des décisions que j'ignore, qui dateraient de 2018, de 2011, de 2013 ou même de 2009 ! Je leur explique que je dois réserver ma parole aux commissions d'enquête parlementaires qui sont les seules habilitées à évaluer l'action des ministres. Par ailleurs, sans accès aux archives, je n'ai aucune idée des décisions qui ont été prises concernant les masques au cours des dix dernières années, et par les différents ministres qui ont occupé cette fonction.

Jeudi 23 avril

Incident.

Un cycliste m'a hurlé dessus dans la rue : « Des têtes vont tomber. »

Sur nos plateaux télé défilent des soi-disant « intellectuels » comme Michel Onfray ou Emmanuel Todd qui, si la peine de mort existait encore, m'auraient déjà raccourcie tant ils expriment de haine à mon égard[59].

Donald Trump déclare qu'il faut laver les poumons des gens avec un désinfectant.

Vendredi 24 avril

- Au cours d'une manifestation virtuelle sous l'égide de l'OMS, du président français Emmanuel Macron, de la

59. Extrait du blog de Michel Onfray qui n'aura donc pas fait l'effort de reprendre la phrase dans son intégralité dans un article qui m'est consacré : « Le risque de propagation du coronavirus dans la population est très faible. Quel cynisme ! C'est celui d'un *serial-killer* sans foi ni loi ! Sinon celui d'un apprenti génocidaire, on en reparlera le temps voulu… »

présidente de la Commission européenne Ursula Van Der Leyen, et de la Fondation Bill et Melinda Gates, le directeur général lance l'accélérateur ACT-A, une collaboration visant à accélérer la mise au point et la production de vaccins, de produits diagnostiques et de médicaments contre le Covid-19, ainsi que l'accès équitable à ces produits dans le monde.

• L'épidémie explose aux USA avec plus de 50 000 morts.

J'échange dans la journée avec mon amie Évelyne. Elle me demande ce que je vais faire pour les élections – sachant que personne ne sait encore si elles auront lieu en juin, en octobre ou dans un an – et si j'ai aimé faire campagne. Il y a des moments que j'ai aimés comme les rencontres avec les associations. Le tissu associatif citoyen me bluffe et m'émeut. Une de mes premières sorties était avec Guillaume Poitoux, tête de liste dans le 11e. Au cours d'une journée de campagne pluvieuse, nous avons échangé dans une boulangerie bio avec un collectif de personnalités du monde écologique, plein d'énergie et d'idées innovantes. Et je me souviendrai toute ma vie de cette rencontre dans un café du 19e arrondissement organisée par une autre tête de liste, Olivier Rouxel, avec « les femmes combattantes », un collectif de femmes ayant perdu un enfant au cours d'une rixe de rue, fruit de guerres de territoires archaïques entre les préadolescents du 19e et ceux du 20e arrondissement de Paris… Elles m'ont bouleversée.

Mon frère m'envoie un article d'un blog de *L'Express* stipulant que Didier Raoult serait bientôt radié de l'Ordre des médecins en raison de ses essais cliniques illégaux [60]. Les courageux membres du Conseil de l'Ordre des médecins se réveillent six semaines trop tard. Le blog de *L'Express* conclut : « Ce qui est grave dans cette affaire, c'est que de nombreux chercheurs dénoncent le comportement de DR. Et que toutes les institutions officielles le savent – l'ANSM, le Conseil de l'ordre, l'Académie de médecine, l'Inserm et j'en passe – sans que personne ne prenne ses responsabilités. »

L'auteur du blog s'appelle Vincent Olivier. Je voudrais l'embrasser…

60. À la date de sortie de ce livre en 2023, ce n'est toujours pas le cas…

Samedi 25 avril

Mon mari et moi sommes poursuivis par les journalistes. Nous ne répondons à rien.

Ainsi un long article, signé notamment de la journaliste réputée Raphaëlle Bacqué, est sorti dans *Le Monde* daté du week-end au sujet du P4 de Wuhan [61]. Nous le lisons avec intérêt. La partie sur la Chine est très fouillée et celle sur la France se résume à dire que mon mari aurait insisté auprès de Bernard Cazeneuve pour aller inaugurer ce laboratoire lors d'un voyage d'État en 2016 ! Yves y est présenté comme ex-PDG de l'Inserm et mari de la future ministre, et les sous-entendus sont que l'inauguration du P4 avait un intérêt pour lui et pour moi [*sic*]. On ne sait pas lequel. Intérêt financier ? Intérêt scientifique ? J'aimerais bien le savoir.

Malheureusement, les auteurs sont passés totalement à côté du sujet. Si le P4 a fait l'objet d'un accord de coopération, régulièrement renouvelé depuis quinze ans sous l'égide du ministère des Affaires étrangères, ce n'est certainement pas pour que mon mari puisse manger des petits fours ou assister à une inauguration factice en 2016. Je dis factice car tous les voyages officiels en Chine passent par l'inauguration du P4 à Wuhan ; Manuel Valls, Premier ministre, y était passé aussi en son temps. Laisser entendre dans l'article que mon mari ou moi aurions eu un intérêt avec un laboratoire à Wuhan, alors que l'accord date de 2004, à une époque où nous étions tous deux simples médecins hospitaliers dans nos services, c'est fort ! Lorsqu'il était PDG de l'Inserm, Yves a même rédigé plusieurs notes d'alerte aux différents ministères MESRI et MAE, et au SGDSN, freinant des quatre fers sur cette collaboration franco-chinoise, suscitant d'ailleurs à l'époque l'agacement du Quai d'Orsay [62] à l'initiative de ce projet avec Alain Mérieux et le président Chirac.

Et pour couronner le tout, le même jour, l'éditorial du *Monde* attaque la France sur sa stratégie de tests, ne reprenant qu'une

61. Brice Pedroletti et Raphaëlle Bacqué, « Coronavirus : les laboratoires de Wuhan, épicentres de la rumeur », *Le Monde*, 25 avril 2020.

62. Ce projet a été notamment initié, suivi et porté par Maurice Gourdault-Montagne, lorsqu'il était conseiller diplomatique de Jacques Chirac à l'Élysée (2002-2007), puis ambassadeur à Pékin (2014-2017), et enfin secrétaire général du Quai d'Orsay (2017-2019). Il ne fait pas mention de cette coopération dans ses Mémoires parus en 2023, *Les autres ne pensent pas comme nous*, Robert Laffont, coll. « Bouquins ».

partie des propos de Tedros tenus un mois auparavant. Ce pays adore dire du mal de lui-même, même quand il fait les choses correctement…

Dimanche 26 avril

- France : le nombre de décès a bien diminué : < 250, et les hospitalisations sont en baisse comme les passages en réanimation.

Encore une journée radieuse et beaucoup de gens dehors. Le confinement se relâche, cela sent la fin ou plutôt la fin d'une première étape. Il restera notre nouvelle vie à inventer ensemble, une vie distanciée, souvent masquée et considérablement empêchée. Ça, tout le monde semble l'avoir intégré.

Ce soir, sur un plateau, certains commentent avec humour l'avis du Conseil scientifique qui vient de préconiser des mesures jusqu'au-boutistes pour la réouverture des écoles. Outre les masques et les distances de sécurité, ils ont inventé le repas en classe, chacun à son bureau. Cela doit faire longtemps qu'ils n'ont plus d'enfants en bas âge… Tout cela est en pratique irréalisable, et les directeurs d'école et les maires commencent déjà à protester.

Le Conseil scientifique a sans doute décidé de se couvrir. Une fois mais pas deux. Après avoir minimisé le risque en mars et ne pas avoir prôné le confinement en laissant les élections se tenir, ils craignent peut-être d'être mis devant leurs responsabilités. Donc, dorénavant, ce sera ceinture et bretelles. C'est la cacophonie de nouveau. Je plains les ministres.

En réalité, à partir du moment où les avis ne sont pas donnés au gouvernement mais, rendus publics – ce qui n'a pas été le cas dans d'autres pays –, le gouvernement ne peut plus arbitrer librement entre différents niveaux de risques, ce qui est le principe même de gouverner. Le pouvoir exécutif devient alors prescrit par des décisions d'un conseil d'experts qui sont rendues publiques et qui, de ce fait, jouent un rôle politique. Nous savons bien que nous prenons un risque en sortant de chez nous mais le déconfinement est cependant une nécessité. Certains enfants ont disparu du radar de l'Éducation nationale. D'autres subissent des violences ou n'ont pas assez à manger. Il est impératif de faire revenir tous ces enfants dans le circuit.

Si le conseil était purement scientifique, il donnerait les niveaux de risques en fonction des différents scénarios et modélisations. Du fait de sa composition, il intègre d'autres paramètres. Et après le fiasco du 12 mars, il applique le principe de précaution maximale qui imposerait, si l'on était honnête, de rester chez soi pour les deux prochaines années afin d'éviter tout risque de l'attraper, en attendant un vaccin ou un médicament.

C'est d'ailleurs avec cette même logique du risque zéro que Jean-François Delfraissy avait évoqué en audition publique devant la commission parlementaire le fait que les personnes âgées ou fragiles ne devraient plus sortir.

Il sera demain chez Bourdin, il est maintenant objectivement le nouveau Premier ministre et ministre de la Santé : c'est le gouvernement lui-même qui lui a donné les clés du camion.

Semaine 17

« L'un des problèmes de notre société aujourd'hui, c'est que les gens ne veulent pas être utiles, mais importants. »

Winston Churchill.

Lundi 27 avril

Cet après-midi, grosse poussée médiatique par communiqué interposé, car des médecins de l'AP-HP auraient découvert un traitement contre le Covid[63].

63. Il s'agit d'une étude randomisée qui testait plusieurs traitements dans plusieurs bras pour les patients hospitalisés, et qui montrerait que l'anticorps monoclonal anti-IL6 (Tocilizumab du laboratoire Roche) réduirait les passages en réanimation. Il est certain qu'il y a un orage cytokinique lors de la phase d'aggravation de la maladie et que cette cytokine, appelée l'Interleukine-6, est au plafond. En revanche, malheureusement, pas de comparaison avec les corticoïdes qui coûtent moins cher et jouent également sur les mécanismes inflammatoires. Il est certain que les corticoïdes sont moins sexy à tester qu'une molécule innovante onéreuse dont personne ne sait prononcer le nom…

L'AP-HP s'est empressé de communiquer alors que les résultats n'ont pas été publiés ! Cette nouvelle façon de faire de la science à l'heure du Covid me déprime vraiment. Ils espèrent tous avoir le prix Nobel. Espérons pour eux, et pour nous, que cela soit vrai, sinon ce ne sera vraiment pas glorieux.

Mardi 28 avril

- Monde : > 3 millions de cas.
- France : l'épidémie faiblit et le PM va présenter cet après-midi au Parlement son plan de déconfinement suivi d'un vote.

Hier soir, l'article de la journaliste de *Libération* qui m'a sollicitée avec insistance la semaine dernière est paru[64]. Il titre sur un « mensonge d'État » sur les masques. Le début de l'article cite les propos d'Olivier Véran et de Jérôme Salomon du mois de mars.

Je n'ai pas d'avis puisque je n'ai toujours accès à aucun document et n'en ai jamais entendu parler au ministère. Malheureusement, je n'accède pas à la totalité de l'article car je ne suis pas abonnée à *Libé* et, en ce moment, il est peu vraisemblable que je leur fasse ce cadeau.

Le nombre de textos de condoléances que je vais recevoir aujourd'hui me permettra de savoir si je suis citée et de quel « délit ou crime » je suis accusée. C'est ma nouvelle façon de faire ma revue de presse…

En ce moment, le *tracing* obligatoire par téléphone à la coréenne fait largement débat chez les députés et dans la société. Alors que certains de nos concitoyens écrivent des lettres anonymes de menaces aux soignants qui habitent dans leurs immeubles pour qu'ils déménagent, je ne vois pas qui va vouloir s'afficher publiquement comme malade, au risque d'être lynché en place publique par des décérébrés.

Ce sont ces mêmes concitoyens qui ne se formalisent pas le moins du monde d'un *tracing* permanent par leur téléphone, de leurs allées et venues, de leurs données de santé, de leurs achats, de leurs désirs, de leurs choix ou de leurs amis par les GAFA.

Mais là, alors qu'il s'agit de sauver des vies, ça touche à leur liberté.

64. Pauline Moullot et Ismaël Halissat, « Masques : un fiasco et des mensonges », *Libération*, 28 avril 2020.

Mercredi 29 avril

- USA : > 1 million de cas ; 58 500 décès.
- Europe : > 1,2 million de cas ; 126 000 décès.
- France : encore > 4 000 patients en réanimation ; 24 000 décès entre les hôpitaux et les EHPAD.

Journée studieuse : je relis et range mes archives pour garder des traces exploitables de mon passage au ministère.

J'apprends ce soir par un collègue ayant été impliqué dans l'essai clinique parisien avec la molécule innovante que l'AP-HP a tenu à écrire le communiqué de presse avant que l'article ne soit accepté dans une revue scientifique. Les médecins impliqués dans l'essai semblent dire qu'il faut rester prudent sur les résultats et se sentent visiblement un peu piteux… Ils ont raison, comme pour la chloroquine, tout cela n'est vraiment pas rigoureux.

Jeudi 30 avril

Je lis un article intéressant de méthode sur le retour d'expérience[65]. Un paragraphe attire mon attention : « Toujours pour prévenir des mises en cause expéditives, la Commission souligne ("*What went right and what went wrong ?*") tout ce qu'il faut avoir à l'esprit pour éviter d'entrer dans un processus de recherche facile de bouc émissaire :

« – Par construction, un rapport de retour d'expérience pointe des insuffisances.

« – On risque de perdre de vue tout ce que les personnes ont fait de bien.

« – On ne prend pas en compte la charge de travail très importante de ces personnes dans le cours de l'affaire.

« – Ceux qui ont été les plus actifs sont naturellement ceux qui s'exposent aux critiques les plus nombreuses. »

Je dois dire que cela me parle…

---

65. L'article de Patrick Lagadec et Matthieu Langlois, intitulé « Ne pas rater le retour d'expérience », est publié le 23 avril 2020, sous la direction d'Emmanuel Hirsch, professeur d'éthique médicale.

Vendredi 1er mai

Longues interviews de Didier Raoult, l'une dans *Paris Match*, l'autre par Apolline de Malherbes sur BFM. Je pensais qu'il allait se faire discret avec les études négatives qui sortent petit à petit, mais c'était mal le connaître ! Il a une technique imparable pour avoir toujours raison : dans l'une des interviews, il prétend que le vaccin sera inutile car l'immunisation ne servirait à rien, et dans l'autre il dit que les gens qui ont eu la maladie seront immunisés et donc protégés. C'est pratique de prendre des positions radicalement opposées dans la même journée. Son fan-club dira qu'il a vu juste, en reprenant soit l'un des propos, soit l'autre… les deux seules choses dont on soit certain actuellement, c'est qu'on ne sait pas si l'immunité après la maladie est protectrice et, si elle l'est, pendant combien de temps, ni si un vaccin efficace verra le jour[66].

L'interview sur BFM est tellement complaisante que cela en est risible. Le problème n'est pas de croire ou de ne pas croire en son traitement – la médecine n'est plus au temps des croyances –, mais de se donner les moyens de savoir s'il est efficace ou non ! Et c'est sur l'absence de méthode qu'il est attaqué et attaquable car, d'une part, ses études ne valent rien scientifiquement, et, d'autre part, il les a menées sur des patients en dehors des standards éthiques internationaux, c'est-à-dire sans Comité de protection des personnes ni enregistrement auprès des agences réglementaires. Tout cela est rigoureusement interdit chez l'homme depuis que l'éthique est une valeur fondamentale de l'exercice de la médecine.

Je vois passer un tweet d'un jeune député LR dit « prometteur », selon les dires de son parti, qui encense cette interview. Comme quoi, avoir fait l'ENA ne protège de rien.

L'absence de culture scientifique est un vrai drame de la société française. Et rien ne m'agace plus que les gens qui croient à un médicament !

Cela m'évoque le débat sur l'homéopathie. Je ne connaissais pas ou mal l'homéopathie en tant que médecin hématologue. Je n'en prescrivais évidemment pas, et mes malades ayant des pathologies mortelles et des traitements de chimiothérapie très lourds ou des

66. *A posteriori*, il s'est radicalement trompé sur ces deux points puisque les vaccins ont été utiles et que l'immunité naturelle est peu protectrice et peu durable.

greffes, il était rare que la question se pose pour eux. Ils espéraient surtout que la science leur apporte des traitements médicamenteux innovants qui puissent les sauver.

En mars 2018, un collectif de médecins signe une tribune anti-homéopathie. On m'interroge à une émission de radio, je m'empêtre dans ma réponse, maîtrisant mal le sujet. Je considérais que c'était totalement inutile, mais que ça ne risquait pas de faire du mal. Grave erreur. À cette époque, je croyais qu'il s'agissait de médicaments dilués à l'extrême, et j'ignorais par ailleurs que les traitements homéopathiques étaient remboursés par la Sécurité sociale.

En sortant du studio de radio, et parce que je voulais me faire une opinion plus précise sur le sujet, j'ai fait réclamé par mon cabinet des données au ministère. Nous avons compris que la Sécurité sociale ne remboursait pas moins de 150 millions d'euros par an pour les préparations homéopathiques. J'apprenais par la même occasion que ces préparations n'étaient pas constituées de principes actifs médicamenteux, mais de recettes issues du XVIIIe siècle, dignes du médecin Diafoirus dans *Le Malade imaginaire*. J'étais estomaquée. En effet, nous avions droit à des dilutions de foie de canard pourri pour lutter contre la grippe [67], des extraits de sécrétions blénorragiques, maladie vénérienne, pour traiter « tout ce qui coule » [68], à de la nitroglycérine pour lutter contre la fièvre et je passe les préparations honteuses contre l'homosexualité. Le tout dilué des milliers de fois dans de l'eau et du sucre [69]. Comment peut-on encore défendre de tels concepts au XXIe siècle ?

J'ai ordonné une évaluation par la HAS comme pour tout traitement remboursé par la Sécurité sociale, afin de suivre les procédures normales, me doutant bien de la réponse.

67. Oscillococcinum.

68. Medorrhinum : préparation à partir de lysat, de sécrétions urétrales, purulentes, blénorragiques (infection à gonococque) prélevées sur des malades n'ayant pas encore été traités par antibiotiques. Il est recommandé pour traiter de très nombreuses pathologies allant du nez qui coule à l'érythème fessier du nourrisson, en passant par les raideurs articulaires… Commercialisé par les Laboratoires Boiron.

69. La dilution dite 5CH correspond environ à une goutte de produit dans une centaine de piscines olympiques, la 12CH, à une goutte dans l'ensemble du volume d'eau existant sur la terre. Pour les solutions encore plus diluées, la goutte est diluée dans des volumes allant de celui de la voie lactée à celui de l'univers…

Il se trouve que l'homéopathie était le seul produit remboursé à n'avoir jamais été évalué ! En 1984, la ministre de la Santé Georgina Dufoix[70] avait décidé seule que ces préparations se remboursées en dehors de toute procédure car elle y « croyait ». Aucune étude ne pouvant prouver quoi que ce soit, et pour cause, la HAS a conclu à une efficacité identique à celle d'un placebo. J'ai décidé le déremboursement.

Cela a beaucoup tangué. Comme à son habitude, probablement alerté par de grands élus locaux, le PR a lancé en Conseil des ministres, en prenant soin d'éviter mon regard, qu'il était hors de question qu'on « emmerde » les Français sur l'homéopathie. Cette fois, tout le monde a compris à qui la remarque s'adressait. Je suis restée stoïque, sachant que je ne pourrais plus me regarder dans une glace si je laissais prospérer en France cette pseudo-médecine d'un autre siècle. Pour la première fois, j'ai moi-même fait passer autour de la table du Conseil des ministres un petit papier plié en quatre destiné à Édouard Philippe, lui signifiant que si on maintenait ce remboursement, il n'aurait plus de ministre de la Santé la semaine suivante. Il y a tout de même des limites à ce qu'une scientifique peut endosser… Un *benchmark* international m'a ensuite rassurée puisque ce n'était pris en charge dans aucun autre pays du monde, sauf en Suisse avec, comme argument massue, celui d'un référendum populaire plébiscitant le maintien de ces produits dans le panier de soin… Enfin, l'argument qui consiste à dire que « cela ne fait pas de mal » est vrai en termes de toxicité directe, puisqu'il n'y a rien en dehors de l'eau et du sucre, mais se révèle faux en termes de perte de chances et de retards de diagnostics.

Les élus ayant une usine d'homéopathie sur leur territoire comme Gérard Collomb et Xavier Bertrand ont publié des tribunes à charge afin de flatter leur électorat. La bataille ayant été rude au plus haut sommet de l'État, j'ai obtenu le déremboursement mais j'ai dû céder sur le fait qu'il aurait lieu en deux ans, afin de laisser un temps d'adaptation aux industriels concernés et d'éviter des licenciements. Même si, au vu du prix dérisoire de ces granules, le

70. GD apporte à plusieurs reprises son soutien aux « pseudo-médecines », le 12 septembre 1984, elle prend un arrêté ministériel autorisant le remboursement des préparations homéopathiques par l'assurance maladie. Ce remboursement sera effectif pendant trente-six ans.

déremboursement ne devait pas avoir beaucoup d'impact sur les ventes.

Enfin je découvrais que le fondateur PDG de Boiron était l'une des grosses fortunes de France et que l'entreprise Boiron recevait de l'argent de l'État au titre du crédit impôt recherche (CIR). Mais pour faire quelle recherche ? la couleur de la gélule ? la quantité de sucre dans la piscine d'eau ? évaluer l'extrait de sécrétions blénorragiques à gonoccoque ou celles dues à la syphilis ? pour traiter l'érythème fessier du nourrison ? ou payer des sociétés de marketing pour trouver des noms savants ridicules à leurs produits ?

Tout cela n'a évidemment pas favorisé le développement d'une Recherche & Développement dans le champ des traitements innovants en France. On a l'industrie pharmaceutique que l'on mérite.

Samedi 2 mai

Ma chienne, une adorable Golden Retriever, a failli mourir cette nuit et a été opérée en urgence. Dans la période actuelle où tant de personnes ont perdu un proche du Covid, je n'aurais pas pu exprimer ma tristesse si elle était morte, par décence.

J'ai pris une journée *off* et je suis allée me promener avec mon père…

Dimanche 3 mai

Ce dimanche, petit crachin du matin. Tout le monde a en tête le déconfinement prévu dans une semaine. Pourtant, ce ne sera pas un bouleversement de notre quotidien des sept dernières semaines, pas de rassemblements de plus de dix personnes, pas de cafés ni de restaurants, pas de voyages ni de trajets de plus de 100 kilomètres. On est très loin de la vie normale, de la vie d'avant. C'était prévisible depuis le début, car tant qu'il n'y aura ni vaccin ni traitement préventif, le virus circulera avec son lot de malades graves à prendre en charge.

Le *JDD* du jour relate une fuite du texte soumis au Conseil d'État évoquant le report du premier tour des élections municipales au 27 septembre suivi d'un deuxième tour huit jours plus tard [71].

---

71. Au-delà d'un certain délai entre le premier et le second tour, la loi oblige à refaire le premier tour.

Cela s'agite dans le Landerneau des boucles Telegram de la campagne parisienne. Dans le même temps, sur LCI, Christophe Castaner laisse la porte ouverte à des élections en juin afin, évidemment, de ne pas donner l'impression de préempter les décisions à venir.

SEMAINE 18

« Mal nommer les choses,
c'est ajouter au malheur du monde. »

Albert Camus

Lundi 4 mai

La communication tonitruante de la semaine dernière de l'AP-HP sur la molécule innovante – qui améliorerait le pronostic des malades – est en train de refaire surface. Le comité indépendant de surveillance de l'étude[72], qui a en charge de regarder la bonne conduite de l'essai et d'analyser les résultats intermédiaires, fait part de sa stupéfaction face à cette conclusion qu'il considère comme anticipée et entachée de biais méthodologiques sérieux. Un courrier dudit comité indépendant a été envoyé à Martin Hirsch, sans réponse à ce jour. Il s'étonne avec véhémence d'une conclusion qui va à l'encontre de la leur et cite une phrase de la revue *Science*, laquelle résume bien les problèmes actuels : « *Crisis are no excuse for lowering Scientific standards*[73]. »

Mardi 5 mai

Ce matin, mon ancienne secrétaire de l'hôpital Saint-Antoine, m'adresse le message d'un de mes patients que j'ai suivi de très nombreuses années. Je n'avais pas eu de nouvelles depuis sa rechute,

72. Tout protocole de recherche clinique doit avoir un comité indépendant qui surveille si les standards méthodologiques et éthiques sont respectés. On appelle ces comités des DSMB : Data Safety Monitoring Board.

73. « Les crises ne sont pas une excuse pour abaisser les normes scientifiques. »

il y a trois ans, juste au moment où j'ai été nommée ministre. Sa lettre me touche profondément, elle me rappelle à quel point j'ai aimé être médecin.

« Bonjour Agnès,

« Je tenais à vous dire que j'avais suivi au jour le jour votre ascension vertigineuse, et oserais-je dire foudroyante, de ces dernières années. Vous le savez, vous êtes pour moi une personne qui compte. Et ce n'est pas votre notoriété qui guide mes sentiments ; c'est une histoire bien plus ancienne, mais vous le savez, une histoire qui a tissé un lien fort et unique.

« Vous m'avez fait parvenir un message très touchant lorsque j'ai démarré ma troisième leucémie, alors à mon tour de vous transmettre toutes mes amitiés, dans un moment où peut-être cela pourrait vous faire du bien. Les mois hypermédiatisés que vous venez de connaître sont de mauvais vents qui ont sans doute atteint la femme intègre que je connais.

« Alors voilà, aujourd'hui c'est moi qui vous fais passer quelques mots pleins de chaleur. Moi qui vais plutôt bien après ma troisième leucémie. Je ne travaille plus et me consacre à l'écriture… Finalement la vie que je voulais !

« Mes pensées vous accompagnent quand chez vous sourdent des maux pesants et je vous envoie un seau entier d'ondes positives. Parce que vous le méritez. Parce que je n'oublie pas qu'on a ensemble marché au bord de l'abîme et que vous m'avez tenu la main. Prenez le recul nécessaire pour panser vos plaies et sachez que nous sommes nombreux à estimer que vous méritez bien plus que tous ces jugements hâtifs qui déshonorent la presse ou les réseaux sociaux.

« J'espère que ces quelques lignes d'affection vous auront procuré un petit zeste de bienfait. Je vous souhaite une belle journée.

« PG. »

Mercredi 6 mai

- Monde : 3,6 millions de cas dans 187 pays touchés ; 258 000 décès.
- Europe : 1,4 million de cas ; 144 000 décès.
- France : 25 800 décès depuis le début (dont 16 200 à l'hôpital et 9 600 en EHPAD). Toujours 24 000 patients

hospitalisés (+800 en 24 heures) mais de moins en moins de patients en réanimation (3 147) ; 54 000 personnes sorties guéries de l'hôpital.

Le gouvernement travaille au plan de déconfinement. Les écoles et les transports en commun sont un vrai casse-tête. La maire de Paris, après l'abandon du passeport d'immunité, promet cette fois-ci de tester tous les enfants qui viennent à l'école le matin. Il faudra donc être « Covid free » pour entrer en classe. Encore une annonce ridicule. Allons-nous les tester tous les jours ? tous les deux jours ? toutes les semaines ? Irréaliste évidemment, puisqu'il faut parfois plusieurs jours pour obtenir le résultat d'un test PCR et, au mieux, plusieurs heures [74]. Et pourquoi uniquement à Paris ? Que d'agitation pour occuper l'espace... ! En parallèle, les stratégies de contact *tracing* par les ARS n'ont pas l'air simples à mettre en œuvre. Comment être certain que les gens s'isolent vraiment ? Tout le monde cite l'exemple de la Corée, mais là-bas, les sanctions sont rédhibitoires. Les contrevenants risquent même la prison.

Le sénateur de la majorité présidentielle, Julien Bargeton, m'a appelée ce soir pour savoir quand les élections vont avoir lieu et – même s'il n'a pas osé me le demander ouvertement – si je persisterai à être candidate dans l'hypothèse d'un scrutin repoussé en septembre. Il m'explique que notre angle n'était pas assez progressiste à Paris. Sans doute. Que nous avons perdu cet ADN du début de mandat avec le prisme économique prédominant et le poids de Bercy. Peut-être. J'ai fait de mon mieux pour récrire ce programme initialement centré sur le ramassage des poubelles et la police armée. Ça non plus, ce n'était pas l'ADN d'En Marche...

Jeudi 7 mai

Les jours passent et j'ai de plus en plus de mal à me concentrer. La colère initiale est retombée et je me sens toujours incapable de me projeter dans l'avenir. La campagne de Paris nécessiterait que je

74. À cette date, il n'y avait pas encore d'autotests à faire à domicile comme en 2021, mais uniquement des tests PCR en laboratoires dont la réponse parvenait, au mieux, le soir.

monte à l'offensive ou que j'émette au moins un commentaire sur les idées saugrenues de mes concurrentes. Sincèrement, outre que je suis sûre que tout le monde s'en fiche, mon tempérament n'est pas de montrer les crocs en permanence. J'aime plutôt construire des projets, élaborer des plans, et travailler dans l'urgence. Cela m'a toujours stimulée.

Le comité indépendant en charge de l'essai clinique de l'AP-HP [75], dont les résultats ont été annoncés en grande pompe par un communiqué de presse le 27 avril dernier, a décidé de démissionner en bloc par souci de cohérence avec ses convictions, ne pouvant cautionner la méthode utilisée. Face à une démission inédite, l'AP-HP a simplement nommé un autre et publie un nouveau communiqué d'une suffisance inouïe, comme si de rien n'était !

Le dernier opus des journalistes Davet et Lhomme sur l'histoire des masques est paru dans *Le Monde*.

Le titre de leur article est déjà, en soi, une contre-vérité [76]. Puis, sur une double page, le sous-titre est « L'heure des comptes », illustré d'un dessin où j'ai l'air d'une criminelle brûlant des masques sournoisement dans une sorte de crématorium me faisant penser à un four crématoire, dessin atrocement choquant pour la fille d'un rescapé d'Auschwitz ! Ils avaient raison de me relancer régulièrement pour que je leur réponde, m'expliquant que si je ne me défendais pas, d'autres se chargeraient de m'accuser. Leur mise en garde n'était pas vaine. Cet article, les titres et un dessin d'un goût plus que douteux me désignent comme coupable.

La technique est imparable : construire un récit faux à partir de bribes d'informations qui sont vraies. Il en résulte un article de journalistes « procureurs » qui se fonde sur des documents donnés par tous ceux qui cherchent à se dédouaner, alors que les documents portant sur les décisions prises par le ministère n'ont pas encore été exhumés des archives. Tous les acteurs des dix dernières années se refilent le mistigri dans l'interview, histoire de ne pas être mêlés à quoi que ce soit qui pourrait entacher leur image. Quant

75. L'essai qui évalue l'anti-IL-6 s'intitule CORIMMUNO.

76. Fabrice Lhomme et Gérard Davet, « 2017-2020 : comment la France a continué à détruire son stock de masques après le début de l'épidémie », *Le Monde*, 7 mai 2020.

à sous-entendre que j'aurais laissé détruire des stocks pendant la crise, c'est probablement le prix à payer pour mon refus de parler. Mais je ne doute pas que si j'avais réfuté, je risquais une rédaction tendancieuse comme : « La ministre tente de se défendre en prétendant que… » Voilà comment se formate l'opinion publique.

Des médias cherchent le ou la responsable pour calmer la colère populaire. Et dans l'esprit de certains le virus ne tuerait pas, ce serait seulement les politiques. C'est d'ailleurs ce qu'on comprend quand on voit qui porte plainte contre le gouvernement : un dénommé maître Di Visio, avocat de Didier Raoult. Il est très proche de l'extrême droite française et totalement hors de contrôle.

Le même jour, comme pour conjurer la violence du papier de Davet et Lhomme, je reçois deux lettres passées par le ministère. Un usager me remercie pour l'aide que je lui ai apportée dans un cas personnel. Je ne sais plus de quoi il s'agit, recevant des milliers de demandes d'aide de particuliers par an. Ensuite, le long courrier manuscrit d'un préfet avec qui j'ai eu l'occasion de travailler et qui me touche énormément. Il me dit que le pays a encore besoin de moi. Je ne sais pas si c'est vrai mais j'ai fait tout ce que j'ai pu pour le servir. J'ai toujours pensé que j'avais eu une chance inouïe de naître et de vivre ma vie dans le plus beau pays du monde. Toutes mes expériences à l'étranger n'ont fait que renforcer ce sentiment de fierté et de reconnaissance.

Et je dois faire tous mes efforts pour que l'expérience invraisemblable que je vis aujourd'hui ne me rende pas aigrie[77].

Vendredi 8 mai

Je rumine et fulmine depuis hier soir en raison de l'article du *Monde* sur les masques. Le verre de bordeaux du dîner ne m'a pas permis de mieux dormir. Je comprends que ce qui m'attriste le plus dans cette lecture n'est même pas ce qui est dirigé contre moi. Jérôme Salomon y est qualifié d'« ambitieux ». Le dévouement et la solidité dont il fait preuve dans cette crise, sa droiture, son engagement, le rythme dingue qui est le sien au ministère, sa concentration permanente… Je suis atterrée et scandalisée qu'on puisse le

77. Le livre *Ci-gît l'amer* (Gallimard, 2020) de Cynthia Fleury m'a merveilleusement aidée à guérir du ressentiment.

réduire à ce point. C'est infect. Jérôme Salomon est incroyablement compétent et il a été nommé à des postes importants grâce à son travail. Quand je lui ai proposé la DGS, je ne sais pas bien qui d'autre il m'aurait été possible de recruter en France sur ce poste si difficile et si spécifique. Tous les ministres ont du mal à trouver des DGS. Ce n'est pas une direction d'administration centrale classique sur laquelle on peut recruter un haut fonctionnaire administratif. Il faut un médecin, qui connaisse parfaitement les arcanes de l'État et les risques sanitaires, qui sache manager une direction de quatre cents personnes, qui sache valoriser et orienter le travail de toutes les agences sanitaires sous sa tutelle (elles sont nombreuses et se vivent souvent comme indépendantes). Il faut aussi quelqu'un qui accepte de sauter à la moindre crise mal résolue, et il y a tous les jours des crises au ministère, entre le sang contaminé à l'époque du VIH, la vache folle, le Mediator, la canicule, les implants mammaires, la grippe H1N1, et je passe toutes celles que nous avons évitées…

Marisol Touraine m'avait d'ailleurs proposé le poste de DGS en 2013, lorsque j'étais encore présidente de l'Institut national du cancer, mais j'avais refusé car je voulais absolument terminer de rédiger le troisième plan cancer sur lequel je m'étais engagée avec mes équipes. Ce plan était un concentré de ma vie professionnelle et je souhaitais le voir aboutir.

Alors qu'on devrait citer Jérôme Salomon en modèle de réussite républicaine, on préfère le salir et médire.

Moi aussi, on m'a déjà traitée d'ambitieuse dans des portraits. Je n'ai fait qu'accepter des postes de responsabilité pour lesquels on avait pensé à moi, sans jamais avoir rien demandé dans ma vie. C'est peut-être être « ambitieux » que de ne pas les avoir refusés.

Olivier Véran a annoncé aujourd'hui qu'il allouait 475 millions d'euros au secteur des EHPAD. Enfin. Tant mieux pour eux ! Quand je pense à l'énergie que j'ai dû mobiliser pour obtenir de Matignon une rallonge allouée au secteur médicosocial en 2018, alors que le secteur était en grève ! La crise a redistribué toutes les cartes. L'argent magique est revenu. Le risque tout de même avec ce type de réponse axée sur les salaires serait d'oublier de transformer ce secteur à bout de souffle. Le grand tournant démographique qui s'annonce impose de réinventer les lieux de vie des personnes âgées et d'adapter notre société dans son ensemble. Il ne faudrait pas qu'une manne financière remplace une loi dédiée, seule en mesure de faire changer les organisations.

Samedi 9 mai

Vieillir, c'est ne plus avoir de projets.

C'est aussi restreindre petit à petit son cercle social et son espace vital pour ne plus s'intéresser qu'à peu de choses et à peu de gens, dans un environnement qui se rétrécit. Cet isolement semi-volontaire des personnes à risque au-delà d'un certain âge pour qu'elles ne soient pas exposées au virus va faire des ravages et accélérer le processus de vieillissement de beaucoup. Comment concilier la protection de la vie humaine et l'épineuse question de l'isolement ?

J'ai toujours pensé que l'isolement devait devenir une priorité de nos politiques publiques.

Les Gilets jaunes en ont été une illustration pour moi. J'avais été au contact en province lors du grand débat et avais discuté avec pas mal d'entre eux. Les revendications étaient tantôt identiques tantôt contradictoires. Dans les revendications identiques j'avais noté la complexité de nos organisations, vue par le prisme du citoyen qui ne sait jamais à qui s'adresser pour une aide, quelle qu'elle soit.

Il faut avouer qu'il est quasiment impossible aujourd'hui de savoir qui a la compétence de quoi entre l'État, la région, le département, le maire, les multiples caisses de Sécurité sociale (santé, familles, retraites, recouvrement, etc.). Nos concitoyens se sentent en permanence renvoyés de guichet en guichet. Cette complexité, outre l'énergie qu'elle nécessite et le non-recours aux droits qu'elle induit, était vécue comme une humiliation. En réponse, le gouvernement avait abouti à la création des « Maisons France Service », qui seraient présentes dans de nombreuses communes et devaient regrouper tous les services publics pour orienter et simplifier la vie des gens. Une forme de guichet unique en quelque sorte, même si l'arrière-boutique devait rester complexe. L'idée était de répartir les agents du service public sur tout le territoire pour contrecarrer le mouvement de centralisation à outrance de ces dernières années, issu de la RGPP d'une part (diminution du nombre de postes de fonctionnaires), ayant conduit à déshabiller les territoires avec peu d'activité, et de la création des grandes régions de la loi NOTRE, d'autre part, qui, par le regroupement des agences dans quelques grandes villes, s'est révélée être une catastrophe en termes d'éloignement des structures publiques des zones qu'elles desservent.

On suppute dans la presse aujourd'hui le retour des Gilets jaunes. Ils n'ont jamais vraiment disparu, le mouvement s'est transformé. Il a été envahi par les idées extrémistes et complotistes qui l'ont progressivement discrédité. Pourtant, au tout début, avant que la violence ne s'en empare, la spontanéité le rendait intéressant.

Ce qui m'avait le plus touché était ce qui n'était jamais exprimé par les personnes en face de moi : le non-dit de l'extrême solitude. Les regroupements contestataires du samedi sur les ronds-points étaient devenus pour certains leur deuxième famille, un objectif de la semaine pour compenser des journées monotones ; un lieu de convivialité généreuse. Dans les territoires concernés, les lieux de rencontres s'étaient peu à peu volatilisés au cours des ans. Une illustration des différents types d'isolement m'avait marquée. L'un d'entre eux m'avait dit un jour que la disparition des bistrots dans les villages était une catastrophe à l'ère des chaînes de sport payantes, car les familles et les jeunes qui ne pouvaient pas s'abonner n'avaient plus d'endroit où se réunir pour voir les matchs ; ils ne pouvaient donc plus en parler et se sentaient déclassés. Les centres d'action sociale étaient trop connotés « pauvreté » pour être considérés comme des tiers lieux du quotidien. J'avais fait part de cela au Président un jour, lors d'un tête-à-tête dans son bureau, lui disant que nous devions lutter contre l'isolement, que trop de gens étaient seuls dans leur vie et que, outre le sentiment de rancœur d'une vie qui ne compte pour personne, cela favorisait avec l'âge le lent glissement vers la dépendance. Il avait écouté comme toujours avec intensité. À la fin, nous avions évidemment répondu aux revendications financières sur le pouvoir d'achat, car c'étaient les plus bruyantes et certainement les plus simples à régler.

D'ailleurs, mon ministère, et c'était un dur constat en arrivant, avait toujours tout pensé en termes de prestations financières. Cela est bien normal, car c'est l'apanage des caisses de Sécurité sociales de verser les indemnités journalières, les allocations familiales ou de chômage, de payer les pensions de retraite, ou de rembourser les soins. Mon administration savait créer une nouvelle allocation et calculer son coût pour la société, mais rarement son bénéfice en termes d'insertion dans la vie.

Ce constat est resté pour moi l'une des interrogations les plus criantes du ministère des Solidarités et de la Santé. Avons-nous la réelle capacité avec des politiques publiques de compenser certaines évolutions sociétales telles que les désagrégations familiales aboutissant à l'isolement des personnes âgées ou aux difficultés que rencontrent les familles monoparentales ? Il y a tant de choses que l'argent n'achète pas !

J'ai continué à penser l'isolement comme le mal du siècle en arrivant comme candidate à la mairie de Paris, car la ville engendre son même lot de solitude pour ceux qui ne sont pas dans le rythme, dans l'effervescence du quotidien ; ceux pour qui l'espace public est sans pitié, parce qu'ils vont trop lentement, ou n'ont pas les moyens de profiter de ce qui s'offre à eux[78].

Bizarrement, ces quelques semaines de confinement ont apaisé beaucoup de gens. Elles ont mis tout le monde à la même enseigne : rester chez soi, sans consommer, sans se déplacer, sans voyager, face à sa solitude et face à la peur de sortir s'exposer. Mais s'il nous est donné le loisir en ce moment de penser l'avenir, ce doit aussi être le temps de réfléchir à panser cette plaie-là. Celle de l'isolement.

Cette crise a démontré, si l'on en doutait encore, qu'un pays a besoin d'activité productive, mais aussi d'activité à plus-value sociale. Il faudrait que nous soyons capables de reconnaître et de valoriser les deux. C'est évidemment un défi dans la société libérale et capitalistique que nous connaissons, mais ce défi correspond à un besoin, notamment parmi les jeunes, d'avoir une utilité sociétale et environnementale. Le Président l'a bien compris en arrivant quand il a placé un haut-commissaire à l'économie sociale et solidaire auprès du ministre de l'Écologie, mais cela n'a pas décollé. Nous n'avons toujours pas changé de modèle, ce qui nécessiterait de revaloriser les métiers du CARE, métiers du soin, travailleurs sociaux et soignants. Il faudrait également s'interroger sur le bénévolat comme les aidants familiaux, pour qu'ils puissent être mieux accompagnés. Lorsque nous faisons un don à une association

78. C'est ce que Laurent Berger, secrétaire général de la CFDT jusqu'en juin 2023, a théorisé par le slogan devenu mouvement, « le pouvoir de vivre ».

reconnue d'utilité publique, nous avons un crédit d'impôt. Il faudrait que ceux qui donnent de leur temps aient aussi une forme de reconnaissance. Je me demande si le futur revenu universel d'activité, s'il voit le jour, ne devrait pas essayer de valoriser des activités bénévoles de solidarité au même titre que l'activité productive.

Air France annonce qu'à partir de maintenant ils prendront la température de tous les passagers qui monteront dans leurs avions. Ainsi, dorénavant tout le monde prendra son gramme d'aspirine en arrivant à l'aéroport, au cas où. Depuis le début de l'épidémie, le monde entier a bien compris qu'on peut être asymptomatique et contagieux bien avant d'être malade. Mais il faut rassurer.

Dimanche 10 mai

- L'OMS publie ses orientations provisoires sur la recherche des contacts.

Je me mets à regarder de nouveau les journaux de temps en temps. Je tombe ce matin sur l'interview de Jean-Christophe Cambadelis dans *Le Point*. Un concentré de lieux communs : L'État aurait failli (sur les masques, les respirateurs ou les lits de réanimation), et il est donc l'heure de mettre en place la décentralisation contre le centralisme bureaucratique. Voici la solution, donc : la décentralisation, avant même que le retour d'expérience n'ait eu lieu. Il n'a ni preuve ni argument théorique : « décentralisation » est prononcé comme un mot magique.

La décentralisation n'est qu'un moyen pour parvenir à un objectif et en aucun cas une fin en soi. Là encore, c'est un défaut classique de notre pays que de confondre l'objectif avec les moyens. Pour avoir souvent travaillé sur les notes du ministère ou sur des plans prospectifs, je me souviens m'être énervée mille fois qu'on me propose des arbitrages ou des axes de travail sans définir auparavant l'objectif recherché. Avec cet article, nous sommes sauvés : on va décentraliser. L'argument d'être au plus près des besoins du territoire se heurte immédiatement à l'argument inverse, la somme des intérêts particuliers des territoires ne fait pas l'intérêt général de la France en termes de simplification, de souveraineté ou de puissance.

Chapitre 4

La deuxième campagne de Paris

SEMAINE 19

« L'homme n'est pas entièrement coupable :
il n'a pas commencé l'histoire ;
ni tout à fait innocent puisqu'il la continue. »

L'Été, Albert Camus.

Lundi 11 mai

J1 du déconfinement

Comme une vengeance des cieux, il souffle une bise glaciale sur Paris, après deux mois d'une douceur exceptionnelle alors que nous étions tous cloîtrés. Anne Hidalgo veut ouvrir grand les parcs et les jardins. Olivier Véran s'agace. Selon lui, n'est pas encore venu le temps des grands rassemblements. La maire de Paris persiste dans sa logique de se démarquer des politiques nationales : il y a eu l'interdiction du jogging avant 19 heures, sachant qu'on avait en revanche le droit de marcher vite, ce qui a donné lieu à des scènes cocasses lorsque les joggers passaient devant les policiers, puis le passeport d'immunité et les tests pour tous les écoliers, ou encore la distribution de masques en tissu tous bons à jeter… Nous sommes en campagne électorale, ne l'oublions pas !

Mardi 12 mai

J'ai pris froid dans le vent glacé d'hier. Évidemment, dès qu'on est fébrile en ce moment, Covid ou pas Covid, telle est la question…

Je préviens le Premier ministre que mon mari a décidé de donner sa démission du Conseil d'État [1]. Il a été mis à disposition par son hôpital et son université, mais il s'ennuie et ne se voit pas continuer à faire du droit. Il veut revenir à son métier. Le PM étant statutairement le président du Conseil d'État, il va devoir signer cela en Conseil des ministres. Je le préviens par politesse. Cela devrait leur être utile dans la période actuelle pour nommer quelqu'un en sortie de cabinet. Et mon mari souhaite reprendre sa liberté. J'imagine que certains vont s'en saisir pour dire du mal. On va voir quel angle sera trouvé. Peut-être diront-ils qu'on l'a obligé à démissionner.

Mon fils me montre des vidéos largement partagées d'Alain Soral, l'antisémite de multiples fois condamné. L'une dit absolument n'importe quoi sur le VIH et une autre nous cible nommément mon mari et moi sur le Covid, la chloroquine et j'en passe. Je me pose la question des actions judiciaires envisageables et demande conseil à un avocat. Le pire est que tout cela est vu et partagé des millions de fois !

Je n'ai jamais souffert de l'antisémitisme. Profondément laïque et athée, j'ai grandi dans ces familles qui, ayant vécu l'horreur de la Shoah, ne croient plus en Dieu depuis longtemps. Malgré ce traumatisme dont personne ne parlait jamais à la maison, j'ai vécu une enfance insouciante, entre mon père chirurgien, homme très doux et bienveillant, qui travaillait jour et nuit, et ma mère psychologue et artiste, dotée d'un fort caractère et d'une volonté à toute épreuve. Elle avait été une enfant cachée dans une ferme en Savoie, par une femme devenue depuis Juste parmi les Justes ; mon père avait été déporté à Auschwitz du ghetto de Łódź en Pologne à l'âge de 15 ans et avait vu toute sa famille partir en fumée. Trop lourd à porter, le poids de cette histoire indicible était tout de même perceptible à la maison. Il se traduisait par une anxiété familiale atavique, me faisant très tôt comprendre que la vie est fragile et que le pire peut toujours arriver.

1. Il avait été nommé Conseiller d'État en service extraordinaire fin 2018, lorsqu'il lui avait été demandé de ne pas se représenter à l'Inserm parce que j'étais ministre.

Ne voulant pas ajouter une once d'inquiétude à l'histoire de mes parents, j'ai fait en sorte de ne jamais faire de vagues. Enfant, j'étais maladivement timide et réservée, ayant le sentiment que le droit de vivre m'avait été octroyé par miracle, mais j'affichais malgré tout une gaieté et un optimisme opiniâtres. J'avais foi en la vie. J'étais une enfant modèle et mes études se sont déroulées sans le moindre accroc, d'abord à l'école communale de filles de la rue Saint-Jacques à Paris, puis à l'école Alsacienne située au bout de ma rue.

Tout me semblait facile.

Dans ma jeunesse, n'étant absolument ni religieuse ni revendicative, je ne me suis jamais vue comme « juive » sans pour autant me cacher de quoi que ce soit. L'époque n'était pas aux identités, ni au communautarisme, mais plutôt à l'universalisme républicain, ce qui me convenait parfaitement. Une fois, lorsque j'étais à Necker-Enfants malades, mon chef de service m'a fait part avec dégoût de commentaires antisémites de quelques médecins à mon égard, mais ces réticences racistes de quelques-uns ne m'ont pas empêchée d'être nommée professeur dans cette faculté.

Un autre évènement m'a interpellée au cours de ces dernières années, plus récemment, lié au protocole de l'Élysée. En tant que ministre, je n'ai jamais été invitée à un seul dîner d'État. Je me suis longtemps demandé si c'était un oubli, puis je me suis fait une raison, imaginant naïvement que la santé et le social étant des compétences nationales, personne ne devait voir l'intérêt à ce que la ministre de la Santé crée des contacts internationaux. Un jour cependant, en janvier 2019, j'ai reçu un carton d'invitation pour un dîner d'État à l'Élysée. Le Président accueillait en visite officielle le Président de l'État d'Israël, Reuven Rivlin, et son épouse. J'ai simplement cru que l'oubli était enfin rattrapé. Mais en trois ans, cela a été le seul dîner auquel j'ai été conviée, ce qui m'a fait penser avec étonnement que, pour le protocole, j'étais peut-être la « juive » du gouvernement.

La crise sanitaire a réveillé les dangereux démons antisémites partout dans le monde [2]. En France, Soral et Dieudonné sont les

2. Plusieurs articles dans la presse internationale ont montré cette tendance à la résurgence de l'antisémitisme en France et dans le monde. Un dossier a notamment été publié par la commission européenne en avril 2020 : the-rise-of-antisemitism-during-the-pandemic.pdf – ISD.

initiateurs de la haine contre moi, mon mari, Yves Lévy, et Jérôme Salomon [3], sans que personne ne s'en émeuve. Certaines personnes se situant dans la mouvance autour de Raoult s'en sont saisi et ont inondé le pays de caricatures, toutes plus signifiantes les unes que les autres [4]. Pendant que quelques journalistes ont tenté de décrypter ce qui nous arrivait, je n'ai pu que regretter l'absence de réaction publique du gouvernement, dénonçant ces attaques, notamment l'absence de soutien de la ministre en charge de la lutte contre les discriminations, Marlène Schiappa [5].

Rien d'étonnant pour ceux qui ont étudié les ressorts de l'antisémitisme dans l'histoire, mais je ne peux nier que, au XXIe siècle, subir cela est un choc pour la citoyenne française, républicaine et laïque invétérée que je suis.

Mercredi 13 mai

Les Académies de médecine, de pharmacie, vétérinaire et celle des sciences pointent dans un avis commun l'absence déplorable de coordination de la recherche sur le Covid depuis le début de la crise. Je suis bien d'accord. Le ministère de la Recherche est totalement inexistant [6], l'Inserm se planque et le CNRS a communiqué sur le fait qu'il donnerait ses masques aux soignants… Apport mémorable de l'une des plus grandes structures de recherche du monde à la lutte contre le Covid !

Je sors une heure faire une promenade avec mon père. Il en a besoin. Et moi aussi.

---

3. « Caricatures, complot, liste de noms : le coronavirus engendre des attaques antisémites sur le web », France Inter, publié le 30 mars 2020.

4. Voir le reportage de France 5, « La fabrique du mensonge : antisémitisme et crise sanitaire », ou celui de Complément d'Enquête sorti le 18 novembre 2022 sur France 2, sur Didier Raoult, qui illustrent ces attaques.

5. Pendant son mandat de ministre de l'Égalité homme-femme et de la lutte contre les discriminations, Marlène Schiappa a très peu porté la lutte contre l'antisémitisme et, notamment, malgré sa forte activité sur Twitter, n'avait pas l'habitude de twitter pour défendre des personnes cibles d'attaques antisémites avant les attaques contre Miss France en décembre 2020, alors qu'elle était devenue ministre en charge de la citoyenneté. Elle a notamment été absente à la grande marche blanche contre l'antisémitisme du 19 février 2019 en hommage à Mireille Knoll sauvagement assassinée.

6. Le rapport de la Cour des comptes de février 2022 sur la recherche en infectiologie pointe un pilotage insuffisant et une priorité donnée au VIH.

Jeudi 14 mai

Stanislas Guerini, patron de LREM, réaffirme à la presse qu'il n'est pas candidat et que je suis toujours la candidate du mouvement. Je verrai bien si j'y retourne, en fonction de la date retenue. En tout cas, c'est délicat de sa part, et également très pragmatique, car plus personne à LREM n'imagine changer de candidat une deuxième fois en cours de route pour cette élection hors normes.

Vendredi 15 mai

Le président de la République a visité pour la deuxième fois en deux mois l'hôpital de La Pitié-Salpêtrière, et en a profité pour faire un *mea culpa* sur l'hôpital, expliquant que nous n'avions pas été assez vite pour le réformer. Selon ses propos, nous aurions donc manqué d'ambition ! N'avons-nous pas surtout manqué des bons arbitrages ? Et puis, je ne comprends pas pourquoi le Président se rend systématiquement dans l'établissement épicentre de la contestation des chefs de service. La Pitié-Salpêtrière était pourtant, et de loin, pendant des années, l'un des hôpitaux les plus riches de France. J'y ai fait mes études et je me souviens qu'il était le modèle même du mandarinat, organisé autour de chefs de service tout-puissants et très médiatiques. Le seul de l'époque qui soit encore dans le paysage est celui de l'endocrinologie, André Grimaldi, aujourd'hui âgé de 76 ans, qui écrit sur l'hôpital des livres qu'il rafraîchit au gré des éditions. Il abreuve de sa faconde antigouvernementale les boîtes mails de tous les médecins de l'AP-HP, sortant des énormités économiques qu'aucun de mes collègues ne sait contredire. J'ai essayé plusieurs fois de lui expliquer comment fonctionnait l'augmentation de l'ONDAM, sans succès. Il rétorquait que le gouvernement mentait sur les chiffres alors qu'il suffisait d'appliquer une règle de mathématique. Mon cabinet m'avait prévenue quand je suis arrivée : si l'on veut qu'André Grimaldi ne dise pas de mal du ministre en place, il faut l'inviter à déjeuner au ministère tous les mois, tactique éprouvée par mes prédécesseurs. J'avoue l'avoir fait une fois. Traiter les ego de chacun fait partie inhérente du travail d'un ministre, encore faut-il en avoir le temps. Mon cabinet, trop restreint, n'y parvenait plus.

Quant à l'organisation interne de cet hôpital parisien, j'ai le souvenir d'y avoir vu en tant que ministre un dysfonctionnement emblématique, expliquant notamment les difficultés des urgences. Ainsi, un an avant la crise du Covid, le 31 décembre 2018, je me rends à la rencontre des équipes pour le réveillon. Je connais bien le service des urgences de La Pitié-Salpêtrière, pour y avoir fait de nombreuses gardes lorsque j'étais étudiante, mais surtout pour y avoir emmené récemment des membres de ma famille pour des problèmes traumatiques. Il fonctionne bien, est efficace, même si la salle d'attente ressemble toujours à la cour des Miracles.

Après ma visite du service ce soir-là, un temps d'échange est prévu avec des infirmières, des médecins, le chef de service des urgences, le professeur Yonathan Freund, la directrice de l'hôpital, le directeur de l'AP-HP, Martin Hirsch, et le directeur de l'ARS Île-de-France, Aurélien Rousseau. Très rapidement la discussion s'oriente vers le manque de moyens face à la montée en charge de l'activité des urgences de ces dernières années, celles de La Pitié-Salpêtrière ne faisant pas exception. Effectivement, les locaux paraissent trop exigus face au nombre de personnels présents et de malades qui y passent chaque jour. Ensuite, ils se plaignent de manquer de moyens humains. Il est vrai qu'il n'y a pas pléthore d'urgentistes dans le pays. Je demande alors quel type de patients sont pris en charge car, d'expérience et pour avoir visité des dizaines de services des urgences, je sais à quel point les organisations territoriales mais aussi au sein de l'hôpital vont influer sur l'activité *stricto sensu* de la porte d'entrée que sont les urgences. Il est vrai qu'à Paris il est plus difficile de coopérer en amont des urgences avec les médecins de ville ou avec les EHPAD du territoire, tant les acteurs et les filières de prise en charge sont multiples. En revanche, La Pitié-Salpêtrière étant le plus grand hôpital d'Europe, fort de ses deux mille lits d'hospitalisation, il dispose de nombreuses réanimations spécialisées (cardiologie, neurologie, hématologie, etc.) dans lesquelles travaillent beaucoup de médecins de garde la nuit. Cela devrait permettre de décharger un peu les urgences. J'apprends alors que tous les patients suivis dans l'hôpital pour des maladies chroniques, et qui ont fait l'objet de soins techniques lourds tels que des chimiothérapies pour cancer, des greffes de cœur, de foie ou de rein, sont systématiquement adressés aux urgences en cas de problème aigu, au lieu d'être pris en charge directement par les services concernés. Cela expose ainsi des patients extrêmement immunodéprimés et connus de longue date dans l'hôpital à des attentes de plusieurs heures dans des urgences bondées, en présence potentielle de patients infectés. Je m'agace. Je n'ai jamais vu cela nulle part ! Et j'apprends de surcroît que les malades connus de l'hôpital correspondent à environ 20 % des passages par les urgences. Donc, au lieu de mieux organiser l'hôpital, on demande au ministère des moyens supplémentaires pour une activité qui ne devrait en aucun cas être maintenue. Se pose immédiatement la question de savoir qui a intérêt à cette organisation ?

Je comprends d'abord, par le discours subliminal de la directrice de l'hôpital, que cela permet de comptabiliser de l'activité (la fameuse T2A). Ensuite que les chefs des services de spécialité au sein de l'hôpital sont heureux de ne pas avoir à gérer les urgences pour leurs médecins de garde, qui ne sont donc pas dérangés. La directrice m'avoue également que vu le poids de ces différents chefs de service, elle ne veut pas se les mettre à dos en leur imposant de recevoir des malades de façon non programmée la nuit. Enfin, les internes et chefs de clinique présents autour de la table me font comprendre que c'est justement l'intérêt de ce service des urgences qui, grâce à ces patients aux profils de pathologies diversifiées, a une bonne réputation et est choisi par des internes expérimentés qui viennent pour prendre en charge des malades complexes « intéressants », qu'ils ne verraient pas ailleurs.

En tant que spécialiste des greffes de moelle, je sais pertinemment que les urgences sont une zone de risque pour les malades complexes, immunodéprimés et fragiles. Mes patients avaient d'ailleurs interdiction d'y aller et devaient impérativement appeler mon service en cas de complication pour être vus par le médecin de garde spécialiste de leur pathologie, qui réglait le problème plus vite et avec une sécurité maximale.

Je comprends donc que tout le monde autour de cette grande table de la salle de repos du service en ce soir de réveillon a un immense intérêt à cette organisation déviante et surtout très délétère pour les malades.

Alors que tous les grands CHU de province ont déjà organisé leurs filières de prise en charge des malades chroniques et connus de l'hôpital, j'assiste à un comble de perversité du système. Je ne mâche pas mes mots devant eux ce soir-là. Et j'en profite pour demander aux acteurs présents autour de la table si cette façon de procéder est identique dans tous les services des urgences de l'AP-HP. Personne n'a l'air de trop savoir.

Vraiment très en colère, j'exige un plan d'action de la part de Martin Hirsch dans le mois qui suit pour réorganiser les urgences parisiennes et arrêter ces dérives qui, pour épargner certains, mettent la pression sur les services des urgences et leurs personnels. Je recevrai un « deux pages » d'un vague plan d'action deux mois plus tard, date à laquelle la première grève démarre aux urgences de l'hôpital Saint-Antoine à Paris après une agression d'un agent d'accueil par une famille. Comble de cynisme, le doyen de la faculté publie dans le même temps un violent papier à charge contre le manque de moyens humains et financiers dans *Libération*. Il n'a pas dû apprécier que j'évoque un problème d'organisation chez lui et que je critique dans le fond ce qu'il cautionne depuis des années.

Mais je persisterai en tant que médecin à dire qu'il est anormal de faire attendre des malades fragiles, immunodéprimés et souffrant de pathologies complexes au milieu des infarctus, des fractures de jambes ou des tuberculoses, même si c'est intéressant pour les internes et que cela rapporte de l'activité hospitalière. Je changerai d'ailleurs la tarification des urgences quelques mois plus tard pour éviter ces dérives.

La grève des urgences, essentiellement portée par des paramédicaux qui créeront le collectif Inter-urgences, et stimulée à l'époque en sous-main par le syndicat Sud, démarrera ainsi à l'AP-HP moins de trois mois plus tard, en mars 2019, s'étendra progressivement à plus d'une centaine de services sur les 550 existants. Elle sera parfaitement relayée dans les médias sans que le *leitmotiv* du manque de moyens ne soit vraiment interrogé au fond par quiconque.

Or il est illusoire d'imaginer que l'activité des urgences puisse augmenter d'année en année et qu'on élargisse indéfiniment les locaux ou augmente les moyens humains, sans tout y réorganiser et sans une prise de conscience collective et citoyenne de leur fonctionnement. Les urgences en effet offrent pas mal d'avantages et peuvent devenir la facilité pour certains, même si en disant cela je sais qu'on va me rétorquer immédiatement que je ne prends pas en considération les malades. Ce qui est évidemment totalement faux, bien au contraire. Tous les urgentistes le savent. Aller aux urgences permet de compenser la difficulté de trouver un médecin traitant[7] ou d'attendre vingt-quatre ou quarante-huit heures pour avoir un rendez-vous médical. Les urgences permettent d'avoir une radiographie ou une prise de sang immédiatement, sans être obligé d'attendre un rendez-vous dans un cabinet en ville, ce qui accélère les diagnostics et rassure les patients. Les urgences sont sans avance de frais et paraissent donc gratuites pour les usagers.

En cette année 2019, je refuserai donc de céder à la facilité, car renflouer simplement des moyens aux urgences ne fait que reculer pour mieux sauter, le nombre de passages aux urgences ayant vocation à augmenter irrémédiablement si on ne pense pas toute la filière des soins non programmés autrement. Les murs des services ne peuvent être indéfiniment repoussés, les urgentistes sont en nombre limité et sont formés aux urgences vitales, pas à la médecine générale. De plus, les problèmes sont extrêmement divers d'un site à l'autre et d'une région à l'autre en fonction de l'offre médicale existante. Un plan de refondation des urgences a ainsi été présenté par le Premier ministre en septembre 2019. Il était doté de 750 millions d'euros et devait participer à rénover les locaux. Mais surtout, ce plan, qui prenait en compte les différentes réalités de terrain, visait à desserrer l'étau pesant sur les services d'urgences pour rediriger les patients en condition de les éviter, soit parce qu'ils pouvaient être pris en charge par des médecins libéraux bien équipés (notamment en petits appareils de biologie permettant d'éliminer immédiatement des diagnostics graves, tels que les infarctus, embolies ou infections), soit parce qu'ils pouvaient être hospitalisés directement dans les services d'aval, notamment pour les personnes âgées, soit parce qu'un transport n'était pas nécessaire (nous avions prévu de doter tous les EHPAD de télémédecine pour consulter les centres 15). Une prime de 100 euros par mois avait été créée pour revaloriser l'ensemble des personnels, une formation d'infirmiers de pratique avancée pour les urgences avait été programmée pour décharger les médecins d'un certain nombre d'actes (sutures, prescriptions de radios ou de bilans) ; nous avions également créé le Service d'accès aux soins (SAS), numéro d'appel médicalisé permettant d'orienter les malades en amont de leur

7. Je mets de côté bien évidemment les patients qui n'ont pas le choix faute de médecin traitant ou qui habitent dans un désert médical.

venue, les maisons médicales de garde pour les hôpitaux comptabilisant plus de 20 000 passages par an, et nombre d'autres mesures pour fluidifier l'activité et mieux la réguler.

La grève s'est ainsi arrêtée à l'été 2019. Mais le Covid, submergeant tout en 2020, n'a pas permis au plan de se déployer, les professionnels étant mobilisés sur la crise. Depuis, à l'évidence, la situation ne s'est pas améliorée.

Quand je vois le Président pris à partie par la communauté médicale et un peu démuni, je me dis qu'il est peu probable que quelqu'un de son entourage, notamment sa conseillère santé qui a été directrice de cet hôpital, lui ait rédigé cette note de contexte…

Samedi 16 mai

Dans la soirée, l'échange avec le secrétaire général du mouvement LREM contredit plutôt l'impression que j'avais cette semaine, c'est-à-dire que le Président souhaitait se débarrasser des élections municipales et serait tenté de les maintenir en juin. Perdu pour perdu, il passerait à autre chose et se projetterait dans la présidentielle de 2022. Stanislas Guerini a demandé un sondage pour savoir ce qu'en pensent les Français ! En mon for intérieur je me dis que la date des municipales a peu de chance d'intéresser qui que ce soit dans notre pays… Stanislas Guérini a aussi argué du fait qu'il serait difficile de justifier un déconfinement progressif si l'on attendait des citoyens qu'ils aillent voter comme si de rien n'était.

Dimanche 17 mai

Mais le *JDD* du dimanche publie une tribune signée par plusieurs maires, dont Anne Hidalgo, qui réclament le maintien du second tour des élections en juin. Normal, c'est la prime aux sortants et aucun thème de campagne n'imprime autre chose que le sanitaire. Ils ont raison de jouer la carte de la légitimité. Ensuite, comment imaginer que la majorité présidentielle puisse l'emporter où que ce soit alors que les Français sont inquiets et en colère ? Cela ne peut être que la bérézina.

Le *JDD* titre également sur le plan hôpital d'Olivier Véran, augmentations de salaires et Ségur de l'hôpital en vue. C'est ce que voulait le collectif et cela devrait apaiser les tensions dans le monde hospitalier. Mais je n'ai pas encore bien digéré le *mea culpa* du Président vendredi, alors même que j'avais perdu l'un des rares arbitrages que j'avais demandés auprès de lui. J'ai beau savoir qu'il fait de la politique, je ne m'y fais pas.

Semaine 20

Lundi 18 mai

Une nouvelle très alarmante est tombée. Elle fait tout juste un entrefilet dans quelques journaux. La Chine a pris la décision de confiner à nouveau 108 millions de personnes. C'est dû à la reprise de l'épidémie dans la province de Jilin, à la frontière nord-coréenne. Cela devrait pourtant nous alerter sur le fait que cette épidémie va durer. Beaucoup en France pensent que tout cela sera fini à l'été ! Je m'étonne qu'on ne prépare pas les opinions publiques. Même l'OMS ne le dit pas clairement.

Le Pr Didier Pittet, médecin hygiéniste genevois, rend son rapport d'évaluation sur la gestion de la crise au PR, dans lequel il critique la France. Il a donc réussi à écrire l'intégralité de son rapport sans m'avoir interrogée une seule fois et n'a donc pas la moindre idée de ce qui s'est passé avant le 14 février.

Le rapport pointe également le manque de masques. C'est assez cocasse car ce collègue, très reconnu en Suisse, n'a de cesse de dire depuis des mois à ses concitoyens que les masques ne servent à rien [8] et continue de prôner le lavage des mains comme l'unique mesure barrière efficace [9].

8. En Suisse, les familles ont l'obligation d'avoir une boîte de masques à domicile mais il semble qu'en pratique très peu de Suisses aient appliqué cette règle.

9. Dans une interview du 19 mars 2020, intitulée « Soins, transmission, hygiène : comment lutter contre le Covid-19 », au magazine *L'Illustré*, il explique que le virus ne mute pas, qu'on ne peut pas se réinfecter, le mot masque n'y apparaît pas, uniquement le lavage des mains. En mai 2020, alors qu'il écrit le rapport, il nie toujours la transmission par aérosols (cf. Assma Maad et Gary Dagorn, in *Le Monde*, 21 mai 2020), et en juillet 2020, il continue à émettre des doutes sur l'importance des masques (Heidi.news, 29 juillet 2020 par Yvan Pandelé).

Et le comble, de la part des experts qui rédigent ce rapport, censés être garants de la méthode du retour d'expérience, il n'y a aucune procédure contradictoire qui permette aux acteurs de réagir aux éventuelles erreurs [10]. Plus personne ne tient compte des règles élémentaires de l'évaluation, démontrant, s'il fallait encore un exemple, l'échec de la rigueur la plus élémentaire.

Mardi 19 mai

Comme prévu, le Conseil scientifique ne s'oppose pas à la tenue des élections mais souhaite pouvoir réévaluer la situation courant juin, quitte à annuler le processus électoral en cours, même une semaine avant, si le virus circule trop. Le Premier ministre et tous les partis d'opposition poussent à fond pour se débarrasser des élections municipales le plus vite possible. Et je comprends que, de son côté, le Président reste dubitatif, notamment parce que les conditions de campagne ou de vote devront répondre à des procédures drastiques de sécurité sanitaire et que les recours contre les résultats vont être nombreux vu les conditions de la campagne. Tout cela reste encore en suspens et il faut garder les nerfs.

Ce soir, le Pr Éric Caumes, chef de service des maladies infectieuses à La Pitié-Salpêtrière, est invité sur le plateau de BFM face à Ruth Elkrief qui commence son interview par : « Il semble que vous ayez été l'un des premiers à alerter sur la dangerosité de cette crise… » Et lui de répondre sans sourciller : « Oui, bien sûr », se permettant de surcroît de commenter la prestation de Jérôme Salomon ! Ce même Pr Éric Caumes qui, le 17 février dernier, disait sur RMC que le virus n'étant « pas particulièrement pathogène, contrairement à ce qui est dit, ça va passer en douceur, et on ne va peut-être même pas s'en rendre compte ».

J'éteins la télé.

10. Tous les rapports effectués par les corps d'inspection de l'État, la Cour des comptes, ou encore les rapports d'enquêtes parlementaires ont une étape appelée « phase contradictoire » où le rapport est renvoyé aux acteurs avant publication. Cette étape indispensable permet de lever des ambiguïtés ou de corriger des erreurs d'interprétation. La partie initiale du rapport co-signé par le Pr Pittet n'est par exemple pas étayée, de l'ordre du ressenti… Elle ne résisterait pas à une phase contradictoire.

Mercredi 20 mai

Je reçois aujourd'hui enfin la main courante de mon cabinet concernant la gestion de la crise depuis le mois de janvier. Un premier colis de 600 pages…

Je vais pouvoir examiner les sujets qui sont remontés à mes conseillers. Il n'y a rien remontant à 2018 et 2019, notamment sur les masques. Pour cela, il me faudra attendre l'accès à la totalité des archives de l'administration du ministère, et même à celles d'avant mon arrivée comme ministre auxquelles je ne sais pas si j'ai un droit d'accès. Je m'aperçois en relisant cette première salve d'archives de 2020 que la note de Jérôme Salomon datée du 1er février n'évoquait pas non plus la question des masques. Il était clair à cette époque que les masques étaient pour les malades à domicile et pour les soignants, comme c'était préconisé par la totalité des recommandations, notamment de l'OMS, pour les épidémies respiratoires [11].

Plusieurs alertes arrivent sur mon téléphone qui me semblent affirmer que les élections auront lieu le 28 juin et que le PM et le PR ont finalement tranché. Après tant d'allers-retours, et le risque d'annulation une semaine avant, le choix me paraît incongru, mais il va falloir faire avec.

J'apprends aussi incidemment que les commissions d'enquête parlementaires vont avoir lieu exactement à la même période ! Les parlementaires se sont emparés du sujet car il permet d'avoir beaucoup de visibilité ; ils s'agitent comme si la crise était finie et déjà derrière nous. Un juriste m'explique également qu'il est urgent pour eux de nous auditionner avant que des juges ne s'emparent du sujet, car une fois l'affaire portée devant la justice, ils n'ont plus le droit de proposer une commission d'enquête, l'une étant exclusive de l'autre. Il est donc urgent d'exister politiquement.

La démission d'Yves du Conseil d'État était dans le CR du Conseil des ministres ce matin. Comme nous l'avions subodoré, les journalistes appellent pour savoir s'il a été démissionné d'office et si c'est pour des questions de conflits d'intérêts. Non, c'est à sa demande, et non, il n'y a aucun conflit d'intérêts. Le droit ne

11. Voir le guide de l'OMS : *Managing epidemics. Key facts about major deadly diseases.* Version 1, paru en 2018. Il y est bien précisé, y compris pour le MERS, le SRAS, la grippe ou la grippe aviaire, que les masques ne sont pas recommandés en population générale.

l'intéresse pas et il n'est pas là pour faire de la figuration dans un placard doré. À sa nomination, des rumeurs ont couru, évoquant une rémunération faramineuse, obligeant le Conseil d'État à démentir dans un communiqué de presse. Il n'est pas payé au Conseil d'État et ne l'a jamais été. Il reçoit son salaire habituel de PUPH. Ainsi, peut-être, les choses seront-elles enfin clarifiées.

Jeudi 21 mai (Ascension)

Ce matin, la balance penche pour des élections municipales en janvier 2021. Je crois que je n'irai pas récrire un programme ni faire une nouvelle campagne si c'est reporté. D'autres en rêvent. Qu'ils y aillent.

Sur les réseaux sociaux, les débats portent sur l'éventualité d'une deuxième vague après l'été. Il est évident que nous aurons régulièrement des clusters, des vagues plus ou moins hautes, et des hospitalisations en plateau bas pendant des mois, voire peut-être des années. Cela dépendra donc de notre capacité de tester, de tracer et d'isoler les cas contacts. Personne ne cite la Chine qui a reconfiné plus de 100 millions de ses habitants, ce qui est tout de même un signal fort. C'est pourtant simple : un virus qui circule est là pour longtemps, il devient forcément endémique, même avec une stratégie zéro Covid. Encore et toujours le déni.

Le chef des urgences de l'hôpital de La Pitié-Salpêtrière, Yonathan Freund, qui s'était déjà fait remarquer lorsque j'avais visité son service en 2018 avec son lot de dysfonctionnements organisationnels, raconte à qui veut l'entendre sur les chaînes d'infos qu'il n'y aura pas de deuxième vague. Je suis inquiète de l'aveuglement collectif. Pas une prise de parole éclairante, même de la part du Conseil scientifique. Les Français vont encore être déçus et en colère…

Vendredi 22 mai

Devant la presse, Édouard Philippe annonce avec moult circonlocutions que les élections auront bien lieu le 28 juin. L'argumentaire est pour le moins alambiqué : si on les repoussait en janvier 2021, il faudrait constitutionnellement organiser à nouveau deux tours et il pourrait se révéler que deux tours soient plus dangereux qu'un tour !

En fait, le problème pour moi, comme pour le premier tour, n'est pas tant le risque sanitaire qui me semble maîtrisable mais la distorsion dans les votes et la faible participation.

À Paris, le 28 juin, ce sera le jour des grands départs en vacances ou, au minimum, le week-end choisi pour accompagner les enfants en province pour tous ceux qui le peuvent après cette période de confinement strict et pesant. Il n'y aura ni les familles, ni les personnes âgées, inquiètes, elles, d'attraper le Covid. Et pour couronner le tout, le Conseil scientifique peut décider de tout annuler le 15 juin selon les statistiques de remontée des cas, la date restant « réversible » jusqu'au dernier moment.

Quel cauchemar ! Repartir en campagne maintenant, sans pouvoir parler à la presse de quoi que ce soit pour réserver ma parole aux commissions d'enquête fin juin comme le veut la tradition républicaine, et ne pas savoir si finalement les élections auront lieu. L'exercice d'équilibriste me semble impossible. Je n'ai pas le courage de m'exposer de nouveau, de servir de défouloir pour l'interne comme pour l'externe. Mes équipes sentent que je n'en ai ni l'envie ni la force.

Insomnie.

Samedi 23 mai

Je reçois finalement un appel du PR, je souhaitais en parler avec lui. Il sait mon indécision et son ton est chaleureux. Il pense que je ne peux pas ne pas y aller.

Je lui parle des attaques dont je fais continuellement l'objet depuis des semaines, par des groupes de harceleurs raoultiens, complotistes, extrémistes, et sur lesquelles je ne vais pas pouvoir m'exprimer avant mon audition à l'Assemblée nationale. Je lui parle aussi de la faiblesse de mon équipe de campagne. Assurément, elle s'est réduite pendant le confinement, beaucoup sont retournés à leurs occupations, cherchent activement un emploi ou essayent de maintenir celui qu'ils ont. Il va me falloir compter mes troupes pour repartir au combat dans de telles conditions.

Le Président promet de m'aider.

Dimanche 24 mai

J'apprends que les commissions d'enquête commencent leurs auditions le 8 juin, ce qui coïncide pile avec le début officiel de la campagne électorale. On pourrait croire qu'ils l'ont fait exprès.

Comment trouver le temps de classer et de lire ces centaines de pages d'archives ?

Inquiets, les membres rapprochés de mon équipe de campagne ont organisé une réunion de crise à mon domicile. Sans même me le dire, ils ont cherché depuis deux jours qui pourrait me remplacer au pied levé. J'étais déjà le plan B, ils n'ont pas de plan C. Eux aussi considèrent que nous n'échapperons pas à la bérézina, mais que cela serait pire encore sans tête de liste. Leur crainte est aussi que j'abandonne au milieu en raison des attaques que je subis. Ils ont raison. Si je repars en campagne, les jours à venir vont plus ressembler à un interrogatoire de la Stasi qu'aux lumières de la StarAc.

Interviewé à l'émission Le Grand Jury à midi, Gérald Darmanin me soutient droit dans ses bottes. Outre que cela me fait plaisir, je me dis que seuls les politiques comme lui, qui connaissent les campagnes et leur dureté, respectent peut-être un peu ce que j'ai accepté de faire en remplaçant Benjamin Griveaux après cette histoire rocambolesque.

Le jour, je reprends des forces et décide d'y aller mais, la nuit, je recule au même rythme… Ce sont les médias. Je ne les supporte plus.

Semaine 21

Lundi 25 mai

J'ai pris ma décision, je vais finir ce que j'ai commencé. Je le dois aux électeurs, à mes convictions, aux équipes, et aussi à ma famille qui a chèrement payé mon engagement politique. Les mots favorables de Gérald Darmanin m'ont aidée, aussi. Et l'aide du PR qui ne me lâche pas.

Il faudra en parallèle que je continue de travailler à l'hôpital tout en faisant campagne, car j'ai besoin de gagner ma vie, contrairement à tous mes concurrents qui sont des élus locaux et peuvent faire de la communication à temps plein. Sans compter pour moi la préparation de la commission d'enquête parlementaire qui va me prendre toutes mes soirées.

À midi paraît dans *Le Monde* un petit article signé Ariane Chemin. Sans bienveillance, il porte sur mes hésitations. Mais à ma place, qui n'en aurait pas ?

Il ne reste plus grand monde dans l'équipe qui souhaite encore s'engager. Même mon directeur de campagne me propose d'être là à temps partiel. Après un coup de colère, je réussis enfin à avoir une équipe en ordre de bataille.

En fin de soirée, j'échange avec Rachida Dati qui me promet « un pacte de non-agression » et souhaite des manœuvres de rapprochement dans plusieurs arrondissements. Je crois comprendre qu'elle veut suffisamment de postes de conseillers de Paris pour lui permettre d'être élue sénatrice aux prochaines élections.

Mercredi 27 mai

Dans les locaux du QG, reloués pour la campagne, je réponds à une interview pour *Le Figaro*. Puis, profitant de l'équipe sur place, listes et programmes sont revus de fond en comble. Depuis la pandémie, le moins que l'on puisse dire, c'est que les priorités ont changé.

Le lendemain, Rachida Dati n'apprécie pas mes propos dans *Le Figaro* et m'agonit d'injures. Elle me prévient qu'elle « lâchera les chiens ».

Le pacte n'a pas tenu longtemps.

Jeudi 28 mai

Je me retrouve sur France Inter, un peu émue. La dernière fois que je me suis assise dans ce studio, c'était le jour de la démission de Benjamin Griveaux, le battement d'ailes du papillon qui m'a précipitée dans cet invraisemblable tourbillon.

Léa Salamé me dit avant l'interview qu'elle a été choquée de la violence et de l'antisémitisme de ces deux derniers mois à mon encontre. C'est bien la seule journaliste que j'ai rencontrée qui a évoqué l'origine de ces attaques et m'a exprimé un peu de compassion.

Pour les municipales, est venu le temps des alliances. Gérard Collomb annonce son ralliement à Laurent Wauquier sur la métropole de Lyon. Les marcheurs s'en émeuvent. Stanislas Guerini souhaite l'exclure du mouvement.

D'autres, à l'inverse, voudraient que je m'allie à Rachida Dati pour faire tomber Hidalgo, sans aucune cohérence… D'abord, ils ne comprennent pas que s'allier à droite fait perdre les voix de centre gauche et que, surtout, le mode d'élection à Paris est particulier. Ce n'est pas le nombre de voix qui compte mais le nombre de conseillers élus qu'on envoie au Conseil de Paris, chiffre qui dépend de la taille de chaque arrondissement. Or le découpage électoral parisien nécessiterait de faire basculer au moins trois gros arrondissements, imprenables vu les circonstances. Je refuse évidemment. Je l'aurais bien entendu accepté ou je me serais retirée si, en face, il y avait le risque des extrêmes. C'est le cas dans certaines villes du sud ou LREM se retire pour le front républicain.

De mon côté, aujourd'hui, la séquence Villani reprend. Il était visiblement hier à l'Hôtel de Ville pour négocier avec Anne Hidalgo mais ses demandes ont été considérées comme démesurées. Fidèle à lui-même, il négocie donc aussi de notre côté. C'est bien ce qu'il m'avait dit le 12 mars : « J'irai au plus offrant. » Ainsi, il veut sauver sa tête dans le 14e arrondissement en fusionnant avec nous pour devenir tête de liste de la majorité présidentielle… à ma place [12] ! Il réclame de surcroît cinq postes de conseillers de Paris qui lui permettraient d'avoir un groupe indépendant au Conseil de Paris. Pas question. Il n'y a pas de « gâteau » à partager.

Le lendemain, j'apprends que Cédric Villani a reçu une fin de non-recevoir de la majorité municipale. Va-t-il encore oser revenir vers nous, puisqu'il reste quarante-huit heures avant le dépôt des listes ?

Cet après-midi, le PM annonce la deuxième phase du déconfinement. On peut aller au-delà de 100 kilomètres, les parcs rouvrent aujourd'hui, les écoles et les terrasses, mardi. Le moral des Français revient.

12. Interview donnée à l'AFP le 19 mai dans lequel il se propose d'être la tête de liste pour LREM à ma place car je « compromettrais » la campagne de Paris.

Ce soir, un nouvel article du journal *Le Monde* m'attaque[13]. À la suite de mon entretien donné au *Figaro* et à mon passage sur France Inter, il titre « La mémoire sélective d'Agnès Buzyn », et revient sur mon arrivée aux municipales à Paris en remplacement de Benjamin Griveaux.

Encore des journalistes qui compactent le temps, me faisant passer pour une menteuse. Le 16 février, il n'y avait pas d'épidémie hors de Chine et la pandémie a été déclarée un mois après mon départ. Et j'aurais bien aimé que tout le monde soit en alerte fin janvier, je me serais sentie moins seule. D'abord la projection épidémiologique de l'Imperial College de Londres qu'ils citent, datée du 26 janvier, expliquait qu'il y avait probablement 100 000 cas à Wuhan, c'est-à-dire dix fois plus qu'annoncé, calcul que j'avais moi-même fait la nuit de notre premier cas, le 25 janvier… La démonstration de la transmission interhumaine par cette institution anglaise date du 25 janvier, tel qu'annoncé par l'OMS, or nous l'avons considérée en France dès le 21 janvier. Leurs premières projections très alarmistes sur l'impact de l'épidémie datent de fin février, ce qui n'a visiblement pas suffi à convaincre le gouvernement anglais… Enfin, comble de mauvaise foi, le niveau d'alerte de l'OMS a été remonté effectivement fin février, c'est-à-dire après mon départ du ministère, tout comme l'article du *New England Journal of Medecine* daté du 20 février, lequel s'interroge sur

13. William Audureau et Assma Maad, « Coronavirus, "mascarade" et "grippette", la mémoire sélective d'Agnès Buzyn », *Le Monde*, 28 mai 2020.

« […] elle justifie son changement de casquette, le 16 février, en pleine pandémie, par l'impression que ses intuitions alarmistes ne sont pas partagées. […]

Néanmoins, les grandes institutions scientifiques mondiales et les autorités sanitaires internationales tenaient un discours bien plus alarmant depuis le début de l'année, qu'Agnès Buzyn ne pouvait ignorer.

Dès le 26 janvier, les experts en épidémiologie de l'Imperial College britannique avertissaient que le nombre de cas réels était probablement supérieur à 100 000. Le 30 janvier, l'OMS décrétait l'urgence sanitaire mondiale, tandis que mi-février, Gabriel Leung, président de la chaire de Santé publique à l'université de Hong Kong, estimait que 60 % de la population risquait d'être touchée si aucune mesure forte n'était prise.

Dans la foulée, l'OMS relevait fin février son niveau d'alerte au maximum, après la publication, dans le *New England Journal of Medecine*, d'une étude montrant l'ampleur des dégâts causés par le Covid-19 et l'amplitude des classes d'âge pouvant être touchées. »

l'impact potentiel de l'épidémie qui n'a pas encore commencé hors de Chine. Les experts qui ont donné des conseils au gouvernement auraient pu prendre ces alertes en compte. Mais il est plus facile de me prendre pour cible aujourd'hui.

En face, le mouvement LREM est inerte et aucun porte-parole ne monte au créneau pour me défendre comme le ferait tout parti politique au cours d'une campagne électorale. S'il n'y a que moi qui prends la foudre, cela arrange tout le monde, y compris dans la majorité.

J'avais mis un petit mot à Roselyne Bachelot la semaine dernière à la suite de son grand article de réhabilitation sur la crise H1N1. J'aime bien son franc-parler, et sa réponse, qui me parvient ce jour, ne m'étonne pas : « Des épreuves compliquées vous attendent et que j'ai subies en leur temps, tout spécialement deux commissions d'enquête. Je sais que vous trouverez en vous les ressources nécessaires pour affronter tant de médiocres. Ne vous excusez pas, ne cédez sur rien, n'attendez aucune pitié : globalement, à quelques exceptions près, ce sont des lâches… la force sera avec vous. Je vous embrasse. Roselyne [14]. »

Vendredi 29 mai

Bonne conférence téléphonique avec le petit groupe politique autour de moi ce matin pour parler stratégie, programme, alliance et communication. On avance bien.

Notre programme aura trois axes : 1. relance économique ; 2. protection des personnes ; 3. ville durable.

Je sens une vraie mobilisation bienveillante des quelques-uns qui ont accepté de m'accompagner dans ce dernier round et je les remercie sincèrement. On n'oublie jamais ceux qui vous tendent la main pendant la tempête.

Le débat de cette semaine sur le front du Covid porte à nouveau sur la chloroquine, après la parution d'un article dans *The Lancet* qui rassemble toutes les études faites dans le monde sur ce produit, réalisées sur 96 000 malades, et qui concluent à son inefficacité.

14. Elle me pardonnera certainement de l'avoir citée ici, n'ayant généralement pas sa langue ni ses convictions dans sa poche. Elle sait que je l'apprécie et la trouve courageuse.

Mais un panel de scientifiques a réagi suite à la publication et démontre que cette méta-analyse – c'est-à-dire l'analyse qui rassemble toutes les études sur un même sujet – comporte des biais et qu'on ne peut, en l'état, rien en conclure. Je suis dépitée. Comment *The Lancet*, journal scientifique de référence, pourtant spécialisé dans les méta analyses, a-t-il pu laisser passer une telle erreur ? Cela renforce encore la paranoïa de Didier Raoult et les thèses complotistes de ses soutiens. On ne peut pas mieux alimenter la machine.

Par ailleurs, l'OMS et Olivier Véran, qui, sur les bases de cet article, ont pris la décision de ne plus utiliser la chloroquine, se retrouvent mis en danger.

Maintenant Didier Raoult défie le ministre de la Santé sur la base d'une pétition, alimentée par son ami et ancien ministre Philippe Douste Blazy qui siège au conseil d'administration de l'IHU. C'est la nouvelle mode : décider de l'efficacité d'un médicament sur une pétition citoyenne. C'est comme cela que Galilée s'est retrouvé menacé de torture et obligé d'abjurer, parce que l'opinion générale pensait que la Terre était plate.

Ce qui se passe sur le front des sciences est de plus en plus grave. Et toujours aucune prise de parole des agences, des instituts de recherche, des ordres, de l'Académie de médecine, de la HAS, de l'ANSM, du CCNE, non pas sur l'efficacité de la chloroquine, mais sur les méthodes populistes qui s'installent dans le monde scientifique. Trois mois de débat sur la chloroquine. Sans éthique. Et nous ne savons toujours pas.

Un article est sorti dans Mediapart sur l'histoire du laboratoire P4 de Wuhan [15]. Excellent. Rien à redire. Il rappelle les intérêts économiques de la France en Chine. Il stipule bien que mon mari était en phase avec le SGDSN de l'époque et s'est opposé avec vigueur au transfert de souches pathogènes par la France.

Samedi 30 mai

Première sortie prévue aujourd'hui pour rencontrer des commerçants du 17e arrondissement. Je me rends compte que je suis

15. Karl Laske et Jacques Massey, « La folle histoire du laboratoire P4 de Wuhan », Mediapart, 8 mai 2020.

angoissée à l'idée de m'exposer de nouveau au regard des gens. Le confinement dans mon cocon familial avait du bon. Je me sentais protégée.

Mais pas le choix, il faut plonger.

Je prends la voiture vers 13 heures. Elle roule sur les quais rive gauche, en face du Louvre. Il fait magnifiquement beau, pas un nuage sur Paris et une légère brise d'été rafraîchit l'air et les passants. Tout le monde a l'air si heureux ! Les bouquinistes sont aux avant-postes comme si rien ne s'était passé. Je me dis que la résilience des Français est exceptionnelle. En médecine, je remarquais que les malades oubliaient vite les expériences douloureuses, je vois aujourd'hui que le bonheur de revivre efface des visages les tensions des mois passés.

Dimanche 31 mai

Nouveau psychodrame avec Rachida Dati qui m'envoie un message rageur à 9 heures du matin. Stanislas Guerini a accordé une interview au journal *Le Parisien* annonçant que nous nous opposons à un accord parce que nous ne sommes pas sur la même ligne progressiste. Elle m'écrit sobrement : « À quand Dati avec une croix gammée sur le front ! » Ce n'est évidemment pas du tout la teneur des propos du secrétaire général du mouvement qui est par ailleurs un homme mesuré et poli. Je lui réponds que nous la respectons, qu'il n'y a rien de personnel, mais que nous parlons ici de ligne politique. Si les LR et LREM était sur la même ligne, il n'y aurait pas eu d'espace pour le Président en 2017.

Renégociation nocturne. Rachida Dati m'appelle à 23 heures. Elle prétend qu'elle veut une alliance large pour faire tomber Hidalgo. En réalité, toutes ses voix sont concentrées sur les arrondissements aisés de l'Ouest parisien et elle ne pourra jamais gagner en nombre de sièges au Conseil de Paris. Elle le sait très bien ; Paris se gagne dorénavant à gauche ou au centre et elle ne peut être majoritaire dans aucun des arrondissements clés qu'il faudrait obtenir. Elle enchaîne sur une tirade ininterrompue de trente-cinq minutes de leçon de politique, me citant successivement sa mère, sa fille, sa famille nombreuse, Simone Veil, Nicolas Sarkozy, Emmanuel Macron et chacun des conseillers du Président qu'elle dit avoir régulièrement au téléphone, la magistrature, sa droiture, sa campagne de terrain, sa directrice de campagne… et j'ai dû oublier quelques sujets au passage. Il est une heure du matin. J'ai réussi à placer trois mots. Très calmement, je lui rappelle que je ne ferai pas d'attaque personnelle, ce n'est pas mon créneau, y compris à l'égard d'Anne Hidalgo, je raccroche et je vais me coucher.

Le dépôt des listes d'alliances pour le deuxième tour a lieu le 2 juin. LREM a exclu Gérard Collomb qui s'est allié avec Laurent Wauquier mais accepte de s'allier avec les LR à Bordeaux et à Strasbourg. Deux poids, deux mesures. Il convient donc de rester fidèle à mes convictions.

Semaine 22

Lundi 1er juin

Je travaille.

Quel apaisement !

Cela peut paraître décalé mais je suis heureuse d'avoir du temps pour réfléchir, interagir même en visioconférence avec mes équipes, me poser devant mon ordinateur pour mettre mes idées par écrit. Cela m'a terriblement manqué comme ministre. Cela a été pire encore comme candidate du premier tour où j'ai juste eu le temps d'absorber des informations prémâchées. J'ai l'impression que je retrouve mon point d'équilibre.

Rachida Dati m'a de nouveau attaquée ce matin chez Sonia Mabrouk sur Europe 1, éructant que je n'avais pas un mot pour les victimes du Covid et que j'aurais des comptes à rendre devant eux. Cela pourrait laisser penser que je suis coupable de quelque chose mais ce n'est pas suffisamment explicite pour que je puisse appeler cela de la diffamation. Heureusement, dans l'échange, la journaliste a rappelé que j'étais allée travailler à l'hôpital Percy et que l'on ne pouvait pas appeler cela à proprement parler du « désintérêt pour les malades ».

Mercredi 3 juin

La journée commence par une interview chez Jean-Jacques Bourdin. Passage obligé mais qui devrait être assez peu bienveillant.

Le directeur de BFM-RMC Marc-Olivier Fogiel et toute sa rédaction sont réunis et m'attendent à l'entrée. Je n'ai jamais eu autant d'honneur comme ministre, ce que je traduis par leur désir de marquer un point médiatique.

Jean-Jacques Bourdin est très en colère que je sois allée chez Léa Salamé avant de venir chez lui et me le fait savoir de façon désagréable dans le couloir qui nous mène au plateau. L'interview reprend comme d'habitude mes propos sur la vidéo tronquée du 21 janvier, ne diffuse pas la fin de la phrase et, comme d'habitude, contracte le temps. Selon lui, il y avait des centaines de morts en janvier !

C'est le problème principal de cette épidémie. On relit, voire on récrit l'histoire à l'aune de ce que nous vivons trois mois après : tout le monde a oublié la chronologie et raconte absolument n'importe quoi.

Comme il est difficile de prédire l'avenir et aisé de récrire l'histoire !

J'aurais adoré remonter le temps, moi aussi.

Je repense douloureusement à l'allégorie que m'a racontée Bruno Le Maire la semaine dernière, lors d'une rencontre inopinée dans Paris : « Le monde politico-médiatique, c'est comme les piranhas, il ne faut pas y plonger si on saigne… »

Ce soir, dîner avec une ministre amie dans son ministère désert. On nous a préparé deux plateaux-repas, laissés au frais. Cela me fait un bien fou, je la retrouve douce, attentive et attentionnée comme d'habitude. De retour à la maison, je tombe sur le long format de BFM consacré à Didier Raoult. Ruth Elkrief est complaisante, souriante et quasi complice. La pauvre Margaux de Frouville, qui est une très bonne journaliste santé, a l'air effondrée. Elle se fait renvoyer dans ses buts dès qu'elle pose une question qui gêne. Il attaque frontalement le gouvernement. Lui seul sait tester, lui seul soigne, lui seul se préoccupe de l'urgence et des malades. Il a parlé au ministre, il a parlé au Président. Il leur a expliqué. Ils n'ont rien écouté… Je me retiens de porter un diagnostic médical sur les symptômes du monsieur.

Jeudi 4 juin

Publication du rapport de la commission d'enquête du Sénat sur l'accident industriel de Lubrizol. Il fallait que ça tombe aujourd'hui, en pleine campagne, avec mon nom de nouveau lâché en pâture dans les titres du *Parisien* et de *Ouest-France*. Mais quand on lit les articles, mon action n'est pas critiquée. Ils me reprochent d'avoir répondu aux sénateurs qu'« on ne [savait] pas chercher ce qu'on ne connaît pas », simple lapalissade. Il est vrai que l'audition a été cocasse. Dans cette commission, il y avait deux sénatrices qui n'appréhendaient pas bien la complexité du problème. Elles n'arrivaient pas à concevoir qu'on ne retrouve pas dans les dépôts environnementaux, sous le panache de fumée, les produits toxiques qui étaient pourtant entreposés sur le site. J'avais donc été obligée de faire un cours de chimie organique, expliquant que la combustion et la chaleur induisaient la transformation des molécules d'hydrocarbures en atomes indépendants d'oxygène, d'hydrogène, d'azote, parfois de soufre (responsable de l'odeur) et de carbone, et que ce dernier retombait sous forme de suie. Je crois me souvenir qu'à la troisième répétition d'un fait simplement scientifique, j'ai dû montrer de l'agacement, beaucoup d'agacement même… J'ai rappelé aussi que la commission d'enquête de l'Assemblée nationale avait rendu son rapport, elle, en février, et qu'elle n'avait pas été à charge, même si des points d'amélioration pouvaient bien sûr être trouvés, notamment en termes d'information du public.

Mais il est tentant aujourd'hui de me mettre sur le dos tous les maux de la terre. J'ai de la chance qu'on ne m'accuse pas de l'incendie lui-même ou du tsunami de Fukushima à l'époque de l'IRSN… certains me soupçonnent bien d'avoir fabriqué le Covid.

De toutes les façons, pour moi, le résultat de cette commission d'enquête ne se présentait pas sous les meilleurs auspices. En effet, c'est le sénateur LR, Hervé Maurey, qui la présidait. Ce même sénateur qui avait contesté pendant un an et avec fracas la décision de l'Agence régionale de santé de fermer la maternité de sa circonscription à Bernay. Il avait interpellé le Président en 2019, lors d'un des Grands Débats en Normandie, et le PR avait répondu qu'il m'y enverrait immédiatement pour réévaluer la situation. Je m'étais donc rendue sur place quelques jours plus tard et nos échanges avaient été ensuite tendus. Cette maternité fonctionnait avec un seul médecin permanent, aucun pédiatre, et avait fait l'objet d'un audit d'experts obstétriciens indépendants très sérieux qui l'avaient considérée comme dangereuse pour les femmes et leur bébé. J'avais donc maintenu la fermeture. Il m'en voulait terriblement.

Olivier Véran me propose de dîner au ministère et me raconte la gestion de la crise telle qu'il la vit depuis mon départ. Il se plaint beaucoup des agences sanitaires qu'il veut réformer. Il me dit avoir obtenu près de 15 milliards d'euros pour le Ségur de la santé, notamment pour des augmentations de salaires et devrait aussi obtenir plus d'argent pour le grand âge. Il semble heureux. Pour lui, le plus dur est passé.

Vendredi 5 juin

- L'OMS publie une mise à jour des orientations sur le port du masque dans la lutte contre le Covid-19. Il s'agit de la première recommandation de l'OMS du port du masque en population générale.

Maintenant que le monde entier s'y est mis, l'OMS publie sa première préconisation du port du masque en population générale. Les tenants de la version « le Covid se transmet par aérosols et pas par gouttelettes » ont eu raison des experts les plus récalcitrants.

Une partie de la journée est consacrée à déminer les propos de Marlène Schiappa issues d'une boucle Telegram rendue publique. Elle explique que je n'ai « aucune chance d'être élue maire de Paris », et que, « stratégiquement, il vaut mieux éviter d'aller faire campagne dans les quartiers populaires car ils ne votent pas pour nous ».

Toujours aussi délicate et raffinée, chère Marlène ! Je la laisse se dépêtrer avec son mépris de classe, mais je sens que cela met les journalistes en appétit.

À 17 heures, branchée sur Zoom, j'assiste en direct à l'exposé de mon fils aîné qui passe sa thèse de médecine. Comme quoi tout est possible maintenant. Je suis fière de lui, c'est un excellent professionnel, il ira loin, même si je ne lui souhaite pas forcément d'être ministre de la Santé un jour comme sa grand-mère et sa mère.

Le soir, j'adresse un petit texto amical à Gilles Le Gendre, député de Paris et président du groupe LREM à l'Assemblée, dont une note au PR a fuité dans la presse. Il y évoque l'éventualité d'un remaniement et d'un changement de Premier ministre, ce qui fait les gorges chaudes de toutes les chaînes infos. C'est vraiment l'enfer de travailler avec autant de peaux de bananes. La majorité à l'Assemblée est sens dessus dessous et a visiblement décidé de le pousser dehors. Les députés lui reprochent d'avoir critiqué Édouard Philippe et d'avoir évoqué l'absence de candidats sérieux au sein de la majorité pour devenir Premier ministre. Il me semble normal que le président du groupe de la majorité évoque un remaniement à venir avec le PR et, pour ma part, je ne vois pas quel député actuel pourrait remplacer Édouard Philippe. La barre est un peu haute pour eux.

Dimanche 7 juin

Revoici Marlène Schiappa sur LCI à 18 heures. Elle appelle finalement à voter pour les têtes de liste qui me soutiennent... Elle ne paraît pas à l'aise et on sent que cela ne vient pas du cœur. Mais qu'importe, c'est déjà un grand pas.

Puis elle répète haut et fort qu'elle veut peser plus dans la majorité, sous-entendu lors du prochain remaniement. Nicolas Domenach lui évoque avec gourmandise le poste de Premier ministre car ce serait tellement innovant d'avoir une femme ! Elle répond en minaudant, sans masquer sa satisfaction, que le dernier mot reviendra au Président.

Ce soir, Jean-François Delfraissy est longuement interviewé sur le dernier avis du Conseil scientifique qui prône exactement le contraire de ce qu'il disait il y a trois semaines, à savoir qu'il faut laisser les gens vivre, et simplifier considérablement les règles à l'école. Ils doivent être contents à l'Éducation nationale, trois semaines avant la fin des cours et avec les organisations drastiques mises en place pour l'accueil des enfants suite à leur premier avis. Quand on lui demande quelles règles seraient à simplifier, il botte en touche : « Je n'en parlerai pas là. » En fait, il n'en sait rien et laisse le gouvernement se dépêtrer. D'ailleurs, il répète à l'envi que les choix sont politiques. Pour finir, il explique que les travaux du Conseil scientifique s'arrêteront en juin parce que Françoise Barré-Sinoussi et lui sont fatigués, et qu'il verra si cela repart en septembre.

Comme s'il pouvait y avoir un doute ! J'aurais plutôt imaginé que l'été serve à préparer les prochaines vagues de rentrée et surtout ce qu'on va faire pour maintenir les écoles ouvertes si cela repart...

Le PM s'exprime à Matignon et assume un déconfinement lent et progressif pour éviter une reprise évolutive de l'épidémie. Il ne tient visiblement pas compte de l'avis du Conseil scientifique, notamment sur l'école, et il a bien raison.

Le *JDD* publie le premier sondage. Nous sommes à 20 % d'intentions de vote, troisième. Rien d'anormal. Je pensais en réalité que nous serions plus bas.

Semaine 23

Lundi 8 juin

L'interview sur RTL avec Alba Ventura se passe correctement. Pendant la première partie, j'arrive à parler de Paris et de mes propositions. Je souhaite me démarquer de la campagne de Benjamin Griveaux. Ce n'est pas parce que la préoccupation numéro un des Parisiens dans les sondages était la propreté et la sécurité que nos concitoyens attendent de leur maire qu'il ne parle que de cela. Ce sont juste des prérequis, comme l'écologie au XXIe siècle, certainement pas une vision pour la capitale. Je reviens longuement sur le problème de l'école qui devient l'angoisse prioritaire des familles puisque les enfants à Paris ne sont accueillis qu'un jour par semaine. Alba Ventura revient trois fois de suite sur les propos de Marlène Schiappa. Sincèrement, j'ai envie de la renvoyer dans ses buts, non pas la journaliste bien sûr, mais Marlène, à qui j'ai juste demandé qu'elle se taise et ne se mêle plus de rien pendant cette deuxième partie de campagne. Mais ce n'est ni le lieu ni le moment d'agresser mes colistiers. Je m'en sors avec un peu de difficulté et mes propos sont fades à souhait. Comme quoi, l'expérience aidant, je peux aussi me mettre à la langue de bois.

Mardi 9 juin

Gérald Darmanin est venu me soutenir dans le 17e arrondissement, c'est courageux de sa part car personne d'autre au gouvernement ne me l'a proposé. Le moment est chaleureux, et nous prenons quelques photos. À la brasserie La Place où nous dînons, nos voisins de table, commerçants du quartier, nous encouragent avec enthousiasme.

Gérald me donne des conseils judicieux. L'un d'entre eux me fait rire. Il semble que pour être populaire, il faut poster des photos d'animaux domestiques sur sa page Instagram. Il n'a pas tort. Tout le monde a remarqué que Marine Le Pen a depuis longtemps choisi de se montrer avec des chats. Ma douce chienne acceptera-t-elle de sortir de l'anonymat pour moi ?

Par ailleurs, il est très engagé pour sa mairie, il me parle de ses projets. Nous évoquons le remaniement probable et l'ambiance générale. Le climat de l'opinion publique dans le pays nous inquiète. Il se mettra en retrait quelque temps s'il n'obtient pas un portefeuille qui l'intéresse dans un prochain gouvernement.

Je ne me fais aucun souci pour lui.

Mercredi 10 juin

La journée commence par un rendez-vous de travail avec Agnès Pannier-Runacher, ministre du Commerce et de l'Industrie, qui fait campagne avec moi à Paris, sur les mesures d'accompagnement des artisans et commerçants dans cette période de disette. Les nombreuses idées qu'elle me propose sont bonnes mais très techniques. Dans une campagne si spéciale, où le programme compte si peu, il est impossible de les porter publiquement. Aucune chance qu'elles trouvent un écho médiatique dans un tweet de 280 caractères ou un bandeau de chaîne info.

Dès le matin, Rachida Dati twitte que nous sommes racistes et la méprisons pour son parcours d'ascension sociale. Ce nouvel angle d'attaque est absurde ! Je demande à tout le monde de laisser filer sans réagir. Un de mes conseillers appelle cela « laisser passer le sanglier sans se mettre en travers de sa route ».

Le hasard faisant parfois bien les choses, elle reçoit dans la même journée le soutien de Marine Le Pen interviewée par Léa Salamé. Qu'elle se débrouille avec cela maintenant ! Elle avait eu le soutien du père au premier tour, elle a le soutien de la fille au second. Mme Dati pourra s'enorgueillir d'avoir réconcilié la famille Le Pen autour de sa candidature.

Face à ses attaques incessantes, j'apprends donc les affres de la communication de campagne… les options que me proposent Gaspard Gantzer, tête de liste dans le 6e et conseiller en communication, sont les suivantes : stratégie Ghandi, on la laisse parler, s'exciter et taper sans réagir ; stratégie Trump, on cogne en mentant tous azimuts et encore plus fort que les autres ; ou stratégie intermédiaire, on en parle aux journalistes qui suivent la campagne de terrain, pour déminer.

Après cette plaisanterie, nous faisons sans difficulté le seul choix qui me ressemble.

Jeudi 11 juin

Matinale de Radio classique ce matin avec Guillaume Durand masqué et barricadé derrière un labyrinthe de parois en plexiglas. Il paraît qu'il a été gravement malade et craint terriblement le virus. Je suis la première invitée physiquement présente dans le studio depuis la crise. Derrière le masque et les vitres, j'entends difficilement ce qu'il dit.

Avant que l'émission ne commence, il m'informe gentiment que beaucoup veulent ma peau. Que répondre à cela ? Que ce merveilleux pays est devenu fou ? Que l'on y aime l'odeur du sang ? Que l'on juge avant d'écouter ? Que l'on accuse avant de comprendre ? Nous vivons depuis les Gilets jaunes dans une période éruptive, qualifiée de prérévolutionnaire, où certains veulent voir des têtes tomber. Et ceux qui soufflent sans vergogne sur ces braises n'ont pas compris que les têtes suivantes seront les leurs.

Vendredi 12 juin

Je donne une interview pour le *JDD* aujourd'hui, et j'en profite pour reparler au journaliste de la photo volée avec un de mes enfants du mois d'avril qui me reste en travers de la gorge. Il n'en est pas responsable mais il prend pour les autres.

Christian Perronne, l'infectiologue de Garches, connu pour ses dérives, publie un livre à charge sur la gestion de la crise, sorte de livre à scandale avec une couverture noire et surtout un gros titre en lettres rouges, ce qui permet tout de suite de repérer à quoi on a affaire. La une du *Figmag* lui rend hommage alors qu'il est évident qu'il fait un coup en surfant sur la colère et doit trouver qu'il n'a pas suffisamment pris la lumière. Si seulement quelqu'un avait fait des recherches, car on ne peut vraiment pas dire que ce professeur d'infectiologie ait été présent en janvier ou février quand il fallait préparer le pays… Je défie qui que ce soit de trouver un seul propos venant de lui sur le coronavirus au début de la crise. Et il vient maintenant nous donner des leçons.

Assez écœurée, je me demande quand les scientifiques respectés retrouveront leur place dans l'espace public. Les mêmes se sont retrouvés sur cette crise, Christian Perronne étant à la maladie de Lyme ce que Didier Raoult est au coronavirus. Encore un médecin qui se croit innovant et artiste, qui devrait plutôt revenir aux fondamentaux : les essais randomisés et les preuves. Il ne manque plus qu'un antivaccin et tous les gourous de la médecine seront les uns après les autres sortis de leur tanière.

J'ai accepté de parler aux jeunes, sur Konbini, du thème des réseaux sociaux et de l'impact qu'ils ont eu pendant la gestion de la crise. Je suis stressée comme d'habitude car je ne sais pas comment cela sera reçu. Évidemment je reçois des tonnes d'insultes sur Facebook et Twitter à la sortie de l'interview mais je devrais bien savoir que seuls les *haters* se précipitent sur leur clavier. Heureusement, la première personne qui m'envoie un message personnel est le PM ; il trouve la vidéo très bien.

Samedi 13 juin

Visite de terrain ce matin dans le marché bio du 17e.

Pas simple car très bobo. On me parle du déremboursement de l'homéopathie qui serait un scandale d'État, de dioxine de titane dans le Doliprane [*sic*], autre scandale d'État, et que je dois arrêter de prétendre que les femmes enceintes avec des enfants en bas âge ne pourraient pas circuler à vélo… Le style est très marqué « pseudosciences », beaucoup plus que sur les autres marchés parisiens.

Je note que les personnes qui portent le masque le mettent soit sous le menton, soit sous le nez, et que plus personne n'utilise de gel hydroalcoolique avant de serrer les mains. Je ne parle même pas de la distanciation physique, elle est impossible à tenir.

Dimanche 14 juin

Le communiqué vantant l'achat de vaccin AstraZeneca par l'alliance de plusieurs pays européens est sorti dans la presse. La

France déboursera 300 millions d'euros pour préempter d'éventuelles doses. Je ne comprends pas pourquoi on achète des promesses à l'avance, façon pour l'industrie de faire financer sur des deniers publics le développement de ses vaccins qui en sont à des phases très précoces, sans qu'ait encore été publiée aucune donnée d'efficacité.

Nous ne sommes pas dans la situation de H1N1 où Roselyne Bachelot avait acheté 100 millions de doses d'un vaccin qui marchait mais qui s'était révélé peu utile, la maladie étant beaucoup moins grave que prévu.

Le gouvernement a-t-il seulement le choix ? Si je ne comprends pas où est l'urgence de dépenser tant d'argent en l'absence de données scientifiques, je conçois qu'il faut répondre à la pression populaire. L'annonce est éminemment politique. À la décharge du gouvernement, je comprends qu'aucun pays ne peut résister à une telle pression et que la commission européenne est la première à faire des précommandes. Peut-être est-ce la seule façon pour eux de préempter des doses s'il devenait certain que le vaccin protège. N'étant pas aux affaires, je me garderai bien de commenter publiquement.

Si je m'extrais du journal pour commenter cet épisode, c'est que la question des vaccins qui nous a tant occupés en cette année 2020 mérite une explication. Contrairement à ce que j'ai pu lire, l'absence d'un vaccin français contre le Covid est tout sauf un échec de la recherche française, c'est un échec de connaissance du secteur, un manque de vision et un manque de pilotage.

Dans une crise de cette ampleur, le développement d'un outil de protection de la population est, par essence, un enjeu de souveraineté. À cette date, tout le monde l'a bien compris. Mais la France (son pouvoir politique et ses institutions) n'a pas cru en elle-même et a délégué son pouvoir de décision. Il faut comparer avec ce qu'ont fait les autres pour comprendre ce que nous avons raté.

Alors que plusieurs gouvernements (Royaume-Uni, Allemagne, États-Unis, Chine, Russie…) ont immédiatement compris que le développement d'un vaccin n'était pas uniquement un enjeu scientifique ou sanitaire, mais également un enjeu économique, politique et géostratégique, la problématique du développement d'un vaccin a été abordée en France sous l'angle de la recherche fondamentale [16].

La première erreur a été de créer auprès du président de la République, en mars 2020, le deuxième comité scientifique, le comité CARE [17] en charge d'éclairer le gouvernement sur les traitements et les vaccins en développement. Tous ses membres étaient des scientifiques. Aucun ne connaissait l'industrie, n'était un spécialiste du développement de vaccin ni n'avait jamais produit un médicament à mettre sur le marché.

Alors qu'il s'agissait d'un enjeu industriel et de souveraineté économique, les scientifiques de CARE ont donc raisonné en scientifiques et ont fait ce qu'ils savent faire : un appel à candidature, et un saupoudrage de financements ne permettant ni de produire des lots cliniques ni de mener des essais cliniques. Ils ont réparti des financements pour la recherche…

De l'autre côté de l'échiquier, le ministère de l'Industrie ne connaissant ni les structures académiques ni les biotechs françaises

16. Un article de Mediapart paru en mai 2020 commence à décrire le problème, celui de l'absence d'un financement conséquent dédié, même s'il parle à tort de financement de recherche. Vaccins : une course sans fin. Enquête : « La France délaisse la course au vaccin contre le Covid-19 », Rozenn Le Saint ; 2 mai 2020. « Le gouvernement n'a pour l'heure débloqué aucun budget spécifique pour soutenir la recherche d'un vaccin, selon nos informations. Si l'épidémie perdure, il est pourtant présenté comme un sésame à la sortie de crise. Et le risque est latent d'une guerre mondiale pour y avoir accès. »

17. Le 24 mars 2020 a été installé à l'Élysée un Comité analyse, recherche et expertise (CARE), avec pour objectifs :

1. d'éclairer les pouvoirs publics dans des délais très courts sur les suites à donner aux propositions d'approche innovantes scientifiques, technologiques et thérapeutiques formulées par la communauté scientifique française et étrangère pour répondre à la crise sanitaire du Covid-19 et de vérifier si les conditions de déploiement et de portage étaient réunies ;
2. de solliciter la communauté scientifique pour faire des propositions sur des thématiques identifiées par le ministère des Solidarités et de la Santé ou le ministère de l'Enseignement supérieur, de la Recherche et de l'Innovation.

Composé de douze médecins et chercheurs, ce comité d'expertise rapide est présidé par Françoise Barré-Sinoussi, virologue virologiste (Institut Pasteur/Inserm) et prix Nobel pour ses travaux sur le VIH. Le CARE travaille en lien étroit avec le Conseil scientifique déjà en place et qui a pour mission de proposer un éclairage public et indépendant. Deux membres du Comité scientifique sont également membres du CARE.

travaillant sur les vaccins, a financé ce qu'il connaissait, nos « champions industriels » dans le monde du vaccin, en misant sur l'Institut Pasteur et sur Sanofi pour développer leur candidat vaccin qui était comme tous les autres produits à un stade précoce de développement, personne ne connaissant le virus avant début 2020.

La deuxième erreur a été de ne pas financer l'innovation de façon volontariste. Pendant que nous laissions les laboratoires de recherche travaillant sur ces sujets bénéficier des mécanismes habituels de financements (appels à projet compétitifs, comités de sélection, lenteur administrative et faiblesse des budgets alloués), les autres pays investissaient massivement dans l'innovation venue des petites structures de recherche.

En effet, le constat est simple, la majorité des vaccins développés avec succès contre la Covid-19 n'a pas été issue des Big Pharmas mais de la recherche académique ou de biotechs (Laboratoire universitaire d'Oxford, Moderna, BioNtech, Curevac, Novavax, Crucell). Ces petites structures ont été massivement financées dès le début de la crise par leurs gouvernements, entraînant ainsi un effet levier sans précédent sur l'attractivité à l'égard des industriels. C'est ainsi qu'AstraZeneca, Pfizer, Moderna ont bénéficié de financements par les gouvernements du Royaume-Uni, d'Allemagne ou des États-Unis pour augmenter leurs capacités de production et compenser ce qu'un laboratoire universitaire ne peut pas faire, c'est-à-dire transformer l'essai en passant d'une découverte de laboratoire au stade de la production industrielle.

Pour donner un exemple et malgré tous ses défauts, le président Trump a mis autour de la table l'ensemble des structures existantes travaillant sur les vaccins et a distribué à chacune des financements importants, avec l'idée sous-jacente que le meilleur gagne. C'est ainsi que la petite biotech Moderna a reçu, en avril 2020, 1,5 milliard de dollars pour développer un produit qui n'avait jamais été administré chez l'homme. Les autres gouvernements, comme ceux de l'Allemagne et du Royaume-Uni, ont mis autour de la table les grands groupes pharmaceutiques et leurs petites structures de recherche (laboratoire public de l'université d'Oxford avec AstraZeneca ou la start-up BioNtech avec Pfizer) et les ont obligés à travailler de concert pour produire des candidats vaccins innovants aptes à être testés rapidement dans des essais cliniques.

Les annonces de partenariats ont été faites par Boris Johnson et Angela Merkel eux-mêmes, tant les enjeux étaient importants.

Dans cette situation d'urgence inédite, la vision stratégique a manqué à la France. Les ministères ont continué à raisonner avec les mêmes fondamentaux que ceux de la recherche qui s'étale sur le temps long et ne vise pas la production industrielle. Confier la stratégie de la souveraineté vaccinale française à des chercheurs fondamentaux montrait l'incompréhension originelle de l'écosystème dont nous avions besoin, et a été la meilleure façon d'échouer. Alors que les autres pays poussaient sans préjugés toutes leurs innovations, nous avons tout misé sur seulement deux candidats vaccins de structures connues, qui n'étaient d'ailleurs pas forcément les plus innovants.

Le pire est que des financements importants sont partis au secteur privé (Pasteur et Sanofi) alors que certaines des technologies académiques faisaient l'objet de brevets publics appartenant aux organismes de recherche et que la France, en s'emparant de ces innovations, n'aurait fait que valoriser sa propre recherche publique.

Accuser la recherche française d'échec est donc une lecture totalement erronée de la problématique quand il s'agit d'un manque de pilotage. Nous n'avons pas su créer un écosystème efficace et attractif pour les Big Pharmas, seuls industriels en capacité de produire des lots cliniques à partir des résultats de laboratoires. L'échec des vaccins a été un problème institutionnel et non pas scientifique. Si nous ne tirons pas une leçon de cela, nous ne serons pas capables d'actionner les bons leviers la prochaine fois.

Mais revenons à cette journée du 14 juin 2020.

Je n'ai toujours pas accès à mes archives pour travailler mon audition devant la commission d'enquête car elles ne sont pas encore classées. Les jours passent et la tension monte. En désespoir de cause, j'appelle le cabinet du ministre pour qu'ils accélèrent les procédures administratives.

Ce soir, le discours du Président au 20 heures est concis, beaucoup plus court que d'habitude, ce qui le rythme positivement, et il est profondément républicain. Il invite à se projeter à l'aune de la nécessaire reconstruction économique, sociale et écologique. Cela tombe bien, ce sont les trois axes de mon programme.

J'aime la phrase de la fin : « Ayons ensemble la volonté de conquérir l'énergie du jour qui vient. »

Évidemment certains se moquent, mais je pense que beaucoup d'hommes politiques auraient aimé l'écrire.

SEMAINE 24

Lundi 15 juin

- L'OMS se félicite des premiers résultats des essais cliniques au Royaume-Uni, montrant que la Dexaméthasone (corticoïdes) pouvait sauver la vie des patients atteints de Covid sévère.

Après la matinale de France Bleu, je bâcle une réunion d'équipe pour me consacrer enfin à la récupération des auditions antérieures à la commission d'enquête parlementaire qui a débuté la semaine dernière. Je récupère l'ensemble des rapports de missions parlementaires ou de la Cour des comptes, et des circulaires de doctrine sur les masques depuis une vingtaine d'années, histoire de me constituer un dossier. C'est énorme ces milliers de pages à consulter. Et ce n'est clairement pas l'histoire racontée par les journalistes Davet et Lhomme qui ressort de ces archives.

Je comprends que la France entière, même au sein de mes équipes, même parmi mes amis proches, est persuadée que le gouvernement a menti en raison des tensions. Ils ne comprennent pas que les indications de port de masques étaient différenciées (soignants et malades *versus* population générale) ni le fait qu'aucune recommandation au monde ne prônait le port du masque en population générale [18]. Les débats scientifiques sur la question des aérosols ont commencé bien après mon départ, vers le mois d'avril [19], et l'OMS n'a changé son fusil d'épaule que le 5 juin [20].

---

18. Un article fait l'inventaire des recommandations internationales : Shuo Feng *et al.*, « Rational use of face masks in the Covid-19 pandemic », *Lancet respiratory disease*, 20 mars 2020.

19. Trisha Greenhalgh *et al.*, « Face masks for the public during the covid-19 crises », *BMJ*, 9 avril 2020.

20. À l'exception du CDC américain qui a commencé à recommander le port du masque dans les lieux clos aux États-Unis mi-avril 2020. C'est la seule institution à ma connaissance.

C'est l'éternelle différence corrélation *versus* causalité, et personne ne veut en démordre.

Accablée par l'ampleur de la tâche, je repense à une phrase de Nietzsche que je cite souvent et que je trouve tellement d'actualité : « Le demi-savoir triomphe plus facilement que le savoir complet : il conçoit les choses plus simples qu'elles ne le sont, et en forme par la suite une idée plus saisissable et plus convaincante. »

Le débat approche. Je vais y aller très naturellement et sans trop travailler, car plus le temps avance, plus il est difficile pour moi de me concentrer sur Paris. En parallèle, mon dernier fils, qui doit préparer ses partiels, va de plus en plus mal. Encore et toujours branché sur les réseaux sociaux, malgré mes conseils de ne plus se mêler de cette histoire, il a la haine de la société dans laquelle il vit, des prises de paroles péremptoires des uns et des autres, il ne supporte plus les bien-pensants. Son niveau de stress monte et il a fait une attaque de panique dans la rue en plein milieu de la nuit, obligeant mon mari à aller le chercher. Il faut que nous soyons plus présents avec lui. Je crains qu'il ne faille le traiter avec des médicaments.

Mardi 16 juin

Dans cette période où j'essaie de garder la tête haute, certains semblent avoir bien intégré que la meilleure défense est l'attaque.

Ainsi, il m'est rapporté l'envoi d'un texto de Mme Florence Arnaiz-Maumé Broussy, secrétaire générale du syndicat des EHPAD privés (le SYNERPA) à mon ancienne conseillère, désormais directrice adjointe du cabinet d'Olivier Véran :

10 heures : « Juste pour vous dire que la presse rapplique en masse aujourd'hui et depuis deux jours pour savoir "qui est responsable ? coupable ?" de la gestion de la crise, etc. Je voulais vous informer que comme d'habitude mon message est le même. Je dis que le SYNERPA a écrit le 4 février [21]. Je dis que nous avons pris deux à

21. Le SYNERPA a effectivement envoyé un courrier au ministère le 4 février, mais il s'agissait d'un courrier d'offre de services, le syndicat des EHPAD privés se proposant de libérer des lits d'aval en cas de besoin pour les hôpitaux. Les EHPAD ont toujours été dans la boucle des réunions au ministère *via* la DGCS qui est leur direction de tutelle et ont été destinataires des premières commandes. Mais, en tant qu'employeurs privés, les EHPAD étaient responsables de leurs stocks.

trois semaines de retard dans l'élaboration des protocoles. Je dis que depuis que Véran est arrivé, la situation a radicalement changé. Bref, je noie AB et je sauve OV. Je ne peux pas faire plus, mon enjeu est que les EHPAD ne soient pas déclarés responsables. »

Et, probablement inquiète de ne pas avoir été assez claire sur ses intentions, elle lui renvoie un texto une heure plus tard :

11 heures : « En communication de crise on apprend une seule chose. Il faut donner un coupable en pâture sinon tout le monde mange. À ce stade, la coupable idéale, elle s'appelle Agnès. Désolée[22]. »

Mercredi 17 juin

La journée est dédiée à la préparation du débat télévisé sur France 3. J'ai demandé qu'on me laisse travailler en paix. Je suis littéralement épuisée et j'ai la tête pleine de documents qui se mélangent. Comme dirait Yoda : « Dormir un peu et reposer, il me faut… »

Toute mon équipe veut que je sois présente et offensive car ils ont peur que le match ne se joue qu'à deux. Mon tempérament naturel introverti va m'obliger à forcer ma nature. Le débat se passe plutôt bien mais je n'arrive pas à concilier les injonctions contradictoires d'une posture souriante, sereine et détendue, avec celle d'une candidate offensive et pugnace…

Le seul moment qui m'amuse est celui où j'illustre la réponse de la mairie de Paris aux canicules à venir par la photo d'une rue garnie de pots de fleurs inutiles et coûteux, censés représenter la végétalisation ; pots de fleurs des plus affreux, multicolores, que la mairie éparpille à tout va et qui arborent au bout de quelques mois des plantes fanées et des arbres rachitiques.

La dernière minute dégénère. Rachida Dati se tourne vers moi en disant que j'ai menti aux Français et qu'il y a 26 000 morts par ma faute. Cette accusation me fait littéralement exploser au point d'asséner un coup violent sur la table. Heureusement, la caméra était ailleurs.

22. Ces échanges figurent dans le dossier pénal de la Cour de justice de la République et ont été rapportés par des journalistes (Marc Leplongeon, Jeremy André et Nathalie Schuck, « "Noyer" Buzyn pour "sauver" Véran : Révélations sur la stratégie du syndicat des EHPAD », *Le Point*, 9 juillet 2022).

Vendredi 19 juin

L'interview de François Bourdillon, ancien directeur général de Santé publique France, qui charge le ministère (le gouvernement, selon le gros titre de *Libération*), fait du bruit dans la presse. Pas étonnant qu'il détourne le problème sur d'autres, vu son rôle éminent à Santé publique France depuis cinq ans. Je me souviens encore de son discours de départ à la retraite en juin 2019, tant il m'avait surprise. Il évoquait ses cinq années passées à l'Agence et l'opportunité qu'il avait eue de créer une nouvelle agence en en fusionnant trois dont l'EPRUS [23], insistant surtout sur le fait que la sécurité sanitaire ne devait pas l'emporter sur le reste des missions et que l'argent dédié à la sécurité sanitaire avait permis de lui donner des marges, sous-entendu pour faire « autre chose » [24]…

---

23. Établissement de préparation et de réponse aux urgences sanitaires, agence créée par le ministre de la Santé Xavier Bertrand en 2007, en charge de la sécurité sanitaire et considérée par l'État comme un OIV, organisme d'importance vitale.

24. Discours de départ à la retraite de François Bourdillon prononcé à l'Agence le 7 juin 2019. Il y raconte d'abord son arrivée à Santé publique France en 2014 au moment de l'émergence de l'épidémie d'Ebola en Guinée ; je le cite : « Cette première alerte a eu au moins le mérite de m'interpeller sur l'importance de la sécurité sanitaire pour l'avenir et son fort risque d'envahissement, au détriment des autres fonctions de santé publique. Je me suis dit : la sécurité sanitaire peut te prendre tout ton temps. Tu dois être irréprochable mais ta mission est aussi de créer une agence. Tu dois assurer les deux sans que la sécurité sanitaire, aussi passionnante qu'elle soit, devienne ton premier objectif ; Santé publique France ne doit pas être considérée comme avant tout une agence de sécurité sanitaire. »

Il y évoque ensuite sa bataille avec le cabinet de la ministre de la Santé en 2014, qui hésite à fusionner l'EPRUS, avec une agence de surveillance des maladies, l'INVS, et celle de la communication, l'INPES. Je le cite : « a) L'EPRUS se voyait bien rester une petite structure autonome, réactive, gérant en direct avec la DGS ses missions / b) L'EPRUS n'allait-il pas nous orienter encore un peu plus vers la sécurité sanitaire ? / c) N'Y allait-il pas y avoir un choc entre les acteurs du soin, de la logistique et de la Santé publique ? / d) Le Cab lui-même en doutait. Il n'arrêtait pas de me demander si le rapprochement était une bonne idée.

« Nous avions tous tort, cette fusion avec l'EPRUS a été un apport incroyable à l'Agence car nous avions à notre disposition la fonction de réponse au sens anglo-saxon du terme : la capacité d'agir sur le terrain.

« Et puis, reconnaissons-le, ce rapprochement nous a donné une très grande assise financière car, avec la sécurité sanitaire, il y a de l'argent. Ce n'était pas négligeable en période de restriction budgétaire. »

Samedi 20 juin

Premier jour de l'été 2020…

Le nombre de clusters réaugmente un peu en France. Le R est de nouveau supérieur à 1 dans trois régions métropolitaines, Normandie, Occitanie et Hauts-de-France, ce qui donne le signal d'une circulation plus active du virus.

Sur les réseaux sociaux, une pétition de médecins commence à circuler, demandant au Conseil de l'Ordre de sanctionner le Pr Christian Perronne pour non-confraternité. Dans son livre à scandale, celui-ci accuse en effet tous les médecins français d'être responsables de milliers de morts pour la « non-prescription » d'hydroxychloroquine.

Or, entre-temps, l'OMS a demandé l'arrêt de tous les essais avec ce produit, la FDA américaine interdit sa prescription pour le Covid. Même le président d'extrême droite brésilien Bolsonaro a cessé d'y croire, signant un début de déchirure au sein du camp de la grande alliance mondiale des mégalos.

Je pense que le livre de Perronne est publié un peu tard vu l'accumulation de preuves, mais il sera certainement acheté cet été par tous les crédules que compte notre nation[25]. Dans ma tête, c'est décidé, si je vois quelqu'un lire nonchalamment sur la plage ce pamphlet honteux, je lâcherai mon gros chien poilu, mouillé et frétillant sur la serviette de l'impétrant, seule vengeance que je sois capable de concevoir, n'étant d'un naturel ni rancunier ni créatif.

Dimanche 21 juin

Fête de la musique.

La vie reprend doucement.

Au programme, trois marchés de l'Est parisien avant de quitter à la hâte mon équipe de fidèles pour retourner travailler sur les archives.

L'émission « Quotidien » m'a suivie dans tout le marché du 12e, peut-être à la recherche de commentaires critiques. Leur angle est de revenir sur un papier du *Parisien* paru le jour même et indiquant

25. Son livre intitulé *Y a-t-il une erreur qu'ils n'ont pas commise ?* (Albin Michel, 2020) s'est effectivement vendu à plus de 100 000 exemplaires.

qu'on me surnomme au sein de ma propre équipe la candidate fantôme « Bouteflika ». Par un drôle de hasard, les gens que je rencontre sur le marché ce jour-là ne sont pas avares de gentillesses. Un jeune homme m'offre une rose. Une dame assez âgée vient me parler du papier paru trois mois plus tôt, me disant qu'elle a « détesté l'article du *Monde* d'Ariane Chemin » et pensé qu'à cause de celui-ci j'étais « très mal ». Paul Larouturou lui tend immédiatement le micro – peut-être s'attendait-il à un tout autre discours – provoquant l'étonnement de la dame qui n'avait pas vu qu'elle était filmée.

Le soir, j'ai un rendez-vous avec le Premier ministre à Matignon. Dans son bureau, nous prenons un café et échangeons sur nos campagnes respectives et le remaniement à venir. Il pense qu'il ne sera pas convoqué à la commission d'enquête avant que tout le monde ne se soit exprimé, c'est-à-dire à l'automne. Il me donnera la revue de presse quotidienne que ses équipes devraient réaliser pour montrer le décalage entre notre mobilisation et les sujets traités par les experts dans les journaux de l'époque. Cette proposition me retire un poids, ce sera ça de moins à faire.

SEMAINE 25

> « Rien n'est moins spectaculaire qu'un fléau et, par leur durée même, les grands malheurs sont monotones. »
>
> *La Peste*, Albert Camus.

Lundi 22 juin

Le JT de 20 heures de France 2 titre sur la reprise évolutive de l'épidémie dans différents pays. Ils font un sujet sur l'Allemagne qui présente un R proche de 3 dans certaines régions.

Là-bas, un abattoir affiche 1 200 cas testés positifs parmi ses salariés, ce qui oblige à mettre en quarantaine 7 000 personnes et à en confiner 350 000. Les images de la quarantaine sont dignes de celles d'une dictature, avec des grillages derrière lesquels on voit des personnes de tout un quartier, parquées, qui voudraient sortir pour aller travailler. La nourriture est livrée par des camions. Autour des grillages, sont disposés des équivalents de CRS et des soignants habillés en tenue blanche NRBC. On dirait un mauvais film de science-fiction. Il semble aussi ce soir que la Corée reconfine, ainsi que Lisbonne.

Tout cela n'est pas réjouissant.

L'OMS annonce qu'un million de cas se sont déclarés dans les huit derniers jours contre 8 millions en six mois… et tire la sonnette d'alarme sur l'évolution exponentielle dans le monde.

Il n'y a aucun modèle parfait et cette épidémie est une vraie « saloperie ». Je suis très inquiète de ce qui va nous arriver à la rentrée scolaire. À l'arrivée des vacances d'été, pour des raisons évidentes, tout le monde semble à nouveau refuser cette réalité.

Mercredi 24 juin

La retransmission de l'audition de Didier Raoult devant la commission d'enquête à l'Assemblée est un cas d'école de délire mégalomaniaque. Il leur parle du microbiote fécal et du fonctionnement des machines à PCR, et je vois miroiter plein d'étoiles dans leurs yeux. Beaucoup d'entre eux paraissent flattés qu'un tel grand homme daigne venir les éclairer de sa lumière. Des mots savants sont éparpillés à la ronde dans un discours incohérent. Ce dont il parle n'a parfois absolument rien à voir avec l'audition mais son autorité scientifique suffit à les balader.

Des députés, notamment un médecin et une pharmacienne, lui dressent un véritable panégyrique. Le premier se vante d'avoir un laboratoire de biologie, et dit qu'il voulait faire des tests, mais qu'« on ne l'a pas laissé », et la deuxième qu'elle voulait vendre de la chloroquine et qu'« on ne l'a pas laissée », le tout sans qu'un éventuel conflit d'intérêts ne semble leur poser problème.

Je lis des articles sur la stratégie coréenne et la fameuse application de traçage StopCovid que j'ai téléchargée il y a deux semaines, et qui n'est déjà plus plébiscitée par les Français. Il paraît que seuls quatorze malades se sont déclarés !

La base volontaire pour cette application nécessiterait que nous soyons un peuple discipliné et altruiste.

Dans l'émission « C à vous », Patrick Cohen commente la prestation de Didier Raoult. Il me réconcilie avec le journalisme. Il est très bon et me fait rire, surtout sur la question d'un député LR qui explique à quel point il est français et donc cartésien, et pose la question : « Alors que la chloroquine et les masques existent depuis si longtemps, on se demande pourquoi on ne les a pas testés avant ? »

Et le journaliste Patrick Cohen de reprendre en plateau : « Oui, c'est-à-dire, Monsieur le Député, avant que la maladie existe ? »

Visiblement, il reste une marge de progrès côté Descartes…

Entre-temps, j'apprends à 17 heures qu'Anne Hidalgo a annulé unilatéralement le débat de ce soir par solidarité avec des syndicats en grève et l'a reporté à demain, jeudi. Ce n'est pas peu dire que cette campagne est un chemin de croix.

Vendredi 26 juin

Matinale avec Élisabeth Martichoux sur LCI. Ce n'est pas ce dernier passage qui modifiera le moindre vote. J'en suis bien consciente.

Quelques ministres et députés m'adressent des petits mots de soutien. Dans la dernière ligne droite, toutes les marques d'amitié sont les bienvenues.

Une rencontre avec une association de parents d'élèves du 17e et un déjeuner d'équipe en terrasse signent le clap de fin de cette campagne des municipales. Je vais enfin pouvoir me consacrer à la commission d'enquête qui m'auditionne dans quatre jours.

Le week-end est studieux, je ne sors pas de chez moi et j'épluche des documents pendant quinze heures d'affilée sans lever la tête. Des milliers de pages à synthétiser pour raconter cette histoire folle de façon précise, dont je découvre beaucoup des aspects dans les archives administratives. Il me faut assumer devant mes colistiers cette disparition des radars jusqu'au vote de dimanche car mon urgence est ailleurs.

Le temps est venu pour moi de me plonger dans cette affaire des masques qui anime tous les débats depuis des semaines. L'article du *Monde* d'avril m'a désignée coupable. Il va me falloir comprendre de quel crime je suis accusée, n'ayant jamais entendu parler des masques avant de prononcer moi-même le mot pour demander l'état du stock le 21 janvier dernier. Les députés risquent de ne parler que de cela mardi prochain…

Je découvre donc en lisant les archives du ministère que cette histoire remonte au début des années 2000 et qu'elle a fait l'objet de nombreux rebondissements [26].

Si j'essaie de la résumer ici simplement, il faut distinguer les deux types de masque.

Les masques pour les soignants de type FFP2 (dits masques à bec de canard) ont fait l'objet de décisions en 2011 et 2013 visant à décentraliser les stocks au plus près des besoins, dans les hôpitaux. Il avait été acté que l'État n'en commanderait plus et que le stock s'éteindrait tranquillement, les masques périmés étant effectivement détruits selon les procédures. De ce fait, il n'y avait plus de masques FFP2 dans le stock stratégique de l'État à Santé publique France depuis 2015. Cela était connu de tous les acteurs et il n'a jamais été question d'en racheter, sauf lorsque j'ai moi-même pris la décision de recréer un stock d'État pour les soignants en janvier 2020, sentant le risque épidémique arriver.

Concernant les masques bleus dits chirurgicaux, il avait été décidé par mes prédécesseurs sur la base de différents rapports, et peut-être en raison de l'état d'esprit qui régnait après H1N1, qu'on disposerait de stocks tampons et tournants, décision que j'ai avalisée à mon arrivée dans le contrat d'objectif de Santé publique France, n'ayant aucun signal d'alerte sur le bien-fondé d'une telle stratégie. « Tampons » voulant dire qu'il fallait en stocker suffisamment pour attendre des commandes (soit pour environ un mois d'utilisation sans que cette durée soit précisée clairement), et « tournants » voulant dire qu'il fallait les remettre dans le circuit des hôpitaux avant leur péremption pour éviter la gabegie de leur destruction. Cette nouvelle doctrine était également partagée par d'autres pays, et par l'OMS qui avait jugé qu'il était peu efficace de stocker des équipements en grande quantité, aucune institution ne sachant en assurer la logistique de distribution sur le terrain en cas de besoin.

26. J'expose en quelques paragraphes ce que j'en ai compris au moment de l'audition devant la commission d'enquête parlementaire, en essayant d'être la plus synthétique possible, sachant qu'il y a des centaines de documents, de courriers et de rapports sur ce sujet au cours des années 2000 qui, depuis mon audition devant la commission d'enquête à l'Assemblée nationale, sont remontés à la Cour de justice. Vu la somme de documents existants, cela pourrait constituer l'objet d'un livre qui permettrait de tirer les leçons des décisions publiques et de la façon dont elles ont évolué au cours du temps.

Le dimensionnement de ce stock ne faisait lui non plus l'objet d'aucun chiffrage précis dans les documents que j'ai pu récupérer, mais il était discuté chaque année entre la DGS et l'agence en charge. Il reposait sur les recommandations d'usage de ces masques qui stipulaient qu'ils étaient réservés pour les malades et les soignants. Le dimensionnement de ces stocks n'avait jamais été envisagé pour toute la population, car aucune recommandation à l'époque ne le préconisait, ni en France ni à l'international[27].

Enfin, il avait été demandé à Santé publique France de diversifier ses lieux d'achat pour éviter des ruptures en cas d'augmentation des commandes. Mais, il semble que personne n'avait réalisé que, quelle que fût l'usine de production, les matières premières venaient essentiellement de Wuhan, épicentre de l'épidémie, ville coupée du monde le 23 janvier.

C'est seulement lorsque la pandémie s'est déclarée, mi-mars, que la question du port du masque a commencé à se poser pour la population générale un peu partout dans le monde, malgré la position de l'OMS qui n'a évolué sur ce point que le 5 juin 2020, et que le dimensionnement du stock est devenu le centre des débats comme si tout cela était une évidence de toujours.

Mardi, il me faudra affronter des parlementaires de l'opposition qui ont tout intérêt à expliquer combien cela a été mal fait, mal géré et mal pensé. Je me dis que peut-être, un jour, un journaliste sérieux se penchera sur cette histoire, mais je doute que cela intéresse encore quelqu'un, tant tout cela est ancré dans l'inconscient collectif.

Dimanche 28 juin

Je pars voter devant les caméras. Le bureau de vote est encore plus vide qu'au premier tour. Un vrai désert.

Avec un tel taux d'abstention, qui devrait avoisiner 70 %, il est clair que le score sera catastrophique. Je rejoins l'équipe au QG ce

27. Il est intéressant de reprendre à cet égard le guide des épidémies : « Managing epidemics, key facts about major deadly diseases », publié par l'OMS en 2018. Le port du masque en population générale n'est préconisé pour aucune épidémie y compris celles dues à des virus respiratoires comme la grippe, ou les coronavirus que sont le SRAS et le MERS.

dimanche soir. Les résultats commencent à tomber dès 20 heures. Édouard Philippe gagne haut la main au Havre, et je le félicite. Toute l'équipe est réunie, et nous comprenons vite que les résultats sont encore moins bons que les sondages[28]. J'intègre immédiatement que je ne serai pas élue conseillère de Paris, ce qui me fait sourire. Tout ça pour ça ! Compatissante autour de moi, craignant que je sois effondrée, l'équipe ne sait plus quoi me dire.

Mais, après une telle période, je préfère les rassurer : je m'en remettrai.

Le député Pierre-Yves Bournazel veut présider le groupe au Conseil de Paris et il le mérite plus que quiconque. Il a été remarquable tous ces mois, fin connaisseur de notre capitale, pondéré et d'une loyauté sans faille. Dans mon discours aux équipes qui sont tant déçues après cette longue année de travail, j'insiste sur leur engagement qui ne doit en aucun cas s'interrompre sur cette défaite, bien au contraire. Le talent oratoire n'est pas ce qui me caractérise, mais j'essaie tout de même de trouver des mots mobilisateurs pour conclure cette soirée électorale auprès des militants : « La société qui se dessine depuis quelques années, polarisée, radicalisée, violente, doit au contraire nous inciter à nous mobiliser, tous, pour faire gagner la France. Voilà notre combat. » Et reprenant l'allégorie marine si chère au Premier ministre, qui m'a dit un jour « on reconnaît les hommes politiques à leur capacité de naviguer par gros temps », j'ajoute avant que tout le monde ne se quitte : « La tempête nous la traversons, il faut maintenant amener le bateau à bon port. Tous sur le pont. »

Je sais au fond de moi que, des tempêtes, nous allons encore en traverser, que celle du Covid n'est pas finie, et qu'il faudra que des citoyens de bonne volonté aient encore envie de s'engager.

---

28. Notre score à Paris a été de 13,3 % des suffrages. Mais il convient cependant de noter qu'aucun candidat LREM n'a dépassé les 10 % dans les grandes villes de France lors de ces municipales 2020.

Semaine 26

« Qui cherche la vérité doit être prêt à l'inattendu,
car elle est difficile à trouver et,
quand on la rencontre, déconcertante. »

Héraclite d'Éphèse.

Lundi 29 juin

Depuis le soir de l'élection et en ce lundi matin, de nombreux SMS de soutien me parviennent, à la fois en raison des élections perdues, et aussi en prévision de l'épreuve de vérité devant les parlementaires qui m'attend demain. Ceux-ci sont chauffés à blanc par le président de la commission Éric Ciotti. C'est pour lui le moment rêvé de se faire connaître et de prendre la place qu'il revendique au sein de son parti. Il va donc jouer à fond la carte du scandale d'État.

Lucide, je préfère prévenir ma famille car, quelle que soit ma prestation, ce ne sera pas la grande réhabilitation dont ils rêvent. On ne retourne pas une opinion qui est à charge depuis des mois en seulement quelques heures. Malgré tous ces sentiments sédimentés, je ne peux regretter d'avoir attendu ces trois mois pour m'exprimer. Au moins, la compréhension de l'épidémie a un peu progressé dans l'opinion, et l'histoire montre que de nombreux pays connaissent les mêmes difficultés. Aujourd'hui, l'OMS annonce que 10 millions de personnes ont été infectées et que le monde a dépassé la barre des 500 000 morts.

Mardi 30 juin

Raymond Le Moign a accepté de m'accompagner à l'audition de la commission d'enquête. C'est un immense soulagement. Il arrive de Lyon ce matin pour que je puisse lui montrer le dossier que j'ai constitué. Les 4 h 20 de questions à l'Assemblée sont retransmises en direct sur LCP et BFM, avec exégèse à chaud, avant et après bien sûr. Des dizaines de photographes se précipitent sur moi à mon arrivée. Ils flairent l'odeur du sang ou l'espèrent. Les flashs crépitent de toute part.

Je ne ferai pas de commentaires sur mes réponses. J'ai raconté ce que j'ai vécu avec la plus grande honnêteté et avec le niveau de précision que m'ont permis ces trois jours intenses de préparation au sortir d'une campagne électorale.

Ce que je sens au fur et à mesure en les regardant réagir, c'est que tous les députés, sans exception, découvrent l'histoire, que ce soit la chronologie de l'arrivée du Covid ou celle de nos actions. Ils paraissent dépités et même un peu flottants. Quelques questions absolument pathétiques surgissent de temps en temps autour de Didier Raoult et de la chloroquine. La députée psychiatre Martine Wonner, initialement LREM, me semble partie loin, très loin même, dans l'hyperespace du complotisme le plus débridé… Quant au jeune député LR dont on dit qu'il est le futur espoir de la rénovation du parti, il ne comprend rien lui-même à ce qu'il raconte. Il bredouille du Didier Raoult, calomnieux, sur mes soi-disant conflits d'intérêts avec les labos. En dehors de ces deux députés affligeants, les autres posent des questions légitimes, sans trop d'agressivité.

Je retiens tout de même l'intervention du président du groupe UDI, Jean-Christophe Lagarde, qui éructe sur le gouvernement et ses tergiversations, mais mon opinion sur lui est faite de longue date. Il est intéressant ici de le confronter à ses anciennes prises de position, lors de la commission d'enquête parlementaire qui a suivi la crise H1N1. Voici ses propos de l'époque, s'agissant alors de défendre Roselyne Bachelot : « … Je me félicite d'avoir participé à une commission d'enquête dont le but n'était pas de rechercher des coupables mais d'auditer des services publics… » « [Je] propose un amendement écrit qui vise à compléter la proposition n° 42, à la page 114 du rapport par les mots : "… notamment afin que les Français aient une parfaite conscience des incertitudes scientifiques inévitables lors de l'apparition d'un nouveau virus, ce qui peut conduire les pouvoirs publics à modifier les mesures de prévention au fur et à mesure de l'évolution de la connaissance scientifique…". »

L'indulgence à géométrie variable…

Sur la question de la gestion de la crise de janvier et février, mes réponses ont visiblement clos l'idée que le gouvernement n'aurait pas agi.

Le fait que j'ai recréé un stock d'État de masques FFP2 – alors que la responsabilité n'incombait pas à l'État – et que l'ordre de commande écrit soit parti du ministère le 30 janvier, montre que nous nous sommes préoccupés de tous les soignants immédiatement. Ma demande orale à JS datait du 24 janvier. Il n'y avait ce jour-là pas encore un seul cas connu en Europe, l'OMS n'avait pas déclaré l'Urgence de santé publique de portée internationale et on comptait vingt-cinq morts en Chine. Aucun pays européen n'a agi aussi rapidement : les trois semaines que nous avons passées à essayer de les intéresser à l'épidémie en Chine et à obtenir un Conseil des ministres à Bruxelles l'attestent. La particularité de cette crise a été la centralisation de la production des matières premières d'équipements autour de Wuhan, épicentre de l'épidémie et région qui s'est tout de suite fermée au reste du monde. Le monde entier en a fait les frais lorsque les commandes sont parties vers les fournisseurs et que tous ont découvert l'impact de la mondialisation.

Malgré tout, je ne me fais aucune illusion sur les conclusions d'une commission d'enquête présidée par Éric Ciotti. Tout cela est malheureusement éminemment politique et chacun n'y voit que son intérêt.

Mercredi 1er juillet

Les commentaires et les articles du lendemain sur ma prestation à l'Assemblée nationale parlent essentiellement de mes hésitations, de mes fiches dans lesquelles je me suis plongée et de ma voix chevrotante.

Bizarre, car je n'étais pas du tout émue mais soulagée de pouvoir enfin faire entendre ma voix, après ces mois de silence.

Jeudi 2 juillet

J'apprends par des amis que le ministre Jean-Michel Blanquer vit depuis le mois de février avec la journaliste Anna Cabana, autrice de l'article du *JDD* d'avril dernier sur une double page.

Mes rapports avec le ministre de l'Éducation ont toujours été houleux.

Le pire conflit que nous avons portait sur sa réforme du lycée qu'il présentait en Conseil des ministres. Il voulait revenir aux fondamentaux, lire, écrire et compter. Le reste comptait peu pour lui comme pour certains courants éducatifs [29]. Il a de surcroît une culture essentiellement littéraire et de sciences humaines et sociales, ce qui le fait appréhender avec plus de difficultés l'intérêt de l'enseignement des sciences dites dures.

Si j'adhérais pleinement à l'idée de mettre un terme aux épreuves couperets du bac et à sa proposition de lycée à la carte sur les matières mineures et majeures plutôt que des filières figées que l'on connaissait auparavant, j'avais observé que, dans sa réforme, l'enseignement des sciences rétrogradait d'une année. Outre les maths, à partir de la première, il n'y avait plus obligation de suivre des cours de sciences de la vie et de la Terre (SVT), lesquels étaient remplacés par une matière appelée « humanités scientifiques » relatant l'histoire des sciences, les questions d'éthique et le numérique.

Il me semblait que l'enseignement de la complexité du monde méritait de rester dans les matières importantes. De plus, les « humanités scientifiques » étaient loin d'initier à la démarche scientifique, celle qui interroge ce qu'elle observe, pose des hypothèses, enchaîne les expérimentations pour les tester, interprète et conclut, puis repart sur un nouveau questionnement… Bref, la démarche scientifique comme le seul outil dont nous disposons pour trouver un chemin dans le monde d'incertitude dans lequel nous vivons.

J'avais donc pris la parole en Conseil des ministres après que Jean-Michel Blanquer eut présenté sa réforme pour m'étonner que nous rétrogradions l'enseignement des sciences d'une année, décision qui me paraissait particulièrement inappropriée vu l'époque.

Jean-Michel Blanquer s'était crispé, comme à chaque fois qu'on ose le contredire. Il m'avait alors rétorqué avec beaucoup d'aplomb ne pas être là « pour faire plaisir à tous les corporatismes », en référence à une excellente tribune tout juste publiée par les enseignants de SVT s'offusquant de la réforme [30].

---

29. Ayant fait partie du Conseil supérieur des programmes entre 2013 et 2016, j'avais pu observer les affrontements violents entre courants éducatifs.

30. Tribune d'un collectif, parue le 17 avril 2018 dans *Le Monde* : « Réforme du bac : Il faut "une formation aux sciences de la vie et de la Terre pour tous au lycée". » Le sous-titre illustrait mon sentiment : « Alors que notre société est traversée par les questions écologiques et médicales, la faible place accordée aux SVT dans le socle de culture commune de la réforme du bac risque d'entraîner un retard de la France, alerte un collectif, dans une tribune au *Monde*. »

Le Premier ministre, attentif, avait clôturé l'échange, comprenant bien le problème, et avait suggéré qu'on retravaille ce point... phrase malheureusement non suivie d'effet, les arbitrages ayant déjà été rendus bien en amont. La réforme a suivi son cours.

On peut légitimement être inquiet du niveau scientifique des élèves français, qui deviendront un jour des professionnels, enseignants, journalistes, parlementaires, magistrats, ou simples citoyens, et qui interviendront dans les débats, feront la loi, ou rendront des jugements.

Mais, aujourd'hui, étant donné mes rapports tendus avec le ministre, cet article assassin me revient.

Vendredi 3 juillet

La démission du gouvernement d'Édouard Philippe est annoncée, puis la nomination comme Premier ministre de Jean Castex, haut fonctionnaire respecté, auparavant en charge de l'organisation des JO et actuellement en charge du déconfinement. Je ne le connais pas, mais je me souviens qu'il a été directeur de l'administration des hôpitaux au ministère avant d'être directeur de cabinet de Xavier Bertrand à la Santé. Il connaît donc les problèmes de l'intérieur et semble raisonnable. Et dans les mois et les années qui viennent, il en faudra, de la raison.

Samedi 4 juillet

- L'OMS annonce mettre fin aux volets « hydroxychloroquine et Lopinavir/ritonavir » de l'essai clinique Solidarity sur la base de données factuelles des résultats préliminaires et sur la base de tous les essais présentés lors du sommet de l'OMS sur la recherche et l'innovation qui s'est tenu le 1er juillet.

Paris est désert.

J'espère un été serein.

Je sais que l'épidémie est loin d'être terminée. Je sais aussi que nous ne sommes pas prêts, que les spécialistes feignent de ne pas voir les vagues à venir, que les dénis persistent de toute part, que les ignorants restent les plus bruyants, que la course au vaccin va être enragée entre les pays, que les Français vont encore avoir peur ou se rebeller.

Mais nous avons fait la preuve de notre capacité de résilience, de réaction et d'adaptation. Gageons que ce sera encore le cas.

C'est dans ma nature, j'ai indéfectiblement foi en l'Homme.

Chapitre 5

L'exercice du pouvoir face aux possibles

« Le possible est immense, le réel est étroit. »

Alphonse de Lamartine.

Juin 2023

Trois ans se sont écoulés avant que je ne relise ce journal. Le temps a fait son travail, celui nécessaire à la réflexion. Le traumatisme passé, je vois clairement que la fixation de l'opinion publique sur ma personne et les nombreux rapports sur la crise rédigés trop tôt, sans le recul nécessaire – et d'ailleurs sans qu'aucun n'ait trouvé utile de m'interroger – n'ont pas permis de tirer les leçons de notre fonctionnement, nous exposant à revivre la même chose, de façon tout aussi désordonnée, lors de la prochaine crise sanitaire qui ne manquera pas de survenir.

Or la gestion des risques est une discipline à part entière qui concerne les entreprises comme les gouvernements. J'ai eu l'opportunité de m'y intéresser lorsque je présidais des institutions, notamment l'IRSN, en charge des questions de sûreté nucléaire et de radioprotection, mais aussi lorsque je dirigeais la HAS, autorité en charge de l'amélioration de la qualité des soins. Je vais tenter d'illustrer par des exemples concrets ce que mes expériences passées m'ont appris sur la gestion des risques, et comment cela s'applique aux pouvoirs publics face à une crise comme celle que nous avons vécue.

Ce retour d'expérience ne ressemble à aucun autre. J'espère que le lecteur le trouvera utile.

La gestion des risques, des arbitrages permanents

La mission principale d'un gestionnaire de risque est d'identifier les risques inhérents à une activité et de les classer en fonction d'une part de leur probabilité de survenue et d'autre part de leur gravité. La gradation d'un risque résulte ainsi de la combinatoire entre deux paramètres indépendants que sont l'occurrence d'un évènement et l'ampleur de son impact (sa dangerosité).

Sur la base de cette hiérarchisation des risques, une institution (qu'il s'agisse d'un organisme public, privé ou d'un gouvernement) prend des mesures pour les atténuer se traduisant par un plan de gestion des risques [1]. Certaines mesures de prévention sont simples, d'autres très coûteuses ou simplement techniquement infaisables. Si un risque ne peut être prévenu, son impact peut parfois être réduit. Les arbitrages permanents auxquels sont soumis les décideurs à tous les niveaux sont : faut-il dépenser beaucoup d'énergie (de temps ou d'argent) à réduire un risque exceptionnel mais potentiellement grave, ou vaut-il mieux travailler sur des risques fréquents mais de plus faible impact ? En réalité, les deux stratégies ne sont pas exclusives mais les moyens humains et financiers dont disposent les responsables publics ou les entreprises nécessitent de faire des choix. Nul n'est en capacité de tout prévenir, et encore moins simultanément, pour couvrir l'ensemble des risques connus. Cela reviendrait par exemple à construire un pont ou un tunnel pour remplacer chaque passage à niveau en France afin d'éviter des accidents certes dramatiques mais rares. Il est clair que les collectivités locales font d'autres choix et elles ont vraisemblablement raison.

1. Il existe deux stratégies dans la gestion des risques, qui sont interdépendantes et complémentaires. La plus ancienne est dite « déterministe », et stipule qu'un évènement rare va se produire. Elle oblige les concepteurs d'activité à risque d'imaginer le pire et de concevoir des objets pour qu'ils résistent et des procédures pour que l'activité retrouve son état stable. La seconde, plus récemment mise en œuvre en France depuis les années 2000, est l'approche « probabiliste ». Elle est dorénavant assez largement répandue, fondée sur la probabilité de survenue de l'évènement. L'objectif pour le gestionnaire de risque est alors de réduire la probabilité qu'un évènement néfaste survienne d'un ou de plusieurs log (comment passer d'une probabilité de 10-4 à 10-5 par exemple).

Un autre arbitrage classique est celui de la balance bénéfice/risque de l'opérationnalité de l'activité. En effet, mettre en place des mesures de sécurité à tous les échelons peut générer une perte d'efficacité. Il convient alors d'appliquer la « juste proportionnalité » entre la prévention d'un risque et la capacité de réaliser l'activité que l'on programme. Nous le percevons par exemple dans le monde numérique, où la sécurité informatique (que ce soit le nombre de mots de passe dont nous avons besoin au quotidien, l'existence de pare-feu, l'interdiction d'utiliser certains outils) peut réduire la vitesse d'exécution de tâches informatiques. Il convient donc de trouver un équilibre entre des mesures de sécurité et la fonctionnalité. De la même façon, lorsqu'une société devient très normative pour prévenir des risques, elle peut perdre en efficience et surtout faire face à des dangers inattendus[2]. Sans aucun jugement de valeur, les normes environnementales très drastiques en Europe ont ainsi abouti à la délocalisation des activités de chimie dans des pays moins regardants, comme la Chine ou l'Inde. Nous avons gagné en pollution de l'air (risque grave pour la santé) mais perdu en souveraineté puisque la plupart des principes actifs entrant dans la composition des médicaments, par exemple, ne sont plus fabriqués chez nous, ce qui explique en partie les pénuries que nous observons (autre risque grave pour la santé).

Pour ajouter un peu de complexité, il ne faut pas oublier que la hiérarchie des risques évolue en permanence. Pour en donner une illustration, l'énergie nucléaire a longtemps été considérée comme trop coûteuse et trop pourvoyeuse de risques (accidents, déchets), et les gouvernements successifs des dernières années ont décidé de réduire cette activité (la part de l'énergie nucléaire dans notre mix énergétique) face à l'intolérance sociétale grandissante qui prévalait depuis les années 1980. Elle apparaît dorénavant comme le meilleur rempart, au moins temporairement, contre le réchauffement climatique devenu le risque majeur qu'affronte notre société, et ce risque nucléaire toujours présent devient alors acceptable face à un risque plus grand encore. Ainsi, la hiérarchie des risques se modifie en

2. Laurent Cappelletti et Nicolas Dufour, *La Gestion innovante des normes. Convertir les normes sanitaires, environnementales, sociales et financières en performances*, Préface de Jean-Noël Barrot, postface de Pascal Perri, Gereso, 2020, 2e éd. 2023 en cours.

permanence au cours du temps. Il n'existe pas de cartographie des risques fixe et figée.

Les arbitrages que font les sociétés face aux risques peuvent aussi être influencés par l'opinion publique, potentiellement marquée par son histoire, un évènement, des valeurs particulières, qui la rendent réfractaire à certains risques et plus tolérante à d'autres. Il ne s'agit pas ici de hiérarchie intrinsèque des risques mais de hiérarchie de la perception des risques par la population qui va influencer les décisions publiques. Cette perception des risques par les populations n'est pas forcément bonne conseillère car elle ne repose pas sur des bases d'occurrence et de danger mais sur des bases émotionnelles. C'est ainsi qu'Angela Merkel, après l'accident de Fukushima, a décidé de fermer toutes les centrales allemandes de concert avec l'opinion publique de son pays, très défavorable au nucléaire, et a été contrainte de rouvrir des centrales à charbon ou à gaz d'un autre temps. On connaît aujourd'hui les conséquences de cette décision radicale sur les plans climatique et géopolitique. Sans compter que la filière nucléaire, devenue sans avenir, s'est vidée de ses experts en quelques années. Aujourd'hui, malgré la crise de l'énergie, l'Allemagne n'est plus en mesure de remettre en route sa filière nucléaire faute de compétences et a du mal à en assurer la sûreté (la gestion du démantèlement et des déchets repose sur de nombreux sous-traitants). La décision prise en 2011 a été dictée par une opinion publique sous le coup de l'inquiétude mais elle a eu des conséquences néfastes sur le plan des risques en général.

Enfin, il est classique dans l'inconscient collectif d'assimiler la prévention des risques et le principe de précaution. Or ces deux notions sont quasi exclusives l'une de l'autre. La gestion des risques traite de dangers connus dans leur nature et quantifiables (comme le risque sismique lors de la construction d'une centrale), alors que le principe de précaution traite de situations où les preuves scientifiques relatives à un danger pour l'environnement ou la santé sont incertaines (comme l'impact d'un nouveau composé chimique sur la biodiversité). Dans le monde de la précaution, nous sommes dans l'hypothétique non démontré (c'est-à-dire l'inconnu, l'ignorance, l'hypothèse, la conjecture, l'intuition), ou bien dans une incertitude inconnue (dans le sens de non démontrée scientifiquement). Dans celui de la prévention, on reste dans l'incertitude, mais une incertitude « connue » donc probabilisable. Le moment où un risque devient avéré, scientifiquement parlant, est donc le point de bascule d'une stratégie de précaution vers celle de la prévention.

La culture du retour d'expérience

Il est bien connu qu'on apprend en marchant. C'est la raison pour laquelle les retours d'expérience après un dysfonctionnement ou un évènement accidentel, sont l'alpha et l'oméga de l'amélioration continue des organisations. Ces exercices de retour d'expérience dans un collectif humain permettent de partager une culture commune et d'améliorer les pratiques. Sans retour d'expérience, notamment dans les activités qui me sont familières comme la médecine ou le nucléaire, il n'y a pas d'apprentissage ni de progrès pour la sûreté et la sécurité[3].

Ainsi, à l'hôpital, lorsqu'un malade développe des complications ou décède de façon inattendue, les collectifs de soignants ont théoriquement le devoir de faire ce qu'on appelle « une revue de morbi-mortalité » pour analyser les dysfonctionnements et éviter qu'ils se répètent. Cette procédure est un gage de qualité des soins bien identifié par la HAS. Malheureusement, encore trop de services hospitaliers hésitent à les mettre en œuvre, les personnels ayant peur d'être stigmatisés en cas d'erreur manifeste. De la même façon, dans le secteur nucléaire, tout signal faible ou incident doit impérativement être analysé et faire l'objet d'une déclaration et d'un rapport. On appelle cela REX ou RETEX selon les milieux.

Toutefois ces retours d'expérience nécessitent un environnement particulier sur lequel on insiste insuffisamment, reposant sur la confiance et l'absence de sanctions. Si un employé du secteur nucléaire ou celui d'une réanimation a peur d'être moqué, réprimandé voire sanctionné en cas de problème, le risque majeur est qu'il passe sous silence un dysfonctionnement ou une erreur humaine, et que le problème se reproduise alors qu'il aurait pu être

3. Dans l'industrie nucléaire, on appelle sûreté ce qui relève de la conception intrinsèque de l'installation, et sécurité ce qui relève de la malveillance. Dans tous les autres secteurs industriels, c'est l'inverse.

évité. C'est la raison pour laquelle les activités à risques sont plus dangereuses lorsqu'elles sont exercées dans des milieux totalitaires ou répressifs. La confiance est la clé de la transparence, et toutes deux sont essentielles à l'amélioration de la sécurité.

Justice et préjudice

A contrario, et de façon contre-intuitive, la judiciarisation de la société peut être un frein à de bons retours d'expérience dans les activités à risque, pour les raisons que je viens de citer. En effet, une instruction de justice qui recherche par définition une faute et des responsabilités expose au risque de ne jamais voir émerger la vérité, chaque acteur cherchant avant toute chose à ne pas être impliqué et passant sous silence ses propres manquements.

Un retour d'expérience collectif peut-il être réalisé lorsqu'une instruction judiciaire est en cours ? Une plainte a-t-elle pour objet de réparer un préjudice ou de trouver un coupable ? Une instruction de justice fait-elle la lumière sur un évènement ou cherche-t-elle juste un fait pouvant être qualifié de délictueux ?

Alors que les magistrats considèrent qu'il leur faut des mois, voire des années d'instruction et de confrontation de points de vue des témoins pour pouvoir prendre une décision de renvoi (au procès), ils ne semblent pas accepter que la compréhension d'un fait scientifique réponde au même mécanisme, celui de la nécessaire confrontation de points de vue entre scientifiques, certains reprochant au gouvernement le fait de ne pas avoir immédiatement compris telle ou telle caractéristique du virus dès le premier jour de l'épidémie.

Plus intéressante encore est l'observation suivante : si les magistrats sont saisis d'un dossier, c'est qu'un évènement grave s'est produit. La probabilité de survenue de l'évènement est alors devenue égale à 1, quelle qu'ait été l'évaluation probabiliste du risque au départ. Leur instruction part alors du principe que l'évènement n'aurait pas dû avoir lieu, et que, s'il s'est produit, c'est qu'il y a faute et qu'il faut trouver un coupable. L'approche probabiliste de la gestion des risques leur compliquerait considérablement la tâche, car, dans ce cas, se poserait la question du curseur. À partir de quelle probabilité de survenue d'un danger la justice pourrait-elle considérer qu'il n'y a pas de faute du gestionnaire du risque ? sauf à considérer dorénavant que tous les risques les plus improbables, et/ou les plus impossibles à prévenir, doivent être couverts. Or c'est cette approche déterministe, celle du tout ou rien, qui est aujourd'hui la seule que la justice prend en compte. Je ne sais pas comment il est possible de résoudre cette divergence fondamentale entre la logique judiciaire et la logique scientifique. Ces questions juridiques associées à la gestion des risques sont certainement discutées régulièrement entre spécialistes mais mériteraient d'être expliquées à tous ceux qui un jour prennent des responsabilités.

Mon sentiment est qu'avec une judiciarisation moindre et une meilleure couverture des préjudices et des aléas face aux risques, notre société gagnerait peut-être en sérénité et en responsabilité. Mais aujourd'hui, comme aux États-Unis, la tendance semble plutôt inverse. Ainsi, pendant le Covid, il m'a été rapporté que, dès lors que des plaintes ont été déposées au pénal, les décisions dans les différents ministères ont été beaucoup plus lentes et plus compliquées à prendre, personne ne voulant endosser le moindre risque. L'immobilisme expose toujours moins que la décision…

Qu'apprend-on du passé ?

Lorsqu'on regarde les accidents majeurs du passé dans le domaine nucléaire, il s'agit souvent d'une chaîne de décisions, voire d'erreurs humaines, mais rarement d'une responsabilité unique et encore plus rarement de la seule défaillance technique. Dans la totalité des cas, on retrouve des négligences accumulées, évidemment sans volonté de nuire. Si je repense aux accidents nucléaires que je connais un peu et qui ont abouti à des fusions du cœur des réacteurs (avec une très faible ou une très forte dispersion radioactive atmosphérique), Three Mile Island, Tchernobyl ou Fukushima, ce sont toujours des enchaînements d'évènements associés à de mauvaises décisions humaines qui ont abouti à la catastrophe. Dans les deux premiers accidents, les opérateurs qui pilotaient la centrale ont mal interprété les signaux qui émanaient de leurs voyants de contrôle, le facteur humain a été prédominant. Depuis, les facteurs humains et organisationnels, appelés FOH, font partie prenante des examens de sûreté dans les activités à risque, au-delà des critères de résistance technique des installations ou des procédures.

Pour Fukushima, il s'agit d'une mauvaise évaluation des risques bien en amont de l'accident. Pour faire fonctionner une centrale, il faut de l'eau pour refroidir les circuits et de l'électricité pour piloter la centrale. Personne n'avait imaginé avant l'accident que l'on pourrait perdre l'accès à l'eau et à l'électricité dans le même évènement. C'est pourtant ce qui se produisit avec le cumul d'un séisme avec le tsunami, dont la hauteur de la vague n'avait pas été anticipée lors de la construction de la centrale sur la falaise. Après Fukushima, forte du retour d'expérience, la France, comme beaucoup d'autres pays, a revu sa doctrine de sûreté pour réorganiser tous les dispositifs de relais de secours, aboutissant à de ce qu'on appelle aujourd'hui les « mesures de secours ultime ». La sûreté s'enrichit ainsi des retours d'expériences après accidents sans pour autant garantir un risque zéro.

Un autre exemple de ce que nous apporte la lecture des crises passées est le rôle de l'opinion publique dans l'acceptabilité d'un risque. Je le mentionnais plus haut, chaque pays a son histoire et cette histoire influence la perception des risques et les choix stratégiques qui sont opérés au cours du temps. Ainsi, à la suite du scandale du sang contaminé par le VIH dans les années 1980, il est apparu inconcevable qu'un patient français puisse être contaminé par un virus dans le cadre d'une transfusion d'un produit issu du sang. Nous avons ainsi construit une sécurité transfusionnelle extrêmement robuste. Pour cela, nous avons été prêts à investir des sommes importantes dans la détection de virus très rares et exceptionnellement responsables de maladies. Une étude néerlandaise de coût/efficacité publiée à la fin des années 2000 a démontré que pour détecter le virus HTLV1, virus très rare en métropole et responsable d'une faible morbidité[4], l'établissement français du sang (EFS) dépensait 40 millions d'euros pour une année de vie gagnée[5]. La vie n'a pas de prix me direz-vous. Certes, sur le plan

4. Il est responsable d'une maladie nerveuse appelée myélite transverse chez 1 % des porteurs.

5. Ce virus est endémique dans certaines régions du monde et, dans ce cas, il est beaucoup plus efficient de le rechercher. En France, de nouvelles techniques de transfusion permettent de parer le risque au-delà de la détection dans les produits sanguins.

éthique, moral ou philosophique. Mais en termes de dépenses de santé, il faut pouvoir comparer les interventions que l'on met en œuvre (médicaments, prévention, etc.), et le critère de la dépense publique consentie par année de vie gagnée est un critère simple à utiliser et communément admis dans les pays de l'OCDE. Quand on voit la somme investie à l'époque pour une transfusion exempte de ce virus exceptionnel, il est clair que d'autres choix de sécurité auraient pu être mis en balance, par exemple dans la sécurité des urgences ou des blocs opératoires, dans les ressources humaines, dans l'informatisation des dossiers ou dans la formation médicale. Mais aucun ministre de la Santé ne pourrait décemment prendre le risque de réduire la sécurité transfusionnelle dans notre pays, même en faveur de la sécurité d'un autre secteur. Ainsi, il apparaît qu'en termes de sécurité nous ne pouvons viser que le « toujours plus », et les arbitrages ne reviennent jamais en arrière pour réorienter les financements. Au point, parfois, que les choix accumulés au cours du temps aboutissent, quand on y regarde de près trente-cinq ans plus tard, à une hiérarchie des risques questionnable.

Ce poids de l'histoire est donc majeur et il est difficile d'y résister dans la perception que nous avons du danger. Pour en donner un autre exemple, l'expérience de la grippe H1N1 qui s'était révélée beaucoup moins grave que prévu et l'inquiétude de paraître ridiculement alarmiste a probablement influencé la perception faible du danger qu'ont eue les professionnels de santé à l'arrivée du coronavirus en 2020. Les expériences passées nous conditionnent à surréagir ou à sous-réagir, c'est un biais parfaitement décrit en gestion de risques et il est bien humain. Ces biais liés à des expériences antérieures sont souvent déterminants dans les facteurs humains et organisationnels, mais évaluer leur poids en amont d'un évènement est loin d'être évident.

LE CHOIX DE PRENDRE DES RISQUES

Pour compléter cette description des facteurs qui influencent nos perceptions, d'autres facteurs psychologiques sont responsables de la distorsion de la hiérarchie des risques, notamment en santé publique. Nous observons dans la société une incroyable tolérance aux risques choisis, tel le tabac ou l'alcool, face à des risques subis comme ceux liés à la pollution de l'air ou aux résidus de pesticides dans l'alimentation. Alors que le niveau de danger (risque de maladie) que l'on encourt entre le tabac et la pollution de l'air par exemple n'ont absolument aucune commune mesure. De même, le déni face aux risques liés à l'alcool est impressionnant en France car outre les maladies cardiovasculaires, cancers, cirrhoses, syndrome d'alcoolisation fœtale, etc., la consommation d'alcool est responsable d'une majorité des accidents de la voie publique et de la majorité des violences faites aux femmes et aux enfants. Lorsque je présidais l'Institut national du cancer, j'ai pu observer qu'on est immédiatement accusé du crime de « lèse culture » ou de « lèse patrimoine » quand on ose l'évoquer. Certains articles de journaux à l'époque ont voulu faire croire que je souhaitais instaurer une politique de santé publique liberticide [6] alors que mon seul objectif était de rappeler la hiérarchie des risques et qu'un risque n'est pas moindre parce qu'on le choisit. Sans compter que, considérant l'alcool ou d'autres addictions du même ordre, il ne s'agit pas d'une simple prise de risque individuelle mais tout autant de la sécurité d'autrui. Force est de constater que le risque choisi est sous-estimé et le risque subi surestimé. Les décideurs publics doivent ainsi accepter l'idée que le risque subi est intolérable pour la société, et ce, quel que soit son niveau.

Le principe de précaution et ses dérives

Pour clore ce paragraphe sur la question de la perception des risques dans la population française, l'adoption du principe de précaution dans la Constitution [7] a donné lieu à une interprétation erronée, loin de l'objectif initial. Le principe de précaution, qui initialement s'adressait exclusivement au champ de l'environnement, et qui s'est subrepticement étendu en quelques années au

6. Tribune dans *Le Point* au moment de la loi Macron de 2015. Cette loi a détricoté la loi Évin qui interdisait la publicité sur l'alcool. Depuis cette loi, « les contenus relatifs "au patrimoine culturel, gastronomique ou paysager liés à une boisson alcoolique" ne sont désormais plus considérés comme de la publicité ».

7. Article 5 de la Charte de l'environnement.

champ de la santé [8], avait été conçu comme un principe d'action. Il convient aussi de rappeler que ce principe ne concerne que la mise en œuvre de politiques publiques par les pouvoirs publics et non pas les actions individuelles.

Ce principe sous-entendait que, face à une incertitude scientifique, les pouvoirs publics devaient se donner les moyens de réduire le degré de l'incertitude par l'acquisition de connaissances. La seule obligation inhérente au principe de précaution était de mobiliser la communauté scientifique afin de mettre en œuvre des actions de recherche pour réduire le niveau d'incertitude. Or ce principe, qui est en fait un principe de mouvement vers plus de connaissance, se voit souvent résumé en un devoir d'immobilisme, certain le suspectant même d'être devenu un frein national à l'innovation [9].

Outre le fait qu'il est mal nommé, donnant l'image d'une position statique alors qu'au contraire il oblige à l'action, il est aussi critiqué pour son caractère flou, non normatif, qui se traduit par une difficulté de mise en œuvre opérationnelle.

Aujourd'hui, le principe de précaution a pour moi trois dérives majeures :

La première réside dans le fait qu'il a été interprété par nos concitoyens comme l'obligation pour les pouvoirs publics de tendre vers un risque zéro, évidemment impossible à atteindre. Il a conduit à une aversion au risque dans la population et a donné l'impression qu'un gouvernement peut et doit protéger les citoyens de tout danger, y compris lorsque la connaissance n'est pas au rendez-vous au moment de la décision. Car, malheureusement, des choix, des décisions, des arbitrages s'imposent souvent alors qu'on ne maîtrise pas tous les tenants et les aboutissants d'un sujet. Si l'on appliquait le principe de précaution tel qu'interprété dorénavant par l'opinion publique, il se traduirait par une sorte de moratoire permanent en attendant d'en savoir plus… La vie réelle ne le permet pas.

Cette aversion au risque est un sentiment assez répandu. Nos concitoyens caressent l'idée, utopique que l'État, des institutions, des organisations, des procédures peuvent les mettre à l'abri de tous

8. Par jurisprudence du Conseil d'État. Arrêt du 10 décembre 2001 relatif à l'affaire du sang contaminé.

9. Rapport de la commission Attali de 2010 pour la libération de la croissance française.

les risques subis. Et plus notre système de protection sociale se donne les moyens d'être protecteur et de couvrir certains risques de la vie, moins nous tolérons l'impuissance de l'État.

La deuxième dérive du principe de précaution est qu'il expose tous les décideurs publics à un risque judiciaire dès qu'un risque autrefois incertain ou même totalement inconnu devient avéré. En effet, lorsque les connaissances progressent, on sort de la « précaution » pour mettre en œuvre des mesures de « prévention » du risque. Mais qui détermine du moment de bascule où la connaissance remplace l'inconnu ? Qui est apte à en juger ? L'acquisition de connaissances est toujours un long processus et on ne peut juger de la robustesse d'une connaissance qu'*ex post.* C'est donc *a posteriori* qu'elle devient certitude. En effet, en épistémologie – science de l'acquisition des connaissances que certains qualifient aussi d'étude de la constitution des connaissances valables –, une connaissance est stabilisée lorsque plus personne n'est en mesure de la réfuter[10]. C'est progressivement et seulement *a posteriori* que l'on s'aperçoit que la connaissance est stabilisée. Un décideur peut donc en permanence être pris en défaut d'avoir mis en œuvre des mesures de prévention trop tard par rapport à une connaissance qui serait finalement acquise à un moment donné. Le processus dynamique de formation d'un consensus ne s'accommode pas facilement de la temporalité de la décision. On ne peut compacter ce temps.

Enfin, troisième dérive, le principe de précaution est parfois brandi de façon rétroactive. C'est par exemple ce qui peut être reproché aux pouvoirs publics face à une certitude à un moment donné qui se révèle fausse avec le temps. Or ce principe est consubstantiel du sens de la marche du temps. C'est ce que j'ai pu observer tout récemment avec ce que certains appellent la cacophonie sur les masques, voire le mensonge du gouvernement, en discutant avec un journaliste qui reprochait au gouvernement de ne pas avoir mis en œuvre le principe de précaution au moment de l'arrivée du Covid, arguant qu'il aurait dû être utilisé pour proposer des masques à la population générale. Je lui ai rappelé qu'aucune recommandation au monde en janvier, février ou mars 2020

10. Karl Popper a parfaitement décrit le processus dans ses textes rassemblés en un ouvrage : *La Connaissance objective*, Flammarion, 1999.

n'évoquait cette possibilité (voire la déconseillait), et que l'OMS ou les scientifiques pensaient (et martelaient) que le coronavirus contaminait de la même façon que la grippe par des gouttelettes et donc aussi par des surfaces contaminées (expliquant que les poignées de porte devaient être nettoyées au gel hydroalcoolique, qu'on ne devait plus serrer les mains et qu'il fallait garder une distance de sécurité d'un mètre entre les personnes). Ce n'est qu'au mois d'avril, après l'observation de phénomènes inattendus dans les transmissions, que le débat dans la communauté scientifique est monté sur une possible diffusion en aérosols. Pour ce journaliste, le principe de précaution aurait été de donner des masques à tout le monde dès le départ. Mais pour cela, il aurait fallu que le gouvernement fût conscient ou alerté d'un certain degré d'incertitude dans le mode de transmission du virus, ce qui n'a pas été le cas. Il ne me semble pas avoir entendu un scientifique français ou l'OMS émettre des doutes sur la théorie des gouttelettes au moment où l'épidémie s'est déclarée, ni proposer une autre hypothèse. L'argument du journaliste était que le gouvernement aurait dû se douter lui-même de l'incertitude quant au mode de transmission car il s'agissait d'un nouveau virus. Mais quel ministre connaît *a priori* la possibilité de diffusion des virus par aérosols et serait donc capable d'émettre un doute sur des recommandations de scientifiques qui ont l'air, pour le moins, assez sûrs d'eux ? C'est ce que j'appelle la rétroactivité du principe de précaution. Les pouvoirs publics, pour mettre en œuvre le principe de précaution, doivent réaliser en temps réel qu'ils sont en situation d'incertitude inconnue [11]. Ce principe ne peut pas être opposé rétroactivement aux pouvoirs publics lorsqu'il s'agit d'une méconnaissance totale d'un risque (par définition non probabilisable), voire d'une erreur scientifique.

11. Comme le disait Donald Rumsfeld, secrétaire d'État à la Défense américain lors d'une conférence de presse en 2002 : « Il y a des inconnus connus ; c'est-à-dire que nous savons qu'il y a des choses que nous ne savons pas. Mais il y a aussi des inconnus inconnus – ce que nous ne savons pas ne pas savoir. »

Un autre regard sur la pandémie

Cette crise sanitaire mondiale due à l'émergence d'un nouveau virus était bien envisagée, depuis des années. Bill Gates avait parfaitement évoqué ce risque lors d'une de ses conférences : « La question n'est pas de savoir s'il y aura un jour une pandémie mais quand elle va arriver... »

Dans la hiérarchie des risques, celui-ci était haut placé, à la fois en termes de probabilité de survenue et d'impact.

La plupart des pays, notamment les plus développés comme la France, se préparaient à une pandémie mondiale avec des plans (plan pandémie grippale et plan ORSAN-REB), des exercices de crise, des audits croisés de l'OMS ou d'institutions de santé publique, la mise en œuvre de traités internationaux (le Règlement sanitaire international édictant aux pays des règles de conduite), la création d'agences dédiées comme l'EPRUS puis Santé publique France.

Mais rien n'a vraiment fonctionné comme prévu.

Le DG de l'OMS commence tous ses discours par « le monde n'était pas préparé ». Mais je ne suis pas certaine que cette assertion assénée depuis trois ans soit vraie et nous permette de tirer les bonnes conclusions de ce qui s'est passé. Car le monde développé s'y préparait activement et pourtant l'impact a été majeur.

Des retours d'expérience ont été faits, la plupart à chaud, et la plupart en questionnant les acteurs de terrain, partant du constat que les risques subis, par les soignants notamment, sont par essence intolérables. Ces rapports, pour beaucoup rédigés sous le coup de l'émotion, m'ont paru passer à côté des vrais enjeux. Or l'objectif est que nous tirions les bonnes leçons pour l'avenir, si tant est qu'il y a matière à progrès.

Ainsi, si l'on analyse ce qui s'est passé étape après étape et à l'aune de la complexité de la gestion des risques que je viens de mentionner, on retrouve tous les ingrédients des difficultés rencontrées qui ne me paraissent pas être celles identifiées jusqu'à présent.

Tout d'abord, les autorités chinoises ont caché des informations primordiales qui auraient permis aux pays de se préparer plus tôt à l'idée d'une épidémie, je parle de la transmission interhumaine qu'ils avaient visiblement décelée dès décembre. Or il aura fallu près d'un mois pour que l'OMS l'annonce, autour du 25 janvier

2020, une fois que l'évidence s'imposait. L'information initiale – il s'agissait d'une transmission d'animal à homme – a brouillé la perception que nous avions du risque pandémique début janvier. Cela me conforte dans l'idée que nous ne pourrons jamais avoir confiance dans des informations provenant de pays totalitaires [12]. C'est une première leçon. La transparence est la condition *sine qua none* de la gestion correcte d'une crise.

Puis, quelques jours plus tard, le 30 janvier 2020, lorsque l'OMS a déclaré l'Urgence de santé publique de portée internationale, ses préconisations qui accompagnaient l'alerte ont laissé penser que l'impact serait surtout majeur dans les pays du Sud. Les recommandations étaient que les pays du Nord devaient aider ceux du Sud, laissant entendre que nous n'aurions pas de difficulté à gérer une telle épidémie dans nos pays développés ou que l'impact y serait moindre. C'est le fameux biais de perception lié à l'histoire. La plupart des épidémies dramatiques des dernières décennies touchant principalement les pays du Sud, le risque au Nord a été sous-estimé par l'OMS. Il devenait alors difficile de faire des prédictions différentes, ce qui explique que nos experts aient en permanence parlé de « grippette » jusqu'au mois de mars. C'est ce que j'appelle le biais de sous-estimation (ou de surestimation) d'un risque lié à la mémoire collective. L'expérience de 2009 de la grippe H1N1 en Europe n'aura pas permis de rectifier ce biais de sous-estimation chez nos experts, contrairement aux pays qui avaient connu le SRAS en Asie et qui ont été plus en phase avec le réel.

Et même lorsque l'épidémie a débuté en Italie, des médecins continuaient d'expliquer que la France ne pourrait pas vivre la même chose. Le déni du danger est un risque en soi qui mériterait d'être identifié. Si la communication en temps de crise est difficile à doser entre trop alarmiste ou trop rassurante, la réception de cette même information dépend aussi de nombreux facteurs individuels et contextuels. Ces facteurs, qui échappent malheureusement à l'émetteur, font que l'information va être prise au sérieux ou non [13]… C'est ce que j'appelle le biais de perception du risque qui

12. C'est la raison pour laquelle je ne crois pas au traité international sur les pandémies en cours de négociation, car il ne pourra pas éviter ce péché originel.

13. C'est ce que j'appelle désormais le syndrome « *don't look up* », du nom du film de fiction sorti en décembre 2021 et mettant en scène des scientifiques qui alertent de la chute imminente d'une météorite sur la terre sans être entendus par personne du monde politico-médiatique.

peut aller jusqu'au déni. De façon étonnante, il m'a semblé n'avoir entendu aucune femme qualifier le virus de « grippette » sur nos plateaux de télévision. Ce déni du danger traduit-il un sentiment assez typiquement viril de toute-puissance ? Il serait intéressant de faire des recherches sur l'aspect potentiellement genré de la gestion de crise et de la perception du danger. Il a été considéré pendant la crise que les gouvernements dirigés par des femmes avait pris des décisions plus protectrices et plus en anticipation que ceux dirigés par des hommes [14]. En tout cas, le déni du danger a été un biais manifeste chez les experts les plus visibles ou les plus invités.

La géopolitique internationale a également beaucoup joué en notre défaveur. Le pays ayant pris les décisions les plus rapides et les plus protectrices au départ a été Taïwan (pays dirigé par une femme). Il avait gardé en mémoire le triste souvenir de l'épidémie de SRAS et à la suite de ce traumatisme avait créé une organisation interministérielle dédiée aux risques épidémiques qui se déclenche très rapidement. Dès le 31 décembre, quand l'information circulait sur les réseaux sociaux, Taïwan a pris le danger très au sérieux avec la mise en place de nombreuses mesures. Seulement Taïwan n'est pas membre de l'OMS (qui compte 194 États membres). L'OMS ne considère pas Taïwan comme un État membre indépendant et le pays a même perdu son statut d'Observateur à l'Assemblée mondiale de la Santé en 2016 malgré les pressions internationales réitérées chaque année. Ainsi, ces décisions très avant-gardistes n'ont pas pu être partagées largement, seules celles prises par la Chine ayant vocation à irriguer les canaux d'information à l'OMS… Un journaliste de France TV m'a un jour dit que le gouvernement français aurait dû regarder ce que Taïwan faisait et s'en inspirer, et qu'il avait réalisé un reportage début 2020 sur la gestion de crise à Taïwan dont personne n'a tiré profit [15]. Mais quel ministre français avant le Covid était en lien avec le ministre taïwanais et en capacité de

14. Plusieurs études ont été dans ce sens, dont une de la Commission européenne et une étude britannique, publiée par le Centre for Economic Policy Research (CEPR) et le World Economic Forum. Ces études semblent montrer que les femmes ont pris des mesures protectrices plus tôt, privilégiant la préservation des vies humaines sur l'économie.

15. Taïwan a des dossiers médicaux entièrement informatisés, avec une traçabilité des déplacements qui rend beaucoup de leurs mesures non transposables en Europe.

comprendre que ce petit pays du bout du monde avait pris des mesures différentes de ce que l'OMS préconisait ? Je lui avais répondu que les ministres de la Santé sont en contact avec l'OMS, l'ECDC, leurs homologues européens, ceux du G7 et accessoirement du G20, mais pas avec les pays d'Asie et, même si cela était le cas, pourquoi Taïwan plutôt que la Thaïlande, par exemple… La géopolitique internationale ne devrait pas pouvoir s'immiscer dans des aspects scientifiques. Mais il est peu probable que les rapports de force qui s'installent entre États actuellement permettent à l'avenir d'améliorer les échanges internationaux de l'information, nous exposant ainsi à de nouvelles catastrophes.

La capacité d'évaluer la probabilité d'un risque nécessite de l'identifier. Or les différents modèles d'épidémies respiratoires dont disposaient les experts pour calibrer les doctrines de gestes barrières depuis quinze ans se fondaient sur un virus de type grippal (grippe humaine ou grippe aviaire) ou de type coronavirus (SRAS et MERS). Mais beaucoup des caractéristiques intrinsèques du SARS-CoV-2, responsable du Covid-19, différaient assez drastiquement de ce qui était connu jusqu'à présent, ce qui explique que beaucoup de modélisations se sont révélées fausses : le fait qu'il se transmet plusieurs jours avant le moindre symptôme ; le fait que nombre de patients sont asymptomatiques et peuvent cependant le transmettre ; le fait qu'il se transmet par aérosols et pas uniquement par gouttelettes, le fait que certaines personnes sont des super-contaminateurs et d'autres pas ; le fait que les enfants sont porteurs ou pas ; le fait qu'il mute facilement ; le fait qu'il y a des Covid longs, complication qui n'existe pas avec les autres coronavirus[16]. La maturation de la connaissance a ainsi été progressive, sur plusieurs mois, mais surtout elle a été mise à mal à de nombreuses reprises par des observations assez inattendues allant à l'encontre des premières hypothèses. L'acquisition d'un consensus d'experts a donc été longue, expliquant l'impression de navigation à vue. Et ces hésitations n'ont pas été comprises par nos concitoyens. Elles ont été également instrumentalisées politiquement, laissant croire qu'il aurait pu en être autrement. Une meilleure compréhension par nos

16. Peut-être tout simplement parce que la mortalité est tellement importante avec le SRAS et le MERS qu'il n'y a pas eu des dizaines de milliers de cas de personnes vivantes après la maladie.

concitoyens de ce qu'est l'acquisition d'une connaissance scientifique, celle qu'on ne réalise qu'*a posteriori* lorsqu'elle ne peut plus être réfutée par des faits nouveaux, aurait pu permettre de lever ce malentendu originel. On ne peut pas juger *ex post* de choix faits à un moment donné, en situation évolutive. C'est ce que dans le langage courant on appelle « rejouer le match ». La prévention des risques nécessite de les connaître et de pouvoir les anticiper.

Certains ont évoqué alors que le principe de précaution lié à l'incertitude aurait permis de prendre d'autres décisions mais, en tant que principe d'action, il n'est pas bien adapté en pareille circonstance. Je me suis demandé quelles décisions auraient pu être prises aux différents moments de la gestion de la crise au nom de ce principe. En effet, l'acquisition de connaissances robustes par les scientifiques sur tous les points susmentionnés nécessitait que l'épidémie se développe hors de Chine pour que les médecins puissent observer les malades ou l'évolution de l'épidémie, et en tirent des enseignements pour mettre en œuvre les mesures barrières appropriées. Dès lors, et c'est un comble, les pouvoirs publics ne pouvaient activer ce principe avant que l'épidémie se développe... La temporalité de la prise de décision dans le contexte d'un évènement nouveau et rapidement évolutif comme une épidémie de ce type est incompatible avec le principe de précaution tel qu'il est défini dans la charte de l'environnement [17]. Il semble avoir été pensé pour réagir face à un risque statique.

Concernant l'opportunité d'un confinement et son corollaire, la hauteur de la première vague, le Conseil scientifique a rendu son premier avis le 12 mars 2020. Or, par sa composition, mêlant des scientifiques à des membres de la société civile, il a mis au même niveau différents risques (sanitaires et sociaux) au lieu de les hiérarchiser. Cela a abouti à un avis composite mêlant des faits objectifs, comme le temps de doublement des cas de quatre jours, ce qui permet de calculer une occurrence (probabilité d'avoir X nombre de cas quinze jours plus tard), avec un risque ressenti, telle l'acceptation sociétale des mesures ou un besoin d'expression démocratique qui, en termes de danger (impact), n'étaient pas du tout du

17. La Charte de l'environnement consacre le principe de précaution (article 5). Lorsqu'un dommage est susceptible d'affecter l'environnement, les autorités publiques doivent mettre en œuvre des procédures d'évaluation des risques et adopter des mesures provisoires pour éviter la réalisation de ce dommage. Aujourd'hui, la jurisprudence a élargi ce principe à la santé.

même ordre. Ils ont créé une forme de risque composite, difficile à positionner sur une échelle de risques, surtout si le danger qu'on essaie de prévenir est le débordement des hôpitaux ou le nombre de décès, et non la crise de la démocratie… Une analyse probabiliste suivie d'une hiérarchie des risques correcte devrait être mise en œuvre avant toute prise de décision, si l'on veut que cette dernière soit rationnelle et explicable [18].

Beaucoup de commentateurs ont mis en avant qu'il aurait fallu plus de lits d'hospitalisation ou de réanimation dans notre pays [19]. Là encore, pour un gestionnaire de risques, cette proposition est pour le moins étonnante. La prévention du risque de débordement hospitalier était de confiner au bon moment pour éviter l'explosion de cas simultanés au-delà de nos capacités, pas de compenser à l'infini une épidémie non contrôlée [20]. La bonne gestion d'un risque repose sur sa prévention, pas sur la mitigation qui n'intervient que si la prévention est impossible.

Nos doctrines d'acquisition de masques ont été dépassées par les évènements. Cela s'explique par un évènement dont l'occurrence était considérée comme exceptionnelle et qui s'est cependant produit. Je ne parle pas du risque pandémique, bien sûr, qui était haut placé sur l'échelle de risques, mais de la raison de la tension sur les masques. En effet, les doctrines développées ces dernières années, après H1N1, se fondaient sur un modèle de pandémie respiratoire connue, grippale principalement. Ce type de pandémie qui commence toujours dans l'hémisphère Sud pendant l'été puis passe au Nord pendant l'hiver permet d'avoir plusieurs mois pour se retourner. Dans le cas du Covid, le temps de doublement des cas avec un R0 initial à 3 (ce qui veut dire qu'une personne en contamine trois en moyenne sans mesures barrières) a été beaucoup

18. Steven Pinker, « La théorie du choix rationnel est une théorie de la prise de décision avec des inconnus connus : avec un risque, mais pas avec une incertitude », in *Rationalité*, 2022, p. 186.

19. Il a été souvent dit à tort que les Allemands avaient plus de lits de réanimation que la France, ce qui est faux. En effet, ils incluent dans leur décompte les lits de soins intensifs que nous n'appelons pas réanimation (car ils ne répondent pas à des normes en personnels).

20. Le rapport de la Cour des comptes publié en 2020 sur les soins critiques pendant la crise a conclu qu'il faudrait plus de lits de soins critiques sans à aucun moment se poser la question du confinement trop tardif (ni d'ailleurs celle du manque de réanimateurs pour les faire fonctionner…).

plus rapide, quelques semaines au plus. De surcroît, le monde occidental a été surpris par l'explosion des cas de façon quasi simultanée, ce qui explique que la demande mondiale de masques s'est faite pratiquement au même moment, au mois de mars 2020. Dans la hiérarchie des risques, personne n'avait surtout anticipé la fabrication centralisée des matières premières qui s'était installée du fait de la mondialisation. La probabilité que l'épidémie vienne de Wuhan et que Wuhan soit précisément le lieu de fabrication des équipements de protection était trop faible pour que ce risque figure haut dans la hiérarchie. En réalité, je pense même qu'il n'avait jamais été envisagé, les pays n'ayant pas voulu voir à quel point la mondialisation avait centralisé les productions au cours des dernières décennies. Personne n'avait donc anticipé que les commandes de masques n'arriveraient pas en temps et en heure (et encore moins que les pays riches se les voleraient les uns aux autres en faisant monter les enchères sur les tarmacs des aéroports ou qu'ils seraient volés en nombre dans nos hôpitaux). Sans compter qu'il en faudrait 100 fois plus que prévu pour couvrir la population générale du fait des caractéristiques du virus… Il y a eu là une mauvaise anticipation, voire une absence d'anticipation d'une probabilité d'occurrence (qu'on pourrait aussi qualifier d'extrême malchance). En effet, même si la pandémie avec un virus respiratoire était un risque bien étayé, il était difficile de placer haut dans la hiérarchie des risques, un risque de probabilité exceptionnelle (fabrication des matières premières des masques à l'épicentre de l'épidémie) et un virus émergeant aux caractéristiques non imaginées car jamais rencontrées (notamment la contagiosité plusieurs jours avant les symptômes ou le nombre de cas asymptomatiques contagieux, deux caractéristiques qui justifient le port du masque en population générale, tout autant que la transmission par aérosols). Et si ces deux risques avaient pu être anticipés, nous aurions alors pu prendre les bonnes mesures préalables mais cela aurait abouti à un besoin de stockage de masques de plusieurs milliards (au minimum 4 milliards pour couvrir la population générale sur le premier mois en attendant des commandes), ce que le secteur sanitaire ne sait pas assurer[21], vu la multitude de risques que Santé

21. Il faut des capacités logistiques de type Amazon, sachant que les masques ne sont qu'un des produits indispensables à la gestion de crise pour l'agence Santé publique France et ont des dates de péremption. Le chiffre de 1 milliard régulièrement cité depuis la crise ne couvre qu'une semaine de

publique France doit couvrir. J'ai été surprise d'observer que personne n'avait déroulé jusqu'au bout le fil des conséquences chiffrées des besoins de stocks dans ce contexte précis pour se rendre compte que ce stock d'attente n'était pas atteignable. Seule l'idée qu'on pourrait tendre vers un risque zéro quelle que soit la lourdeur technique de la prévention explique le concert de critiques contre le gouvernement à cette période.

J'ai d'ailleurs pu m'en rendre compte avec ce qui est arrivé au député LR Éric Ciotti, qui présidait la commission d'enquête sur la crise Covid avec gourmandise. Il s'était fait une joie de dénigrer le gouvernement sur sa gestion des masques avant que ne survienne quelques semaines plus tard, à l'automne 2020, le drame des inondations de la vallée de la Roya. Or, fallait-il l'accuser, en tant que président du Conseil départemental pendant de très nombreuses années, de ne pas avoir pris les mesures nécessaires pour renforcer les routes ou les ponts, ou ne pas avoir fait modifier les plans d'urbanisation tant le risque climatique et les évènements de type cévenol pouvaient bien entendu être anticipés ? Se rendant sur place très rapidement et communiquant largement avec empathie, il a réussi à échapper à toute critique sur une non-préparation. Depuis cet épisode, il s'est cependant fait beaucoup plus discret sur le Covid, de peur d'un effet boomerang. On pourrait faire la même analogie avec les attentats du 13 novembre qui n'ont pas pu être prévenus malgré un risque terroriste bien connu.

Pour continuer avec l'analyse des prises de décision, on peut évoquer le rôle de l'opinion publique. Ainsi, la décision de fermeture itérative des frontières face à l'arrivée des variants, notamment anglais puis sud-africain, n'a eu aucun impact comme cela était prévisible. Ils sont arrivés à peu près aussi vite que si les frontières n'avaient pas été fermées. Pas un expert sérieux n'a imaginé que fermer les frontières modifierait la diffusion d'un variant bénéficiant d'un avantage sélectif grâce à une plus forte contagiosité, mais les gouvernements ont simplement répondu à l'inquiétude des citoyens face à un risque de nouvelle vague. En gestion de risque, un gouvernement peut difficilement résister à la pression de l'opinion publique, même si la mesure est une fausse réassurance.

---

consommation dans ce contexte, ce qui ne permet pas d'attendre des commandes.

Une crise telle que celle-ci exacerbe les émotions négatives et la rationalité ne suffit pas à les contrer.

Concernant l'aversion au risque subi par rapport au risque choisi, on comprend mieux pourquoi l'obligation vaccinale des soignants, le pass sanitaire ou les confinements ont été mal acceptés par certains, même si le danger encouru était plus faible avec le vaccin par exemple qu'avec la maladie. Et même s'il s'agissait pour le pass sanitaire de protéger des vies humaines, celle des personnes les plus à risque de développer des formes graves et devant être confrontées à l'espace public. Le libre choix est devenu une valeur cardinale de nos sociétés au détriment de la solidarité et accessoirement de la santé publique. La crise a aussi mis en lumière le fait que nous ne voyons pas tous le danger au même endroit. La hiérarchie des risques devient alors discutable dans la population, ce qui rend les décisions, par essence, discutées. Ainsi, pendant la crise, la perte de liberté individuelle [22] a semblé pour certains un danger plus grand que la perte d'une vie humaine. Il est peu probable que ce hiatus majeur de perception des priorités observé dans notre société se referme dans les années qui viennent. En cas d'épidémie future, il faudra donc se mettre d'accord sur quel risque nous souhaitons avant tout prévenir et l'expliquer en amont.

ET POUR NOTRE AVENIR

La gestion des risques mériterait d'être enseignée, pour que nous acquérions une culture du risque commune. Prétendre que tout peut être anticipé, voire prévenu, serait mensonger et ne nous aidera certainement pas à affronter les crises à venir. Une société acclimatée aux risques est plus en mesure de développer une réaction appropriée et la résilience nécessaire pour vaincre des évènements hors normes.

Lorsque survient une crise, la rationalité de la décision publique devrait reposer sur des analyses probabilistes et une hiérarchie des

22. Il ne faut pas nier les conséquences du confinement en termes de socialisation, de risque économique ou psychiatrique, mais cela ne retire rien à l'exemple choisi qui consiste à définir, en amont des décisions, ce que nous voulons prévenir.

risques qui soit expliquée clairement à la population. Pour cela, la transparence à l'égard de la population est la source même de la confiance. De plus, le principe de précaution ne devrait pas être avancé en toutes circonstances de danger tel un paratonnerre absolu, notamment lorsqu'il ne peut pas être mis en œuvre. Cela aussi peut être expliqué rationnellement. Une fois la crise passée, la recherche de fautes et de responsabilités peut nuire au retour d'expérience nécessaire à l'amélioration des organisations. Il convient de garder un juste équilibre entre le retour d'expérience collectif et la judiciarisation.

Gageons qu'avec le temps des retours d'expérience seront réalisés de façon approfondie et gagneront en pertinence. Si les conclusions que nous tirons de cette crise restent centrées sur les conséquences – notamment qu'il faudrait plus de lits de réanimations ou un stock de plusieurs milliards de masques –, proposent des solutions administratives et ne recherchent pas des causes structurelles et fonctionnelles de nos difficultés, nous pouvons être certains que la prochaine crise qui se présentera à nous, par définition totalement inconnue et imprévue, soulèvera de nouveau un vent de panique. Aucune structure ou procédure n'est la seule et unique solution. La résilience d'une société vient au contraire de son adaptabilité et de sa réactivité [23].

Les militaires le disent avec leurs mots et avec humour : « La première victime de la guerre est le plan… » Il est impératif que notre société soit mieux formée sur ces sujets, et qu'elle puisse ainsi mieux s'impliquer dans la gestion des nombreux risques que nous aurons à affronter car, à l'évidence, avec le réchauffement climatique, les incertitudes géopolitiques et l'interdépendance mondiale, tout cela ne fait que commencer.

---

23. Dans son dernier livre publié en 2019, *Bouleversement : les nations face aux crises et au changement*, l'universitaire américain Jared Diamond analyse des cas pratiques d'adaptation de sociétés face aux crises. Les pays étudiés sont la Finlande, le Japon, le Chili, l'Indonésie, l'Allemagne, l'Australie et les États-Unis.

Épilogue

« La vérité jaillira de l'apparente injustice. »

La Peste, Albert Camus.

La commission d'enquête au Sénat m'a auditionnée le 23 septembre 2020. Le rapport rendu le 8 décembre 2020 a souligné ma mobilisation très précoce et le fait que je n'avais jamais été destinataire de la moindre alerte concernant les masques, ni écrite, ni orale [1].

En juillet 2020, suite à de nombreuses plaintes, la commission des requêtes, en charge de juger de leur recevabilité, a accepté dix-sept plaintes sur les 20 000, dont la majorité avaient été déposées par un avocat proche de l'extrême droite, sanctionné depuis par son Ordre [2]. Quelques plaintes ont émané également d'autres avocats, moins marqués politiquement, qui représentent des familles de malades ou des professionnels soignants.

1. Rapport de la Commission d'enquête pour l'évaluation des politiques publiques face aux grandes pandémies à la lumière de la crise sanitaire de la Covid-19 et de sa gestion.

2. Il s'agit de maître Di Visio, avocat de Didier Raoult, très proche de Florian Philippot, qui a introduit un recours contre sa sanction. Il a récolté les plaintes sur Internet en se faisant rémunérer 2 euros pour chaque plaignant. Mis en cause pour des propos jugés vulgaires et outranciers tenus notamment dans l'émission de Cyril Hanouna, il a écopé de six mois d'interdiction d'exercer avec sursis par l'Ordre des avocats. L'homme n'étant pas à une contradiction près, son motif de plainte contre les ministres était « mise en danger d'autrui » par l'absence de masques, et il a par la suite attaqué le gouvernement contre le port du masque obligatoire et contre le pass sanitaire. Il est désormais le héros de la sphère complotiste anti-pass et anti-vax et toujours fervent partisan de l'hydroxychloroquine.

En septembre 2021, la commission d'instruction de la Cour de justice de la République m'a convoquée en vue d'une mise en examen pour « abstention volontaire de combattre un sinistre » et « mise en danger d'autrui ». Ma mise en examen pour « mise en danger d'autrui » m'a été signifiée le 10 septembre 2021 avant d'être finalement annulée un peu plus d'un an plus tard, le 20 janvier 2023, par un arrêt de l'assemblée plénière de la Cour de cassation, considérant qu'il n'y avait pas de motif à cette décision et que la commission d'instruction avait donc outrepassé le droit dès le départ. J'ai donc dorénavant le statut de témoin assisté comme Édouard Philippe et Olivier Véran.

Pendant ces trois ans, ma réputation a été salie par les manipulations de l'opinion publique mais aussi par le fait même que la justice instruisait. Forme d'absurdité auto-réalisatrice : si la justice se saisit d'une affaire c'est donc bien qu'il y a matière…

Les quelques personnes publiques qui connaissaient l'enchaînement des faits auraient pu intervenir lorsque l'opinion publique s'est déchaînée sur ma supposée incompétence au début de la crise. Leur soutien a été réel mais officieux. Lutter contre une opinion publique chauffée à blanc est trop coûteux. Il était plus simple de me mettre à distance.

Alors qu'*in fine* nous étions un des seuls pays à avoir rédigé un plan dédié aux pandémies avec des germes inconnus, à disposer finalement du stock de masques le plus important au monde, alors que l'OMS a démontré que nous avions l'une des plus faibles surmortalités par Covid de l'ensemble des pays [3], et que le gouvernement a mis en place le meilleur bouclier financier de protection pour les Français, à ce jour, la France est toujours le seul pays au monde à avoir accepté que des membres de son gouvernement soient mis en cause pénalement pour la pandémie de Covid.

La pandémie a été avant tout un drame humain. Nombre de nos concitoyens sont morts, parfois seuls, sans leur famille. Beaucoup de Français souffrent encore des conséquences de la maladie. Notre mode de vie a été bouleversé. Les dégâts économiques qui ont suivi ont touché les plus fragiles. Les équilibres géopolitiques en ont été profondément modifiés et ont continué de nourrir le ressenti entre

3. Richard Van Norrden, « Major study errs on covid deaths », *Nature*, vol. 606, 9 juin 2022, p. 242.

le Nord et le Sud. Tout cela est une réalité qu'il ne faudra pas oublier. Tout cela devrait aussi nous obliger.

Alors qu'une crise sanitaire mondiale avec un virus inconnu, susceptible de faire tant de victimes, aurait dû être un moment d'unité nationale, le constat est sans appel : la société a activé ses réflexes archaïques, notamment celui consistant à trouver le ou les responsables du mal ; alors que nous étions face à l'incertitude, les divisions vaines ont prévalu, nourrissant la défiance, aiguisant les mécontentements ; les angoisses légitimes ont été exploitées par certains ; d'autres, attirés par la lumière, n'ont songé qu'à asseoir leur notoriété ; nous avons assisté à des concours d'ego ; la science a été instrumentalisée ; l'éthique médicale a été bafouée ; des institutions censées nous protéger sont restées atones.

Ce sont les risques inhérents aux crises. Notre société, pourtant dite développée, éduquée, informée, n'y a pas échappé.

Après une telle crise sanitaire, apporter une réponse purement organisationnelle ou administrative, proposer la création de nouvelles structures ou de nouveaux outils, blâmer un responsable unique, serait passer à côté du juste retour d'expérience[4]. À l'échelon international, les diplomates ont souhaité un traité sur les pandémies auquel ils travaillent, sous l'égide de l'OMS, et qui ne devrait évidemment rien changer aux modes de communication opaques des pays non démocratiques. De même, l'effraction d'un risque judiciaire dans les organisations de crise ne devrait pas non plus améliorer l'efficience et la réactivité, tant celui-ci risque de fragiliser et de ralentir les chaînes de décisions de responsables déjà sous pression. Quant à notre comportement en tant que société, le temps des sociologues, philosophes, historiens est venu, puisse-t-il nous éclairer.

Pour ma part, je reste profondément convaincue qu'en période de crise, comme toujours, le facteur humain est l'essentiel. C'est ce que nous enseigne l'Histoire. Seuls comptent la clairvoyance et le

4. De nombreux rapports ont été produits sur la crise, rédigés dès 2020 par des experts ou des corps d'inspection, alors même que la pandémie continuait. Aucun d'entre eux ne m'a auditionnée sur mon action. Tous ont situé le début de la crise après mon départ, le 15 février 2020, intégrant ainsi qu'il ne se serait rien passé avant. Le rôle des experts dans la gestion de crise n'est par ailleurs jamais évoqué dans ces rapports qui ne se penchent que sur les organisations.

courage des hommes et des femmes, qu'ils soient simples citoyens ou en responsabilité, et aucune structure ne pourra les remplacer.

Ainsi, au-delà de la recherche de failles, il nous faudra aussi capitaliser sur ce qui a fonctionné, sur la formidable résilience dont ont fait preuve les Français, sur les élans de solidarité et le foisonnement des initiatives locales, l'abnégation des soignants et de tous ceux qui au quotidien ont maintenu la société fonctionnelle, sur le courage des uns et l'intelligence des autres. Ces initiatives individuelles et collectives sont les ressources indispensables pour qu'une société puisse surmonter les crises. Et il y en aura d'autres. C'est aussi cette capacité d'initiative, celle d'une société qui croit en elle-même [5], qui me donne foi en l'avenir.

Je crois en l'engagement. Il est plus indispensable que jamais. Mon expérience récente de diplomate à l'OMS m'a convaincue que notre seul avenir est européen, dans une Europe renforcée, souveraine et qui ose s'affirmer. Nos valeurs sont loin d'être partagées et notre continent vieillissant me semble encore trop frileux devant les combats à venir. Poursuivons le sursaut que la guerre en Ukraine nous a imposé sur l'ensemble des politiques publiques, défense, fiscalité, droits, recherche et développement. Les élections à venir, à cet égard, seront cruciales.

Et à présent, alors que d'autres crises graves ont frappé l'Europe et le monde depuis cette pandémie, il nous faut écrire une nouvelle page d'histoire commune, un nouveau récit politique dans un monde plus incertain que jamais, et lutter contre les démagogues. Faisons tous en sorte que le discours de vérité, la science et la rationalité aient à nouveau leur juste place.

---

5. Voir *La Société de confiance* d'Alain Peyrefitte, publié chez Odile Jacob en 1995. Il y démontrait comment la prospérité, notamment celle de l'Europe, a trouvé sa source dans un « ethos de confiance » permettant l'innovation et l'esprit d'initiative, rationnels et responsables. Il reste en France à reconstruire la confiance dans les institutions.

« Et pour dire simplement ce qu'on apprend au milieu des fléaux, qu'il y a dans les hommes plus de choses à admirer que de choses à mépriser. »

La Peste, Albert Camus.

Table

Cet ouvrage a été mis en pages par

<pixellence>

CET OUVRAGE
A ÉTÉ ACHEVÉ D'IMPRIMER
SUR ROTO-PAGE
PAR L'IMPRIMERIE FLOCH
À MAYENNE EN SEPTEMBRE 2023

N° d'édition : 625968-1. N° d'impression : 103363
Dépôt légal : septembre 2023
Imprimé en France